FANTASY

Zu der Trilogie
»Der eiserne Turm« von Dennis L. McKiernan
gehören außerdem die Bände:

Schwarze Flut · 23916
Sonnentod · 23918

FANTASY-ROMAN

DENNIS L. MCKIERNAN

KALTE SCHATTEN

DER EISERNE TURM 2

SHADOWS OF DOOM
BOOK TWO OF
THE IRON TOWER TRILOGY

Deutsche
Erstveröffentlichung

GOLDMANN VERLAG

Aus dem Englischen übertragen
von Andreas Brandhorst

Made in Germany · 8/87 · 1. Auflage

Umschlaggestaltung: Design Team München
Umschlagillustration: Fred Weidmann, München
Satz: Fotosatz Glücker, Würzburg
Druck: Elsnerdruck, Berlin
Verlagsnummer: 23917
Redaktion: Peter-Alexander Sondermann/Theodor Singer
Lektorat: Christoph Göhler/Michael Görden
Herstellung: Peter Papenbrok
ISBN 3-442-23917-6

Inhalt

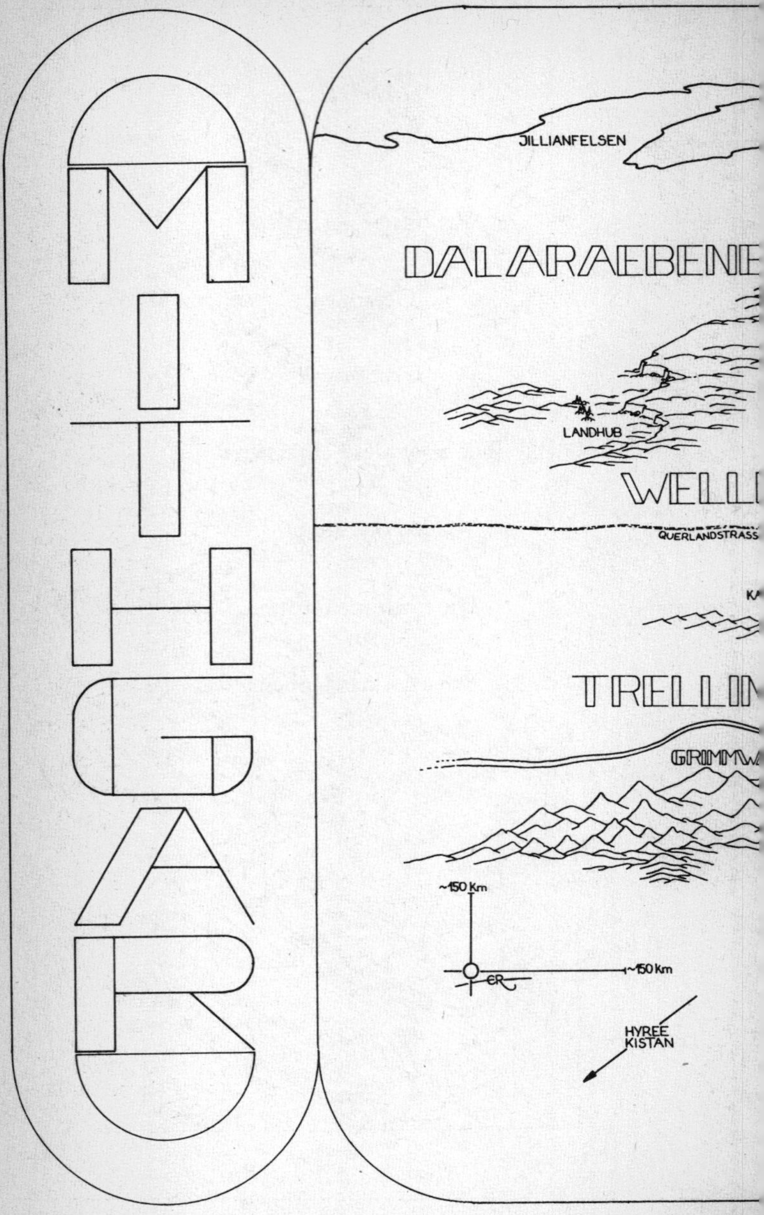

MITHGAR
JILLIANFELSEN
DALARAEBEN
LANDHUB
WELL
QUERLANDSTRASS
TRELLIN
GRIMMW
~150 Km
~150 Km
CR
HYREE
KISTAN

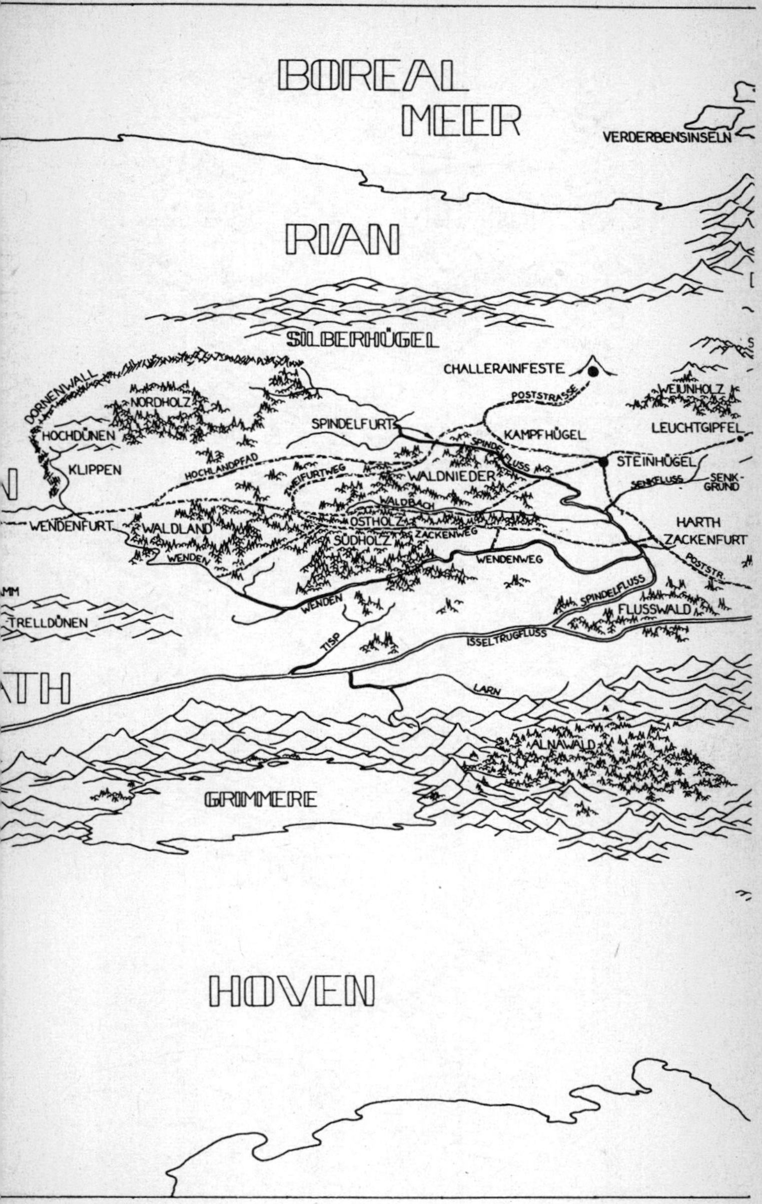

BOREAL MEER
VERDERBENSINSELN
RIAN
SILBERHÜGEL
CHALLERAINFESTE
POSTSTRASSE
WEIUNHOLZ
LEUCHTGIPFEL
DORNENWALL
NORDHOLZ
HOCHDÜNEN
SPINDELFURT
KAMPFHÜGEL
SPINDELFLUSS
STEINHÜGEL
KLIPPEN
HOCHLANDPFAD
WEIFURTWEG
WALDNIEDER
SENKFLUSS
SENK-GRUND
WALDBACH
OSTHOLZ
WENDENFURT
WALDLAND
ZACKENWEG
HARTH
SÜDHOLZ
ZACKENFURT
WENDEN
WENDENWEG
POSTSTR.
SPINDELFLUSS
WENDEN
FLUSSWALD
TISP
ISSELTRUGFLUSS
LARN
ALNAWALD
GRIMMERE
HOVEN

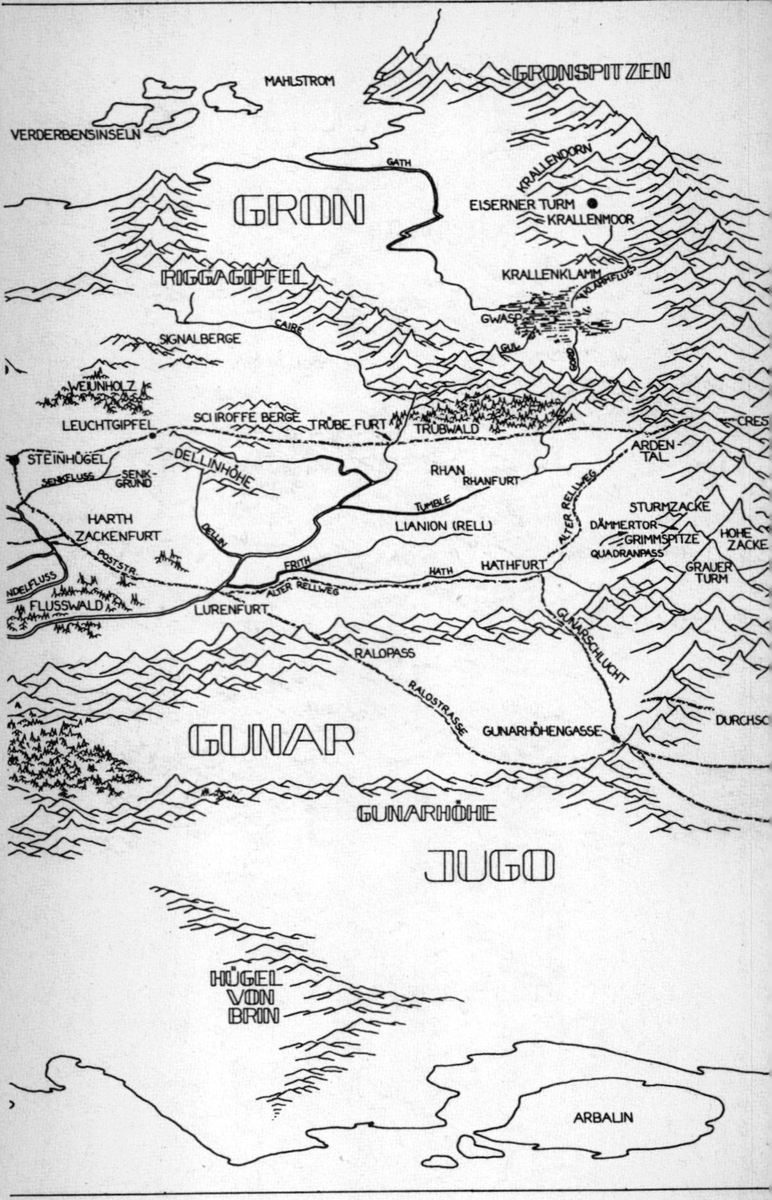
MAHLSTROM
GRONSPITZEN
VERDERBENSINSELN
GATH
GRON
KRALLENDORN
EISERNER TURM
KRALLENMOOR
RIGGAGIPFEL
KRALLENKLAMM
GWASP
CAIRE
SIGNALBERGE
GUL
GORD
WEIJNHOLZ
LEUCHTGIPFEL
SCHROFFE BERGE
TRÜBE FURT
TRÜBWALD
CRES
STEINHÜGEL
DELLINHÖHE
ARDEN-
TAL
SENKFLUSS
SENK-
GRUND
RHAN
RHANFURT
ALTER RELLWEG
STURMZACKE
HARTH
TUMBLE
LIANION (RELL)
DÄMMERTOR
HOHE
ZACKE
ZACKENFURT
DELLIN
GRIMMSPITZE
QUADRANPASS
POSTSTR.
FRITH
HATH
HATHFURT
GRAUER
TURM
ALTER RELLWEG
FLUSSWALD
LURENFURT
GUNARSCHLUCHT
RALOPASS
RALOSTRASSE
DURCHSC
GUNAR
GUNARHÖHENGASSE
GUNARHÖHE
JUGO
HÜGEL
VON
BRIN
ARBALIN

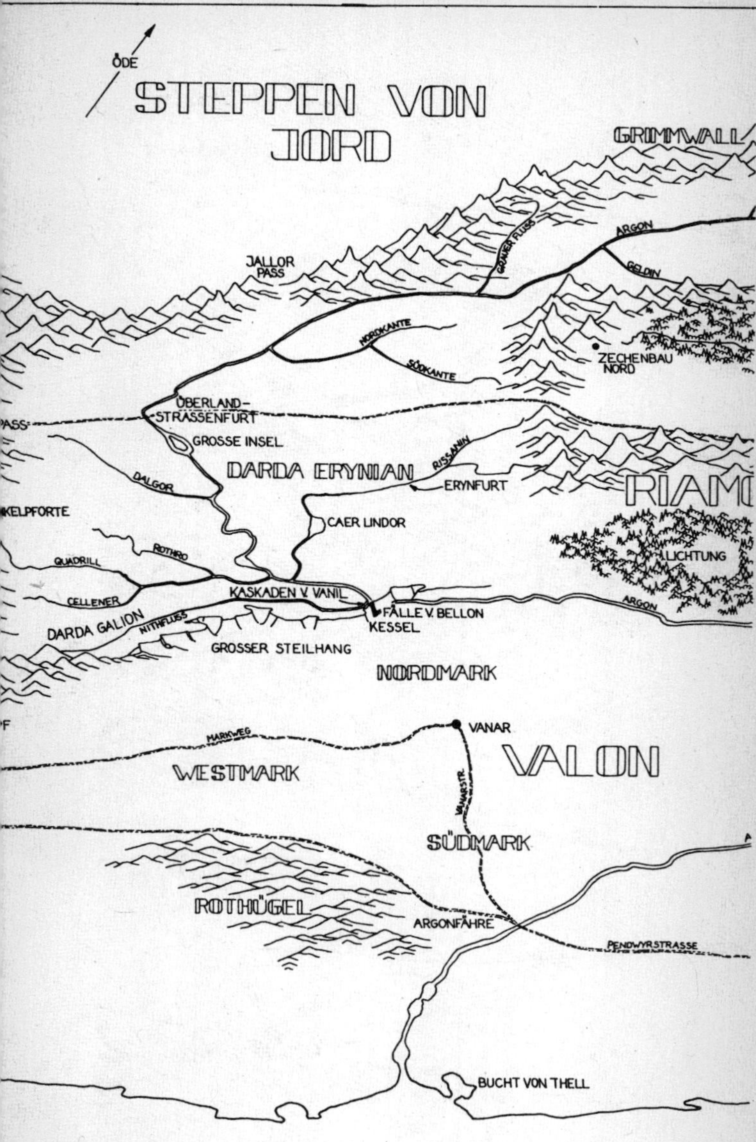

ÖDE
STEPPEN VON JORD
GRIMMWALL
ARGON
GELDIN
JALLOR PASS
NORDKANTE
SÜDKANTE
ZECHENBAU NORD
ÜBERLAND-STRASSENFURT
GROSSE INSEL
DARDA ERYNIAN
RISSANIN
ERYNFURT
DALGOR
CAER LINDOR
ROTHRO
QUADRILL
CELLENER
LICHTUNG
KASKADEN V. VANIL
FÄLLE V. BELLON
KESSEL
ARGON
DARDA GALION
NITHFLUSS
GROSSER STEILHANG
NORDMARK
VANAR
MARKWEG
VALON
WESTMARK
VANARSTR.
SÜDMARK
ROTHÜGEL
ARGONFÄHRE
PENDWYRSTRASSE
BUCHT VON THELL

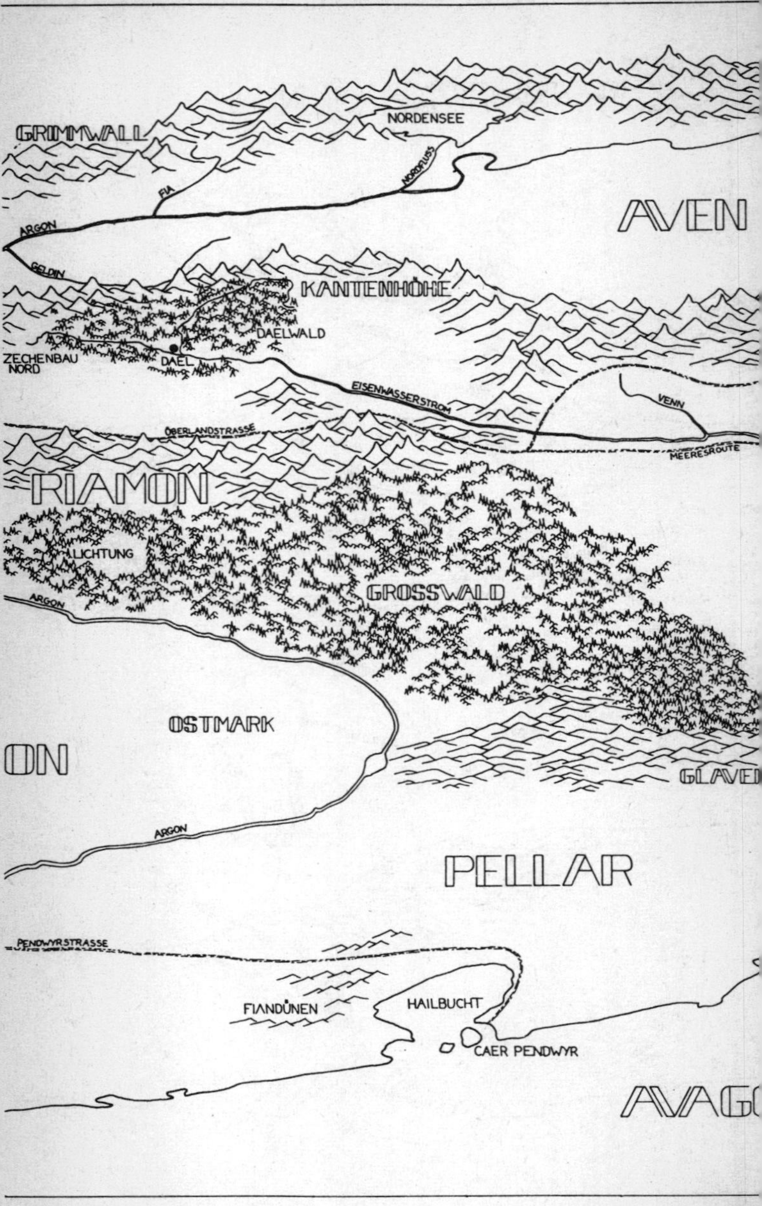

GRIMMWALL
NORDENSEE
NORDFLUSS
FIA
ARGON
AVEN
GELDIN
KANTENHÖHE
DAELWALD
ZECHENBAU NORD
DAEL
EISENWASSERSTROM
VENN
OBERLANDSTRASSE
MEERESROUTE
RIAMON
LICHTUNG
GROSSWALD
ARGON
OSTMARK
ON
GLAVE
ARGON
PELLAR
PENDWYRSTRASSE
FIANDÜNEN
HAILBUCHT
CAER PENDWYR
AVAG

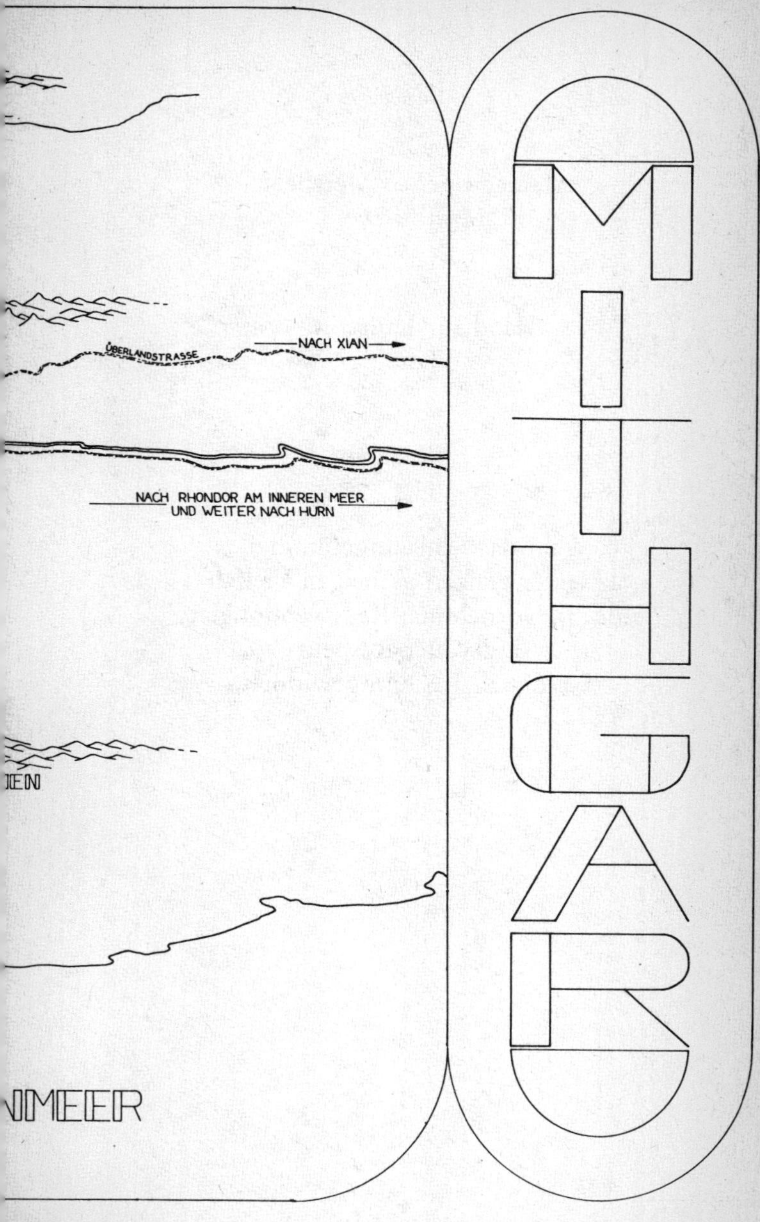

ÜBERLANDSTRASSE
NACH XIAN
NACH RHONDOR AM INNEREN MEER
UND WEITER NACH HURN
DEN
NMEER
MITHGARD

Meiner eigenen Merrilee:
Martha Lee

Und für Laurelin:
Tina

Und das Schlachtgetümmel
in seiner ganzen grausigen Vielfalt
und die vornehmen Redewendungen
sind voller Respekt
Ursula K. LeGuin gewidmet.

Was bisher geschah...

Der erste Band – *Schwarze Flut* – erzählte von unruhigen Zeiten im Waldland und von dem Winzigvolk – den Wichteln –, dem sich ein drohendes Unheil ankündigte: Gerüchte von umherstreifenden Wölfen machten die Runde, von Bauern und ihren Familien, die auf mysteriöse Weise verschwanden, von Krieg und dem Bösen, das weit im Norden lauerte. Fünf Jungwichtel – Tuck, Danner, Hob, Tarpy und ihr Riegenführer Patrel – machten sich deshalb in ihrem Dorf Waldnieder auf, um sich der Streitmacht der Dornenläufer anzuschließen, die an der Spindelfurt wachte. Unterwegs wurden sie von dämonenartigen Geschöpfen angegriffen, wolfsähnlichen Vulgs, und Hob kam dabei ums Leben.

Nach dem Kampf setzten die vier überlebenden Jungwichtel ihren Weg zur Spindelfurt fort, um dort rasch die Nachricht zu überbringen, daß sich Vulgs im Waldland befanden, und als sie ihr Reiseziel erreichten, nahmen Tuck, Danner und Tarpy in der Riege Patrels ihren Dienst als Dornenläufer auf. Einige Tage später, als ein Kurier des Königs durch die Barriere des Großen Spindeldorns geritten kam, um dem Waldland die Botschaft vom bevorstehenden Krieg gegen das Böse zu überbringen, fand nun auch Tarpy bei einem weiteren Vulgangriff den Tod.

Die Wichtel schworen Rache, und Tuck, Danner und Patrel machten sich in Begleitung zweier Riegen ihrer Artgenossen auf den Weg nach Challerainfeste, um dem Waffenruf des Königs zu folgen.

Als sie in die Bastion gelangten, erfuhren sie vom Düsterdunkel, einem gespenstischen Schattenlicht im Norden, dessen Glimmen den hellen Schein der Sonne völlig verdrängte, wodurch der alte Bann Adons aufgehoben war. Und in jener Dunkelheit streiften die finsteren Diener Modrus – Vulgs, Rûcks, Hlôks, Oger, Ghûle auf ihren Hôllrössern – frei umher.

Die Wichtel erhielten den Auftrag, die Mauern der Festung zu bewachen, und Tuck schloß die Bekanntschaft Prinzessin Laurelins, der Verlobten des ersten Sohns des Hohekönigs Aurion. Prinz Galen hielt sich zu jener Zeit nicht im Schloß seines Vaters auf, sondern war mit einer kleinen Streitmacht ins Düsterdunkel vorgedrungen.

Tuck, Danner und Patrel wurden zum Geburtstagsfest Prinzessin Laurelins eingeladen. Auf dem Höhepunkt der Feierlichkeiten stürzte ein verwundeter Krieger in den Saal und berichtete, die gräßliche Finsternis des Düsterdunkels sei auf dem Vormarsch und schiebe sich nach Süden auf die Festung zu. Damit hatte der Winterkrieg begonnen.

Am nächsten Tag verließ Prinzessin Laurelin Challerainfeste und machte sich mit dem letzten Flüchtlingszug auf den Weg nach Süden. Begleitet wurde sie vom zweiten Sohn König Aurions, Prinz Igon, der von seinem Vater den Auftrag erhalten hatte, nach Pellar zu reiten, um dort ein Königsheer zusammenzustellen und es nach Norden zu führen.

Kurz darauf glitt das Schattenlicht des Düsterdunkels über Challerainfeste hinweg. In der vom Feind in Gron beschworenen Finsternis reichte der Blick der Menschen nicht weiter als drei Kilometer hinaus über die Ebene, und in Wäldern oder einer hügeligen Region war die Sichtweite noch stärker eingeschränkt. Elfen konnten gleichwohl noch Einzelheiten in einer doppelt so großen Entfernung erkennen. Aber die eigentümlichen, juwelenartigen Wichtelaugen erwiesen sich als besonders scharf: Sie waren in der Lage, fast acht Kilometer weit zu sehen. Aus diesem Grund wurde die Königstruppe aufgeteilt, und man wies die einzelnen Jungwichtel verschiedenen Abteilungen und Truppeneinheiten der Königssoldaten zu – als Späher, deren Blick das Düsterdunkel durchdrang.

Schließlich rückte aus der Finsternis die Streitmacht der Horde Modrus vor und griff die Festung an, deren Verteidiger den Angreifern hoffnungslos unterlegen waren, so daß es den dämonischen Geschöpfen gelang, die Bastion zu erobern. Am letzten Tag des erbitterten Kampfes gaben die verbliebenen Soldaten des Königs Challerainfeste auf und versuchten, die Linien des Gegners zu durchbrechen.

Während dieses letzten und verzweifelten Gefechts vermochte

sich Tuck vor einer Rückpatrouille zu verstecken und in dem alten Grabgewölbe Zuflucht zu suchen, in dem die sterblichen Überreste Othrans des Sehers ruhten. Unterwegs hatte er zwar seine Waffen eingebüßt, aber in dem Sarkophag fand er ein uraltes Schwert aus Atalar und einen einzelnen roten Pfeil für seinen Bogen. Kurz darauf trat Prinz Galen in dasselbe Gewölbe, in dem sich auch Tuck verbarg. Bewaffnet mit nichts als der Klinge aus Atalar und dem roten Pfeil flohen Prinz und Wichtel nach Süden. Steinhügel war ihr Ziel, und dort hofften sie, auf die anderen Soldaten zu treffen, die der Horde entkommen sein mochten.

Aber bevor sie Steinhügel erreichten, stießen Tuck und Galen auf die Überreste des Flüchtlingszuges, der von Ghûlen angegriffen worden war. Weder Laurelin noch Igon befanden sich jedoch unter den Toten. Sie nahmen einige der Waffen der Überfallenen an sich und folgten anschließend der Spur der Ghûle. Sie hofften, die auf Hôllrössern reitenden Ungeheuer irgendwann einholen und den Prinzen und die Prinzessin irgendwie befreien zu können – falls sie tatsächlich Gefangene der Ghûle waren.

Zwei Dunkeltage später gelangten Tuck und Galen nach Weiunholz, wo kurz zuvor ein dreitägiger Kampf stattgefunden hatte und es den Verteidigern – einem Bündnis aus Menschen, Elfen und Wichtel – schließlich gelungen war, die Horde Modrus zurückzuschlagen. Von den Heerführern dieser Streitmacht erfuhren Tuck und Galen, daß vor ungefähr sechs Dunkeltagen eine Gruppe von Ghûlen nach Osten geritten war, später gefolgt von einem einzelnen Reiter.

Prinz und Wichtel machten sich erneut auf den Weg. Sie ritten ebenfalls nach Osten, und schließlich erreichten sie die Elfenfestung im Ardental. Als Talarin, das Oberhaupt der Elfen, von ihrer Mission erfuhr, wurden Tuck und Galen in das Haus eines Heilers geführt, in dem sie Igon fanden. Der Prinz war arg verwundet worden und hatte hohes Fieber. Als Igon kurz zu sich kam, bestätigte er, daß sich Laurelin tatsächlich in der Gewalt der Ghûle befand.

Gleich nach der beiden Ankunft ritt der Elfenherr von Gildor ins Ardental und berichtete, Aurion Rotauge habe während des

Kampfes gegen die Horde Modrus den Tod gefunden und nun sei Galen der Hohekönig Mithgars.

In dieser schier ausweglosen Situation befand sich Prinz Galen am Ende des ersten Bandes: Sollte er nach Norden reiten und versuchen, seine Geliebte zu retten, oder war es besser, wenn er sich nach Süden auf den Weg machte, um dort das erforderliche Königsheer zusammenzustellen und es gegen die dämonischen Schergen Modrus in die Schlacht zu führen? Eine schwerwiegende Entscheidung fiel ihm zu: zwischen Liebe und Pflicht.

Aber mit dem Beginn von *Kalte Schatten* kehren wir zu dem Tag zurück, an dem Laurelin Challerainfeste verließ.

»Das Licht der Sonne wich zurück,
und finstres Dunkel trifft der Blick.«

Gildor Goldzweig
22. Dezember, 4AE2018

Gefangen!

Knapp zwei Tage, bevor Challerainfeste von dem finsteren Schattenlicht des Düsterdunkels umhüllt wurde, hatte sich Prinzessin Laurelin mit dem letzten Flüchtlingszug auf den Weg nach Süden gemacht. Nur langsam rollten die Wagen über das steinerne Pflaster des Weges, der sich am Hang des Challerainberges in die Tiefe wand, und die Prinzessin weinte leise, während sich Saril, ihre Betreuerin und älteste Zofe, immer wieder über belanglose Nebensächlichkeiten beschwerte und die Unbequemlichkeit der Reise beklagte. Die Prinzessin hätte in diesen Augenblicken eher jemanden gebraucht, der sie in die Arme schloß, fest an sich drückte und tröstete, obgleich auch das nicht die Verzweiflung aus ihrem Herzen verdrängen konnte. Nur die Zeit vermochte jene tiefe Wunde zu heilen, die sie davongetragen hatte. Doch Saril schien die Bedürfnisse der schluchzenden jungen Frau nicht zu erahnen und verstand auch nicht deren hilflose Niedergeschlagenheit, als Laurelin den Kopf zur Seite drehte und durch die offene Klappe des Wagens mit tränenverschleierten Augen zurückblickte auf die Hügel und die Festungsmauern. Nach einer Weile aber reichte die Zofe der Prinzessin ein seidenes Schnupftuch, denn Laurelin suchte vergeblich ihr eigenes.

Weiter rumpelten die eisenbeschlagenen Räder des letzten von hundert Wagen über das Pflaster der nach Süden führenden Poststraße. An den Hügeln zogen die Fliehenden entlang, und bald erreichten sie die schneebedeckte Ebene. Laurelin hörte zwar auf zu weinen, aber sie kniete auf dem mit weichen Decken versehenen Holz der Ladeklappe des Wagens, wandte den Blick nicht von der in der Ferne zurückbleibenden Festung ab und sprach nicht ein einziges Wort.

Die Zeit verstrich, und Kilometer um Kilometer legte der Flüchtlingszug zurück. Hölzerne Achsen knarrten und ledernes Zaumzeug knirschte leise. Das Pochen der Hufe glich einem dumpfen Trommelschlag, der gelegentlich von dem gröhlenden Ruf eines Fuhrmannes unterbrochen wurde. Und stetig wuchs am nördlichen Horizont die finstere Wand des Düsterdunkels gen Himmel.

Am späten Nachmittag führte der Weg einen langgestreckten Hügel hinauf, und zu beiden Seiten erstreckten sich weiße und frostige Hänge. Laurelins Blick galt noch immer der Festung, die nun bloß noch ein unklarer Schatten im Norden war. Nach schier unendlicher Weile erreichte der Zug die Hügelkuppe, und als es auf der anderen Seite wieder hinab ging, war Challerainfeste bald nicht mehr zu sehen.

»O Saril, ich fürchte, ich habe dein Schnupftuch völlig naßgeweint«, entschuldigte sich Laurelin, wandte sich bei diesen Worten ihrer Begleiterin zu und zeigte ihr das zerknitterte und feuchte Tuch.

»Das macht nichts, Prinzessin, bereitet Euch deshalb keine Sorgen«, erwiderte Saril und griff nach der Seide. »Oh, bei Adon! Es trieft ja geradezu! Ich glaube, die Menge an Tränen, die das Tuch aufgesaugt hat, sollten eigentlich für Jahre reichen.« Sie ergriff es und hielt das Tuch an einem Zipfel mit Daumen und Zeigefinger. »Wir sollten es sofort auswringen, denn sonst gefriert es in der Kälte und wird steinhart.«

»Nun, vielleicht sollten wir es ruhig hart werden lassen«, entgegnete Laurelin und rang sich ein Lächeln ab. »Dann könnte es in der Wurfschlinge eines Kriegers zu einem Geschoß werden, das wir der Horde Modrus entgegenschleudern.«

Bei der Erwähnung des Feindes in Gron machte Saril eine rasche Handbewegung, und es schien, als schrieben ihre Finger ein imaginäres Runenzeichen in die Luft, mit dem sie sich vor dem Bann des Bösen schützen wollte. »Prinzessin, ich glaube, es ist besser, diesen Namen gar nicht auszusprechen, denn es heißt, derjenige, der jene beiden Silben über die Lippen bringt, zöge damit einen schwarzen Fluch auf sich – mit der gleichen unfehlbaren Sicherheit, wie ein Eisensplitter einem Magneten entgegenstrebt.«

»Ach Saril«, erwiderte Laurelin mit gelindem Spott. »Jetzt ist es an mir, darauf mit einem ›Das macht nichts!‹ zu antworten, denn welches Interesse könnte er schon für Frauen und Kinder, für Alte und Gebrechliche haben?«

»Das weiß ich nicht, meine Dame«, antwortete Saril, und verhaltene Sorge zeigte sich in dem vollen Gesicht der älteren Frau. Sie wandte sich langsam um und warf einen furchtsamen Blick über die Schulter, so als könne sich jemand von hinten an sie herangeschlichen haben. »Aber mit meinen eigenen Augen habe ich mit angesehen, wie der Magnet mit unsichtbaren Händen nach einem Eisensplitter griff, und daher weiß ich, daß eine solche Kraft existiert. Warum also sollte es nicht auch möglich sein, daß unvorsichtige Worte das Böse anziehen?«

»O Saril«, Laurelin schüttelte den Kopf, »nur weil die eine Sache der Wahrheit entspricht, muß nicht auch gleich die andere stimmen.«

»Hoffentlich nicht«, entgegnete Saril nach einer Weile. »Aber wie dem auch sei: Ich halte es für besser, jedes Risiko zu vermeiden.«

Sie sprachen nicht weiter darüber; für die verbleibenden Stunden waren die mahnenden Worte Sarils jedoch ein Echo, das nicht aufhörte, in den Gedanken Laurelins widerzuhallen.

Bei Sonnenuntergang schlugen sie rund dreißig Kilometer südlich des Challerainberges ihr Lager auf. Zwar hatte der Wagenzug unterwegs mehrmals angehalten, um den Pferden eine kurze Ruhepause zu gönnen, den Frauen, Kindern, Alten und Gebrechlichen die Gelegenheit zu geben, sich die Beine zu vertreten und andere Bedürfnisse zu befriedigen, aber jene kurzen Zwischenaufenthalte ließen sich nicht mit der Entspannung zur Nachtruhe vergleichen. Laurelin ging von Wagen zu Wagen, den ganzen Zug entlang – länger als zwei Kilometer war er –, sprach mit Alten und Schwachen und richtete auch einige Worte an die Jüngeren.

Sie machte auf diese Weise den anderen Flüchtlingen Mut, und wie sie glaubte, folgte sie damit dem Beispiel Igons.

Als die Prinzessin schließlich wieder an das Feuer trat, das neben ihrem Wagen brannte, hatte Saril über den Flammen eine warme Brühe zubereitet. Der verwundete Haddon hatte sich auf einem Baumstumpf in der Nähe des Feuers niedergelassen. Sein einer Arm steckte noch immer in der Schlinge, und sein Gesicht wirkte blaß und farblos, aber er hatte einen enormen Appetit.

»Prinzessin«, setzte er an und war überrascht von deren plötzlichem Auftauchen aus der Dunkelheit der Nacht. Er machte Anstalten, sich zu erheben, aber Laurelin bedeutete ihm sitzenzubleiben.

»Ich habe eine Bitte an dich, Krieger Haddon«, sagte die Prinzessin. Sie griff nach einem Teller Brühe und einer Tasse Tee und machte es sich neben dem Soldaten bequem. »Erzähl mir von Prinz Galen. Ich weiß nicht, wie es ihm erging, und ich möchte so gern von ihm hören.«

Und bis spät in die Nacht berichtete Haddon von den Überfällen, den Kämpfen und Scharmützeln mit den Schergen Modrus und den anderen Abenteuern, die die hundert Berittenen Galens in der bitterkalten Winternacht im Norden erlebt hatten. Während der Krieger davon erzählte, trat Prinz Igon ans Feuer, um seine Mahlzeit einzunehmen, begleitet von Hauptmann Jarriel, der niemals von seiner Seite wich. Im unsteten Schein der Flammen war deutlich zu sehen, wie die Augen Igons zu funkeln begannen, als er hörte, wie sein Bruder Galen mit den hundert Soldaten das Düsterdunkel auf der Suche nach der Horde Modrus durchstreift hatte.

»An den Silberhügeln ritten wir vorbei, bis nach den Riggagipfeln«, berichtete Haddon, und sein Blick kehrte sich nach innen. »Aber wir fanden nichts: Die von Modru beschworene Düsternis verbarg alles vor unseren Blicken. Wir wandten uns nach Norden, in Richtung des Borealmeers, und schließlich hatten wir mit unserer Suche Erfolg – obgleich dieser Erfolg nicht gerade dazu angetan war, unsere Stimmung zu heben: Auf eine große Schar stießen wir, die an den westlichen Hängen jener schroffen Gipfel entlang nach Süden zog. Aus klaffenden Spalten und tiefen Rissen im Fels krochen die dämonischen Geschöpfe hervor, und während des Vormarsches wurden es mehr und immer mehr.

Vulgs waren unter den Ungeheuern. Sie liefen an den Flanken der großen Streitmacht, und wir konnten keinen Überfall wagen, denn jene gräßlichen Schatten der Nacht hätten uns schon von weitem gewittert. König Aurion hatte recht: Sie sind die Spürhunde Modrus.« Haddon machte eine kurze Pause, als Saril, in deren von Angst geweiteten Augen die Bilder leuchteten, die der Krieger beschrieben hatte, ihm neuen Tee einschenkte.

»Wir schickten Kuriere nach Challerainfeste«, fuhr Haddon fort, »um dem König von der Horde zu berichten.«

»Niemand traf jedoch ein«, erwiderte Igon mit gequält klingender Stimme, und er schüttelte zornig den Kopf.

»Vermutlich wurden sie von den Ungeheuern umgebracht, bevor sie ihr Ziel erreichten, Prinz«, entgegnete Haddon. Er hob den in der Schlinge steckenden Arm. »Die Vulgs haben nicht nur Boeder und mich angegriffen, sondern auch die Reiter, die Galen mit einer Botschaft für den König auf den Weg schickte.«

»Wie ich von Prinz Igon hörte«, warf Hauptmann Jarriel ein, »erwähntest du auch Ghola.«

»Ja«, bestätigte der Krieger, und das zerfurchte Gesicht Haddons wirkte plötzlich sehr nachdenklich. »Ghola haben wir auch gesehen, und sie hockten auf den Rücken von Hôllrössern. Oft verfolgten sie uns, aber Prinz Galen gelang es immer wieder, ihnen zu entwischen, selbst in der kalten Winternacht. Klug ist der Prinz, schlau wie ein Fuchs. Wir warteten, bis keine Vulgs mehr in der Nähe waren, einige Kreaturen sich von der Hauptstreitmacht der Horde so sehr entfernten, daß sich uns eine Gelegenheit zum Zuschlagen bot. Oh, und dann ritten wir los und stürzten uns auf die Schatten der Nacht, und wir glichen unfaßbaren Funken, die der große Schmiedehammer Adons davonschleuderte. Nach den Überfällen zogen wir uns rasch wieder zurück, verfolgt von Ghola und ihren Hôllrössern, und das schwarze Roß Prinz Galens sauste uns voran gen Norden. Über den unter den Hufen unserer Pferde aufwirbelnden Schnee galoppierten wir, und unsere Spuren verloren sich inmitten der Fährten, welche die Ungeheuer der Horde selbst im Weiß zurückgelassen hatten. Wir hielten uns nördlich und versteckten uns manchmal inmitten hoch aufragender und eisverkrusteter Felsbrocken oder in schmalen Schluchten und sahen zu, wie die Ghola an uns vorbeijagten, während wir uns in jener Finsternis verbargen, die Modru zum Schutze seiner eigenen Schergen beschworen hat.«

»Willst du damit etwa andeuten, die Ghola könnten im Düsterdunkel nicht besser sehen als wir?« Prinz Igon war überrascht. »Ich habe bisher immer geglaubt, die Sicht der Schatten des Dunkels sei in der Winternacht keinen Beschränkungen unterworfen.«

»Ich weiß nicht, wie gut oder schlecht sie in ganz gewöhnlicher Dunkelheit sehen können, aber Prinz Galen meinte, inmitten des gespenstischen Glühens des Schattenlichts sei die Sichtweite der Dämonen ebenso begrenzt wie die von uns Menschen.« Haddon leerte seinen Becher. »Nur in einem Punkt bin ich mir ganz sicher: Ich vermochte im Düsterdunkel nicht weiter als bestenfalls drei Kilometer zu sehen, und selbst dann kamen mir die Konturen der Dinge, die ich erkannte, unklar und verschwommen vor. Nur das, was sich bewegte, war deutlich auszumachen: die Horde, die vielen Ghola auf ihren Hôllrössern. Die Felszacken an einem Berghang, aus der Ebene ragende Steinblöcke – das waren nur Schemen. Selbst die Objekte, die sich ganz in der Nähe befanden, wiesen für meine Augen kaum Einzelheiten auf, und die Farben verblaßten schon nach wenigen Metern.« Prinz Igon nickte bestätigend. Er hatte sich selbst schon in der Winternacht befunden und entsprechende Erfahrungen gemacht.

»Wie ich hörte, sind Elfenaugen dagegen schärfer als die aller Sterblichen«, warf Laurelin ein. »Vielleicht können sie mit ihren Blicken sogar das Düsterdunkel durchdringen.«

»Vielleicht habt Ihr recht, Prinzessin«, gab Haddon zu. »Aber man muß wirklich besondere Augen haben, wenn man sich in der Winternacht orientieren will.«

Besondere Augen. Plötzlich erinnerte sich die Prinzessin an die großen und saphirblauen Puppillen Tucks, an den schillernden Blick, mit dem er sie gemustert hatte, und noch lange Zeit dachte sie an die wie Juwelen funkelnden Augen der Wichtel.

Als schließlich der Morgen dämmerte, machten sich einige Flüchtlinge bereits daran, den Pferden die Harnische anzulegen und sie vor die Wagen zu spannen, während andere noch ihr Frühstück einnahmen. Laurelin half dem Heiler dabei, Salbe auf die Wunde in Haddons Arm zu streichen und ihm einen frischen Verband anzulegen, und der Heiler meinte, der Krieger käme nun auch ohne die Schlinge aus. »Du mußt natürlich noch vorsichtig sein«, erklärte er. »Nachdem du im Festsaal der Challerainfeste zusammengebrochen warst, haben wir die Wunde ausgebrannt, mit einem glühenden Messer, und wir hofften, dadurch das Gift wegsengen zu können oder dich wenigstens bis zum Sonnenaufgang am Leben zu erhalten. Diese Brandwunde schmerzt dich, obwohl wir sie nun behandelt haben, und natürlich der Klingenstich. Aber das verbliebene Gift hat sich in dem während des Tageslichts wirkenden Bann Adons aufgelöst und verflüchtigt.«

Bald war der Flüchtlingszug zum erneuten Aufbruch bereit, und als die Soldaten der Eskorte in ihre Signalhörner bliesen, setzten sich die Wagen wieder in Bewegung und rollten über die nach Süden führende Poststraße. Die Entfernung zur Challerainfeste vergrößerte sich weiter, und sie hielten auf die Kampfhügel, Steinhügel und die jenseits davon gelegenen Gebiete zu.

Den ganzen Tag über rumpelten und ächzten die Wagen über Schnee und Eis, und Laurelin wurde so durchgeschüttelt, daß sie die kurzen Pausen als eine große Erleichterung empfand.

Igon bekam sie nur selten zu Gesicht, denn zusammen mit Hauptmann Jarriel ritt er an der Spitze des Wagenzuges, um als erster die Meldungen in Empfang zu nehmen, mit denen die weit vorausgeeilten Späher der Eskorte nach einer Weile zurückkehrten.

Saril leistete der Prinzessin weiterhin Gesellschaft, und den Nachmittag verbrachten sie mit angeregten Gesprächen. Am Morgen hatten sie sich mit *Zhon* die Zeit vertrieben, einem Kartenspiel, das sich am Hofe König Aurions großer Beliebtheit erfreute und dessen Bilder Bedeutungssymbolen gleichkamen. Laurelin hatte sich von diesem Spiel ein wenig Ablenkung erhofft, aber mit jeder neuen Runde verstärkte sich das Unbehagen der Prinzessin. Und obgleich die meisten Karten gute Omen offenbarten, erwartete Laurelin jeden Augenblick das Auftauchen der Vier Schwerter und insbesondere das der Schwarzen Dame, und jedesmal, wenn Saril eine neue Karte umdrehte, verkrampfte sich etwas in ihrem Innern. Schließlich bat sie die Zofe, das Spiel beiseite zu legen, weil sie die Lust daran völlig verloren hatte.

Am späteren Nachmittag des folgenden Tages saß Laurelin, ihrer Gewohnheit entsprechend, im hinteren Teil des Wagens und sah durch den Spalt zwischen den beiden Leinenbespannungen auf die hinter der Kolonne zurückbleibende Landschaft. Als der Wagenzug die nördlichen Ausläufer der Kampfhügel erreichte, erhoben sich immer mehr Hügel aus der Steppenebene. Viele eintönige Meilen hatten sie schon zurückgelegt, als Laurelin nach einer Weile plötzlich einen einzelnen Reiter sah und den Klang eines Signalhorns vernahm. Es war der Späher, der die Region beobachtete, die hinter dem Wagenzug lag, und er trieb sein Pferd an, um zu der Kolonne aufzuschließen und an die Spitze des Zuges zu gelangen. Immer wieder blies der Krieger in sein Horn, und schon flog er am Wagen Laurelins vorbei. Die Hufe des Pferdes wirbelten den Schnee hoch empor, als der Späher nach Südwesten ritt, in Richtung der vordersten Wagen. Die Prinzessin fragte sich, was den Soldaten zu solcher Eile veranlaßte, und ihr Herz begann erregt schneller zu pochen.

Einige Zeit verstrich, und bald vernahm Laurelin erneut das Pochen von Hufen. Pferde jagten an ihr vorbei: Igon, Hauptmann Jarriel und der Späher galoppierten nun nach Norden, und ihre Mäntel wehten wie dunkle Banner. Sie verließen die Poststraße und ritten einen kleinen Hügel empor, auf dessen Kuppe sie die Pferde zügelten. Eine ganze Zeitlang rührten sie sich nicht von der Stelle und blickten nach Norden, in die Richtung, in der Challerainfeste lag, die Bastion, die nun hinter dem Horizont verborgen war. Laurelin beobachtete ihre Silhouetten, die sich schattenhaft vor dem hellen Himmel abzeichneten, und das Herz schlug ihr bis zum Hals, als eine düstere Vorahnung in ihr aufstieg. Außerdem erinnerte sie die Haltung der drei Männer an etwas, und es dauerte eine Weile, bis sie sich dessen entsann: *Sie sehen aus wie die in dem uralten Schnitzwerk dargestellten Drei Vorboten aus Gelvins Götterdämmerung*, fiel es ihr ein, und Eiseskälte durchfuhr sie, denn das war eine Sage des Unheils.

Schließlich zwangen Igon und Jarriel ihre Pferde herum und ritten den Schneehang herab, nur der Späher blieb auf dem Hügel zurück. Die Rösser galoppierten auf die Kolonne zu und schlossen rasch zu ihr auf. Jarriel ritt weiter, als Igon sein Pferd zügelte und es an den Wagen Laurelins heranführte. Die Prinzessin schlug die Plane noch etwas weiter zurück, und sie mußte ihre Stimme erheben, um das beständige Knarren und Ächzen der Räder und Achsen zu übertönen: »Was ist denn? Was habt ihr im Norden gesehen?«

»Die Schwarze Wand, Prinzessin«, erwiderte Igon bitter. »Sie rückt jetzt nach Süden vor. Ich nehme an, Challerainfeste ist gestern um die Mittagszeit von der Winternacht verschluckt worden. Aber die Schwarze Wand bewegt sich noch immer, und wenn das Düsterdunkel nicht seinen Kurs ändert, wird es uns morgen einholen.

Heute abend müssen wir beide zu den Flüchtlingen sprechen und sie auf den dunklen Fluch vorbereiten, denn sonst könnten sie beim Anblick der heranziehenden Winternacht in Verzweiflung und Mutlosigkeit verfallen.« Igon zog die Zügel seines Rosses an und preßte ihm die Stiefel in die Flanken. »Ich muß jetzt fort und mich mit den anderen Soldaten der Eskorte beraten!« rief er. Und der Falbe stürmte los.

Diese schlechte Nachricht erfüllte Laurelins Herz mit neuer Furcht, und sie sorgte sich um diejenigen, die in der Festung zurückgeblieben waren: Aurion, Vidron, Gildor, die Wichtel, besonders Tuck, die Königssoldaten und, noch weiter im Norden, Galen. Und die Prinzessin fragte sich, wer ihr wohl Trost spenden und neuen Mut machen würde, wenn die Schwarze Wand heran war. Sie drehte sich um und sah Saril an. Die ältere Frau hatte ebenfalls die Worte Igons vernommen, und sie weinte und bebte vor Angst. Laurelin zog die Zofe an sich und strich ihr wie einem kleinen Kind über die Haare. Sie wußte, daß niemand da war, um sie als Prinzessin zu trösten, denn es galt als selbstverständlich, daß der Adel nicht die Ängste verspürt, die dem gewöhnlichen Volk zu eigen sind.

In jener Nacht wälzte sich Laurelin im Schlaf unruhig hin und her und träumte immer wieder davon, in eine finstere Falle zu geraten.

Beim Morgengrauen des nächsten Tages konnten sie die Schwarze Wand alle ganz deutlich sehen. Am Horizont wuchs sie steil in die Höhe, und während sie näher glitt, schien sie immer größer zu werden. Einige der Kinder weinten und suchten bei ihren Müttern Schutz, und auf vielen Gesichtern spiegelte sich maßloses Entsetzen, als sich die Finsternis immer weiter nach Süden schob.

Rasch wurde das Nachtlager abgebrochen, und anschließend setzte sich die Kolonne wieder in Bewegung. Langsam rollte der Wagenzug über die Poststraße westwärts an den Hängen der Kampfhügel vorbei. Saril schluchzte noch herzzerreißender, da der Weg nun nicht länger direkt nach Süden führte und damit fort von der Schwarzen Wand. Und die kalte Finsternis der Winternacht wallte mit jeder verstreichenden Stunde sichtbar näher heran.

Langsam stieg die Sonne am Firmament empor und kletterte dem Zenit entgegen, aber ihr heller und warmer Schein konnte die herankriechende Dunkelheit Modrus nicht aufhalten, als es allmählich Mittag wurde. Und stetig wuchs das Düsterdunkel, bis seine dunkle Wand mehr als anderthalb Kilometer emporreichte und zu einem Wall wurde, hinter dem Frost und die Ungeheuer des Feindes in Gron lauerten. Am Fuße dieser Schwarzen Wand tosten Sturmböen und wirbelten große weiße Schneewolken auf.

Die Pferde begannen nun bereits zu wiehern und zu scheuen, und in den Flüchtlingswagen ertönte das Jammern von Kindern, das Schluchzen von Frauen und das Stöhnen alter Männer.

Die wachsende Verzweiflung über das Heranrücken der Winternacht ließ Laurelins Gesicht zu einer unbewegten Maske erstarren, sie preßte die Lippen aufeinander, und ihre Wangen wurden blaß. Hinter ihr kniete Saril im Wagen, hatte die Hände vors Gesicht geschlagen und weinte mit gelegentlichem Aufschluchzen. Sie konnte ihre Angst nicht im Zaum halten, als die Schwärze Modrus heranwogte.

Eiskalter Wind strich über die Planen der Wagen, und die Böen trugen Schnee heran und verringerten dadurch die Sichtweite auf wenige Meter. Die Fuhrleute und Soldaten hatten alle Mühe, die Pferde zu zügeln, als der weiße Sturm über die Wagenkolonne hinwegraste.

Dann verebbte der heulende Zorn des Windes, und rasch wurde es wieder still, abgesehen von dem emporgewirbelten Schnee, der langsam zu Boden sank. Der Wagenzug befand sich jetzt im Innern des Düsterdunkels, und die frostige Hand der Winternacht hatte nun auch noch diese Region in ihrem eisigen Griff. Eine gespenstische Ruhe senkte sich über die Ebene und die Hänge der Kampfhügel, eine Stille, die nur von den Schreien derjenigen durchbrochen wurde, die nicht Herr ihrer Furcht werden konnten.

Dreißig Kilometer legte der Flüchtlingszug an jenem Tag zurück, fünfzehn im hellen Sonnenschein und weitere fünfzehn im glühenden Schattenlicht der Winternacht. Am Abend hielt man an, um ein Lager aufzuschlagen, und die Frauen kochten, aber die Angst hatte vielen so sehr auf den Magen geschlagen, daß bloß wenig gegessen wurde. Laurelin zwang sich dazu, ihren Teller zu leeren. Saril aber starrte nur weinend mit geröteten Augen auf ihre Mahlzeit. Haddons Appetit hingegen schien vom Düsterdunkel in keiner Weise beeinträchtigt zu werden, denn er kannte die Winternacht schon: Zusammen mit der Hundertschaft der Krieger Galens hatte er viele Dunkeltage im Reich des Schattenlichts verbracht. Er aß unbeirrt, aber sein Gesicht war finster und verschlossen, denn er wußte besser als alle anderen, daß mit dem Düsterdunkel auch die dämonischen Schergen Modrus kamen.

Igon und Jarriel traten ans Feuer, um ebenfalls eine Mahlzeit einzunehmen. Jarriel machte während des Essens einen sehr nachdenklichen Eindruck, und kurz darauf brachte er seine Sorge zur Sprache und wandte sich mit höfischer Förmlichkeit an die Prinzessin. »Ich schlage vor, Euren Wagen morgen in die Mitte des Zuges zu lenken, denn dort seid Ihr sicherer.«

»Was meinst du damit, Hauptmann?« fragte Laurelin.

»Hier am Ende der Kolonne habt Ihr keinen Schutz«, erwiderte Jarriel und setzte seinen mit Tee gefüllten Becher ab, »und Ihr könnt jederzeit angegriffen werden. Ich möchte Euch bitten, einen Platz im Zug für Euch zu suchen, an dem Ihr wesentlich schwerer ausfindig zu machen seid und den man außerdem leichter verteidigen kann.«

»Aber dann, Hauptmann«, wandte die Prinzessin ein, »müßte jemand anderes das Schlußlicht bilden und sich der Gefahr eines plötzlichen Angriffs aussetzen. Ich kann niemanden darum bitten, meine Stelle einzunehmen.«

»Oh, aber das müßt Ihr einfach«, stöhnte Saril. Ihre Augen waren vor Furcht geweitet, und ihre Hände zitterten und zuckten unsicher hin und her. »Bitte, laßt uns den Wagen in die Mitte des Zuges steuern, wo wir sicherer sind.«

Mitfühlend musterte Laurelin ihre Begleiterin. »Ach, Saril, nirgends ist man wirklich sicher vor dem Bösen – weder an der Spitze noch in der Mitte. Ich habe für meinen Wagen diese Position gewählt, weil ich hier meinem geliebten Prinz Galen am nächsten bin, und dabei bleibt es.«

Für eine Weile blieb es still, und zu hören war nur das Knacken der Holzscheite im Feuer und das leise Schluchzen und Wimmern Sarils. Dann erhob Haddon seine heisere Stimme: »Prinzessin, Saril hat recht, wenn auch aus einem anderen Grund als dem, den sie anführte – was übrigens auch auf Hauptmann Jarriel zutrifft. Ihr müßt Euren Wagen unbedingt in die Mitte der Kolonne einordnen, auch wenn Ihr dort nicht sicherer vor dem Feind in Gron seid als ganz vorn oder hinten – und auch wenn man Euch dort nicht besser vor dem Bösen schützen kann. Nein, in diesem Punkt stimme ich mit Euch überein, aber ich bin dennoch der Meinung, daß Ihr der Bitte Jarriels entsprechen solltet, obzwar ich dabei an etwas anderes denke:

Habt Ihr die Leute beobachtet, als Ihr heute abend an den

Wagen entlanggegangen seid? Ich schon, und ich sah folgendes: Die Flüchtlinge wirkten niedergeschlagen und verzweifelt, ja völlig mutlos, bevor sie Euch erblickten. Doch die Gesichter selbst derjenigen, die vor Angst fast außer sich waren, erhellten sich plötzlich, als sie Euch durch das Schattenlicht kommen sahen. Oh, die fürchten sich noch immer, aber nicht mehr in dem Ausmaß wie noch zuvor. Und aus eben diesem Grund solltet Ihr Euch in die Mitte der Kolonne begeben: Denn Ihr macht den Leuten wieder Mut und gebt ihnen neue Hoffnung. Zwar könnt Ihr nicht zusammen mit den Flüchtlingen in ihren Wagen hocken, aber es ist Euch möglich, mit Eurem Wagen in ihrer Mitte zu weilen. In der Nähe Eures Wagens haben sie nicht mehr das Gefühl, allein und verlassen zu sein.«

Unmittelbar im Anschluß an diese Worte fuhr Haddon in einem sehr formellen Tonfall fort. »Ich werde Euren Platz am Ende des Wagenzuges einnehmen, und Ihr solltet Euch zu den anderen Flüchtlingen gesellen, auf daß die Leute sehen, daß Ihr unter ihnen weilt.«

Als Haddons Wortschwall schließlich versiegte, fiel er in Schweigen. Er war zwar ein Krieger und nicht vom Hofe, doch kein Höfling hätte redegewandter sprechen können als er.

Laurelin starrte in die Flammen des Feuers, und Tränen netzten ihre Wimpern. Eine Zeitlang sprach niemand ein Wort. Schließlich wandte sich die Prinzessin an Hauptmann Jarriel und deutete bloß mit einem Nicken ihr Einverständnis an. Jarriel seufzte erleichtert und entspannte sich, während Saril umhereilte und damit begann, Dinge fortzuräumen und einzupacken – so als stände der Aufbruch unmittelbar bevor.

Igon sah Haddon an. »Hör, Haddon, ich möchte dich an meiner Seite wissen, wenn es irgendwann darum geht, einen Vertrag mit einem anderen Land zu schließen, denn unter deiner rauhen Schale verbirgt sich eine goldene Zunge.«

Laurelins Lachen darüber hörte sich wie das Läuten silberner Glocken an, und dieser Klang wehte über das Feuer hinweg und an den anderen Wagen vorbei. Igon, Haddon und Jarriel stimmten mit ein, während Saril stehen blieb, nur stumm die Augen aufriß und sich ganz offensichtlich fragte, wie man angesichts des schrecklichen Düsterdunkels so lustig sein konnte.

Kurz darauf eilte ein Soldat der Eskorte herbei, beugte sich zu Hauptmann Jarriel herab und meldete: »Herr, im Norden bewegen sich Vulgs durch das Schattenlicht nach Süden, und es scheint, als hätten sie die Absicht, die sich nach wie vor bewegende Front der Schwarzen Wand einzuholen und zu durchstoßen. Die Späher berichteten aber auch, daß sich einige von ihnen bald umwandten und den Weg zurückkehrten, den sie gekommen waren. Ich weiß leider nicht, was das zu bedeuten hat.«

Laurelin und Haddon blieben noch eine Weile in schweigendes Nachdenken vertieft sitzen.

Laurelin erwachte, als sich Betriebsamkeit im Lager regte.

»Saril«, die Prinzessin berührte ihre ältere Begleiterin an der Schulter, »es ist Zeit zu frühstücken, denn bald brechen wir wieder auf.«

Saril stöhnte noch schlaftrunken. »Ist es denn schon Morgen, Herrin?«

»Nein, Saril«, erwiderte Laurelin. »Im Düsterdunkel gibt es keinen Morgen, und es wird noch lange dauern, bis wir wieder die Sonne über den Horizont steigen sehen.«

Saril fuhr unwillkürlich zusammen und wollte sich schon die Decke schützend über den Kopf ziehen. Aber das ließ Laurelin nicht zu. Sie forderte ihre Zofe auf, sich anzukleiden, und sie hoffte, es möge Saril bald gelingen, zumindest etwas von ihrer Angst zu verdrängen und jenen Mut zu finden, der nötig war, um sich mit dem gespenstischen Düsterdunkel abzufinden.

Kurz darauf kletterten sie aus dem Wagen, schürten das Lagerfeuer neu, kochten Tee über der Glut und nahmen eine kalte Mahlzeit dazu ein. Bergil, der Fuhrmann, legte den Pferden die Harnische an und spannte sie vor den Wagen. Dann trat er ans Feuer heran.

»Hm, hm, Prinzessin«, räusperte sich Bergil. Er scharrte mit den Füßen im Schnee, so als wolle er sich die Stiefelsohlen sauber wischen, bevor er durch eine nur in seinem Geist befindliche Tür trat. Er war sich vollauf bewußt, daß er jetzt direkt mit der Prinzessin sprach und nicht, wie sonst, mit Saril. »Wenn we' gefrühstück' ha'm, lenk' ich den Wag'n in die Mitt' vom Zug. Ja, so lautet der Befehl von Hauptmann Jarriel: ›In die Mitt' vom Zug‹, sagte er, jawohl, und daran werd' ich mich halt'n.«

Als Laurelin diese Worte mit einem Nicken beantwortete, zeigte sich frohe Erleichterung in dem wettergegerbten Gesicht Bergils. Er war sich so unsicher, denn nicht jeden Tag hatte der Fuhrmann mit Majestäten zu tun. Diener, Zofen und Lakaien – nun, für sie war das eine völlig andere Angelegenheit, denn Tag für Tag halfen sie Königen, Prinzen und Prinzessinnen. Sie führten zwar manchmal die Anweisungen von königlichen Fuhrleuten aus, aber in erster Linie bestand ihre Arbeit darin, sich um den Adel zu kümmern.

Bergil nahm sowohl einen Becher Tee als auch einen Kanten Brot und einen Teller mit kaltem Wildbret, und er hockte sich auf der anderen Seite des Lagerfeuers zu Boden, um dort zusammen mit den Frauen zu essen. Normalerweise nahm er seine Mahlzeiten zusammen mit den anderen Fuhrleuten ein, aber heute hatte er nicht die Zeit dazu, denn bald schon würde er den Wagen der Prinzessin in die Mitte des Zuges steuern müssen. Während des Frühstücks sprachen sie nur wenig. Sie starrten in das gespenstische Glühen des Schattenlichts, das nun das ganze Land mit einer düsteren Hülle überzogen hatte.

Sie waren gerade mit dem Essen fertig, als Igon und Jarriel durch das Dunkel herangeritten kamen.

»Laurelin«, fragte Igon, »bist du nun dazu bereit, das Ende des Wagenzuges zu verlassen?«

»Ja, Igon.« Laurelin stand auf, lächelte auf Haddon herab und bedeutete ihm sitzenzubleiben. »Von nun an wird ein anderer das Schlußlicht der Kolonne bilden.«

Igon wandte sich an Jarriel. »Recht so. Gib das Signal!«

Jarriel setzte das Horn an die Lippen und blies kräftig hinein. Ein schriller Laut ertönte, der über die Wagen der Flüchtlinge hinwegwehte und auch im Dunkel jenseits der Kolonne widerhallte. *Aroo!* (Macht euch bereit!). Und es erklang die Antwort: *Ahn!* (Fertig!) *Ahn! Ahn!* Von allen Wagen ertönte dieses Signal.

Jarriel wartete, doch aus dem Süden – von den Hängen der Kampfhügel, die sich nun links des Zuges erstreckten – erhielt er keine Antwort. Erneut blies er in sein Horn, und wieder wartete er vergeblich auf das Signal der Wächter im Süden.

»Herr, irgend etwas stimmt nicht«, wandte sich Jarriel an Igon. »Die Wachtposten in den Kampfhügeln geben keine Antwort. Vielleicht ...«

»Alarm!« rief Igon, und er zog die glänzende Klinge seines Schwerts aus der Scheide.

Ein weiteres Mal hob Jarriel das Horn: *Ahn! Ahn!* Das schrille Alarmsignal war wie ein hörbares Messer, dessen Schneide die frostige Luft durchschnitt, als auch bereits in der Ferne das lauter werdende Pochen von Hufen vernehmbar wurde. *Ahn! Ahn! Ahn! Ahn!*

Und dann donnerte der Feind heran. Er kam aus der Finsternis des Düsterdunkels, das die Hügel im Süden zu dunklen Schatten machte: Ghûle auf durch den Schnee galoppierenden Hôllrössern. Und mit erbarmungsloser Wut fielen diese Schergen Modrus über die Flüchtlinge her, deren Wagen sich noch nicht in Bewegung gesetzt hatten. Mit Widerhaken versehene Speere sausten durch die Luft, wie vom Tod selbst geschleudert. Die Spitzen von Morgensternen bohrten sich in das Fleisch der Hilflosen, das Entsetzen tobte erbarmungslos und machte Frauen und Kinder ebenso nieder wie Alte und Gebrechliche, Verwundete und Kranke und Schwache. Gleißende Schwerter rissen klaffende Wunden, aus denen sich der Schnee vom Blut der Sterbenden rot färbte. Einige Flüchtlinge standen wie erstarrt und konnten sich nicht von der Stelle rühren, und die Ghola hieben sie nieder, als sie an ihnen vorbeiritten – wie Schlächter, die seelenloses Vieh umbrachten. Andere hingegen wandten sich zur Flucht und starben, während sie davonliefen. Saril kam ums Leben, als sie versuchte, sich im Wagen zu verbergen.

Laurelin prallte gegen die Flanke eines galoppierenden Hôllrosses und wurde davon an die Seite des Wagens geschleudert. Sie verlor den Halt, fiel der Länge nach zu Boden und grub das Gesicht in den Schnee. Mit den Armen tastete sie zwar noch hilflos um sich und versuchte gleichzeitig, nach Luft zu schnappen, aber sie war dazu nicht in der Lage, denn die Wucht des Aufpralls hatte ihr die Lungen schmerzhaft zusammengepreßt.

Neben ihr stürzte Hauptmann Jarriel tot zu Boden, seine Brust durchbohrt von einem zerbrochenen Lanzenschaft. Laurelin versuchte die Hand auszustrecken, um ihn zu berühren. Aber wieder bemühte sie sich vergebens, denn sie hatte keine Kontrolle über ihre Gliedmaßen. Noch immer konnte sie nicht atmen, und ein Schleier bildete sich vor ihren Augen und wurde rasch so dicht, daß sie kaum noch etwas zu erkennen vermochte.

Allmählich gelang es der Prinzessin, Atem zu holen, und ihre Lungen begannen sich erneut in raschem Rhythmus auszudehnen und wieder zusammenzuziehen, während ihr Tränen über die Wangen rannen und sie dumpf ihr eigenes Stöhnen vernahm.

Sie schluchzte vor Wut und Zorn, als sie, auf Hände und Knie aufgerichtet, Haddon sah, der mit einem brennenden Holzscheit nach einem auf einem Hôllroß hockenden Ghûl hieb. Die funkelnden schwarzen Augen des dämonischen Wesens starrten aus einem leichenblassen Gesicht, als das Ungeheuer auch schon mit einem Morgenstern ausholte und dessen Zacken dem Krieger die Kehle zerrissen. Tot sank Haddon neben die Leiche Bergils.

Die vor die Wagen gespannten Pferde wieherten und bäumten sich in panischem Entsetzen auf den Hinterläufen auf. Sie schlugen aus, zerrten an den Zugseilen und versuchten, sich zu befreien, denn sie witterten den ätzenden Gestank der Hôllrösser. Einigen gelang es, sich völlig loszureißen, und sie stürmten davon in das Dunkel, das Ebene und Hügel zudeckte, während andere ihre Gespanne hinter sich herzogen, die bald darauf umkippten und die Pferde mit zu Boden rissen.

Inmitten dieses chaotischen Durcheinanders kämpften die heldenhaften Krieger. Auf seinem Falben saß Prinz Igon und hatte eine Schar Soldaten um sich versammelt. Immer wieder schlug das Schwert Igons zu, und die anderen Krieger fochten mit stählernen Lanzen.

Laurelin sah zu, wie Hôllrösser mit durchschnittenen Kehlen röchelnd zu Boden sanken. Doch die auf ihren Rücken hockenden Ghûle rollten sich ab und sprangen wieder auf die Beine, und einer von ihnen bohrte gerade einem jungen Soldaten den Speer in den Leib.

Da erblickte Igon die Prinzessin, die sich noch immer dort

auf Hände und Knie stützte, wo sie in den Schnee geschleudert worden war. »Laurelin!« rief er, und er gab seinem Falben die Sporen und ritt auf sie zu. Aber ein Hôllroß galoppierte heran, und der Ghûl darauf versperrte ihm den Weg. Wut verzerrte das Gesicht Igons zu einer Fratze. *Zing! Zang!* Schwert und Morgenstern trafen heftig aufeinander, und Funken blitzten auf. *Zang!* Der Griff des Morgensterns zersplitterte, und als der Ghûl daraufhin die Arme hob, um den nächsten Schlag abzuwehren – *Zack!* –, hieb die Klinge Igons durch das Handgelenk des Ungeheuers und bohrte sich anschließend durch den leichenblassen Hals. Finger und Schädel des Schergen Modrus flogen davon, als der Torso zuckend in den Schnee fiel.

Erneut trieb der Prinz seinen Falben an und ritt auf Laurelin zu. Er rief ihren Namen, aber weitere Ghola stellten sich ihm in den Weg, und diesmal griffen die Ungeheuer gemeinsam an. Erst waren es drei, dann vier, die über den jungen Prinzen herfielen, und er hatte keinen leichten Stand. Aber immer wieder kam das glänzende Schwert in die Höhe, holte aus und bohrte sich in die Leiber der Feinde, wobei der Zorn Igon neue Kraft verlieh. Ein zweiter Ghûl starb, als der Prinz ihm den Schädel zerschmetterte und nun dabei ausrief: »Und dies für die Prinzessin! Für Laurelin!«

Ein anderer Ghûl ließ sein Hôllroß gegen den Falben Igons prallen, und beinahe hätte das große rostbraune Pferd den Halt verloren und wäre gestürzt. Im letzten Augenblick aber fand das kampfgewohnte Roß sein Gleichgewicht wieder, und es drehte sich um, so daß Igon den Kampf mit seinem Gegner aufnehmen konnte. Der Prinz holte mit solcher Wucht aus, daß die Klinge seines Schwertes durch die Luft surrte, und der scharfe Stahl zerfetzte die Rüstung des Ungeheuers, zerschnitt die Muskeln, Sehnen und stinkendes Fleisch und blieb schließlich in den Knochen stecken. Verzweifelt zerrte Igon an seiner Waffe, aber gerade als es ihm gelang, das Schwert wieder aus dem Körper des Ghûls herauszuziehen, schmetterte ein Morgenstern auf seinen Helm. Blut schoß scharlachrot aus dem Gesicht des jungen Adligen, und er fiel zu Boden und rühte sich nicht mehr.

Als Laurelin Igon fallen sah, gelang es ihr endlich, wieder auf die Beine zu kommen. »Igon! Igon!« Das Entsetzen ließ ihre Stimme zittern. Der Prinz bewegte sich nicht. Noch mehr Blut strömte ihm über die Stirn und tropfte rot in den Schnee. Laurelin kreischte vor Zorn, packte den Dolch des toten Jarriel und stürzte sich mit dem Messer in der Faust in das Kampfgetümmel. Und mit einem heiseren Wutschrei rammte sie den Dolch bis zum Heft in den Rücken eines Ghûls, der gerade von seinem Hôllroß gesprungen war. Das Ungeheuer zeigte sich indes in keiner Weise von dem Hieb beeindruckt, sondern drehte sich vielmehr um, holte mit dem Schaft seiner Lanze aus und schleuderte die Prinzessin beiseite, so daß Laurelin erneut zu Boden fiel. Der Hieb hatte ihr den Arm gebrochen, und sie hatte nicht mehr die Kraft, ein weiteres Mal aufzustehen. Sie lag weinend im Schnee, während die Ghola die Überlebenden niedermetzelten.

Von den Soldaten war nun niemand mehr am Leben, und daraufhin wandte sich der Feind der leichteren Beute zu. Die Schwerter, Lanzen und Morgensterne der dämonischen Kreaturen teilten immer wieder tödliche Schläge aus, und der weiße Glanz des Schnees verfärbte sich zusehends zu einer roten Blutschicht. Die Ungeheuer zogen an den Wagen entlang, und die gnadenlosen Blicke ihrer schwarzen Augen suchten nach Frauen und Kindern, nach Alten und Schwachen. Wo sie noch Überlebende entdeckten, ertönten kurz darauf röchelnde Todesschreie. Niemand wurde verschont: weder Frau oder Kind, noch Gebrechlicher. Selbst den wiehernden und scheuenden Pferden brachten die Mordgesellen Modrus den Tod, den Rössern, die sich nicht aus ihren Harnischen hatten befreien können.

Und Laurelin hockte weinend im Schnee und schluchzte vor Grauen und wartete bloß darauf, daß die Ghola kamen und auch ihr die Kehle durchschnitten.

Und noch ein anderes Wesen wartete, aber nicht aus Verzweiflung, sondern voller Zorn und Kampfeswillen, kein Mensch, sondern ein Tier: der Falbe Igons! Das große rostbraune Roß stand unmittelbar neben dem im Schnee liegenden Prinzen, und es wieherte und hieb mit den Vorderhufen nach dem Ghola. Es verteidigte seinen Herrn, so wie es ihm beigebracht worden war.

Laurelin sah das Pferd, und sie jubelte innerlich, denn die Ungeheuer Modrus machten einen weiten Bogen darum. Ein Ghûl aber hob seinen Speer und zielte damit auf das Roß. *»Jagga!«* rief die Prinzessin. *»Jagga!«* (Versteck dich! Versteck dich!) Es war ein Schrei, der aus ihrem tiefsten Innern kam. Der Falbe wirbelte herum und sah Laurelin an. *»Jagga!«* ertönte der Befehl erneut.

Das Roß lief gerade noch rechtzeitig los, als der Ghûl seinen Speer schleuderte, so daß der Lanzenschaft nur den Widerrist des Falben streifte, als das Pferd sich in Richtung der Hügel wandte. Mit trommelnden Hufen donnerte es an der Prinzessin vorbei, gehorchte ihrem Befehl und galoppierte auf die Hänge der Kampfhügel zu.

Auf Hôllrössern hockende Ghûle setzten zwar dem Falben nach, aber das große Pferd war schneller, und der Abstand zu den Verfolgern vergrößerte sich. »Ja, Falbe!« rief Laurelin, »lauf!« Der Wind trug Laurelins Worte davon, und das Roß Igons sauste so schnell über den Schnee, als seien ihm plötzlich Schwingen gewachsen. Laurelin verfolgte den Falben mit ihrem Blick, als das Pferd im Schattenlicht des Düsterdunkels bei den Hügeln verschwand. »Lauf«, flüsterte sie dem Falben nach, obwohl er sie nicht mehr hören konnte.

Ein leichenblasser Ghûl trat mit seinem mit Widerhaken bewehrten Speer auf Laurelin zu. Der klaffende rote Spalt in seinem Gesicht – der Mund – verzog sich zornig, und die schwarzen Augen starrten sie seelenlos an. Laurelin sah zu dem Ungeheuer empor. Sie war noch immer nicht in der Lage, sich zu erheben, und mit dem unversehrten Arm stützte sie den gebrochenen. In ihren Augen funkelte Haß, und sie nickte in Richtung des geflohenen Falben. »Ihn bekommt ihr nicht, ihr Teufelsbrut!« zischte sie triumphierend, und der Blick ihrer hellen Augen bohrte sich in die schwarzen Pupillen des Ghûls.

Das Ungeheuer hob den Speer. Mit beiden Klauenhänden umklammerte es den Schaft und machte sich bereit, die Lanze in den Leib der Prinzessin zu bohren. In hilfloser Wut knirschte Laurelin mit den Zähnen und wandte den Blick nicht von dem Ghûl.

»Slath!« zischte ein Befehl aus dem Dunkel der Winternacht. Eine gräßliche Stimme gleich einer Viper war es, und die Prinzessin schauderte. Der Ghûl ließ darauf die Lanze sinken, und als sich Laurelin umwandte, erkannte sie einen Menschen, der auf einem Hôllroß saß. Ein Naudron war es, ein Angehöriger jenes Volkes, das im fernen Norden lebt und dort Robben, Wale und die geweihtragenden Tiere der Tundra jagt. Doch als die Prinzessin den Blick von der kupferfarbenen Haut des Mannes abwandte und in seine dunklen Augen blickte, traf sie nur auf das Glühen des Bösen.

»Wo ist der andere, der junge Mann?« Das Zischen klang so wie das von Nattern und Vipern.

»Tuht.« Die Stimme des Ghûls war dumpf und tonlos.

»Ich habe doch befohlen, die beiden am Leben zu lassen!« zischte es als Erwiderung. »Aber jetzt finde ich nur die Prinzessin vor!« Der Blick der Unheilsaugen richtete sich auf Laurelin, und sie begann am ganzen Leib zu zittern. Sie spürte das Verlangen, um die eigene Achse zu wirbeln und zu fliehen. Aber sie sah dem Mann weiterhin in die dunklen Augen und rührte sich nicht von der Stelle. »Wo ist der wimmernde Igon?« fauchte die Schlangenstimme.

Laurelin hätte beinahe laut aufgeschrien, denn Igon lag kaum zwanzig Schritte entfernt im Schnee. Aber sie ließ sich nichts anmerken.

»Nabba thek!« erklang ein Befehl. Die Ghola stiegen von ihren Hôllrössern und wanderten zwischen den Leichen umher. Sie griffen nach ihren in den Körpern der Toten steckenden Lanzen- und Speerschäften, rollten die Leichname auf den Rücken und starrten in deren reglose Gesichter.

Laurelin verspürte neues Entsetzen. »Laßt sie in Frieden, ihr Teufelsbrut!« schrie sie. »Laßt sie in Frieden!« Doch schon verlor sie an Kraft in der Stimme, und aus dem Gellen wurde ein fast tonloses Flüstern: »Laßt sie in Frieden.« Aber die Ghola kümmerte dies nicht, sie drehten die Leichen um und blickten auf die im Tode erstarrte Züge. Laurelin wandte sich an den Naudron und kreischte: »Er ist tot! Ach, Igon ist tot!« Ihre Schultern begannen sich krampfhaft zu schütteln, als sie, vom Grauen überwältigt, erneut in Schluchzen ausbrach.

»Tot?« Die Stimme des Naudron bebte vor Wut. »Ich habe ausdrücklich befohlen, sein Leben zu schonen! Ich werde alle Ghola dafür bestrafen, meine Anweisungen mißachtet zu haben.« Das böse Funkeln in den Augen des Mannes richtete sich auf die Ungeheuer, die nach wie vor zwischen den Toten umherwanderten.

»Slath!« zischte die Vipernstimme. *»Garja ush!«* Die Ghola wandten sich von den Leichen ab, und zwei von ihnen traten an die Prinzessin heran und zerrten sie empor. Schmerz flammte in ihrem gebrochenen Arm auf. Schwärze erfaßte sie, und Laurelin spürte, wie ihr Bewußtsein rettungslos in einen dunklen Schlund gezerrt wurde.

Laurelin fühlte die Umklammerung eiskalter Hände, und man zwang sie, etwas zu trinken, das ihr brennend und ätzend durch die Kehle rann. Sie keuchte, hustete und spuckte, und sie versuchte, den ledernen Trinkbeutel abzuwehren. Heißer Schmerz pochte in ihrem rechten Arm, und diese Pein war es, die sie wieder ganz erwachen ließ. Ghûle hielten sie fest. An ihrem verletzten Arm hatte man eine primitive Holzschiene befestigt, und er war von dicken Bandagen umwickelt. Erneut flößte man ihr die scharfe Flüssigkeit ein, deren Feuer in ihrem Magen loderte und sich im ganzen Körper ausbreitete. Ein zweites Mal stieß sie den Trinkbeutel beiseite und drehte den Kopf. Doch wieder setzten die Ungeheuer ihr den Beutel an die Lippen, packten ihren Kopf und zerrten ihn mit einem Ruck nach vorn. Die Prinzessin mußte trinken, bis sie keine Luft mehr bekam und spuckte.

»Ush!« Die Ghûle zerrten Laurelin auf die Beine, und sie erhob sich zitternd und schwankend. *»Rul durg!«* Und die eiskalten Klauenhände rissen ihr die Kleidung vom Leib, bis sie ganz nackt vor dem Naudron stand. Der Mann saß auf dem Rücken eines Hôllrosses, und seine Unheilsaugen glühten. Laurelin spürte, wie neues Grauen von ihr Besitz zu ergreifen begann. Die Kälte betäubte sie, aber dennoch blickte sie den Naudron fest an. Man warf ihr gefütterte Rückenkleider vor die Füße, gab

ihr ein Paar hohe Stiefel und zwang sie, diese Sachen anzuziehen. Sie waren schmierig, schmutzig, an einigen Stellen schimmelbesetzt und viel zu groß für sie, aber sie wärmten zumindest. Während sich Laurelin ankleidete, war sie still geworden, und nur ein einziges Mal stöhnte sie auf, als sie den verletzten Arm durch den rechten Ärmel der Jacke zwängen mußte.

Der Naudron zischte und fauchte Befehle in der abscheulich klingenden Slûk-Sprache, und er formulierte die einzelnen Silben viel zu schnell, als daß Laurelin angesichts des kehligen Knurrens einzelne Worte hätte verstehen können. Als ihr rechter Arm wieder in die Schlinge geschoben wurde, richtete sich der dunkle Blick des Mannes erneut auf die Prinzessin. Ein Ghûl führte ein Hôllroß heran, und man hob Laurelin auf den Rücken des dämonischen Tieres, dessen fauliger Gestank sie würgen ließ, so daß sie sich fast hätte übergeben müssen.

»Jetzt wirst du in meine Festung gebracht«, zischte der Naudron, »wo ich dich zu meiner ganz speziellen Dienerin mache.«

»Niemals!« erwiderte Laurelin gepreßt. »Niemals werde ich dir dienen. Du maßt dir zuviel an.«

»Ich werde dich an deine Worte erinnern, wenn die Zeit für mich gekommen ist, den Thron Mithgars einzunehmen.« Der finstere Schatten des Bösen glitt über die verzerrte Fratze des Mannes.

»Es gibt jemanden ... nein, es gibt viele Krieger in Challerainfeste, die alles daran setzen werden, diesen ehrgeizigen Plan zu durchkreuzen, du Ausgeburt von Abschaum!« entgegnete Laurelin voller Hohn.

»Pah!« zischte der Naudron. »Challerainfeste! Gerade in diesem Augenblick geht die Stadt in Flammen auf, angezündet von dem Feuer meiner Katapulte. Noch bevor dieser Dunkeltag zu Ende geht, wird nur Asche von ihr übrigbleiben, und Aurion Rotauge und selbst seine lächerliche Streitmacht werden nichts unternehmen können, um das zu verhindern. Nichts! Das Feuer wird auch die Entschlossenheit des Hohekönigs vernichten und seinen Soldaten allen Mut und Kampfeswillen rauben. Und dann erfolgt der Todesstoß: Meine Horde stürmt die Tore, um sämtlichen noch überlebenden Verteidigern der Feste den grausigen

Tod zu bringen.«

Bei diesen Worten lief Laurelin zwar ein eiskalter Schauer über den Rücken, aber sie hütete sich davor, jegliches Anzeichen von Furcht zu offenbaren, und verhielt sich völlig still.

»Wir verschwenden nur Zeit«, zischte der Naudron, und dann fauchte er einen Befehl, der den Ghola galt, die inzwischen hinter ihm Aufstellung bezogen hatten. *»Urb schla! Drek!«* Anschließend wandte er sich noch einmal an Laurelin: »Wir sprechen uns wieder, Prinzessin.«

Und noch während Laurelin den Naudron anstarrte, verblaßte das unheilvolle Glühen in den dunklen Augen des Mannes und die Züge entspannten sich und wurden schlaff. Nur wenige Sekunden dauerte die Verwandlung – dann blickte sie in ein leeres und ausdrucksloses Gesicht.

Ein Ghûl ritt heran, nahm die Zügel des Hôllrosses, auf dem der Naudron hockte und lenkte das dämonische Tier, während ein anderes Ungeheuer die Führung des Hôllrosses Laurelins übernahm. Ein scharfes Knurren war zu hören, und daraufhin setzte sich die Ghûlstreitmacht in Bewegung und ritt nach Osten.

Fast fünfzig lange und für Laurelin sehr beschwerliche Kilometer ritten die Ghola durch die Winternacht, durch das frostige Schattenlicht, das auf den nördlichen Hängen der Kampfhügel glühte. Das beständige Auf und Nieder des Hôllroßrückens verstärkte noch das schmerzhafte Pochen im rechten Arm der Prinzessin. Einige Male verlor sie beinah das Bewußtsein, aber die Ghola hielten nicht an. Sie wurde kreidebleich, und die sonst weichen Züge ihres Gesichts verhärteten sich zusehends im Schmerz. Schon nach den ersten Kilometern war sie nicht mehr in der Lage, aufrecht zu sitzen. Daß sie aber nicht in Ohnmacht fiel, war vielleicht der ätzenden Flüssigkeit zu verdanken, welche die Ungeheuer ihr eingeflößt hatten. Sie glitt nicht vom Rücken des dämonischen Tieres – auch wenn es ihr ein Rätsel war, wie sie sich auf dem Hôllroß halten konnte. Und weiter ging der Ritt durch das Düsterdunkel. Irgendwann, ihr schien es nach einer halben Ewigkeit, machten die Ghola halt und schlugen ein Lager auf. Laurelin hockte sich in den Schnee, und ihr trüber Blick beobachtete die Schergen Modrus, als sie dem nun völlig apathischen Naudron von seinem Roß halfen.

Erneut zwang man sie, die scheußliche Flüssigkeit zu trinken, ehe sie eine Mahlzeit erhielt. Mit mechanischen Bewegungen aß sie das trockene und harte Roggenbrot und löffelte die dünne Mehlsuppe in sich hinein, ließ aber das Fleisch, dessen Herkunft sie nicht kannte, unberührt. Voller Abscheu sah sie zu, wie die Dämonenwesen sich heißhungrig über ihr Essen hermachten. Der stille Naudron – der Mann stellte jetzt nicht mehr als eine leere Hülle dar, die bloß darauf wartete, erneut vom Bösen ausgefüllt zu werden – starrte aus trüben Augen ins Leere und ließ sich von einem der Ghola mit der schalen Suppe füttern.

Und während Laurelin im Lager der Schergen Modrus gefangensaß, dachte sie immer wieder: *Galen, o Galen, wo bist du nur?*

Eine Stiefelspitze bohrte sich in Laurelins Seite und weckte die Prinzessin auf, und man reichte ihr erneut den Trinkbeutel mit der scharfen Flüssigkeit. Durch ihren zarten Leib pochte der laute Trommelschlag heftiger Pein: Jede noch so geringe Bewegung des verletzten Arms trieb ihr Tränen in die Augen; in ihren Gelenken schien es wie kleine Flammen zu brennen, und die Knoten in den Muskeln waren hart wie Stein. Diesmal trank sie aus dem Beutel, ohne daß sie dazu gezwungen wurde, denn der beißende Trank betäubte den in ihr pulsierenden Schmerz.

Ein weiteres Mal machten sich die Ghola zu einem langen Ritt bereit, und man gab Laurelin nicht die Möglichkeit, sich für eine Weile zurückzuziehen, um ihre privatesten Bedürfnisse zu befriedigen. Oh, wie sie sich durch die kalten Blicke der seelenlosen schwarzen Augen zutiefst gedemütigt fühlte.

Sie ritten weiter durch das Düsterdunkel und hielten stets die eingeschlagene Richtung bei. Noch immer befanden sie sich in den nördlichen Ausläufern der Kampfhügel. An jenem Dunkeltag legten sie mehr als fünfzig Kilometer zurück, bevor die Schergen Modrus erneut ihr Lager aufschlugen.

Laurelin konnte sich kaum mehr bewegen, als sie schließlich halt machten. Der heiße Schmerz in ihrem verletzten Arm brannte heftiger und kostete sie den letzten Rest von Kraft, der noch in ihr verblieben war. Der lange Ritt auf dem harten Rücken des Hôllrosses hatte sie rundum völlig wundgescheuert.

Benommen und ohne einen klaren Gedanken fassen zu können, nahm sie ihre Mahlzeit ein. Kurz darauf durchfuhr sie plötzlich eine Eiseskälte, und sie wußte – ohne zu ahnen, woher sie dieses Wissen bezog –, daß sich erneut der schauderhafte Blick des Bösen auf sie gerichtet hatte. Sie drehte sich langsam um und sah ihre Vermutung bestätigt: Die Züge des Naudron hatten sich verzerrt, und seine Augen glühten wieder.

»Die Stadt am Challerainberg ist bis auf die Grundmauern niedergebrannt«, höhnte die zischende Stimme. »Der Zerschmetterer, unser gewaltiger Rammbock, hat sowohl das Tor im ersten als auch das im zweiten Verteidigungswall durchbrochen. Aurion Rotauge und seine jämmerliche Schar haben sich den Hang hinauf zurückgezogen. Und dort sitzen sie wie Ratten in der Falle.«

Furcht umklammerte zwar Laurelins Herz, aber irgendwo tief in ihr loderten auch die Flammen heißen Hasses. »Warum erzählst du mir das?« begehrte sie auf. »Glaubst du, allein solche Worte könnten mich dir gegenüber willfährig machen?«

Aber der Naudron antwortete nicht, denn seine Augen hatten schon wieder allen Glanz verloren.

Laurelin fragte sich, wie lange sie angesichts des schier unerträglich gewordenen Schmerzes in ihrem verletzten Arm und ihrer tiefen Erschöpfung noch durchhalten konnte. Sie scheute jedoch keine Mühe, sich ihre Qual nicht anmerken zu lassen, als die Ghola zum dritten Mal nach Osten aufbrachen. Sie hielt zwar nach Möglichkeiten zur Flucht Ausschau, aber es boten sich keine.

Drei Längen weit ritten sie, dann eine vierte. Durch das finstere Düsterdunkel führte ihr Weg, auf die nördlich von Weiunholz gelegenen östlichen Ausläufer der Kampfhügel zu. Zwanzig Kilometer hatten sie bereits zurückgelegt, als eine gewisse Unruhe die Streitmacht der Ghola ergriff. Laurelin kniff die Augen zusammen, und weit voraus, am Rande ihrer Sichtweite, erkannte sie: *Elfen! Berittene Elfen!* Neue Hoffnung keimte in ihr auf. *Rettung!* Doch halt: Die Elfen ritten nicht in ihre Richtung. Statt dessen hielten sie auf einen Wald im Süden zu, hart bedrängt von zahllosen Yrm. Die schrillen Schreie der Ungeheuer hallten weithin über den Schnee. »Wartet!« rief Laurelin, aber ihre Stimme wurde übertönt vom Heulen und Knurren der Ghola, die sich hämisch darüber freuten, Elfen zu sehen, die, verfolgt von Rukha und Lōkha, nach Weiunholz flohen.

Als die Elfen im Winterwald verschwunden waren, erfüllten Verzweiflung und Hoffnungslosigkeit Laurelins Herz, und in ihren Augen standen Tränen. Aber sie beherrschte sich und dachte: *Gib ihnen nicht diese Befriedigung. Sie sollen nicht sehen, wie du leidest.* Und sie richtete sich im Sattel auf und wischte die Tränen fort, bevor die Ghola sie bemerken konnten. Sie beobachtete, wie die ersten Rukha und Lōkha geradewegs in den Wald stürmten und ihnen Hunderte von anderen Dämonenwesen folgten.

Die Ghola behielten ihre Marschrichtung nach Osten bei, und sie wichen nun ein wenig nach Norden aus, um sich hinter die Linien der Yrmstreitmacht zu setzen, die Weiunholz angriff. Während des Ritts konnte die Prinzessin voraus weitere Ghola erkennen, die auf Hôllrössern hockten und in den Wald galoppierten.

Kurze Zeit später kamen sie wieder daraus hervorgesprengt, und die beiden Gholagruppen trafen sich. Die Ungeheuer unterhielten sich mit dumpfen und knurrenden Stimmen, die ohne jedes Leben zu sein schienen. Nur dann und wann gab der eine oder andere Scherge Modrus ein schrilles Heulen von sich. Manche von ihnen starrten Laurelin feindselig an, und der unheilvolle Blick ihrer schwarzen Augen klebte schier an der Prinzessin fest. Laurelin warf jedoch den Kopf trotzig in den Nacken und zeigte keinerlei Furcht.

Die zweite Ghûlstreitmacht bestand aus fast hundert Ungeheuern, und in ihrer Begleitung entdeckte Laurelin einen zweiten Mann: Er hatte eine dunkle Haut, und die Prinzessin gewann den Eindruck, als stamme er aus Chabba, jenem Land weit im Süden, auf der anderen Seite des Avagonmeeres. Und dann sah sie auch, daß seine Augen trüb waren und ihm Speichel aus den Mundwinkeln troff, genau wie bei Naudron; und ebenso wie dieser wurde der dunkelhäutige Mensch von einem Ghûl geführt. Wieder fühlte sich Laurelin bei diesem Wesen an leere und seelenlose Hüllen erinnert.

Doch noch während sie den Mann betrachtete, begannen seine Augen plötzlich zu glühen und zu gleißen, und wieder starrte sie das Böse an. »Nun ist auch der dritte Verteidigungswall der Challerainfeste von meiner Horde erobert worden, und die letzten beiden werden dem Ansturm ebenfalls nicht mehr lange standhalten«, zischte der Chabbaner. Laurelin stockte der Atem und sie preßte sich entsetzt die Hand auf den Mund, *denn es war dieselbe zischende Schlangenstimme, mit der zuvor der Naudron zu ihr gesprochen hatte!* Unmittelbar darauf erschlafften die schwarzen Gesichtszüge wieder, und das böse Leuchten in den Augen erlosch. Laurelin wandte den Kopf und sah den Naudron an, aber auch jener Mann war wieder der Apathie anheimgefallen. Die Prinzessin schauderte, denn nun ahnte sie, mit wem sie es zu tun hatte.

Während die Ghûle ihren Weg weiter nach Osten fortsetzten, drehte sich Laurelin im Sattel oftmals um und beobachtete die auf Hôllrössern hockenden Ungeheuer, die am Waldrand von Weiunholz warteten. Zum letzten Mal richtete sich ihr Blick auf den Mann aus Chabba, der sich wie ein dunkler Schatten inmitten der Masse von den leichenblassen Ghola abhob. Sie schauderte, blickte wieder nach vorn und wandte sich nicht noch einmal um.

Vier weitere Längen legten sie zurück, bevor die Ausläufer der Kampfhügel hinter ihnen zurückblieben, und nach nochmals zwei Längen schlugen die Ghûle in der Ebene ihr Lager auf. Laurelin löffelte wieder jene dünne Mehlsuppe in sich hinein, und der rechte Arm in der Trageschlinge pochte nach wie vor schmerzhaft. Und in dem Rhythmus dieses Pochens hallten die Worte des Chabbaners hinter ihrer Stirn wider: *»Nun ist auch der dritte Verteidigungswall der Challerainfeste von meiner Horde erobert worden, und die letzten beiden werden dem Ansturm ebenfalls nicht mehr lange standhalten.«*

Am nächsten Dunkeltag – es war der fünfte seit der Gefangennahme Laurelins – durchquerten die Ghola die Ebene und lagerten in Sichtweite des nordöstlichen Ausläufers von Weiunholz. Sie hielten noch immer nach Osten, und an jedem der fünf Dunkeltage hatten sie fünfzig oder mehr Kilometer hinter sich gebracht. Doch die Hôllrösser offenbarten noch immer keine Anzeichen von Erschöpfung. Zwar konnten sie nicht mit der Schnelligkeit eines guten Pferdes mithalten, aber sie waren ausdauernder.

Nein, die Ghûle lagerten nicht deshalb in regelmäßigen Abständen, weil ihre Reittiere eine Verschnaufpause brauchten, und auch die Belastungsgrenze ihrer Gefangenen veranlaßte sie nicht dazu. Es war vielmehr der Naudron, der die Ungeheuer dazu zwang, immer wieder ein Lager aufzuschlagen, auch wenn die Prinzessin nicht wußte, wie die Ghola herausfanden, wann und wo der Mann ruhen mußte. Sie interessierte sich auch nicht sonderlich für die Antwort auf diese Frage, denn als sie sich vom Rücken ihres Hôllrosses gleiten ließ, war sie so müde und erschöpft, daß sie fast auf der Stelle einschlief.

Ihre Augen hatten sich gerade erst geschlossen, als einer der Ghola sie mit Tritten wachrüttelte. Der Naudron saß auf der anderen Seite des Feuers, und in seinen Augen glühte wieder das Entsetzen selbst. »Challerainfeste ist gefallen und nun mein«, zischte die Schlangenstimme. »Der feige Aurion Rotauge hat die Flucht ergriffen. Aber ich werde ihn finden und dafür sorgen, daß niemand entkommt.«

Laurelins Blick hielt dem des dunkeläugigen Naudron stand. *»Zūo Hēlan widar iu!«* (Zur Hölle mit dir!) stieß sie in der alten Sprache von Riamon hervor, und sie ließ sich kraftlos zu Boden sinken. Spöttisches Gelächter erklang. Und obgleich sie die Augen geschlossen hatte, sah sie den Naudron noch immer vor sich und lauschte dem dumpfen Echo seiner Worte: *»Challerainfeste ist gefallen... Aurion Rotauge hat die Flucht ergriffen... dafür sorgen, daß niemand entkommt.«*

Am nächsten Tag ließen sie auch die Ausläufer von Weiunholz hinter sich zurück, und vor ihnen erhoben sich die niedrigen Felshügel der Signalberge. Und ehe die Ghola noch erneut halt machten, erhellten sich wieder die Augen des Naudron. »Diese Kerle wagen es, sich mir zu widersetzen!« kreischte eine schrille Stimme, die keine Ähnlichkeit mehr mit dem unheilvollen Schlangenzischen aufwies. Laurelin wirbelte herum und sah, wie sich die Züge des Naudron vor Wut und Zorn zu einer Fratze verzerrten. »Die verdammten Narren meiner Hôllstreitmacht liefen direkt in eine Falle! Aber jenes erbärmliche Bündnis aus Elfen, Menschen und juwelenäugigen Rotznasen wird meiner Macht nicht standhalten können. Nicht mehr lange dauert es, und dann gehört auch Weiunholz mir!«

Unmittelbar im Anschluß an diese Worte wurde die Stimme wieder zu einem wahren vipernartigen Zischen. *»Thuggon oog. Laug glog racktu!«* Beim knurrenden Klang dieser Slûk-Befehle wandte sich ein Großteil der Ghola nach Südwesten, während die übrigen mit ihrer Gefangenen den Weg nach Osten fortsetzten.

Noch während sich die Streitmacht teilte, wandte sich der Naudron fauchend an die Prinzessin: »Diese Krieger werden den Platz jener Ghola einnehmen, die in Weiunholz den Tod fanden. Glaub nur nicht, du könntest angesichts dieser belanglosen Niederlage triumphieren, denn der letzte Sieg gehört doch mir allein!«

Laurelins Blick bohrte sich in die glühenden Augen des Bösen, und sie lächelte höhnisch.

Drei Dunkeltage später fiel Schnee in der Winternacht des Düsterdunkels, als Laurelin erwachte, und bei dem Aufbruch zur Fortsetzung der Reise umwirbelten kalte Flocken die Hôllrösser und ihre Reiter. Während der beiden vergangenen Dunkeltage hatten sie die Ebene durchquert, die Signalberge hinter sich zurückgelassen und waren durch das Land nördlich der Schroffen Berge geritten. Laurelin erinnerte sich nur schemenhaft an die Qualen und die Pein, die ihr die beiden verstrichenen Dunkeltage beschert hatten. Manchmal erwachte sie wie aus einem langen Schlaf, und dann erfaßte sie vollauf die Umstände um sie herum. Meistens aber ruhte ihr Geist in einem Nebel der Benommenheit, obwohl sie sich immer wieder bemühte, kein Zeichen von Schwäche zu zeigen und keine Schmerzenslaute über ihre Lippen kommen zu lassen.

Sie waren jetzt schon rund fünfzehn Kilometer nach Süden geritten, als sie an einen Fluß gelangten, an dessen Ufern steile Hänge aufragten. Die Ghola setzten ihren Weg an den Felsen entlang fort, bis sie schließlich eine zugefrorene Furt erreichten. Durch wirbelnden Schnee und über das knarrende Eis hinweg ritten sie, und die gespaltenen Hufe der Hôllrösser klapperten laut auf der kalten Oberfläche des vereisten Flusses. Als sie das gegenüberliegende Ufer erreicht hatten, ließ das Schneetreiben nach, aber Laurelin war sich darüber klar, daß ihre Spuren längst verwischt waren und jemand, der ihnen folgte, ihre Fährte verloren haben mußte. Aber vielleicht handelte es sich bei jenem vagen Gefühl, das ihr einflüsterte, es gäbe jemanden, der ihr nachritt, um sie zu befreien, nur um einen kindischen Wunschtraum. Sie gestand sich ein, es spiele wohl keine Rolle mehr, ob der Schnee nun die Abdrücke der Hôllroßhufe zudeckte oder nicht.

Als sie den Fluß hinter sich zurückgelassen hatten, wandten sich die Ghûle nach Nordosten, und Laurelin bemerkte eine sonderbare Aufregung, welche die Schergen Modrus erfaßte. Aber sie vermochte nicht zu erkennen, was die Ursache dafür war.

Immer weiter ritten sie und der Vorhang aus fallenden Schneeflocken wurde lichter und hob sich schließlich ganz. Dunkle Bäume ragten vor ihnen auf, und in Laurelin entstand eine finstere Ahnung – wenn sie sich auch über den Grund dafür nicht klarzuwerden vermochte. In jenem Wald schlugen die Ghola ihr Lager auf.

Als sich die Prinzessin zur Ruhe gelegt hatte und ihre Gedanken nach und nach in einen schmerzerfüllten und erschöpften Schlaf sanken, flüsterte es in ihrem tiefsten Innern: *Dies ist der letzte Tag des Jahresendfestes, Neujahr, der Geburtstag Merrilees. Wo magst du dich jetzt aufhalten, Tuck?*

Erneut brachen die Ghûle auf, und noch immer verhielten sie sich sonderbar. Sie unterhielten sich mit leisen und dumpfen Stimmen, und manchmal stritten sie sich auch. Und während sie durch den düsteren Wald zogen – einen Wald, dessen Finsternis selbst das gespenstische Glühen des Schattenlichts zu verschlukken schien – sahen sich die Ungeheuer immer wieder suchend um. Die Schergen Modrus schienen sich jedoch überaus wohl zu fühlen in dem schwarzen Irrgarten, in dem die Düsternis ihr ständiger Begleiter war.

Viele Kilometer weit ritten sie durch diesen Wald, und schließlich gelangten sie auf eine große Lichtung. Über die baumlose Fläche, die rund fünfzehn Kilometer durchmessen mochte, galoppierten die Hôllrösser flink dahin, und es dauerte eine Weile, bis sich wieder die dunkle Wand des Waldes vor ihnen erhob. Am Rande der Lichtung machte man halt, und die Diener des Feindes in Gron begannen von neuem ihren nervösen Streit und schienen sich nicht einig darüber werden zu können, welchen Weg sie einschlagen sollten.

Und als die Flammen des Lagerfeuers emporzüngelten, ertönte urplötzlich die zischende Stimme des Bösen: »Warum sind wir hier? Aus welchem Grund seid ihr nicht nach Norden geritten, in Richtung des Passes?«

Die seelenlosen schwarzen Augen der Ghola richteten sich auf den Naudron, und Laurelin spürte, wie sich aus irgendeinem unerfindlichen Grund Furcht in den Reihen der Ungeheuer ausbreitete.

»Aha, ich verstehe«, fuhr die fauchende Schlangenstimme fort. »Ihr wollt den Trübwald wieder in jenen alten Schreckensort verwandeln, der er einmal war.«

Der Trübwald! fiel es Laurelin ein. *Natürlich! Darum sind wir hier. Und mit dem Pass, den der Naudron eben erwähnte, ist sicher der Grūwenpaß gemeint*. Da erfaßte sie plötzlich jäher Schrecken, und sie hatte den Eindruck, als habe ihr jemand einen Schlag in die Magengrube versetzt. Ihre Hoffnung sank auf einen Tiefpunkt, als sie dachte: *O Adon! Sie bringen mich nach Gron, zu Modru!* Flammen der Verzweiflung drohten ihre Seele zu verbrennen.

Sie hob den Kopf, als ein schriller Schrei erklang: »Habe ich nicht deutlich genug gemacht, daß *meine* Pläne an erster Stelle stehen? Wer von euch hat uns hierher geführt anstatt in Richtung des Passes?«

Der Blick der schwarzen Augen richtete sich kurz auf einen bestimmten Ghûl, der am Rand des Waldes im Schnee stand, und dessen dumpfe Stimme knurrte: *»Glu shtom!«*

»Du willst bleiben?« erwiderte das abscheuliche Schlangenzischen. »Du beharrst darauf, du willst bleiben?« Die Stimme wurde jäh lauter, und schrill kreischte sie: »Dann bleib!« Und zum ersten Mal sah Laurelin nun, wie sich der Naudron in der Gegenwart des Bösen bewegte: Er hob den einen Arm und deutete auf den Ghûl, und seine Finger schlossen sich wie zu einem Würgegriff. Der Ghûl zuckte und fiel mit dem Gesicht nach unten tot in den Schnee.

Anschließend ließ der Naudron den Arm wieder sinken, und Unheil und Verderben glühten in seinen dunklen Augen, als er mit seiner Schlangenstimme zischte: »Diese Strafe droht allen, die mir nicht gehorchen. *Nabbu gla oth.*«

Sie hielten sich nach Nordosten und legten noch knapp zehn Kilometer im Trübwald zurück, bevor sie wieder in offenes Gelände gelangten. Noch einmal dreißig Kilometer ritten sie, und das Land stieg allmählich an. Laurelins Blick reichte nicht weit durch das Düsterdunkel, aber sie war in Dael aufgewachsen, in unmittelbarer Nähe der Kantenhöhe, und daher wußte sie, daß das Ansteigen des Geländes um sie herum auf hohe Berge vor ihnen hindeutete.

Nach einiger Zeit erreichten sie steil neben ihnen aufragende Gesteinsblöcke, und die Ghola trieben die Hôllrösser an und galoppierten rasch an der Felswand vorbei, so als wollten sie diese Gegend so schnell wie möglich hinter sich zurücklassen. Mehr als zehn weitere Kilometer eilten sie an den Felsen entlang, und das Auf und Nieder des Hôllroßrückens verstärkte die Qual Laurelins und machte die Pein schier unerträglich. Ihr Atem war nicht mehr als nur noch ein rasselndes Kratzen, aber sie gab kein schmerzerfülltes Stöhnen von sich.

Dann endlich lag die Schlucht hinter ihnen, und daraufhin ritten die Ghola wieder langsamer. Sie gelangten in ein von steinernen Wänden gesäumtes Tal, aber noch immer machten die Ungeheuer keinerlei Anstalten, anzuhalten und ein Lager aufzuschlagen. Noch einmal legten die Hôllrösser eine weite Strecke zurück, bis sie schließlich im gespenstischen Glühen des Schattenlichts die schemenhaften Umrisse hoher Berggipfel vor sich sahen und den Hang erreichten, der zum Grūwenpaß emporführte.

Fast achtzig Kilometer weit waren sie nun bereits geritten, und die Prinzessin war kaum mehr bei Sinnen, als Klauenhände sie aus dem Sattel zerrten. Sie konnte nicht mehr aus eigener Kraft stehen, sank haltlos und keuchend in den Schnee. Innerlich verspürte sie unsäglichen Schmerz, aber kein Laut kam ihr über die Lippen.

Der Grūwenpaß war rund fünfzig Kilometer lang, und die Ghola ritten nach Norden durch die lange Schlucht. Rechts und links von ihnen erhoben sich steile und mit Eiskrusten überzogene Felswände, und die Steine des Weges überzog silbrig glitzernder Rauhreif. Bitter war die Kälte der Winternacht, und in mattem Grau schimmerte der Granit im Glühen des Schattenlichts. Hartgefrorener Schnee hatte sich in schmalen Felsspalten zu hohen Buckeln aufgetürmt, und von den pochenden Hufen der Hôllrösser hallte ein dumpfes Echo wider.

Als die Ungeheuer schließlich Rast machten, um erneut ein Lager aufzuschlagen, war Laurelin in ihrem Sattel fast steif gefroren, und sie konnte das heftige Zittern, das ihren zarten Leib schüttelte, nicht unterbinden. Ein weiteres Mal brachte ihr einer der Ghola den ledernen Trinkbeutel, und er riß ihr die Unterlippe auf, als er ihr die Öffnung des Beutels auf den Mund stieß. Laurelin war inzwischen viel zu sehr geschwächt, um den linken Arm heben und ohne Hilfe trinken zu können. Die scharfe und ätzende Flüssigkeit ließ einen Hauch von Wärme in ihr Innerstes zurückkehren, und das Lagerfeuer, dessen Holz die Ghola in Packtaschen mit sich getragen hatten, und die warme Suppe ließen sie den Frost bald vergessen.

Sie hatten die gesamte Paßenge inzwischen durchritten, die Schlucht, in der die Riggagipfel auf die Höhen des Grimmwalls und die Grate der Gronspitzen stießen. Nun lag die frostige Einöde von Gron vor ihnen – das Eisreich Modrus. Und Laurelin verlor jede Hoffnung auf Rettung, denn nun befand sie sich in einem Land des Unheils und des Verderbens.

Am nächsten Tag setzten sie die Reise fort, und vom nördlichen Rand des Passes aus ritten sie durch das Grūwental. Der Boden neigte sich nun nach und nach der Ebene von Gron entgegen. In dieser Gegend schien nichts zu wachsen, weder Bäume oder Büsche, noch Gras oder Moos. Nicht einmal Flechten hatten ihre dürren Hakenwurzeln in den Fels gebohrt. Laurelins Blick fiel nur auf Eis und Schnee und kalten Stein, und das Schattenlicht glühte in der Einsamkeit.

Drei Längen nördlich des Tals lagerten sie, weit draußen in der Einöde von Gron. Der Schmerz pochte zwar heftig im verletzten Arm der Prinzessin, aber nicht diese Pein war es, die ihr jetzt so zusetzte. Es war vielmehr die Erkenntnis, daß sie sich nun in Gron befand, und eine unsägliche Bitterkeit überkam sie, denn sie fühlte sich verlassener und hilfloser als jemals zuvor.

Zwei Dunkeltage lang ritten sie durch die Winternacht nach Norden durch ein karges und im Frost erstarrtes Land, und noch immer waren nirgends Anzeichen von Leben zu erkennen. Laurelin wußte, daß sich im Westen die Riggagipfel erhoben, während im Osten die Gronspitzen lagen. Aber diese Berge waren viel zu weit entfernt, als daß menschliche Augen sie im Düsterdunkel hätten ausmachen können. Wenn die Sonne am Himmel gestanden hätte, wären sie vielleicht am Horizont der Eisebene zu sehen gewesen. Aber das Licht der Sonne wurde ja von der unheimlichen Winternacht verschluckt, und Laurelin hätte am liebsten geweint.

An keinem dieser beiden Dunkeltage fanden sie Holz, um sich an einem großen Lagerfeuer zu wärmen, und das abgestorbene Tundramoos nährte nur kleine Flammen. Und Laurelin mußte sogar die Suppe kalt zu sich nehmen.

Am Ende des dritten Dunkeltages in der Ebene schlugen die Ghola ihr Lager am südlichen Rand eines weiten Sumpfgebietes auf, an das sich im Osten die Gronspitzen anschlossen. Es hieß, daß während der Sommermonate Myriaden von Stechmücken in diesem Landstrich nach Opfern für ihre Blutgier suchten, und die Legenden berichteten von so manchem Reisenden, der von dem Schlamm verschlungen worden war. Jetzt aber war der Sumpf zugefroren, und alles Leben schien zu ruhen. Laurelin hatte auch gehört, daß zu Lebzeiten Agrons eine ganze Armee in dem stinkenden Morast verschwunden war. Aber die Geschichte, die man sich von Agron und seinen Mannen erzählte, war nur eine von vielen Legenden in Mithgar, die in Hinsicht auf dieses Sumpfland im Umlauf waren, denn diese Region war schon *immer* ein Ort des Schreckens gewesen.

Den ganzen folgenden Tag über ritten sie am östlichen Rand des Sumpfes entlang. Über zugefrorene Bäche und Quellen führte der Weg, deren Naß den Morast speiste, und einmal pochten die gespaltenen Hufe der Hôllrösser über das Eis eines Flusses, der in den im Düsterdunkel verborgenen Gronspitzen entsprang. Die Schergen Modrus schlugen ein weiteres Mal ihr Lager auf, als sie den nördlichen Rand des Großen Sumpfes erreichten.

Während Laurelin ihre Mahlzeit zu sich nahm, beobachtete sie den Naudron, der mit leeren Augen in die Winternacht starrte. Acht Dunkeltage waren vergangen, seit er zum letztenmal gesprochen und den ungehorsamen Ghûl getötet hatte. Und dreizehn Tage war es schon her, seit die Prinzessin ihre Stimme erhoben hatte, um das Böse in die finsterste Ecke der Welt zu wünschen. Vor sechzehn Tagen war sie in die Gefangenschaft der Ungeheuer geraten, und seither hatte sie nicht mehr den Klang einer freundlichen Stimme vernommen. Und schon einundzwanzig Tage waren ins Land gegangen, seit sie zum letztenmal glücklich gewesen war: während ihres Geburtstagsfestes. Als Laurelin schließlich einschlief, rannen ihr Tränen stumm über die Wangen.

Die Ghûle überquerten einen zweiten zugefrorenen Fluß und hielten weiter nach Norden. Knapp sechs Stunden später kamen sie dicht an schroffen Felsen westlich von ihnen vorbei, als die Ungeheuer ihre Hôllrösser durch die Krallenklamm führten und auf das öde Hochland des Krallenmoors ritten. Viele Stunden saß Laurelin schon im Sattel, und der heftige Schmerz im Arm machte angestrengtes Überlegen unmöglich. Aber die Prinzessin verlor nicht die Selbstbeherrschung: Sie krümmte sich nicht zusammen, sondern saß hoch aufgerichtet auf dem Hôllroß, so steif wie eine Marionette aus Holz und Eisen, die von dunklen Händen in die Finsternis selbst gelenkt wurde. Die dämonischen Reittiere der Ungeheuer hatten Kilometer um Kilometer zurückgelegt, fast sechzig allein an diesem Dunkeltag, mehr als neunhundert seit der Gefangennahme Laurelins vor nunmehr achtzehn Tagen.

Durch die dichten Schmerzensschleier, die vor ihren Augen trieben, sah die Prinzessin die verschwommenen Konturen hoher, schwarzer Berge, und inmitten dieser Felsen erhoben sich die Mauern einer dunklen Festung. Hoch und mächtig waren die Wände, und oben wuchsen Wehrzinnen in den kalten und finsteren Himmel. Ein zentraler Turm ragte über alle anderen hinaus. Es fiel Laurelin nicht leicht, die unterschiedlichen Eindrücke zu einem einheitlichen Bild zusammenzufassen, so wie es sich ihren Blicken darbot; aber plötzlich fiel es ihr wie Schuppen von den Augen, und sie erwachte aus ihrem Trancezustand, denn neue Furcht erfaßte sie bei der Erkenntnis, daß sie die Bastion Modrus vor sich sah: den berüchtigten Eisernen Turm.

Die Hufe der Hôllrösser trommelten auf das Eisen einer Zugbrücke, die sich über eine Felsschlucht spannte, und sie ritten an einem großen und schuppigen Troll vorbei, der am Tor Wache hielt. Der schrille Klang von Signalhörnern hallte an den schwarzen Wänden entlang, und mit fauchenden und knurrenden Stimmen riefen Lõkha Befehle. Rukha sprangen hervor und zogen an knirschenden Zahnrädern ein großes eisernes Fallgatter in die Höhe.

Die Ghûle ritten auf einen steinigen Vorplatz und zügelten ihre Hôllrösser vor einer großen und eisenbeschlagenen Tür. Dürre Klauenhände zogen den zierlichen Leib der Prinzessin aus dem Sattel und führten Laurelin anschließend die vordere Treppe in die Höhe. Ein grollender Rũkh öffnete das Portal, und die Ghola gaben Laurelin einen Stoß, so daß sie durch die Tür wankte. Nur eines der Ungeheuer folgte ihr, und hinter dem

Ghûl schloß sich das schwere Portal wieder mit dumpfem Schlag.

Vor Laurelin erstreckte sich ein von Fackelschein erleuchteter Korridor. Ein Rūkhknecht schlurfte durch den Gang auf die Prinzessin und den Ghûl zu und bedeutete ihnen, ihm zu folgen. »Uuh! Uuh!« krächzte er, denn er hatte keine Zunge.

Er führte Laurelin und das leichenblasse Ungeheuer durch den kalten und schwarzen Korridor aus Granit auf eine weitere große Tür zu. Furchtsam kratzte der Rūkh mit seiner Krallenhand an dem Holz und Eisen, und schließlich öffnete er das Portal, trat zur Seite und machte der Prinzessin Platz. Wieder erhielt Laurelin einen Stoß von dem Ghûl hinter ihr, und die Tür schloß sich mit einem ächzenden und weithin hallenden Schlag.

Der große Raum, in den sie nun stolperte, wurde erleuchtet von dem unsteten Schein in Wandhalterungen steckender Fackeln. In der einen Wand klaffte die scharfkantige Öffnung eines Kamins, in dem hungrige Flammen über trockenes Holz leckten. An einigen Stellen verbargen dicke Teppiche den schwarzen Stein der Mauern, und der Blick Laurelins fiel auf schwere und dunkle Möbel. Aber die Aufmerksamkeit der Prinzessin galt nur für einen Augenblick diesen Dingen und richtete sich unmittelbar darauf auf die schwarzgekleidete und in einen dunklen Mantel gehüllte Gestalt, welche die Arme in Brusthöhe verschränkt hielt und in der Mitte des Raums stand. Ein Mann schien es zu sein, denn die Erscheinung war so groß wie ein Mensch, doch eine grauenerregende Aura umgab sie, ein Hauch von Unheil, Verderben und Tod. Sein Gesicht konnte Laurelin nicht erkennen, denn es verbarg sich unter dem Visier eines gräßlich anzusehenden eisernen Helms. Aber hinter den Augenschlitzen glühten die Pupillen des Bösen, und Laurelin erblickte wieder jenen finsteren Glanz, den sie auch in den Augen des Naudron und des Chabbaners wahrgenommen hatte. Doch diese Gestalt war keineswegs eine leere Hülle, keine willfährige Marionette: Sie stellte vielmehr die Verkörperung allen schwarzen Unheils dar.

Und dann erklang wieder das Schlangenzischen: »Willkommen in meinem Eisernen Turm, Prinzessin Laurelin. Wir haben zwar schon des öfteren miteinander gesprochen, aber jetzt stehen wir uns zum ersten Mal von Angesicht zu Angesicht gegenüber.

Ssss – ich bin Modru.«

Frostige Boshaftigkeit wallte wie ein Nebelhauch durch den Raum, und Laurelin zuckte unwillkürlich dabei zusammen. Die Furcht war wie eine Schlinge, die sich um ihren Hals legte und ihr die Luft abschnürte. Grauen stieg in ihr empor, und die Stimme der Verzweiflung schrie schrill in ihrem Innern.

Modru trat auf sie zu, und obgleich sie innerlich zurückschreckte, ließ sie sich äußerlich nichts anmerken. Die finstere Gestalt ergriff die Hand der Prinzessin und zog sie zu sich. Laurelin wollte zwar vor Entsetzen aufschreien, denn allein schon die Berührung gab ihr das Gefühl, durch ihn Gewalt angetan zu bekommen: So, als finde allein seine Gegenwart schon einen Weg in ihr Innerstes, als reiche sein Blick allein aus, sie zu beschmutzen und sie mit einem schwarzen Schandmal zu kennzeichnen.

»Nun, meine Liebe, warum habe ich nur das Gefühl, daß du vor mir zurückweichst?« fragte das Schlangenzischen Modrus.

»Wenn du glaubst, ich wiche angesichts deiner Berührung zurück«, antwortete sie mit fester Stimme, »so will ich dir gerne den Grund dafür nennen: Es ist abscheulich, von dir angefaßt zu werden, und bereits bei deinem bloßen Anblick könnte ich mich übergeben: Du gräßliches Scheusal, du!«

»Ich?« Zornig hob Modru die Stimme, und in den Augen hinter der eisernen Maske glühte und funkelte es in aufgebrachter Wut. *»Ich?* Du meinst, *ich* sei ein gräßliches Scheusal?« Er zog die Prinzessin wortlos mit sich, als er den Raum mit langen Schritten durchmaß und auf ein mit einem schwarzen Seidentuch bedecktes Möbelstück zuschritt. Er schob Laurelin davor, trat anschließend zur Seite und zog das dunkle Tuch fort. Es hatte einen großen Spiegel verdeckt. »Schau nur hinein, du *wunderschöne* Prinzessin! Dort kannst du erkennen, wie ein *wirkliches Scheusal* aussieht!«

Laurelin schnappte unwillkürlich nach Luft, als sie ihr Spiegelbild betrachtete: Sie sah eine heruntergekommene, hohlwangige und schmutzige Gestalt, die den rechten Arm in einer völlig verdreckten Schlinge trug. Gehüllt war sie in stinkende und zerrissene Lumpen von Rückkleidung, welcher der modrige Geruch von Hôllrössern und menschlichem Kot entstieg. Unter den tief in den Höhlen liegenden Augen zeigten sich dunkle Ringe, und auf der fahlen Haut der Wangen hatten sich dicke Schmutzkrusten gebildet. Zerzaustes Haar fiel ihr auf die Schultern, in dessen verfilzten Strähnen sich allerlei Ungeziefer eingenistet hatte.

Eingehend starrte Laurelin jene Fremde an, die überhaupt keine Ähnlichkeit mit ihr zu haben schien, und dann drehte sie sich wütend um und spie Modru voller Verachtung ins Gesicht.

Grimmwall

Tucks Blick glitt von Talarin zu Gildor, von Gildor zu Galen und von Galen zu Igon. Der junge Prinz war nun eingeschlafen, und sein Gesicht glühte aufgrund des in ihm tobenden heißen Fiebersturms. *Nach Pellar im Süden, oder nach Gron im Norden? Für welche Richtung mochten sie die Entscheidung fällen? Sollten sie versuchen, die Prinzessin zu befreien, oder war es besser, ein Königsheer zusammenzustellen und es gegen die Horde Modrus in die Schlacht zu führen?* Verzweifelt schlug Tuck die Hände vors Gesicht, und Tränen flossen aus seinen saphirblauen Augen.

Galen hielt die rote Augenklappe seines Vaters in Händen, und er glättete den kirschfarbenen Stoff.

»Ich habe die Klappe an mich genommen, damit die *Rûpt* nicht in Erfahrung bringen können, daß ihnen Aurion Rotauge zum Opfer gefallen ist«, erklärte Gildor.

Galen nickte. Er gab keinen Laut von sich und sah auch nicht auf. Sie schwiegen gemeinsam.

Nach einer Weile atmete Igon regelmäßiger und nicht mehr so rasselnd. »Das Fieber klingt ab«, stellte der Elfenheiler fest. »Die Wirkung des Giftes, das in seine Wunde gelangte, läßt endlich nach. Wenn er erwacht, dürfte er noch immer sehr schwach sein, aber die Nebel, die bisher sein Bewußtsein umhüllten, haben sich dann aufgelöst. Es wird noch zwei Wochen oder länger dauern, bis er wieder ganz zu Kräften gekommen sein wird, und für den Rest seines Lebens wird ihn eine Narbe zeichnen.«

Galen wandte sich von seinem jüngeren Bruder ab und sah Talarin an. »Die Ghola, in deren Gefangenschaft sich Laurelin befindet, haben einen Vorsprung von vier oder fünf Dunkeltagen. Ich nehme an, ihr Ziel ist die Festung Modrus. Wo könnten sie Eurer Meinung nach jetzt sein?«

Talarin richtete das Wort an Gildor, und Tuck fiel dabei auf, daß sich die beiden Elfen sehr ähnelten. »Zusammen mit deinem Bruder Vanidor bist du einmal westlich der Gronspitzen geritten«, sagte Talarin. »Du hast dabei das Krallenmoor und sogar den Eisernen Turm gesehen. Was meinst du?«

Gildor dachte kurz nach. »Wenn sie wirklich einen Vorsprung von fünf Dunkeltagen haben und nach Norden unterwegs sind, dann müßten sie inzwischen den Großen Sumpf erreicht haben. Wenn uns nur vier Tage von ihnen trennen, dürften sie sich noch südlich des Morastes befinden, König Galen. Und in höchstens drei oder vier Dunkeltagen müßten sie an ihrem Ziel eintreffen – der Festung des Feindes in Gron.«

Galens Stimme klang fast tonlos, als er erwiderte: »Ihr bestätigt meine Vermutungen, Herr von Gildor. Wir befinden uns demnach in einer sehr schwierigen Lage: Ehe wir die Ghûle noch einholen könnten, wird Laurelin bereits in die Festung Modrus gebracht worden sein, und nur eine große Streitmacht – die Königsarmee – kann jene schwarzen Mauern bezwingen. Aber selbst der Streitmacht, die ich im Süden zusammenstellen muß, wird die Eroberung der Bastion Modrus alles andere als leichtfallen. Doch wie dem auch sei, der Feind in Gron könnte mit der Prinzessin anfangen, was er will, ja sogar sie umbringen, bevor das Königsheer auch nur die Mauern seiner Festung zu stürmen beginnen kann.«

»Die Prinzessin umbringen?« Tuck hielt die Luft an und sprang auf. »Kennt er denn keinerlei Erbarmen?«

»Das Leben der Prinzessin bedeutet ihm überhaupt nichts«, antwortete Gildor.

»Warte, mein Sohn«, warf Talarin ein und hob nachdenklich die eine Hand. »Deine Worte entsprechen der Wahrheit, doch Modru hat sich durchaus erhebliche Mühe gemacht, Laurelin in seine Gewalt zu bekommen. Vielleicht hat er etwas Bestimmtes mit ihr vor.«

»Was meint Ihr damit?« platzte es aus Tuck heraus.

»Möglicherweise will er sie als Geisel benutzen«, erwiderte Talarin. »Oder er plant noch Schlimmeres mit ihr ...«

»Schlimmeres?« Tucks Stimme wurde zu einem heiseren und entsetzten Flüstern. »Wir ... wir müssen irgend etwas unternehmen.«

Daraufhin meldete sich Galen zu Wort, und er entwickelte die

Grundzüge eines gefährlichen Plans. »Vielleicht kann einigen wenigen das gelingen, wozu eine ganze Armee nicht imstande wäre. Nur einer Handvoll Krieger bedürfte es, um die Mauern der Festung Modrus zu erklimmen, unbemerkt in seine Bastion einzudringen und die Prinzessin zu befreien.«

Einige Augenblicke lang war es völlig still im Zimmer, dann brach Gildor das Schweigen. »König Galen, ich habe erhebliche Zweifel daran, ob ein solches Unternehmen von Erfolg gekrönt sein könnte, denn der Eiserne Turm ist eine mächtige Festung. Und mit Euren Worten habt Ihr nur den einen Aspekt des Dilemmas angesprochen, der Euch selbst betrifft: die Gefangenschaft Prinzessin Laurelins. Der andere aber ist mindestens ebenso schlimm: Ganz Mithgar ist bedroht, denn die vom Feind in Gron beschworene Winternacht und die Horde Modrus stürmen weiter nach Süden, und ein Königsheer muß nach Norden geführt werden, um die Schatten der Nacht aufzuhalten.«

»Aber bester Gildor«, erwiderte Galen, und dumpfer Ärger schwang in seiner Stimme mit, »Pellar liegt mehr als anderthalbtausend Kilometer im Süden. Die Reise dorthin und die Rückkehr hierher dauern Wochen und Monate!«

Erneut senkte sich Stille auf sie herab. Igon bewegte sich auf einmal unruhig und schlug die Augen auf. Sein Blick war jetzt nicht mehr getrübt und verschleiert, und in dem gelben Kerzenlicht erkannte er die Männer, die an seinem Bett standen.

»Galen ...« Die schwache Stimme des jungen Prinzen klang rauh und heiser. »Weißt ... du von Laurelin?« Als Galen nickte, schimmerten Tränen in den Augen Igons, und er schloß die Lider, woraufhin ihm die perlende Nässe über die Wangen rann. »Ich habe versagt«, flüsterte er. »Es ist mir nicht gelungen, ihre Entführung zu verhindern. Ich konnte den Schwerteid, den ich leistete, nicht halten. Und nun befindet sie sich in der Gewalt des Feindes.« Der Prinz schwieg.

Eine schier endlose Zeit verstrich, und als Tuck schon glaubte, Igon sei wieder eingeschlafen, fuhr der Verwundete fort: »Es waren zu viele Ghûle, und sie machten uns einfach nieder, wie Schlachtvieh. Ich stürzte vom Pferd und verlor das Bewußtsein. Als ich wieder zu mir kam, stand mein Falbe neben mir und stieß mich immer wieder mit der Schnauze an. Ich weiß nicht, auf welche Weise ich mit dem Leben davonkam. Mir war kalt, so schrecklich kalt. Aber es gelang mir, mit Hilfe glühender Holzstücke, die von den verbrannten Überresten eines Wagens stammten, ein Feuer anzuzünden.«

Erneut verfiel der junge Prinz in ein langes Schweigen, während dessen er die notwendige Kraft sammelte, um weiter zu sprechen: »Die Spur der Ghûle war erst einen Dunkeltag alt. Ich packte Brot und Futter für das Pferd ein und folgte den Ungeheuern. Ich erinnere mich nur an wenige Einzelheiten der Jagd. Ich weiß noch, daß es zu schneien begann und ich große Angst hatte, die Fährte der Ghola zu verlieren. Mein Falbe trug mich weiter, immer weiter ... ich glaube, bis in den Trübwald hinein.

Der tote Ghûl am Rande der Lichtung: Habe ich ihn mir nur eingebildet, oder lag da wirklich sein Leichnam?

Nördlich von hier ...

An etwas anderes entsinne ich mich nicht mehr, Galen, an nichts mehr.« Igons Stimme war zu einem kaum mehr verständlichen Flüstern geworden. »Der Grüwenpaß ... Gron ... Schnee und Eis ... schwarze Festung.« Der Prinz verlor wieder das Bewußtsein; er war noch sehr schwach, und die Anstrengung des Sprechens hatte ihn vollkommen erschöpft.

Der Heiler wandte sich an Galen: »Es ist kaum zu fassen, wie es ihm gelang, so lange zu reden, denn das Licht des Lebens in ihm leuchtet mit nur blassem Schein. Ihr müßt gehen, bevor er erneut erwacht, denn sicher würde er versuchen, erneut mit Euch zu sprechen, und das könnte den Tod für ihn bedeuten.«

»König Galen«, schlug Talarin vor, »Ihr solltet essen und Euch ausruhen, um ebenfalls neue Kraft zu schöpfen, denn morgen ... morgen müßt Ihr eine wichtige Entscheidung treffen.«

Während Tuck einschlief, hallten in seinem Geist die bedeutungsvollen Worte Talarins wider: *»Morgen müßt Ihr eine wichtige Entscheidung treffen ... morgen ...«*

Als Tuck einmal in der Nacht erwachte, sah er Galen, der am Fenster stand und ins Schattenlicht starrte. In der einen Hand hielt er eine scharlachrote Augenklappe, und um seinen Hals schlang sich eine goldene Kette.

Während Tuck und Galen schliefen, wurde ihre Kleidung gewaschen und an einem Feuer getrocknet. Nach dem Erwachen zogen sie sich still an, aber keiner von ihnen nahm sich die Zeit, sich über die Frische der Hosen, Hemden und Jacken zu freuen.

Schließlich brach Tuck das Schweigen. »Herr, vielleicht steht es mir nicht zu, Euch einen Rat zu geben, und die Worte, die ich nun an Euch richten möchte, kommen mir nur sehr schwer über die Lippen. Aber ich muß sie aussprechen, ob sie nun richtig sind oder falsch.

Das Wohl und Weh Prinzessin Laurelins bedeutet mir sehr viel. Sie hat für immer einen Platz in meinem Herzen gefunden, neben Merrilee. Und nichts würde ich lieber tun, als dem Ruf meines Herzens zu folgen und zu dem Eisernen Turm zu reiten, um dort mit einem Schwert an das Portal zu pochen oder zu versuchen, mich in die Bastion zu schleichen. Jubeln würde ich, wenn Ihr Euch dazu entscheiden solltet.«

Tränen rannen nun über die Wangen Tucks. »Aber die Stimme meines Verstandes erinnert mich daran, daß ganz Mithgar von der Horde Modrus bedroht wird, und der König muß ein Heer zusammenstellen und es nach Norden führen, in den Kampf gegen die Horde, auf daß unsere Heimat dem Unheil entrinnt. Und dieser König seid Ihr nun.

Ich schlage vor, eine Gruppe von Kriegern sollte nach Gron reiten und versuchen, heimlich in den Eisernen Turm zu gelangen und die Prinzessin Laurelin aus der Gewalt Modrus zu befreien. Aber weder Ihr noch ich sollten dieser Gruppe angehören. Das Schicksal von Prinzessin Laurelin muß in die Hände anderer Kämpfer gelegt werden, denn Mithgar verlangt, daß Ihr nach Süden reitet, um den Oberbefehl über das Königsheer zu übernehmen, und ich ...« Tucks Stimme begann zu zittern. »Und ich muß Euch begleiten und Euch den weitsichtigen Blick meiner scharfen Augen leihen.«

Tuck drehte sich zum Fenster um und starrte in das Schattenlicht. Die Tränen bildeten einen dichten Schleier vor seinen

Augen, so daß er kaum noch etwas erkennen konnte. Er fuhr in stockendem Flüsterton fort: »Als wir neben den Überresten des überfallenen Wagenzuges standen, legtet Ihr als Prinz Mithgars den Eid ab, Rache zu nehmen an den Ghûlen, welche die Prinzessin verschleppten. Wie gesagt: Es war ein Schwur, den Ihr als Prinz ablegtet, und ich betone noch einmal, daß Ihr nun der König Mithgars seid ... Große Verantwortung ruht auf Euren Schultern, und Ihr ... Ihr habt eine Pflicht zu erfüllen – ganz gleich, was Euch die Stimme Eures Herzens auch zu befehlen versucht. Selbst wenn es ... Wochen oder Monate dauern wird ... wir sollten trotzdem nach Süden reiten ... nach Pellar ..., um dort das Heer zusammenzustellen und es nach Norden zu führen. Irgendwann werdet Ihr gegen den Feind in Gron antreten und Modru in seine Schranken weisen, aber zuvor ... zuvor müßt Ihr seine Horde schlagen, denn sie schickt sich nun an, ganz Mithgar zu erobern.

Und ich bin mir völlig sicher: Wenn ... wenn Prinzessin Laurelin die Möglichkeit hätte, uns eine Nachricht zukommen zu lassen, so würde sie Euch ebenfalls diesen Rat geben und Euch dazu drängen, Eure Königspflichten wahrzunehmen und Mithgar vor dem Bösen zu schützen.«

Im Anschluß an diese Worte schwieg Tuck und blickte aus dem Fenster. Galen antwortete nicht.

Es klopfte an der Tür, und die Elfenherren Talarin und Gildor traten ein. »König Galen«, eröffnete ihm Talarin, »die Zeit Eurer Entscheidung ist gekommen.«

Galens Stimme war ein leiser Hauch, kaum mehr als ein Raunen. »Nach Süden. Wir reiten nach Süden. Denn dies verlangt meine Königspflicht.«

Ein Gefühl der tiefsten Betrübnis umkrampfte die Herzen der im Zimmer Anwesenden, und Tuck vergoß bittere Tränen.

Eine ganze Zeitlang herrschte Stille, und dann trat Gildor an die Seite Galens. »Als ich Eure Dame Laurelin zum letzten Mal sah«, erklärte er, »bat sie mich darum, dem König beizustehen und ihm mit meinem Rat zu helfen, und ich versprach, ihre Bitte zu erfüllen. Jetzt seid Ihr der König, Galen, und wenn Ihr meine

Begleitung wünscht, reite ich mit Euch nach Süden, denn nichts läge mir ferner, als mein Wort zu brechen.«

Galen nickte nur stumm.

Schließlich verließen sie das Gästequartier und nahmen an einem langen Tisch Platz, an dem auch die schöne Rael saß. Als sie hörte, daß Gildor die Absicht hatte, mit Galen nach Süden zu reiten, lächelte sie. »Es ist schon immer so gewesen, daß sich der Hohekönig auf die Hilfe eines Lianwächters stützte«, stellte die Elfin fest, und sie beugte sich vor und griff nach der Hand Talarins und Gildors. »Es freut mich, König Galen, daß Ihr Euch für unseren Sohn entschieden habt, so wie ihn auch Aurion, Euer Vater, schätzte.«

Gildor ist der Sohn Talarins! fuhr es Tuck ein wenig überrascht durch den Sinn, und er sah von einem zum anderen. *Kein Wunder, daß sie sich so ähneln.* Dann stellte Tuck einen Vergleich zwischen Rael und Gildor an: *Er hat aber auch etwas von seiner Mutter.*

Das Essen wurde aufgetragen, und sie frühstückten. Und während sie speisten, kam ein anderer Elf hinzu, der wie das Spiegelbild Gildors aussah. Tuck musterte die beiden erstaunt. Wären sie nicht auf verschiedene Weise gekleidet gewesen, hätte er sie kaum auseinanderhalten können.

Der Neuankömmling lächelte angesichts der Verwirrung des Wichtels und deutete ein Nicken an.

»Hier«, stellte Talarin vor und sah auf. »Das ist Vanidor.« Der Elfenherr wandte sich an seine Gäste. »König Galen, Tuck – dies ist mein zweiter Sohn, Vanidor. Vor drei Dunkeltagen erst kehrte er aus dem verlassenen Lianion zurück, dem Ersten Land, das auch als Rell bekannt ist. Er kann Euch von den südlich gelegenen Regionen berichten, durch die Ihr auf Eurem Weg nach Pellar reiten werdet.«

Vanidor verneigte sich vor Galen und Tuck. Dann setzte er sich und füllte seinen Teller mit *Dele*, einem Haferbrei, der weitaus köstlicher schmeckte als der, den Tuck bisher gekannt hatte.

»Dunkelheit senkt sich über Lianion«, erzählte Vanidor. »Das Düsterdunkel Modrus verfinstert alles. Am Grimmwall ist das Schattenlicht entlanggekrochen, und als ich die Winternacht zum letztenmal sah – vor rund fünfzehn Dunkeltagen –, hatte sie fast den Quadranpaß erreicht.

Wenn Ihr nach Pellar reiten wollt, müßt Ihr durch Lianion. Benutzt aber nicht den Alten Rellweg, denn seinem Verlauf folgen nun auch die *Rûpt*: Rūcks, Lōkhs, Ghûle und Vulgs. Auch jene Ungeheuer ziehen nun nach Süden, am Grimmwall entlang. Sie folgen dem finsteren Dahinbrodeln des Düsterdunkels.«

»Der Crestanpaß liegt ganz in der Nähe«, warf Galen ein. »Können wir nicht die Querlandstraße und anschließend den Überlandweg nach Argon nehmen? Wenn der Fluß nicht zugefroren ist, lassen wir uns auf seinen Wassern nach Süden treiben, an Riamon und Valon vorbei nach Pellar.«

»Der Argonstrom ist aber eisbedeckt, König Galen«, erwiderte Vanidor. »Zumindest im Norden, vermutlich bis in Höhe der Fälle von Bellon. Aber selbst wenn das nicht der Fall wäre: Ihr könnt nicht den Weg über den Crestanpaß nehmen, denn es ist Winter, und in jenen Höhen herrscht eine zu bittere Kälte. Außerdem treiben sich dort ebenfalls Nachtschatten herum. Nein, Ihr könnt den Grimmwall nur über den Quadranpaß überqueren – wenn er nicht schon zugeschneit ist oder ebenfalls bereits von der Horde Modrus kontrolliert wird.«

»Sollte der Quadranpaß vom Weiß des Winters oder dem Heer des Feindes blockiert sein«, überlegte Gildor, »dann bietet sich uns erst wieder bei der Gûnarschlucht die Möglichkeit, die Höhen des Grimmwalls zu überwinden, und anschließend reiten wir durch die Gûnarhöhengasse und gelangen so nach Valon. Von dort aus folgen wir dem Verlauf der Pendwyrstraße nach Pellar.«

»Kann der Feind denn schon so weit nach Süden vorgestoßen sein?« fragte Tuck, als er sich an die Karten erinnerte, die er während der Beratungen des Kriegsrates in Challerainfeste studiert hatte.

»Vielleicht schon«, erwiderte Vanidor. »Vielleicht aber auch noch nicht. »Möglicherweise sind die Quadranberge das Ziel der Horde, denn unterhalb der vier Berge liegen die Grimmengrotten, und das sind Orte des Dunkels und des Schreckens! Und wenn das Düsterdunkel das schlafende Ungeheuer weckt, dann droht der Gegend von Darda Galion der Untergang.«

Bei diesen Worten Vanidors verfinsterten sich die Gesichter aller Anwesenden, denn das Schicksal Darda Galions lag ihnen allen sehr am Herzen. Es war das Land der Silberlerchen, das Land, in dem die Alten Bäume wuchsen, deren hohe Wipfel das Licht der Sonne verdunkelten und die nun Wohnstätten der Lian waren. Und bei der Vorstellung von einem Ungeheuer, einem Gargon, das in jener Elfenregion zu wüten begann, stieg in allen Entsetzen empor.

»Ich will Euch folgenden Rat geben«, sagte Vanidor zu Galen und Tuck. »Reitet nach Süden durch das Ardental nach Lianion. Haltet Euch von dort aus neben dem Alten Rellweg, doch hütet Euch vor der Teufelsbrut. Ihr könnt versuchen, den Grimmwall über den Quadranpaß zu durchqueren. Wenn dieser Weg frei ist, gelangt Ihr schnell nach Darda Galion, wo Euch unsere Lianverwandten gewiß weiterhelfen werden.

Sollte sich aber bereits der Feind am Quadranpaß befinden – oder der Winterschnee den Weg versperren –, so müßt Ihr Euch nach Süden wenden, in Richtung Gûnarschlucht, und von dort aus weiter durch die Gûnarhöhengasse nach dem fernen Pellar. Ich weiß nicht, was der Feind in Gron plant, ob noch irgendeiner dieser Wege frei passierbar ist und Ihr überhaupt unbehelligt nach Caer Pendwyr gelangen könnt. Aber Ihr müßt Euch dennoch auf den Weg machen, auch wenn es andere nach Süden führende Pfade leider nicht gibt.«

Galen nickte bestätigend, und unmittelbar darauf meldete sich Talarin zu Wort. »König Galen, ich würde Euch gern eine Elfeneskorte anbieten, wäre ich der Meinung, sie könnte Euch hilfreich sein. Aber ich glaube, die Aufmerksamkeit des Bösen würde von einem größeren Heerestrupp sofort geweckt, und dann müßtet Ihr mit Fallen rechnen. Zwei oder drei Kriegern aber könnte es gelingen, unbemerkt nach Pellar zu gelangen.

Folgendes möchte ich Euch mit auf den Weg geben: Aurion Rotauge war ein sehr guter Freund von mir, und wir trauern mit Euch. Wir wissen, daß die Stimme Eures Herzens Euch nach *Norden* ruft, während Ihr nach Süden reist. Mein Sohn hat es bisher noch nicht angesprochen, aber in der vergangenen Nacht haben wir Elfen uns beraten und überlegt, wie wir uns verhalten sollen, ganz gleich, welche Richtung Ihr auch wählt. Ihr habt Euch für Süden entschieden, deshalb hört nun unseren Plan: Vanidor, Duorn und zwei andere Elfen, die Ihr noch nicht kennengelernt habt – Flandrena und Varion – werden sich nach Gron auf den Weg machen. Sie wollen sich heimlich dem Eisernen Turm nähern, und falls sich irgendeine Möglichkeit bietet, Prinzessin Laurelin aus der Gewalt Modrus zu befreien, so werden sie nicht zögern zu handeln. Darüber hinaus berichten sie uns von der Stärke der Streitmacht, welche die Festung des Feindes in Gron schützt, auf daß wir, wenn demnächst die Zeit zum Angriff gekommen ist, wissen, was uns erwartet. Diesen Plan werden *wir* verfolgen, während *Ihr* im Süden das Königsheer zusammenstellt und es nach Norden führt.«

Galen gab zwar keine Antwort darauf, aber Tränen der Rührung schimmerten in seinen Augen, und fest ergriff er die Hand Vanidors.

»Prinz Igon ist wach, König Galen«, meldete der Elfenheiler. »Ich bitte Euch: Schont ihn.«

Galen und Tuck traten durch die Tür. Tuck verharrte bereits an der Schwelle, während Galen bis neben das Bett schritt. Igon lächelte schwach, und in dem gelben Kerzenlicht wirkte das Gesicht des jungen Mannes überaus blaß. »Wir brechen jetzt nach Süden auf, Bruder«, informierte ihn Galen, »um das Königsheer zusammenzustellen und es gegen die Horde in die Schlacht zu führen.«

»Nach Süden? Nein!« Igon schüttelte heftig den Kopf, und seine rauhe Stimme zitterte. »Laurelin befindet sich im Norden!« Dann schien er zum ersten Mal den Wichtel zu bemerken. »Tuck, wieso bist du denn hier? Challerainfeste … Vater …« Kurze Stille schloß sich an, und nach einer Weile fragte Igon: »Bist du jetzt König, Galen?« Und als sein Bruder daraufhin nickte, weinte Igon leise. »Dann handelte es sich also nicht, wie ich hoffte, um einen vom Fieber hervorgerufenen Alptraum. Unser Vater ist tot.« Er drehte das Gesicht zur Wand.

Der Heiler gab Galen ein Zeichen, und der neue König griff nach der Hand Igons und drückte sie an sich. »Wir müssen jetzt gehen, Igon. Der Vormarsch der Horde muß gestoppt werden.«

Galen ließ die Hand seines Bruders wieder los und strich dem jungen Prinzen zärtlich durchs Haar. Dann schritt er zur Tür zurück, wo Tuck auf ihn wartete. Igon wandte sich um und sah sie an. »Ich verstehe dich, Galen, ja, ich verstehe nun alles. Du bist König, und es geht um das Wohl und Weh ganz Mithgars.« Und als Galen und Tuck auf den Korridor traten, konnten sie im Krankenzimmer das leise Schluchzen Igons hören.

Es wurde Zeit für die Abreise, und Tuck und Galen wurden von den Elfen verabschiedet. Weder das Düsterdunkel noch der finstere Ernst der bevorstehenden Mission vermochten den hellen Glanz zu trüben, der von den versammelten Elfen ausging. Die schöne Rael stand neben Talarin, und in geringer Entfernung erhob sich die Gestalt Vanidors. Während sie auf das Zeichen zum Aufbruch warteten, ritten drei weitere Elfen auf sie zu: Duorn, Flandrena und Varion. Zusammen mit Vanidor wollten sie sich nach Gron begeben und versuchen, den Eisernen Turm Modrus zu erreichen. Darüber hinaus waren auch noch andere Elfen anwesend, die meisten von ihnen Krieger, kraftvolle Lianwächter.

Gildor, Galen und Tuck standen vor Talarin. Und das Oberhaupt der Elfen im Ardental wandte sich um und reichte die Hand der schönen Rael, die an die Seite des Elfenherrn getreten war. »König Galen«, ließ sich Talarin vernehmen, »bevor ich Euch verabschiede und Euch alles Gute wünsche, möchte ich, daß Rael zu Euch spricht, denn oftmals kommen ihre Worte einem guten Vorzeichen gleich.«

Darauf erhob die Gemahlin Talarins ihre weiche und sanfte Stimme. »König Galen, ein beschwerlicher und gefährlicher Weg liegt vor Euch, denn das Unheil bedroht inzwischen das ganze Land, und überall lauert das Verderben. Unterwegs mag der Tod in Dämonengestalt auch Euch erwarten, aber Ihr werdet auch unverhoffte Hilfe finden – so wie Ihr und andere vor Euch hier in der Verborgenen Zuflucht Unterstützung fanden. Zusammen mit Eurem kleinen Gefährten und meinem Sohn brecht Ihr nun auf, und unser Segen begleitet Euch. Aber denkt an meine Worte: Während Ihr drei nach Süden reitet, machen sich vier Elfen auf den Weg nach Norden.« Daraufhin traten Vanidor und die drei anderen Krieger vor und blieben neben Rael stehen. »Meine beiden Söhne – Gildor Goldzweig und Vanidor Silberzweig – verlassen mich also und stürzen sich in den Kampf gegen das Dunkel, das Modru beschwor.

Und das richtet das Böse an: Es zwingt uns dazu, düstere Wege zu beschreiten, auf die wir sonst nie einen Fuß gesetzt hätten. Wenn uns die Wahl bliebe, würden wir uns gerne von der Finsternis abwenden und unsere Blicke frohen Herzens auf das Licht richten, aber uns bleibt keine freie Entscheidung, und unsere Kraft dient nun nicht mehr dazu, Gutes zu schaffen, sondern nur noch zur Zerstörung, der Vernichtung des Bösen. Hört mich an: Das Böse muß zerschmettert werden – nicht nur um dem Leid ein Ende zu machen, das im ganzen Land herrscht, sondern auch um den Verlust des Guten wettzumachen. Und selbst wenn es keinen anderen Grund gäbe: Wir müssen das Böse vollständig vernichten, um unsere Kraft wieder ganz dem Guten widmen zu können.

Bis uns das aber schließlich gelingt, droht uns allen ein schwarzes Schicksal, und unsichtbare Bande sind wie Brücken, die uns miteinander verbinden. Ich spüre etwas Verhängnisvolles, eine finstere Ahnung. Unter meinen Vorfahren waren viele Wahrsager, und manchmal offenbaren sich Omen dem Seher ganz jäh und plötzlich. Diese Weissagung aber, deren Worte ich nun an Euch richte, wohnt bereits in mir, seit ich den Drachenstern über den Himmel ziehen sah, und jetzt scheint mir der geeignete Zeitpunkt gekommen zu sein, sie auszusprechen:

Keinem von zwei Bösen soll gelten deiner
starken Hände Schlag.
Das Schwarze dazwischen mußt du treffen,
auf daß es sterben mag.«

Bei diesen Worten klopfte Tuck das Herz bis zum Hals, obgleich er nicht wußte, was eine solche Unruhe in ihm auslösen konnte.

Er verstand die Botschaft gar nicht. Und als er sich umdrehte, erkannte er, daß die anderen ebenso verwirrt waren. Doch die nächsten Worte Raels steigerten das Erstaunen nur noch weiter. »Ich weiß nicht, welche Bedeutung diese Zeilen haben und an wen sich die Weissagung richtet.«

Rael trat auf diejenigen zu, die alsbald das Ardental verlassen würden, und jedem von ihnen reichte sie die Hand. Nur Gildor und Vanidor gab sie einen Kuß auf die Wange. Als sie vor Galen stand, versprach sie: »Wir werden den jungen Igon pflegen, bis er wieder soweit zu Kräften gekommen ist, um Euch in Eurem Kampf gegen das Dunkel zu unterstützen. Macht Euch also keine Sorgen um ihn, während Ihr nach Süden reitet.« Dann trat sie wieder an die Seite Talarins zurück und schwieg, trotz des bedeutsamen hellen Funkelns in ihren Augen.

Talarin erhob nun seine Stimme: »König Galen, wenn Euch Euer Weg durch Darda Galion führen sollte, so grüßt unsere dort lebenden Lianverwandten. Im Gegensatz zum Ardental ist ihre Heimat sehr groß, und viele Elfen wohnen dort. Aber ich kann Euch eines versichern: Zwar stehen hier im Ardental nur vergleichsweise wenige Krieger unter meinem Befehl, aber die Schergen Modrus machen dennoch einen weiten Bogen um uns, denn sie fürchten uns. Aber obgleich das Düsterdunkel in diesem Tal nicht so finster ist wie weiter im Norden, wird die Teufelsbrut eines Dunkeltages sowohl über uns als auch unsere Verwandten von Darda Galion herfallen, wenn es nicht zuvor gelingt, den Vormarsch der Horde aufzuhalten, deren finstere Flut auch uns Elfen davonspülen würde. Doch bis diese Gefahr droht, sollte es Euch gelungen sein, das Königsheer zusammenzustellen und damit die schwarze Macht Modrus zu zerschlagen. Und eines sei Euch zum Abschluß gewiß: Wann immer Ihr uns braucht, werden wir für Euch da sein.«

Im Anschluß an diese Worte stiegen die Krieger auf die Reittiere. Hilfreiche Hände hoben Tuck auf das Packpferd, wo er vor den Vorräten hockte, die an einem Gestell befestigt waren.

Galen schwang sich auf den Rücken seines pechschwarzen Rosses und wandte sich nochmals zu Vanidor und den drei Elfenjünglingen, die sich nun auf den Weg nach Gron machen würden. »Meine Seele begleitet euch auf dem weiten Weg zur Schwarzen Festung Modrus. Und ich wünsche euch alles Glück dieser Welt!«

Dann richtete sich der Blick Galens auf Talarin, Rael und die versammelten Elfen, und er hob die eine Hand. »Viele Dunkeltage liegen hinter uns, und eine noch schwärzere Finsternis wartet auf uns. Aber ich beteure hiermit feierlich: Irgendwann wird es uns gelingen, die Macht des Feindes in Gron zu brechen, und dann glänzt wieder der helle Schein der Sonne am Himmel und läßt Freude und Glück auch in dieses Felsental zurückkehren.«

Galen zog das Schwert aus der Scheide, hielt es hoch erhoben und rief: *»Cepān wyllan, Lian; wir gān bringan thē Sunna!«* (Sorgt euch nicht, Lian; wir gehen und bringen die Sonne zurück.)

Gildor und Vanidor hoben ebenfalls ihre Schwerter. *»Cianin taegi!«* (Glänzende Tage!) rief Gildor. »Cianin taegi!« antwortete Vanidor, und die anderen Elfen stimmten in diesen Gruß mit ein.

Und noch während das Echo dieses Rufes zwischen den Stämmen der Tannen widerhallte, machten sich Galen, Gildor und Tuck auf den Weg nach Süden, während Vanidor, Duorn, Flandrena und Varion die nördliche Richtung einschlugen.

Und Tuck, der neben Gildor auf seinem Pferd Flinkhuf dahinritt, hauchte: »Möge das helle Antlitz des Glücks uns allen sein strahlendes Lächeln schenken.«

Gildor, Galen und Tuck hielten sich südlich, am Ufer des zugefrorenen Stolperflusses entlang, dessen Wasser sich tief in den Fels der Schlucht gefressen hatten. Kiefern und Fichten wuchsen im Tal, und in dem Glühen des Schattenlichts konnte man die hohen Buckel schroffer Steinpalisaden erkennen. Schmal war das Tal, und manchmal strebten die hoch aufragenden Wände so geneigt aufeinander zu, daß nur noch Platz für einen Reiter blieb, und an diesen Stellen reichte das Eis des Flusses von Fels zu Fels. Zwar waren die dunklen Schatten von in den Granit der Steinwände gemeißelten Wegen und Stufen zu erkennen, aber Galen und seine beiden Begleiter scheuten sich, diese Pfade zu benutzen, und ritten statt dessen über die harte Eisdecke des Flusses.

Viele Stunden lang folgten sie dem Lauf des Tals, und als sie schließlich halt machten, um ein Lager aufzuschlagen, ragten rechts und links von ihnen noch immer die dunklen Schemen der Felsen auf, denn das Ardental war sehr lang. Rund fünfzig Kilometer weit waren sie zwar bereits nach Süden gekommen, doch Gildor meinte, sie müßten noch weitere zwanzig Kilometer zurücklegen, ehe sie das Ende der Schlucht erreichten.

Ihre Mahlzeit bestand aus den für Lianreisende typischen Speisen: getrockneten Früchten und Gemüsen, heißem Tee und – zu Tucks großer Freude – aus Mian, einem besonderen Brot der Elfen, das aus Hafer, Honig und verschiedenen Nußsorten gebacken wurde. »Davon könnte ich eine ganze Wagenladung verschlingen«, bemerkte der Wichtel und nahm genießerisch einen Bissen.

Anschließend bereitete sich Tuck zur Nachtruhe vor, denn er war müde und mußte die Mitternachtswache übernehmen. Aber zuvor hockte er sich auf einen Baumstumpf in der Nähe des Feuers und schrieb in sein Tagebuch. Ganz in der Nähe saß Galen, mit dem Rücken an einen Baumstamm gelehnt, und starrte auf die rote Augenklappe in seiner Hand.

»Herr von Gildor, erzählt mir von den letzten Stunden meines Vaters.« Galens Stimme war ganz leise, kaum mehr als ein Flüstern.

Gildor sah zu dem Menschen auf, und nach einer Weile berichtete er: »Als wir auf dem letzten Verteidigungswall von Challerainfeste standen und uns dazu entschieden, einen Plan der Verzweiflung in die Tat umzusetzen – wir wollten die Linien der *Rûpt* durchbrechen und uns in der Winternacht vor dem Feind verbergen –, verspürte ich eine düstere Vorahnung. Ich erinnere mich nicht mehr an den genauen Wortlaut, aber ich warnte Aurion: ›Seid auf der Hut, König Aurion, denn ich fühle etwas Unheilvolles, das hinter den Toren lauert, etwas Schwarzes jenseits der Horde, die nun diese Festung bedrängt, und ich befürchte, das Verderben wartet auf Euch.‹ Zu jenem Zeitpunkt konnte ich noch nicht wissen, daß sich am Nordtor des ersten Verteidigungswalls eine Gruppe von Ghûlka befand, angeführt von Modru.«

»Von *Modru* selbst?« platzte es aus Tuck heraus, und jäh richtete er sich kerzengerade auf.

»Ja, Modru selbst«, bestätigte Gildor. »Er war es, der den König vor den durch den Zerschmetterer geborstenen Toren verhöhnte.«

»Aber das war doch ein Mensch!« widersprach Tuck heftig. »Ein Mann von Hyree! Der Unterhändler Modrus!«

»Es war das Böse Modrus, das am Nordtor seine Stimme erhob«, beharrte Gildor, doch noch bevor er etwas hinzufügen konnte, wurde er erneut von Tuck unterbrochen.

»Dann hat Danner ihn erwischt.« Der Wichtel rieb sich vergnügt die Hände. »Der Pfeil Danners bohrte sich ihm mitten in die Stirn und tötete ihn auf der Stelle. Er war schon hinüber, noch bevor er vom Rücken des Hôllrosses zu Boden stürzte.«

»Nein, Waerling«, wandte Gildor ein, und er hob die Hand, um den Protesten Tucks zuvorzukommen. »Danners Pfeil hat nur eine Marionette Modrus umgebracht. Habe ich nicht gesagt, daß Modru die Horde mit Hilfe dunkler Kräfte befehligt? Wir haben am Nordtor einen Beweis seiner schwarzen Macht erlebt: Selbst während sich der Feind in Gron in seiner kalten Festung befindet, dem Eisernen Turm, vermag er durch die Augen seiner Unterhändler und Botschafter in die Ferne zu blicken. Er benutzt ihre Ohren, ihre Zungen und manchmal tötet er mit ihren Händen. Niemand weiß, auf welche Entfernung er die willfährigen Marionetten unter seinen Willen zwingen kann, aber die Macht des Bösen ist wirklich ungeheuer, wenn auch möglicherweise nicht völlig unbeschränkt.

Nein, es war nicht das Böse selbst, das durch den Pfeil Danners erledigt wurde – aber ich vermute, Modru war ziemlich überrascht, als dein Wichtelkamerad seinem Botschafter den Tod brachte. Doch der Pfeil Danners kann die Verwirklichung der Pläne Modrus bestenfalls verzögert haben. Modru verlor im Bereich der Challerainfeste Augen, Ohren, Zunge und Hände seiner Marionette, aber bestimmt hat er inzwischen einen neuen Botschafter ausgeschickt, der den Platz des Toten einnehmen soll. Schließlich ist es die Absicht des Feindes in Gron, seine Horde weiter nach Süden vordringen zu lassen.«

Tuck schauderte bei der Vorstellung, daß das Böse auf die von Gildor beschriebene Weise einen anderen Geist unter seinen Willen zwingen konnte. Jetzt verstand er, warum sich das Gesicht des Unterhändlers verändert hatte. Die verzerrten Züge und das unheilvolle Glühen in den Augen: *Es war Modru selbst gewesen, der die Kontrolle über seine Marionette übernommen hatte.* Und Tuck glaubte nun auch erklären zu können, warum der Abgesandte des Feindes in Gron nicht ebenfalls an dem Verrat seiner Begleiter teilgenommen und gegen den König gekämpft hatte: *Wenn Modrus dunkle Kraft mit wachsender Entfernung nachlassen sollte, so konnte er seine Marionette auf der Ebene vor den Mauern der Challerainfeste vielleicht nicht sicher genug lenken.*

Tucks Gedankengänge wurden unterbrochen, als er wieder die Stimme Gildors vernahm. »König Galen, Euer Vater ritt durch das Nordtor, nachdem Ihr und Eure Krieger den Ring der Ghûlka durchbrochen hattet. Aber der Feind setzte ihm arg zu, und er trug viele Wunden davon. Schließlich wurde er von den Schergen Modrus eingeschlossen, und der Speer eines Ghûls bohrte sich ihm in die Brust. Trotz der tödlichen Verletzung brachte er noch zwei Feinden den Tod, bevor er sterbend mit dem Körper auf den Rücken Wirbelwinds sank.«

Gildor zog das Schwert aus der Scheide, holte auch das Langmesser hervor und streckte beide Waffen aus. Auf jeder Klinge blitzte ein Juwel: auf der einen ein blutroter Edelstein, auf der anderen ein himmelblauer, und sie glänzten und gleißten im Feuerschein. »Selbst mit diesen beiden Schneiden – den Boten des Unheils und des Verderbens – vermochte ich mir keinen Weg zu ihm freizukämpfen, um ihn zu retten. Aber der scharlachrote Glanz des Unheilsbringers und das kobaltblaue Funkeln des Verderbensboten trieb die Ghûlka zurück, denn sie fürchten diese Waffen, die vor langer Zeit im Verlorenen Duellin geschmiedet wurden, um dämonischen Geschöpfen wie ihnen den Tod zu bringen. Als sie flohen, griff ich nach den Zügeln Wirbelwinds und bahnte mir einen Weg durch das Kampfgewühl.

Auf einem nahen Hang ließ ich König Aurion zu Boden gleiten. Folgende Worte richtete er an mich, bevor er starb: ›Sagt Galen ... und Igon ... ich habe die Freiheit gewählt.‹ Dann schlossen sich seine Augen, und das Leben wich aus ihm. Ich weiß nicht, was er mit seiner letzten Bemerkung zum Ausdruck bringen wollte.«

In Tucks großen Augen schimmerten Tränen. »Ich ... ich kann mir sehr gut vorstellen, was in jenen Augenblicken in ihm vor sich ging«, erwiderte der Wichtel. »Als wir den Unterhändler ... Modru in der Ebene trafen, bot er dem König an, sein Leben zu schonen, wenn er kapituliere und sich mit seinen Getreuen in die Gefangenschaft begäbe. Aber Aurion antwortete: ›Pah! Richte dies deinem Unheilsherrscher aus: Aurion Rotauge wählt die Freiheit!‹«

Eine Zeitlang schwiegen sie, und das einzige Geräusch war das leise Knistern und Prasseln des Feuers. Schließlich hob Gildor den Kopf. »Ich nahm dem Toten die Augenbinde ab. Ich wollte damit verhindern, daß die Nachtschatten den König daran erkennen und seinen Leichnam verstümmeln. Modru sollte nicht wissen, daß ihm Aurion zum Opfer gefallen war. Anschließend legte ich das Schwert neben ihn, faltete ihm die Hände über der Brust zusammen, schwang mich auf den Rücken Flinkhufs und kehrte ins Kampfgetümmel zurück.

Vidron und einigen anderen Kriegern war es inzwischen gelungen, die feindlichen Linien zu durchbrechen, und die Gruppe ritt nach Osten. Ich griff erneut nach den Zügeln Wirbelwinds und folgte den Männern.

Wir flohen durch die Vorberge, und die Ghûlka nahmen sofort die Verfolgung auf. Aber Hôllrösser sind nicht so schnell wie gute Pferde, und so gelang es uns schließlich, der Übermacht des Feindes zu entkommen.

Einen weiten Weg durch das Düsterdunkel in Richtung Osten hatten wir zurückgelegt, bis wir die Region der Signalberge erreichten, und von dort aus bogen wir nach Süden ab, um auf die anderen Königssoldaten zu stoßen, die dem Gemetzel entronnen sein mochten. Wir setzten die Reise fort, bis wir an die Ausläufer von Weiunholz gelangten, und während sich Vidron und seine Männer nach Südwesten wandten, in Richtung Kampfhügel und Steinhügel, ritt ich in den Wald, um mich mit den Bündnispartnern von Weiunholz in Verbindung zu setzen und der dortigen Verteidigungsstreitmacht die unheilvolle Nachricht von der Eroberung der Challerainfeste und dem Tode Aurions zu bringen.

Einer meiner dortigen Verwandten berichtete mir, daß Ihr, Galen, zusammen mit Tuck der Fährte der Ghûlka folgt, welche die Prinzessin Laurelin verschleppten.

Ich bat darum, daß auch Vidron in Steinhügel von all dem informiert würde, und ich ließ Wirbelwind in der Obhut meines Verwandten zurück – eines Lian, der sich in Weiunholz von einer Verwundung erholte. Unmittelbar im Anschluß daran ritt ich weiter, um Euch einzuholen. Als ich mich aufmachte, hattet Ihr einen Vorsprung von einem Dunkeltag, doch im Ardental gelang es mir endlich, zu Euch aufzuschließen.«

»Habt Ihr etwas über die anderen Wichtel erfahren?« fragte Tuck. »Überlebten einige meiner Kameraden? Was ist aus Danner und Patrel geworden?«

»Darauf kann ich dir leider keine Antwort geben, Tuck, denn ich sah keinen anderen Wichtel. Den letzten Waerling bekam ich vor vielen Dunkeltagen zu Gesicht, als wir alle losritten und versuchten, die Linien des übermächtigen Feindes zu durchbrechen und aus Challerainfeste zu fliehen.« Deutlich war zu sehen, wie die Augen Gildors im Schein der Flammen leuchteten.

Bei diesen Worten des Elfen fühlte Tuck eine arge Beklemmung, denn er hoffte nach wie vor, daß es einigen seiner Kameraden gelungen war, den Schergen Modrus ebenfalls zu entkommen.

Erneut herrschte lange Stille, ehe Galen schließlich die rote Augenklappe seines Vaters in die Jackentasche zurückschob. »Ihr sagtet, in Weiunholz hättet Ihr mit einem verwundeten Lian gesprochen«, erklang die Stimme Galens. »Als wir dort weilten, machten sich viele von ihnen auf, um gegen die Teufelsbrut zu kämpfen. Wißt Ihr vielleicht, wie die Schlacht ausging?«

»Nein«, antwortete Gildor. »Der Verwundete konnte mir keine Auskunft geben. Aber Eure Frage erklärt mir nun, warum ich am westlichen Rand von Weiunholz auf das leere Lager stieß: Die Kämpfer hatten sich auf den Weg gemacht, um die Streitmacht Modrus zurückzuschlagen, und seit deren Aufbruch war etwa ein ganzer Dunkeltag vergangen. Ich weiß nichts von jener Schlacht, denn ich ritt weiter, um Euch einzuholen.«

Nach dieser Erwiderung sprachen sie kaum noch miteinander, und Tuck legte sich endlich schlafen. Als es Zeit für ihn wurde, die

Nachtwache zu übernehmen, nahm er sein Tagebuch in die Hand und hielt die Worte Gildors fest.

Nach einer Nacht, in der keiner von ihnen besonders gut geschlafen hatte, brachen sie ihr Lager ab und setzten den Ritt durch das Ardental nach Süden fort. Rechts und links von ihnen ragten steile Felswände in die Höhe. Manchmal strebten die Granitmauern geradezu einander entgegen, und dann wieder war das Tal fast fünf Kilometer breit und konnte in seiner Weite von Galens Augen im Schattenlicht des Düsterdunkels nicht mehr klar ausgemacht werden. Tuck hockte wieder auf dem Rücken des Packpferds, das hinter Gildor hertrabte, und sie folgten dem Verlauf des zugefrorenen Flusses, vorbei an schneebeladenen Nadelbäumen.

Rund zwanzig Kilometer weit ritten sie nach Süden, umgeben von kalter Stille, und nur gelegentlich sprach einer von ihnen ein Wort. Tucks Gedanken glitten nur träge dahin, und bald schon fühlte er sich auf seltsame Weise eins mit dem Wald. Sein Blick glitt über die Fichten und Kiefern hinweg; er döste so vor sich hin, und lange Zeit bestand sein gedanklicher Horizont nur aus den in der langen Schlucht wachsenden Bäumen.

Irgendwann vernahm er plötzlich die Stimme Gildors, und dieser Klang riß ihn aus seiner Apathie. »Wir sind jetzt nur noch einen knappen Kilometer vom Ende des Ardentals entfernt«, erklärte der Elf. »Nach jener Biegung dort werden wir auf das Lager meiner Verwandten stoßen, die den südlichen Talzugang bewachen. Bei ihnen können wir eine Mahlzeit einnehmen, unter dem Wipfel des Einsamen Alten Baums.«

»Des Einsamen Alten Baums?« fragte Tuck, und er versuchte, sich an das zu erinnern, was er über jene legendären Waldriesen gehört hatte. »Sind das nicht Bäume, von denen man sagt, sie *zögen* das Dämmerlicht an und *hielten* es fest, wenn Elfen in der Nähe weilen?« Als Gildor daraufhin nickte, war Tuck ziemlich überrascht. »Aber ich dachte, das sei nur eine Sage.«

Gildor lachte. »O Waerling, wenn es sich dabei wirklich nur um eine Sage handelt, so solltest du das diesen Alten Baum dort nicht wissen lassen, denn vielleicht verschwindet er dann, zusammen mit dem ganzen Wald von Darda Galion.«

Tuck lächelte bei dieser Antwort Gildors, und er schalt sich insgeheim wegen seiner unüberlegten Worte, als sie ihren Weg fortsetzten.

Der Verlauf des Flusses führte um eine Biegung herum, und sie vernahmen in der Ferne das dumpfe Rauschen von Wasser. Gildor deutete nach vorn, und Tuck konnte erkennen, wie die Talwände der Schlucht nicht ganz einen Kilometer vor ihnen aufeinander zustrebten. Weißer Dunst stieg dort in die Finsternis der Winternacht empor. Gildor streckte erneut den Arm aus, und Tucks Blick fiel auf einen gewaltigen Baum. Er hatte eine gewisse Ähnlichkeit mit einer Pinie, aber er besaß keine Nadeln, sondern wies breite Blätter auf. Und Tuck konnte deutlich sehen, daß das Glühen des Schattenlichts offenbar keine Wirkung hatte auf diese Blätter, von denen ein eigenartiger trüber Glanz ausging. Es war, als schwinde hier die Macht der von Modru beschworenen Winternacht.

»Donnerwetter, was für ein Riese!« rief Tuck, als er angesichts der Erscheinung des unermeßlich hoch aufragenden Stammes die glänzenden Augen weit aufriß. »Gibt es im Ardental noch weitere Alte Bäume?«

»Nein«, erwiderte Gildor. »Nur diesen einen. Und darum nennen wir ihn auch den Einsamen Alten Baum. Mein Vater brachte ihn von Darda Galion hierher, als er noch ein kleiner Keimling war. Und er pflanzte ihn in den fruchtbaren Boden dieses Tals, kurz nachdem die abgelegene Schlucht von meinem Volk entdeckt wurde.«

»Euer Vater hat ihn gepflanzt? Talarin? Aber jener Baumriese dort muß doch Tausende von Jahren alt sein ...« Tuck schwindelte, als er sich das Alter der Elfen vorzustellen versuchte.

»Dieser gewaltige Baum«, fuhr Galen fort, »ist das Symbol des Wächters der Nördlichen Regionen von Rell – und diesen Titel trägt Talarin. Und das entsprechende Banner wehte stolz auf vielen Schlachtfeldern, auf denen gegen das Böse gekämpft wurde: ein grüner Baum auf grauem Grund. Eine solche Fahne befindet sich auch in der Versammlungshalle von Caer Pendwyr – und eine weitere in Challerainfeste.«

»Ich fürchte, in Challerainfeste nun nicht mehr, König Galen«, erwiderte Gildor. »Die Schergen Modrus haben sie sicher vom Mast gerissen und verbrannt – ebenso wie alle anderen Banner des Bündnisses.«

Sie schwiegen erneut, während sie auf das Elfenlager zuritten, das unter dem hohen Wipfel des Einsamen Alten Baumes errichtet worden war.

»Der Zugang zum Crestanpaß wird leider bereits von den *Rûpt* kontrolliert«, sagte Jandrel, Hauptmann der Ardenwache. »Und die Ghûlka, die gräßlichsten Diener Modrus, patrouillieren auf dem Alten Rellweg. Irgendwo weiter im Süden rückt auch schon ein Trupp über diese Straße vor. Aus dem Grimmwall kam die Streitmacht, nördlich des Passes, und drei Dunkeltage sind inzwischen vergangen. Ich weiß nicht, wohin die Teufelsbrut unterwegs ist, aber sie stößt immer weiter nach Süden vor. Vielleicht sind der Quadranpaß und die Grimmengrotten ihr Ziel – oder auch das östlich davon gelegene Darda Galion.«

»Wir reiten zum Quadranpaß«, entschied Galen. Er griff nach dem an den Eisen über den Flammen des Lagerfeuers hängenden Kessel mit heißem Tee und schenkte sich seinen Becher wieder voll. »Wenn es uns gelingt, dort den Grimmwall zu überqueren und anschließend unseren Weg nach Pellar fortzusetzen, so warnen wir unterwegs die Lian des Lerchenwaldes vor der Horde.«

»Seid auf der Hut«, riet Jandrel. »Denn der Streitmacht des Feindes in Gron gehören nicht nur Ghûlka, Rūkha und Lōkha an, sondern auch Vulgs. Macht einen weiten Bogen um sie, denn die Vulgs können Euch schon aus großer Entfernung wittern.«

»Späher?« fragte Tuck. »Vulgs sind doch keine Späher?«

»Aber gewiß doch, bester Waerling«, bestätigte Jandrel. »Späher. Schon immer haben die Vulgs Modru gedient. Er erteilt ihnen allerlei Aufträge im Namen des Bösen, weil sie schneller laufen können als jedes andere Geschöpf. Und so stehlen sie für ihn oder überfallen Menschen und töten sie sogar, ganz wie es dem Feind in Gron paßt. Jetzt benutzt er diese Ungeheuer, um die Flanken seiner Horde zu schützen – oder als Späher, welche die Länder auskundschaften, die Modru zu erobern beabsichtigt.«

»Auskundschaften ... aber sie waren auch im Waldland!« platzte es aus Tuck heraus. Mit einem jähen Satz sprang er auf, und die innere Ruhe, die er bis dahin unter dem Wipfel des Alten Baumes verspürt hatte, verschwand schlagartig. »Die Horde hat demnach auch die Absicht, ins Waldland vorzustoßen! Ich muß zurückkehren und meine Verwandten warnen! Merrilee ...« Tuck sauste einige Schritte in Richtung der Pferde, doch dann verharrte er plötzlich, als sei er von einem Pfeil getroffen worden. Langsam drehte er sich zu seinen Kameraden um und sank auf die Knie, während er die Hände vors Gesicht schlug.

Mit raschen Schritten war Galen an seiner Seite. »Tuck, wenn du wirklich meinst, ins Waldland zurückkehren zu müssen, so gebe ich dich frei – auch wenn ich nicht weiß, wie du es schaffen willst, in deine Heimat zurückzugelangen.«

»Ich kann nicht«, flüsterte Tuck. »Ich kann ja gar nicht. Ich habe doch kein Pony. Und selbst, wenn mir jetzt eines zur Verfügung stände ... Es ist bereits zu spät. Und Ihr braucht den scharfen Blick meiner Augen.«

Das rasch unter dem Eis fließende Wasser des Stolperflusses strömte an den letzten Felsen des Ardentals vorbei und donnerte dann als gischtende Kaskade einen steilen Abhang in die Tiefe. Dunstschwaden erhoben sich schwebend, und dieser immerwährende Nebel verbarg das abgelegene Tal vor neugierigen Blicken. Wo sich der Dunst auf den kalten Felsen niederschlug, bildeten sich bizarre Formen aus Eis.

Galen, Gildor und Tuck folgten dem Verlauf eines geheimen Eisweges, der hinter der Kaskade entlangführte und auf dessen Steinen sich dicke und glitzernde Frostschichten abgelagert hatten. Hier befand sich der Zugang zum Tal der Elfen – versteckt hinter einem tosenden Wasserfall. Schließlich kamen die drei Kameraden hinter dem fallenden Gischt hervor, schoben sich an steilen Felszacken vorbei und gelangten dann ins Heideland von Rell.

Sie trieben die Pferde zum Galopp an und ritten nach Süden. Tuck drehte sich um und schaute in Richtung Ardental zurück, dorthin, wo sich die senkrechte Felswand aus der Ebene erhob.

Aber der immerwährende weiße Nebel des Wasserfalls von Arden verbarg den Blick auf alles, was sich jenseits der sprühenden Gischt befand. Der Wichtel konnte weder die Kiefern und Fichten noch die Granitwände der Schlucht ausmachen – nicht einmal den hohen Stamm des Einsamen Alten Baums.

Doch die bitteren Gedanken Tucks galten nicht dem Tal. Er dachte vielmehr über die Vulgspäher nach, die das Waldland auskundschafteten und somit den Angriff der Horde vorbereiteten. Und er erinnerte sich auch an die Worte Galens, die er erst vor zwei Dunkeltagen noch ausgesprochen hatte: *»Eine leidvolle Zeit ist für Mithgar angebrochen, und ich stehe vor einer schmerzlichen Entscheidung.«* Und der Jungwichtel entsann sich nun auch wieder der bedeutungsvollen Worte Raels: *»Das Böse ... zwingt uns dazu, düstere Wege zu beschreiten, auf die wir sonst nie einen Fuß gesetzt hätten.«* Und Tuck dachte: *Selbst wenn ich jetzt den Wunsch verspüre, das Böse an einem anderen Ort zu bekämpfen ... ich habe keine Wahl, denn wenn König Galen nicht nach Pellar gelangt, so wird ganz Mithgar dem Verderben zum Opfer fallen ... Oh, geliebte Merrilee ...*

Tuck wandte den Blick vom Ardental ab und versuchte, sich mit den Gegebenheiten abzufinden.

Gut einen Kilometer weiter südlich gurgelten die Wasser des Stolperflusses nach Westen, während Galen, Gildor und Tuck ihren Ritt nach Süden fortsetzten. Sie passierten die Querlandstraße, jenen Hauptverbindungsweg von Osten nach Westen, der vom fernen Ryngar Arm am westlichen Meer bis zu den nunmehr nahen Gipfeln des Grimmwalls reichte.

Zwar führte allerlei Transport von Waren über diese Straße, aber der Handel in diesem Teil Mithgars erfolgte vornehmlich auf dem Wasserwege über den Isseltrugfluß. Manche Güter wurden aber auch von großen Wagen und Karren befördert, die aus dem fernen Süden und Westen rollten. Die drei Kameraden überquerten die Querlandstraße, und sie legten noch einmal rund fünfundzwanzig Kilometer zurück, bevor sie ihr Lager aufschlugen.

Tuck stand am Rande des Dickichts und blickte nach Osten,

wobei er versuchte, Einzelheiten an der Grenze seiner Sichtweite auszumachen. Gildor trat an ihn heran und blieb neben ihm stehen.

»Rund dreißig Kilometer westlich von uns fließt der Stolperfluß«, sagte der Elf. »An das Ardental schließt sich der Trübwald an, und jenseits davon strömt der Cairefluß. Aber ich weiß, daß deine Gedanken noch weiter nach Westen eilen, nach Rhak und Harth, und darüber hinaus, nach dem Land der Dornen, das man mit einem schnellen Pferd innerhalb von zwei Wochen erreichen könnte.

Tuck, auf den Befehl Modrus hin durchstreifen die Vulgs deine Heimat, und ich glaube dafür den Grund zu kennen: Vor langer Zeit stand Mithgar schon einmal diesem Schwarzen Feind gegenüber, und nach vielen Schlachten errang das Licht den Sieg über die Finsternis. Dem Winzigvolk kam bei der Zurückschlagung Modrus eine entscheidende Rolle zu, und das hat der Feind in Gron nicht vergessen. Deshalb schickt er seine Diener nun aus, um die Eroberung des Waldlandes vorzubereiten. Ich wünschte, meine Worte entsprächen nicht der Wahrheit, denn deine Heimat, Tuck, ist ein Land des Friedens und schlecht gerüstet für einen Kampf gegen die Teufelsbrut Modrus.

Doch hör auf meine Worte: *Kein* Land ist gut gerüstet für einen Krieg. Aber ich habe Waerlinga im Kampf erlebt, und dein Volk ist manchmal zu erstaunlicher Entschlossenheit und Kampfbereitschaft fähig.

Und obgleich du jetzt den Wunsch verspürst, in die Heimat zurückzukehren und deinen Verwandten beizustehen: Bestimmt gibt es dort Waerlinga, die deinen Platz einnehmen. Vertraue darauf, daß sie die richtigen Entscheidungen treffen.«

Gildor wandte sich ab und kehrte an das kleine, abgeschirmte Lagerfeuer zurück. Tuck schwieg eine Weile, nahm aber dann ebenfalls seine Mahlzeit ein und schlief später ruhig und friedlich.

Elfen halten zwar allgemein nicht sonderlich viel von der Unterteilung der Zeit in Stunden, Tage und Wochen und scheinen nur der Abfolge der einzelnen Jahreszeiten Beachtung zu schenken, aber sie wissen immer ganz genau, wo die Sonne steht, wann der Mond auf- und untergeht und wie man sich mit Hilfe der Sternbilder zurechtfinden kann. Während der Reise der drei Kameraden war die Sonne gelegentlich als ein trüber Fleck inmitten des Düsterdunkels zu sehen, und Galen und Tuck ließen sich von Gildor den Weg weisen.

Drei weitere Dunkeltage lang ritten sie im parallelen Abstand von gut fünfzehn Kilometern zum Alten Rellweg südwärts, einer alten Handelsstraße, die inzwischen fast der Vergessenheit anheimgefallen war. Das Land, durch das sie kamen, war öde und karg: ein Hochmoor mit nur wenigen Bäumen. Vereinzelt ragte der Stamm einer Kiefer oder Fichte in den finsteren Himmel und an einigen tiefer gelegenen Stellen hatten Büsche und Sträucher ihre Wurzeln in den Boden gebohrt. Kalter Schnee deckte alles zu. Und stetig galoppierten die Pferde durch die Einöde und trugen die drei Reiter nach Süden.

Fünf Tage zuvor hatten sie die Elfenbastion in den nördlichen Ausläufern des Ardentals verlassen, und inzwischen lagen rund fünfundfünfzig Längen hinter ihnen. Rund elf Längen weit ritten sie an jedem Tag, denn es galt, möglichst schnell nach Pellar zu gelangen. Aber obwohl sie ihren Rössern alles abverlangten, schienen weder Flinkhuf noch das schwarze Pferd Galens noch erstaunlicherweise das Packtier zu ermüden, und Tuck wunderte sich über diese Ausdauer.

Am sechsten Dunkeltag wandten sie sich schließlich in Richtung des Alten Rellwegs, denn jetzt blieb ihnen nichts anderes übrig, als seinem Verlauf zu folgen, wollten sie über den hohen Paß gelangen, der im Westen durch die Barriere des hohen und mächtigen Grimmwalls führte.

Tuck hockte vor Galen auf dem Rücken des pechschwarzen Rosses, denn im Bereich der alten Handelsstraße sollten sich ja die Dämonen Modrus herumtreiben, und die scharfen Wichtelaugen waren nötig, um rechtzeitig Gefahren zu erkennen. Galen hatte Tuck um diesen Dienst gebeten und hinzugefügt: »So brauchst du nicht mehr zwischen den Packtaschen hin und her zu rutschen.« Galen hatte zwar gelächelt, aber sie befanden sich nun in der Nähe jenes wichtigen Passes, und wenn sich wirklich

Schergen Modrus in der Nähe befanden und den Weg durch den Grimmwall gar kontrollierten, so drohte ihnen allen der sichere Tod.

Weiter nach Süden ging ihr Ritt, an den Hängen der Vorberge entlang, und die Hufe der Pferde jagten über mehr als zwanzig Kilometer hartgefrorenen Boden, bevor sie den Alten Rellweg an jener Stelle erreichten, wo die Straße in den Paß hineinführte. Nirgends konnten sie zwar einen Feind ausmachen, aber die Spuren waren unverkennbar: Überall war der Schnee durch Dutzende von Füßen festgetreten.

»Diese Fährte hier ist frisch und wahrscheinlich nur einen Dunkeltag alt«, stellte Galen nach näherer Untersuchung fest und schwang sich wieder auf den Rücken seines schwarzen Rosses. »Sie stammt von einer Armee, die nach Süden marschierte.«

»Die Horde gewiß, die Jandrel erwähnte«, bemerkte Gildor. »Halt wachsam Ausschau, Tuck, denn der Feind befindet sich nun vor uns.«

Sie passierten die Schlucht, an steilen Felswänden vorbei, und legten noch einmal zwei Längen zurück. Das Land begann allmählich abzusinken, und überall erhoben sich die Höhen von Hügeln und kleineren Bergen. Ihr Weg führte sie bald nach Südosten und auf den Quadranpaß zu.

»Nun, Waerling«, sagte Galen erleichtert, »mir scheint, die unmittelbare Gefahr ist vorüber, denn das Gelände wird nun wieder offener, und das bedeutet, daß wir den Rellweg erneut verlassen können. Zwar befindet sich die feindliche Horde irgendwo vor uns, aber ich meine, wir sollten neben den Schneespuren der Nachtschatten reiten, hin nach Osten.« Anschließend sah er Gildor an. »Wir müssen uns noch mehr beeilen, um die Schergen Modrus zu überholen, bevor wir den Quadranpaß erreichen, denn es gilt unter allen Umständen zu verhindern, daß der Feind dort zuerst ankommt.« Galen zügelte sein schwarzes Roß. »Tuck, ich glaube, du kannst es dir jetzt wieder auf dem Rücken des Packpferdes bequem machen.«

Tuck lächelte und machte sich bereits daran, zu Boden zu springen. Nochmals ließ er seinen scharfen Blick bis zum fernen

Horizont an der Grenze seiner Sichtweite schweifen, und da im Süden ...

Rasch schwang er sich zurück und hielt die Mähne des schwarzen Pferdes fest. »Holla! König Galen, ich erkenne etwas in der Ferne: am Rande des Alten Rellwegs, in einer der Senken. Bringt mich näher heran.«

Daraufhin trieb Galen sein Roß an, und Gildor folgte auf Flinkhuf mit dem Packtier am langen Zügel. Rasch ritten sie über die alte Straße, und allmählich wurden die verschwommenen Konturen der Erscheinung klarer, die die Aufmerksamkeit Tucks erregt hatte. Beim Näherkommen strengte der Jungwichtel seine Augen an, und kurz darauf seufzte er tief: In einer der Senken, die etwa acht bis neun Kilometer vor ihnen entfernt lag, sah er eine dunkle Rückenhorde, die nach Südosten marschierte und dabei dem Verlauf des Alten Rellweges folgte. Tuck vernahm nicht das geringste Geräusch, und die Ferne erweckte den Eindruck, als hätten sie es mit einer riesigen Armee zu tun, die in gespenstischer Stille vorrückte.

»König Galen, es ist die besagte Horde«, stieß Tuck hervor. »Wir müssen die Straße verlassen und einen Umweg machen.«

Daraufhin wandten sie sich rasch nach Osten, und erneut ritten sie durch das offene Land des Hochmoors. Kilometer um Kilometer legten sie zurück, und stetig begann das Gelände wieder anzusteigen, denn nun näherten sie sich den Höhen des Grimmwalls. Eine Stunde verstrich, dann eine weitere, und während sie sich im Sichtschutz dichten Buschwerkes hielten, ließ Tuck die Teufelsbrut nicht aus den Augen.

»Jetzt befinden wir uns auf einer Höhe mit der Horde«, stellte Tuck fest, als das Roß Galens einen Hügel passierte und er mit seinen scharfsichtigen Juwelenaugen erneut den Feind ausmachen konnte.

»Wie viele Nachtschatten sind es?« fragte Galen, der die Horde noch immer nicht zu erkennen vermochte.

»Ich weiß nicht«, erwiderte Tuck, »aber der ganze Heerwurm erstreckt sich über eine Länge von rund fünf Kilometern. Einer finsteren Flut gleich sieht die Streitmacht aus, wie ein Haufen zuckenden Gewürms, das sich anschickt, sich über das ganze

Land zu ergießen und nach hilflosen Opfern zu suchen.«

»Nur gut, daß diese Gegend schon vor langer Zeit von den Bewohnern verlassen wurde«, meinte Gildor, der nun neben ihm ritt. »Denn sonst hätten viele Menschen einen schrecklichen Tod erlitten.«

»Sind Vulgs in der Nähe?« Galen erinnerte sich der gräßlichen Späher Modrus.

»Ja«, bestätigte Tuck. Nach kurzer Suche hatte er die huschenden Schatten entdeckt, die sich dort in der Winternacht bewegten. »Sie patrouillieren entlang den Flanken der Horde, aber ich kann keinen Vulg sehen, der mehr als anderthalb Kilometer von der Hauptstreitmacht entfernt ist.«

»Halt weiter nach ihnen Ausschau«, ermahnte ihn Galen. »Wenn sie uns nämlich wittern, hetzen sie die Ghola auf uns.«

Erneut trieben sie die Pferde an, und Flinkhuf, das schwarze Roß des Königs und das Packtier trugen sie voran nach Südosten. Eine Stunde lang ritten sie, mal schneller, mal langsamer, um die Kräfte der Tiere etwas zu schonen. Und dann konnten selbst die weitsichtigen Augen Tucks die Horde nicht mehr erkennen.

»Morgen müssen wir das Risiko eingehen, wieder die Straße zu benutzen«, bestimmte Galen, »denn auf dem alten Pfad kommen wir schneller voran als in diesem immer unwegsamer werdenden Gelände.«

»Aber Herr, werden die Vulgs nicht Witterung von uns bekommen, wenn sie kurz darauf den gleichen Weg nehmen?« wandte Tuck ein.

»Das ist eine nicht zu unterschätzende Gefahr, Wichtel«, bestätigte Galen. »Aber wir verlieren einfach zuviel Zeit, wenn wir weiter durch das Buschwerk reiten. Bald werden wir auf Felsblöcke und tiefe Schluchten stoßen, und wenn wir uns dann nicht auf dem Alten Rellweg befinden, sind wir zu weiten Umwegen gezwungen. Wir müssen uns arg beeilen: Es geht schließlich nicht nur darum, nach Pellar zu gelangen und dort das Königsheer zusammenzustellen und gen Norden zu führen, sondern wir müssen auch den Lerchenwald vor der hinter uns folgenden Horde warnen. Und es gilt auch noch einen dritten Punkt zu bedenken: Wenn wir uns dem Quadranpaß nähern und feststellen müssen, daß er blockiert ist – entweder durch Schnee oder die Schergen Modrus –, so bleibt uns nichts anderes übrig, als umzukehren und uns anschließend nach Süden zu wenden, in Richtung Gûnarschlucht. Und es würde uns schlecht ergehen, wenn wir auf jener schmalen Straße, die aus den Höhen des Grimmwalls nach Westen führt, mit der Horde zusammenträfen.

Tuck, du hast selbstverständlich recht mit deinem warnenden Hinweis auf die Vulgs, und wir werden uns erst dann wieder auf den Alten Rellweg wagen, wenn wir es unbedingt müssen. Vielleicht entgeht den Spähern Modrus unsere dann schon einen Dunkeltag alte Fährte. Aber wie ich eben schon ausführte: Es bleibt uns keine andere Wahl, als dem Verlauf der alten Straße zu folgen und auf diese Weise schneller voranzukommen. Würden wir uns anders entscheiden, gingen wir ein noch größeres Risiko ein.«

Sie ritten durch die Vorberge, und das Gelände wurde, wie Galen schon angedeutet hatte, immer unwegsamer. Und bald darauf mußten sie die ersten kleineren Umwege machen, um an Schluchten und hohen Felswänden vorbeizugelangen. Und als habe sich das Schicksal gegen sie verschworen: Nicht lange danach waren sie gezwungen, sich nach Süden zu wenden, in Richtung des Alten Rellweges. *Zu früh!* dachte Tuck. *Zu früh! Wenn wir schon jetzt die Straße benutzen, werden die Vulgs unsere Fährte gewiß wittern!* Aber es blieb ihnen nichts anderes übrig, um an den großen Steinblöcken, an den tiefen Abgründen und an dem dichten Buschwerk vorbeizukommen.

»Ich schätze, wir müssen sofort die Straße nehmen und unseren Ritt noch beschleunigen«, entschied Galen mit grimmiger Stimme. »Denn wo wir jetzt reiten, werden die Vulgs unsere Spur kreuzen.« Und so hielten sie auf die ehemalige Handelsstraße zu, während sie die steinigen Hänge hinabstiegen.

Als sie durch ein schmales Tal kamen, bohrte Gildor jäh die Stiefelabsätze in die Flanken Flinkhufs, griff nach den Zügeln des Packtiers und hielt an.

»Pscht!« machte er. »Horcht!« Und der Elf deutete auf eine Biegung voraus.

Tuck und Galen lauschten angestrengt, so daß sie außer dem

Schnaufen der Pferde auch noch das Klirren von Stahl, das Geräusch eines Kampfes in der Ferne hören konnten.

Galen winkte, und Tuck schwang sich hinter den König in den Sattel. Unmittelbar darauf galoppierte ein mit Vorratstaschen beladenes Pony um eine Wegbiegung und sauste an ihnen vorbei. Das Tier rollte in heilloser Angst mit den Augen, und seine Hufe pochten im Takt eines furchterfüllten Herzens über den Stein.

Tuck griff nach seinem Bogen und zog unbesehen einen Pfeil aus dem Köcher, den roten aus Othrans Grab. Rasch schob er ihn beim Erkennen in den Köcher zurück, nahm ein anderes Geschoß und setzte es auf die Sehne.

Galen zog sein Schwert, und Gildor hielt seinen Unheilsbringer in der Hand. Der blutrote Klingenjuwel ließ scharlachrote Funken über die Schneide der Waffe tanzen, und ihr lautloser Ruf hallte: *Verderben ist nah!*

Als Galen nickte, ritten sie gemeinsam in Richtung auf die Biegung los. Tucks Herz pochte ihm bis zum Halse, als er sich innerlich darauf vorbereitete, zu kämpfen oder zu fliehen – sie wußten nicht, was sie vor ihnen erwartete. *Tsching! Tschang!* ertönte es, lauter nun.

Vorsichtig trabten sie heran, und vor ihnen lag ein blutiges Schlachtfeld. Die Leichen von Rūcks lagen im Schnee, neben toten Hlōks, in deren Leibern sich große und klaffende Wunden zeigten. *Tschang! Zack!* Die Kadaver von Ponys waren neben großen Felsbrocken zu erkennen, und einige zuckten noch im Sterben. Tucks wachsames Auge aber richtete sich auf etwas anderes: Hier und dort erkannte er die Leichen von Kämpfern, die nicht viel größer waren als er selbst: *Zwerge!*

Zwerge, hingestreckt von Keulen und Morgensternen!

An den Schneiden der Zwergenäxte klebte der schwarze Blutschleim manch eines toten Rūck, und die Klingen der Rūcken wiederum glänzten rot und berichteten von Dutzenden gestorbener Zwerge. *Tsching! Tschang!*

Dann waren Galen, Gildor und Tuck ganz um die Biegung herum. Und der Alte Rellweg ertönte auch weiterhin vom hellen Aufeinandertreffen von Stahl auf Stahl. *Zing! Zang!* Ein Zwerg. Und ein Hlōk! Um Leben und Tod kämpften sie: die letzten beiden Überlebenden eines schrecklichen Gemetzels. Sie fochten in dem vom Blut der Erschlagenen rot gefärbten Schnee.

Tuck sprang vom Pferd, spannte die Sehne seines Bogens, zielte auf den Hlōk und wartete darauf, daß sich ihm eine gute Schußmöglichkeit bot.

»Bloß nicht!« rief der Zwerg, und in den Augen, deren Blick sich an den Schergen Modrus heftete, glühte entschlossener Haß. »Er gehört mir!«

Das Ungeheuer starrte kurz auf die drei Neuankömmlinge, knurrte zornig und hieb weiterhin auf den Zwerg ein. *Zwing! Zwang!*

Galens grollende Stimme übertönte das Klingen des Stahls. »Laß den Bogen sinken, Tuck! Es ist der Wille des Zwergs.«

Die Zwergenaxt kämpfte gegen den Säbel des Hlōk, aber die Axt wurde in einer Weise geführt, wie es Tuck noch nie zuvor gesehen hatte. Mit beiden Händen umfaßte der Zwerg den aus Eichenholz gefertigten Griff: die rechte Hand dicht unterhalb der Schneide, die linke ganz unten am Heft. Er benutzte den Schaft, um damit die Säbelhiebe des Ungeheuers abzublocken. Immer wieder sprang er plötzlich vor, holte aus und schlug wütend mit dem Beil zu, so daß die zweischneidige Klinge durch die Luft sauste und mit der Kraft breiter Zwergenschultern im Leib des Ungeheuers landete.

Doch auch der Hlōk wußte mit seiner Waffe umzugehen, und er war mehr als einen Kopf größer als sein Gegner. Mit dem langen Säbel hatte er zumal eine größere Reichweite, und er führte die Klinge schnell und im höchsten Maße gefährlich. An der Schneide der Waffe des Ungeheuers zeigte sich ein dunkler Belag, von dem Tuck nicht zu sagen vermochte, ob es sich dabei um Gift handelte.

Tsching! Tschang! Stahl klirrte auf Stahl. Der Zwerg mußte zurückweichen, und erneut hob Tuck vorsorglich seinen Bogen. Aber dann gab der Zwerg einen heiseren Laut von sich und rief den uralten Kampfschrei seines Volkes: *»Châkka shok! Châkka cor!«* (Zwergenäxte! Zwergenmacht!) Und voller Wut ging er zum Angriff über. Der Hlōk wurde mehr und mehr zurückgedrängt und holte kraftvoll mit seinem Säbel aus, aber die Klinge seiner Waffe prallte auf den Metallstreifen, der sich, extra für diesen Zweck gedacht, über den ganzen Schaft des Beils zog. Rasch riß der Zwerg die Axt herum und ließ damit die Säbelklinge abgleiten. Im selben Augenblick holte er aus und traf den Hlōk mitten in die Brust. Die stählerne Schneide des Beils bohrte sich durch das schuppige Kettenhemd des Ungeheuers und zerfetzte dem Schergen Modrus sein Dämonenherz. Noch bevor der Hlōk tot zu Boden gefallen war, riß der Zwerg die Axt zurück und holte zu einem zweiten wuchtigen Schlag aus, der diesmal die eine Schläfe des Hlōk traf. Übelkeit stieg in Tuck empor, als er sah, wie der Kopf des Ungeheuers gespalten wurde.

Der Nachtschatten stürzte vernichtet in den roten Schnee, und der Zwerg trat einige Schritte zurück, hob die Axt und rief: *»Châkka shok! Châkka cor!«*

Galen schob sein Schwert in die Scheide zurück und stieg ab. Gildor folgte seinem Beispiel, und zusammen mit Tuck schritten sie auf den Zwerg zu, den einzigen Überlebenden von fast zweihundertfünfzig Kämpfern, die an diesem Dunkeltag den Tod gefunden hatten. Und dieser stand neben den Leichen – *als sei dieses blutige Schlachtfeld sein persönliches Eigentum*, kam es Tuck in den Sinn – und beobachtete aufmerksam die näherkommenden Gestalten. Die knotigen Hände hielten noch immer den von schwarzem Blutschleim befleckten Axtgriff umklammert.

Ja, ein Zwerg war er, gekleidet in die erdfarbene und gefütterte Bergtracht seines Volkes. Unter der offenen Jacke sah Tuck ein Kettenhemd aus schwarzem Eisen. Er mochte gut einen Meter groß sein und überragte damit ein wenig Tuck, und braune Locken quollen unter dem Helm hervor und fielen ihm auf die Schultern. Seine Augen waren kastanienfarben, fast schwarz. Ein unterteilter Bart reichte ihm bis auf die Brust, über die sich enorm breite Schultern wölbten.

»Das ist nahe genug«, knurrte er. Mißtrauisch musterte er die ihm Fremden und hielt dabei seine Axt zum Zuschlagen bereit. »Nahe genug – bis ich weiß, wer ihr seid. Ich war wohl zuerst hier, aber ich will mich euch trotzdem vorstellen: Ich bin Brega, der Sohn Bekkis. Wer seid ihr?«

Der Herr von Gildor antwortete: »Der Waerling ist Tuckerby Unterdamm aus der Region der Dornen, dem Waldland.« Tuck verneigte sich vor dem Zwerg, und Brega erwiderte den Gruß steif, während es in seinen Augen verwundert blitzte.

»Ich bin Gildor, Lianwächter, Sohn Talarins und Raels, die aus Darda Galion stammen, nun aber im Ardental leben.« Gildor verbeugte sich, und erneut erwiderte Brega diese Geste. Die Axt sank nun auf das Pflaster des Alten Rellweges.

»Und dies ist König Galen, Sohn des von den Schergen Modrus ermordeten Aurion, jetzt der Hohekönig ganz Mithgars.«

Bei diesen Worten verfinsterten sich die Züge Bregas. »Aurion Rotauge ist tot?« fragte er bestürzt, und als Gildor daraufhin nickte, fügte er hinzu: »Schlechte Nachrichten bringt ihr.« Dann verneigte er sich tief vor Galen.

»König Galen«, verkündete der Zwerg, »es war der Waffenruf Eures Vaters, der mich und meine Kameraden, deren Anführer ich war, dazu veranlaßte, nach Norden zu marschieren.« Brega deutete mit einer aushohlenden Geste auf das Schlachtfeld und schien erst jetzt zu begreifen, daß er der einzige Überlebende war. Entsetzen zeigte sich in seinem Gesicht, und ohne ein weiteres Wort trat er zu einem im Schnee liegenden Umhang, warf ihn sich über die Schultern und zog sich seufzend die Kapuze über den Kopf.

»König Galen«, rief Tuck und deutete nach Nordwesten, in die Richtung, in die der Rellweg führte, »die Horde, ich kann sie wieder sehen.«

An der Grenze seiner Sichtweite machte der Jungwichtel etwas Dunkles und Wimmelndes aus, das nach Süden strömte, direkt auf sie zu.

»Die Horde?« fragte Brega. Die Züge seines Gesichts waren nun im Schatten der Kapuze verborgen.

»Ja«, bestätigte Galen, »nach Süden stößt der Feind vor, eine finstere Flut, die in Richtung der Quadranberge strömt. Wir wissen nicht, welches Ziel die Schergen Modrus anstreben. Die Gruppe, die von euch Zwergen niedergemacht wurde, war vielleicht die Vorhut der Hauptstreitmacht, die nun dort hinten heranrückt.«

»Woher wollt Ihr das wissen?« fragte Brega scharf, während er versuchte, am Horizont etwas zu erkennen. »Ich kann in diesem Düsterdunkel keine Ekelwesen sehen, keine Grg.«

»Der Waerling aber schon«, erwiderte Gildor, »denn der Blick seiner juwelenartigen Augen reicht sogar noch weiter durch die Winternacht als der meinige.«

Brega trat ganz nahe an Tuck heran und blickte in die großen, wie Saphire glänzenden Augen des Wichtels. »Utruniaugen sind es«, knurrte der Zwerg. »Ja, ich glaube dir, Waldbewohner.«

»Dann laßt uns aufsitzen und nach Süden reiten«, drängte Tuck, dessen Blick nach wie vor nach Norden gerichtet war.

Die Horde kam stetig näher.

»Aber meine toten Kameraden«, wandte Brega ein. »Sollen wir sie hier einfach im blutbesudelten Schnee liegenlassen? Begraben oder verbrennen – das ist die Tradition der Châkka. Wenn sie nicht unter Steinen ruhen können oder ihre Leichen von einem großen Feuer zu Asche verbrannt werden, so müssen ihre Schatten noch lange Zeit umherirren, bevor sie auf eine Wiedergeburt hoffen können.«

»Wir haben leider nicht die Zeit, um sie auf angemessene Weise zu bestatten, Krieger Brega«, gab Tuck zu bedenken. »Denn die Horde Modrus nähert sich rasch, und wenn wir jetzt nicht gleich aufbrechen, droht uns ebenfalls der Tod.«

»Du hast leider recht, Waldbewohner, jetzt ist nicht der geeignete Zeitpunkt, um tote Kameraden zu betrauern und zur letzten Ruhe zu betten.« Brega strich sich die Kapuze in den Nacken zurück, griff nach einer im Schnee liegenden Tasche und warf sie sich über die Schulter. Dann blickte er erneut über das blutige Schlachtfeld. »Es waren tapfere Kämpfer, die vierzig Châkka, mit denen ich reiten durfte, und ihre Äxte haben vielen Feinden den Tod gebracht.«

»Nur vierzig?« In Galens Stimme klang Erstaunen. »Willst du damit sagen, es waren nur vierzig Zwergenkrieger, die alle diese Ungeheuer niedermachten? Es müssen doch insgesamt mehr als zweihundert Schergen Modrus sein, deren Leichen wir hier vor uns sehen. So etwas! *Wirklich* mächtig waren ihre Äxte!«

Noch immer rückte die Horde weiter nach Süden vor und

kam bedrohlich näher.

Galen schwang sich nun auf den Rücken seines schwarzen Rosses, und Tuck hockte sich vor ihn. Auch Gildor stieg auf, und er hielt Brega die Hand entgegen. »Sitz hinter mir auf, Krieger Brega.«

Brega starrte auf den vor ihm aufragenden Flinkhuf, und er erblaßte sichtlich. Rasch wich er einige Schritte zurück und streckte abwehrend die Arme aus. »Nein, Elf Gildor, ich reite lieber ein Pony und nicht auf einem so riesenhaften Tier.«

Gildors Stimme klang nun sehr drängend, als er erwiderte: »Zwicht Brega, es bleibt dir nichts anderes übrig!« Er deutete auf das Schlachtfeld. »Alle Ponys sind erschlagen oder haben die Flucht ergriffen. Du mußt auf mein Pferd steigen. Du brauchst meinen Flinkhuf ja nicht zu lenken, das mache ich schon. Hock dich einfach hinter mich und halt dich fest, während wir nach Süden reiten.«

»Oh, mir bleibt schon etwas anderes übrig.« Angesichts des Tonfalls Gildors klangen seine Worte scharf, und in den dunklen Augen des Zwerges loderte es trotzig. »Ich kann hierbleiben, auf die Horde warten und gegen die Dämonenwesen Modrus kämpfen. Ja, bevor dieser Dunkeltag zu Ende geht, soll meine Axt noch mehr Feindesblut lecken.« Mit beiden Händen umgriff Brega den Schaft des Beils und blickte nach Norden.

»Sitz endlich auf, du dummer Narr!« befahl Gildor. »Jetzt kann selbst *ich* die Teufelsbrut sehen, und wir haben nicht mehr die Zeit, um in aller Ruhe zu versuchen, einen halsstarrigen Zwicht zu überreden, nur weil er sich vor einem Pferd fürchtet!«

Mit einem wütenden Grollen wandte sich Brega um, starrte Gildor an und hob die Axt.

»Warte!« rief Tuck. »Wir dürfen uns nicht auch noch untereinander bekämpfen. Wir sind doch Verbündete! Krieger Brega, die Schergen Modrus werden dich schon aus weiter Entfernung mit schwarzbefiederten Pfeilen töten, und dann bist du einen sinnlosen Tod gestorben. Komm mit uns – dann erhältst du Gelegenheit, deine toten Kameraden zu rächen, so wie ich Vergeltung üben werde für meine Freunde, die im Kampf gegen das Böse starben.«

Brega ließ das Beil sinken.

»Krieger Brega«, beschwor ihn nun Galen, »ich brauche deine Kraft und dein kämpferisches Geschick. Auf unserem Weg nach Süden erwarten uns noch viele Gefahren, und ich muß nach Pellar gelangen, um dort das Königsheer zusammenzustellen und es nach Norden gegen die Horde zu führen. Wenn du uns begleitest, steigen unsere Erfolgsaussichten. Ich bitte dich im Namen ganz Mithgars: Komm mit uns!«

Der Zwerg sah den Hohekönig an, musterte dann kurz Tuck und richtete den Blick anschließend auf seine toten Kameraden. Er starrte nach Norden, dorthin, wo sich jenseits seiner Sichtweite die Wogen der finsteren Flut erhoben. Und schließlich blickte er auf die noch immer ausgestreckte Hand Gildors. Mit einem leisen Knurren schlang er sich dann den Riemen der Axt über die Schulter, ergriff die Hand des Elfenherrn, setzte einen Fuß in den Steigbügel und schwang sich auf den Rücken Flinkhufs. Und Tuck vernahm gerade noch den Ruf des Zwerges: *»Durek, varak an!«* (Durek, verzeih mir!)

Als sie durch das Schattenlicht ritten, schaute Tuck in Richtung der Horde zurück, und er schnappte unwillkürlich nach Luft, denn jetzt war der Feind kaum mehr eine Länge entfernt, und die vor der Hauptstreitmacht des Gegners laufenden Vulgs waren ihnen sogar noch näher. Nach Südosten über den Alten Rellweg galoppierte das schwarze Roß Galens, neben ihm Flinkhuf und dicht dahinter das Packtier. Rasch vergrößerte sich wieder der Abstand zwischen den Pferden und der Horde. Kurz darauf verlangsamte der König sein Tempo etwas, und sie ritten hintereinander.

»Keine Sorge, Tuck«, beruhigte Galen leise den Wichtel, »sie haben uns nicht gesehen, denn ich konnte die Schergen Modrus ebenfalls nicht ausmachen. Und außerdem haben wir noch einen Vorteil, den ich Brega gegenüber nicht erwähnte: Wenn die Ungeheuer auf das Schlachtfeld stoßen, werden sie wahrscheinlich erst haltmachen, um nach Beute und Überlebenden zu suchen und die Toten zu verstümmeln, und vielleicht schlagen sie ein Lager auf. Darüber hinaus vermischen sich jetzt unsere nach Süden führenden Spuren mit denen der Zwerge, die nach Norden marschierten, und aus diesem Grund wird es den Vulgs wohl nicht gelingen, unsere Fährte zu wittern.

Wir reiten noch rund fünfzehn Kilometer, und dann suchen wir uns einen Rastplatz für die Nacht. Die Horde legt sicher nicht eine solche Entfernung zurück, denn deren heutige Tagesstrecke mißt fast fünfzig Kilometer, und unterwegs haben wir keinerlei Anzeichen dafür gefunden, daß die Horde irgendwo einen längeren Halt einlegte. Das bedeutet, daß ihr letztes Lager jenseits des Schluchtzugangs liegen muß. Und selbst Rūkha und Lōkha marschieren nicht ohne Pause fünfzig oder sechzig Kilometer.

Nein, ich bin fest davon überzeugt, sie lagern auf dem Schlachtfeld und fallen anschließend gierig über die Toten her.« Im Anschluß an diese Worte schwieg Galen wieder, während die Pferde weitertrabten.

In einem Dickicht, das ein ganzes Stück abseits der Straße lag, machten die vier Krieger halt, um ihre Mahlzeit einzunehmen, und dabei erzählte Brega seine Geschichte. Galens Gesicht verfinsterte sich zusehends, denn die Neuigkeiten aus Pellar waren alles andere als erfreulich.

»Im Süden herrscht Krieg und toben Kämpfe. Die Piraten von Kistan, die Lakh von Hyree – von Vancha und Tugal rückten sie heran, und sie kamen durch Hoven und Jugo und mit Schiffen über das Avagonmeer.

Der Angriff traf Pellar unvorbereitet und zwang das Land in die Knie. Der Schlag des Feindes war fast vernichtend. Dann aber stellte man in Valon Truppen zusammen, und auch aus den anderen Ländern eilten Krieger und Soldaten zu Hilfe. Die Schlacht tobt noch immer.

Man schickte Kuriere aus, um dem Hohekönig Aurion eine entsprechende Botschaft zu überbringen, aber keine Antwort kam zurück. Dann hörten wir, daß die Feinde aus Hyree die Gûnarhöhengasse unter ihre Kontrolle gebracht und die Herolde umgebracht hatten.

Außerdem traf vom fernen Riamon die Nachricht ein, daß sich eine gräßliche Finsternis an den Hängen des Grimmwalls entlangschiebe und nach Süden vordringe.

Schließlich gelang es doch einem Reiter von Challerainfeste, zu uns zu gelangen. Wie? Oh, darauf vermag ich keine Antwort zu geben, aber er erzählte uns von Modrus Horde im Norden.

Wir konnten nur eine kleine Gruppe von Châkka der Rothügel nach Norden schicken, denn Jihad bannte die Kräfte all der anderen Kämpfer.

Man wählte mich als Anführer der vierzig Zwergenkrieger aus, und mit Ponys ritten wir der Horde entgegen. Durch Valon zogen wir und hielten uns westlich der Gûnarhöhengasse, denn es hieß, sie werde nach wie vor vom Feind beherrscht. So wandten wir uns nach Norden, und nach rund achtzig Kilometern stießen wir auf den Durchschlupf – einen alten und geheimen Weg durch die Gûnarhöhe, der nur uns Châkkas bekannt ist.

Diese Route nahmen wir und passierten das Gebirge in Richtung Norden. Durch die Gûnarschlucht führte der Weg, und als wir danach an den Hâthfluß kamen, erblickten wir bereits die Finsternis der von Modru beschworenen Winternacht. Wir waren zwar erschöpft, aber wir legten keine Pause ein und trieben unsere Reittiere weiter an. Durch hohen Schnee ging es, über die Hâthfurt und dann in das bis dahin reichende Düsterdunkel, in das Schattenlicht, das den Irrlichtern in einer großen Tropfsteinhöhle ähnelt.

Durch die Winternacht drangen wir weiter nach Norden vor, stets an den westlichen Hängen des Grimmwalls entlang. Unser Ziel waren die Rhanfurt, die Steinbogenbrücke und dann die Signalberge und letztlich Challerainfeste.

Es wäre eine sehr lange Reise geworden, denn zu jenem Zeitpunkt waren wir bereits fast dreißig Tage unterwegs, und wir rechneten damit, noch einmal zwanzig Dunkeltage lang reiten zu müssen. Aber dann überfiel uns die Vorhut der Horde, deren Opfer wir alle bis auf mich wurden.« Brega schwieg und zog sich erneut die Kapuze über den Kopf.

»Das sind in der Tat üble Nachrichten«, bestätigte Gildor, »aber dein Bericht erklärt auch vieles. Jetzt wissen wir, warum unsere eigenen Kuriere nicht zurückkehrten und warum wir vergeblich auf eine Nachricht aus dem Süden warteten – denn die Gûnarhöhengasse wird vom Feind gehalten. Und deine Worte geben auch Antwort auf die Frage, warum das Königsheer nicht nach Norden zog: Es kämpft gegen den Feind aus dem Süden.«

»Jener Krieg, Brega – hast du auch in dieser Hinsicht Neuigkeiten für uns?« fragte Galen. Seine Stimme klang leise und rauh, und in seinen Augen funkelte stiller Zorn.

»Herr, ich weiß nicht, wie sich die Lage in Pellar inzwischen entwickelt hat«, erwiderte der Zwerg. »Seit meinem Aufbruch ist ja schon ein Monat vergangen. Pellar litt heftig unter dem wuchtigen Schlag des Feindes, aber dann kamen die Reiter aus Valon und warfen den Gegner zurück. Es war kein Ende der Kämpfe abzusehen, und als ich mich mit meinen Kameraden auf den langen Weg nach Norden machte, wurden weitere Feindesschiffe auf See gesichtet. Oh, die Schicksalsgötter scheinen sich gegen uns verschworen zu haben, denn nun haben wir es gleich mit zwei unheilvollen Bedrohungen zu tun.«

Eine Zeitlang sprach niemand ein Wort, und Tuck, der auf einem Felsen hockte und dort Wache hielt, rief: »Du hast eben einen Ausdruck benutzt, den ich nicht kenne, Brega: ›Jihad.‹ Was bedeutet es?«

»Es ist ein großer Jihad, den die Angreifer ausfechten«, antwortete der Zwerg. »Ein Heiliger Krieg. *Sie glauben fest daran, daß Gyphon zurückkehren und Adon für immer vernichten wird.«*

Gildors Gesicht wurde aschfahl. »Aber wie soll das denn möglich sein?« keuchte er. »Das Große Böse ist für immer jenseits der Sphären verbannt. Es kann doch nicht zurückkehren.«

Daraufhin zuckte Brega nur mit den Achseln.

»›Aber wie soll das denn möglich sein?‹ fragtet Ihr«, schaltete sich Galen ein. »Herr von Gildor, ich will darauf mit einer Gegenfrage antworten.« Er deutete in das Düsterdunkel. »Wie ist *das hier* möglich, frage ich. Wie ist es Modru gelungen, den Pakt Adons mittels der Winternacht zu brechen? Welche finstere Kraft herrscht hier, welcher Sonnenlichtfresser ist hier am Werk, dem es gelingt, die Herrschaft der Nacht auch auf den Tag auszudehnen und Mithgar mit Dunkelheit zu überziehen? Wenn dies alles möglich ist, wenn der Bann Adons nach viertausend

Jahren gebrochen werden kann, dann ist vielleicht auch die Rückkehr Gyphons denkbar.«

»Das darf aber nicht geschehen!« rief der Elf wutentbrannt. »Wenn das alles möglich war, so mag die Welt selbst in einen dunklen Abgrund stürzen und einem Grauen anheimfallen, neben dem die Schrecken des Hôlldunkels vergleichsweise paradiesisch wirken.«

Mit Entsetzen vernahm Tuck diese Worte. Er wußte zwar nur wenig über Gyphon, aber die Reaktion Gildors war wie eine Klinge der Panik gewesen, die sich ihm ins Herz bohrte.

Nach einer Weile erhob Galen seine Stimme. »Wir müssen uns ausruhen, denn morgen haben wir noch einen langen Ritt bis zum Quadranpaß vor uns, und übermorgen versuchen wir, dort das Gebirge zu überqueren.«

»Ich halte heute Wache«, vermeldete Tuck vom Felsblock aus. »Die Horde befindet sich noch immer hinter uns, und ich kann weiter sehen als ihr. Außerdem könnte ich in dieser Nacht vermutlich ohnehin keinen Schlaf finden.«

»Nein, Waerling«, widersprach Gildor. »Ich weiß, daß du müde bist, und während der nächsten Dunkeltage müssen wir wachsam Ausschau halten. Leg du dich hin. Ich übernehme deine Wache. Ich kann in dem Schattenlicht der Winternacht zwar nicht ganz so weit sehen wie du, aber der Blick meiner Augen reicht immer noch weiter als der der *Rûpt*. Außerdem unterscheidet sich der Schlaf der Elfen von dem der Sterblichen: Ich kann zugleich ruhen und Wache halten, wenn auch nicht für unbegrenzte Zeit – selbst Elfen müssen dann und wann die Augen schließen. Doch bevor ich dazu gezwungen bin, wirklich zu schlafen, vergehen noch einige Dunkeltage, und bis dahin vermag ich die Horde im Auge zu behalten.«

Und so legten sich bis auf Gildor alle zur Ruhe. Der Elf hingegen nahm auf einem großen Felsen Platz und hielt Wache. Sein Blick durchdrang aufmerksam das Düsterdunkel, während in seinen Gedanken sich Bilder der Erinnerung formten.

Tuck brauchte indes lange Zeit, bis er schließlich einschlief. Die Worte des Zwerges und die Bemerkungen Galens und Gildors hatten dumpfen Schrecken in ihm geweckt, und sein Herz pochte so laut wie eine Signaltrommel. Und während er versuchte, Ruhe zu finden, erinnerte er sich an den lange zurückliegenden Tag, an dem Danner von der Verbannung Gyphons berichtet und die letzten und unheilvollen Worte des Großen Bösen zitiert hatte, deren Echo nun wie Gewittergrollen im Kopfe des Jungwichtels widerhallte: *Selbst jetzt noch kann ich Ereignisse herbeiführen, die du nicht aufzuhalten vermagst. Ich kehre zurück! Ich kämpfe und siege! Ich werde in ganz Mithgar herrschen!*

Als sie am nächsten Dunkeltag das Lager abbrachen, schwang sich Brega nur sehr widerstrebend hinter Gildor auf den Rücken Flinkhufs, und Tuck fragte sich, wie ein so tapferer und mutiger Krieger wie der Zwerg derartige *Angst* davor hatte, auf einem Pferd zu reiten. Schließlich aber knirschte der Châkka mit den Zähnen, gab sich einen inneren Ruck und hockte sich hinter den Elfen.

Galen half Tuck dabei, auf den Widerrist des schwarzen Rosses zu steigen, und dann machten sie sich wieder auf den Weg nach Südosten.

Als sie sich dem Gebirge näherten, stieg das Gelände um sie herum immer stärker an. Die Quadranberge waren vier große Berge des Grimmwalls: Grauer Turm, Hohe Zacke, Grimmspitze und Sturmzacke, der mächtigste von allen. Unter diesen vier gewaltigen Granittürmen lagen die Grimmgrotten, die frühere Heimat der Zwerge, die inzwischen von ihnen verlassen worden und in die der Schrecken eingekehrt war. Nun hauste dort ein Gargon, ein Ungeheuer Modrus, ein Vûlk, ein Diener Grons im Großen Bannkrieg. Und Vanidor mochte damals durchaus mit seiner Vermutung recht gehabt haben, mit der er sich vor ihrem Aufbruch aus dem Ardental an Galen, Gildor und Tuck gewandt hatte: Vielleicht waren die Grimmengrotten das Ziel des Düsterdunkels; möglicherweise verfolgte Modru die Absicht, das schreckliche Ungeheuer aus seinem Höhlenkerker unter den Quadranbergen zu befreien und es frei durch die Winternacht wüten zu lassen. Ein gräßlicher Verbündeter Modrus würde dieser Diener des Bösen sein! Denn ein Gargon ist ein Bote des Grauens, da ganze Armeen vor jenem Ungeheuer die Flucht ergreifen würden. Oder die Krieger erstarrten vor Entsetzen zu Stein und stellten dann leichte Beute dar.

In Richtung jenes Schreckensortes zogen die vier Kämpfer, um den Quadranpaß zu überqueren und die Lian von Darda Galion vor der ihnen auf den Fuß folgenden Horde zu warnen.

Mehr als dreißig Kilometer ritten sie nun schon nach Süden, durch die immer steiler ansteigenden Vorberge. Dann teilte sich die alte Straße: Der Alte Rellweg führte weiter nach Süden, an den westlichen Hängen des Grimmwalls entlang; der andere Pfad hingegen wand sich nach Osten höher ins Gebirge und schließlich zum Quadranpaß.

Diesen Weg nahmen sie und legten noch einmal mehr als zwanzig Kilometer zurück, bevor sie ihr Lager aufschlugen. Insgesamt mehr als fünfzig Kilometer hatten sie an diesem Dunkeltag zurückgelegt, und sie waren entsprechend müde.

Sie nahmen nur eine karge Mahlzeit zu sich: Tee, Mian und kleine gesalzene Fischwürfel. Brega meinte, es handele sich dabei um Dorsch, der von den Fischern in Leut auf diese Weise haltbar gemacht worden sei und durch die Handelsflotten von Arbalin als Spezialität nach Jugo gebracht würde.

»Was machst du da die ganze Zeit?« wollte Brega wissen. Tuck saß in der Nähe des Feuers, trank Tee und schrieb die ganze Zeit über.

Tuck sah von seinem Tagebuch auf. »Ich halte die Ereignisse dieses Tages fest, Brega.« Der junge Wichtel deutete auf die bereits beschriebenen Seiten. »Es ist mein ganz persönlicher Bericht.«

Brega beugte sich vor und neigte den Kopf auf die Seite. Aber er sprach kein Wort, und so las Tuck die letzte Eintragung laut vor: »Morgen versuchen wir, den Quadranpaß zu überqueren, der durch die Felsen der Sturmzacke führt. Vielleicht gelingt es uns, auf die östliche Seite des Gebirges zu gelangen, falls der Paß nicht zugeschneit ist oder gar von Rūcks oder dem Ungeheuer kontrolliert wird, das nun in den Grimmengrotten hausen soll.«

Brega knurrte und strich sich über die eine Barthälfte. »Sturmzacke, Grimmengrotten – bei deiner Sprache handelt es sich um eine Mischung zwischen denen der Menschen und der Elfen, aber Worte der Châkka kann ich in deinen Aufzeichnungen nicht lesen.«

»Der Châkka?« Jetzt sah Tuck den Zwerg fragend von der Seite an.

»Châkka – so nennen sich die Zwerge selbst«, warf Galen ein.

»Wir bezeichnen sie heute als Zwichte und in der altertümlichen Sprache als Grimmen«, erklärte Gildor von dem Felsen aus, auf dem er hockte.

»Dann ist also mit dem Wort ›Grimmengrotten‹ ...«, begann Tuck.

»Die Heimat der Zwerge gemeint«, beendete Galen den Satz.

»Genau«, bestätigte Brega. »Grimmengrotten für die Elfen, Schwarzes Loch für die Menschen – aber der wirkliche Name unserer Heimat lautet Kraggen-cor. Aber ganz gleich, wie man sie auch nennen mag – gemeint ist damit in jedem Fall die alte Châkkabastion unter den Quadranbergen« Brega schüttelte kummervoll den Kopf. »Obgleich dort jetzt keine Châkka mehr leben.« Der Zwerg sprang auf und schritt aufgebracht hin und her. Ein grimmiger Ausdruck zeigte sich in seinem Gesicht, und er grollte und brummte: »Viermal sind wir von Feinden bezwungen worden, gegen die wir es nicht aufnehmen konnten: zweimal von Drachen, einmal von einem Ghath – einem Gargon – und den vierten Feind will ich nicht beim Namen nennen. In Kraggen-cor war es der Ghath.

Herrlich war die Zeit, die wir in unserer alten Heimat verbrachten: Wir schürften nach Metallen, sammelten Edelsteine und stellten kostbares Sternensilber her – das ihr Silberon nent. Außerdem befanden sich dort auch unsere besten Schmieden, in denen wir Werkzeuge, mächtige Waffen und andere wertvolle Gegenstände fertigten. Und in unseren Familien herrschte eitel Glückseligkeit. Nun erzählen uns die alten Legenden aber, ein Silberonschacht sei in eine Richtung vorangetrieben worden, in der das Unheil nur darauf wartete, freigesetzt zu werden. Tja, ich weiß nicht, ob diese Sage der Wahrheit entspricht. Manche Châkka sagen sogar, es war der Wille Modrus, der uns das Verderben bescherte: Bei unseren Grabungen befreiten wir nämlich den Ghath, den Schrecken Modrus. Seit dem Großen Bannkrieg war das Ungeheuer in einer Höhle gefangen, und wir brachen eine Bresche in eben jene Mauern.«

»Wohl der Vergessene Kerker?« bemerkte Gildor und schwieg dann wieder.

»Kerker habt Ihr die Höhle genannt ...« Brega sah den Elfenherrn an und hieb sich dann mit der Faust auf die flache Hand, »... und damit habt Ihr recht. Der Ghath war gefangen – bis zu jenem unglückeligen Tag, als das Ungeheuer durch unsere Schuld ausbrechen, in den von uns gegrabenen Schacht gelangen konnte und darauf viele Châkka umbrachte.

Vergeblich versuchten wir, es zu erlegen, aber es erwies sich als stärker als die Waffen meines Volkes, und schließlich waren wir zur Flucht gezwungen: Durch das Dämmertor zogen wir uns zurück und flohen durch die Dunkelpforte nach Westen und auch nach Osten, fort vom Grimmwall. Oh, ihr müßt wissen, daß die Tunnel von Kraggen-cor von einer Seite des Gebirges zur anderen reichen.«

Brega ließ sich auf einen Baumstumpf sinken, und sein grimmiges Gesicht glättete sich wieder. Er wirkte jetzt nur niedergeschlagen und nicht mehr zornig. »Mehr als tausend Jahre sind vergangen, seitdem die letzten Châkka in Kraggen-cor lebten, und noch immer sehnt sich mein Volk nach den mächtigen Felswänden der ehemaligen Heimat. Doch obgleich viele Zwerge davon träumten und noch immer träumen, in jenen Höhlen dereinst zu wohnen, hat es bis auf Braggis Schar niemand gewagt, dorthin zurückzugehen. Braggi hatte geschworen, das Ungeheuer zu töten. Es war der Unheilsschwur Braggis – und weder er noch die Châkka in seiner Begleitung wurden jemals wiedergesehen.

Manche Zwerge hoffen darauf, daß wir nach Kraggen-cor heimkehren können, wenn der Todesbrecher Durek wiedergeboren ist. Dann werden wir erneut in unserer alten Heimat leben: unter Uchan, Ghatan, Aggarath und Rávenor – jenen Bergen, die ihr Grauer Turm, Hohe Zacke, Grimmspitze und Sturmzacke nennt. Und dann erstrahlt unser Volk wieder im gewohnten Glanz. Es ist jedoch ungewiß, wann diese Zeit anbricht, denn niemand weiß, wann Khana Durek zurückkehrt.«

Brega senkte den Kopf und schwieg, und eine ganze Zeitlang blieb es still. Tuck schrieb weiter in sein Tagebuch. »Herr von Gildor, welche Namen haben die Elfen den Quadranbergen gegeben?« fragte der Jungwichtel nach einer Weile.

»In der Sprache der Sylva heißen sie Gralon, Chagor, Aevor und Coron«, erwiderte Gildor, und er nannte die Berge in der gleichen Reihenfolge wie Brega.

Erneut schrieb Tuck und sagte dann: »Brega, etwas erstaunt mich: Als du eben von der alten Zeit erzähltest, sprachst du von *unseren* Schmieden und *unserer* Heimat. Aber seit jener Zeit sind mehr als tausend Jahre vergangen. Und *du* hast sie doch ganz gewiß nicht erlebt.«

»Vielleicht doch, Waldbewohner«, entgegnete Brega, »vielleicht doch.« Im Anschluß an diese Worte schwieg der Zwerg wieder, und als Tuck schon glaubte, keine weiteren Einzelheiten mehr in Erfahrung bringen zu können, fügte Brega hinzu: »Wir Châkka glauben, daß jede Seele mehrmals wiedergeboren wird. Und so ist es denkbar, daß alle Châkka, die nun leben – und auch jene, die in Zukunft geboren werden – einmal durch die Höhlen des mächtigen Kraggen-cor wandelten.«

Erneut verstrich einige Zeit, ohne daß jemand einen Ton von sich gab, und dann brach der Elfenherr das Schweigen. »In meiner Jugend habe ich einmal die Grimmengrotten besucht. Es war eine Reise, die ich niemals vergessen werde, denn wahrhaft mächtig und gewaltig sind die Schwarzen Grotten.«

»Ihr seid in Kraggen-cor gewesen?« fragte Brega erstaunt.

Gildor nickte. »Ich war damals im Handel beschäftigt, und zog mit einigen Begleitern von Lianion nach Darda Galion. Der Weg über den Quadranpaß war vom Winterschnee blockiert, und so erlaubte man uns, den Weg durch die Grimmengrotten zu nehmen, vom Dämmertor zur Dunkelpforte. Ich erinnere mich auch noch daran, daß wir gleichwohl einen hohen Zoll bezahlen mußten. Doch dieser Preis war nichts im Vergleich zu den Kosten, welche die viel längere Reise nach Süden durch Gûnar und anschließend wieder nach Norden durch Valon verursacht hätte. Oh, es ist schon arg lange her – damals, als noch ein reger

Handelsaustausch herrschte zwischen Trellinath, Harth, Gûnar, Lianion und den Grimmengrotten.«

Brega legte den Kopf in den Nacken und sah zu Gildor auf. »Herr von Gildor«, brachte der Zwerg schließlich hervor, »wenn dieser Winterkrieg jemals ein Ende findet, dann sollten wir beide einmal ein längeres Gespräch führen. Was Kraggen-cor angeht, hat mein Volk viel von seinem einstigen Wissen eingebüßt, und Ihr könntet uns wohl eine Menge erzählen.«

Nur noch wenige Worte fielen, bis sie sich zur Ruhe legten und Gildor erneut die Nachtwache übernahm. Tuck war zwar müde, aber er konnte nicht sofort einschlafen, denn in seinem Geiste wirbelten Namen umher: *Kraggen-cor, Grimmengrotten, Schwarzes Loch; Châkka, Zwichte oder Grimmen, Zwerge; Gargon, Verlorener Kerker; Dämmertor, Dunkelpforte, Grimmwall; Quadranberge, Quadranpaß*...

Dieser Ort trat immer wieder vor das geistige Auge des Jungwichtels, denn niemand von ihnen wußte, ob sich dort Rücks befanden oder der Weg von Schnee und Eis versperrt war. Morgen aber wollten sie versuchen, den Paß zu überqueren, und noch während Tuck in Schlaf sank, bemühte er sich vorzustellen, welche neuen Abenteuer ihnen der nächste Tag bescheren mochte.

Während sie ihr Lager abbrachen, entwickelte Galen einen Plan. »Tuck, du reitest hinter mir. Der Weg ist schmal und gewunden, und deshalb reichen meine Augen vollkommen aus. Wir übernehmen die Spitze, und Gildor und Brega folgen uns und führen das Packtier. Haltet Schwert, Axt und Bogen bereit!

Wenn wir feststellen sollten, daß der Paß wegen des Schnees unüberwindbar ist, müssen wir sofort kehrtmachen und so schnell wie möglich zurückreiten, denn hinter uns befindet sich die Horde, und wir sollten unter allen Umständen vermeiden, am Hang des Berges auf den Feind zu stoßen.

Wenn der Paß von den Yrm kontrolliert wird, versuchen wir, uns den Weg freizukämpfen – vorausgesetzt, wir haben es nicht mit einer zu großen Streitmacht zu tun. In diesem Fall mag deinem Bogen eine besondere Rolle zukommen, Tuck, wenn es darum geht, einen Wachtposten leise und unbemerkt aus der Ferne zu töten.

Wenn der Paß von einer größeren Truppe gehalten wird, können wir versuchen, die Linien des Feindes zu durchstoßen und so rasch wie möglich auf die andere Seite des Berges zu gelangen. Die andere Möglichkeit besteht freilich darin, umzukehren, ohne unsere Anwesenheit zu verraten, um dann auf diese Weise der uns folgenden Horde zu entrinnen.

Sollte aber gar der Schrecken Modrus, das Ungeheuer, den Weg versperren, so werden wir das rechtzeitig merken, wenn wir Grauen und Entsetzen in uns aufsteigen spüren, und in diesem Fall bleibt uns nichts anderes übrig, als kehrtzumachen, ehe wir auf jenen Diener des Bösen stoßen, denn er ist ein Feind, gegen den wir keine Chance haben.

Wenn sich also herausstellt, daß wir den Paß nicht überqueren können, dann reiten wir nach Süden, in Richtung der Gûnarschlucht. Und wir können nur hoffen, daß jener Weg nicht ebenfalls blockiert ist – so wie es der Fall war, als Brega mit seinen Kameraden nach Norden zog.

Aber wenn weder Schnee noch Dämonenwesen noch der Gargon den Weg über den Quadranpaß versperren, so ziehen wir weiter, nehmen die Quadranschnelle – so nannte man diesen Weg – und wenden uns dann nach Osten oder Süden, um nach Darda Galion zu gelangen und die dort lebenden Elfen vor der Horde zu warnen.

Habe ich irgendeinen Punkt übersehen?« Galen blickte sie nacheinander an.

Wie sehr er doch seinem Vater Aurion ähnelt, dachte Tuck, als er sich an den Kriegsrat in Challerainfeste erinnerte.

»Es wird ziemlich kalt werden«, gab Brega zu bedenken. »Es ist nicht nur einfach Winter, sondern wir haben es auch mit dem eisigen Düsterdunkel zu tun, einer frostigen Finsternis, die auch die Gipfel der Berge einhüllt. Wenn wir über den Crestanpaß müßten, wäre ich davon überzeugt, daß wir es nicht schaffen. Aber es ist der Quadranpaß, und er führt nicht ganz so weit hinauf. Aber wir müssen dennoch schnell sein, denn sonst erstarren wir zu Eis und tauen erst im Frühling wieder auf.« Der

Zwerg versuchte vergeblich, mit seinem Blick das Düsterdunkel so weit zu durchdringen, um den vor ihnen liegenden Hang zu erkennen. »Vielleicht dauert es noch viele Jahre, bis der Wind wieder Frühlingswärme über dieses Land weht, denn Modru hat die Absicht, Mithgar ganz in seine Gewalt zu bekommen und für immer zu beherrschen.«

»Ich werde alles tun, um das zu verhindern, Zwerg Brega«, erwiderte Galen, und in seinen grauen Augen funkelte feste Entschlossenheit. »Und wenn meine Macht ausreicht, werde ich dafür sorgen, daß diese Berge erneut das warme Darüberstreichen der Sommerlüfte verspüren.«

Gildor schwang sich auf den Rücken Flinkhufs, und Brega hockte sich hinter ihn, während Tuck hinter Galen Platz nahm. Bevor sie die Pferde antrieben, rief der Zwerg: »König Galen, ich erinnere mich gerade an eine alte Châkkasage. Die Legende erzählt von einem Hohen Tor irgendwo in der Flanke Rávenors, einem Zugang, der zum Quadranpaß führt und durch den man auch in die Höhlen von Kraggen-cor gelangen kann. Vielleicht ist es nur eine Geschichte, doch es mag auch etwas dran sein. Aber wenn diese Legende der Wahrheit entspricht, so müssen wir damit rechnen, daß der Ghath oder die Squam, die möglicherweise den Paß versperren, plötzlich aus dem Hohen Tor hervorstürzen und uns angreifen.« Er zuckte unentschlossen mit den Achseln.

Galen zögerte und erwiderte dann: »Ob es dieses Hohe Tor nun gibt oder nicht – wir müssen auf jeden Fall einen Versuch wagen.« Und damit gab er seinem schwarzen Roß die Sporen.

Sie ritten den Hang hinauf, in Richtung des Quadranpasses – voran das pechschwarze Pferd Galens, gefolgt von Flinkhuf und dem Packtier. Eine Länge legten sie zurück, und das Gelände wurde immer steiler. Bald darauf machten die scharfen Augen Tucks die Flanken gewaltiger Berge aus, die in das Düsterdunkel emporwuchsen. Links von ihnen erhob sich der Gipfel der Sturmzacke, und rechts lagen die Grate der Grimmspitze – zwei der vier Berge der Quadran. Die Straße, deren Verlauf sie folgten, war in den Hang der Sturmzacke hineingemeißelt, und gewaltige Säulen und Überhänge aus rostrotem Granit traten wie felsige

Narben und Geschwüre an der Flanke des Berges hervor und vereinten sich weiter unten mit den steinernen Vorsprüngen der Grimmspitze. Eis glitzerte auf Auswölbungen und in steilen Kaminen, und das Schattenlicht der Winternacht schien die Felsen von innen heraus phosphoreszieren zu lassen. Das Echo der über den Stein pochenden Pferdehufe hallte an den stummen Zacken wider, als Mensch, Zwerg, Elf und Wichtel weiter durch das Düsterdunkel ritten.

Durch schmale Schluchten führte der Weg und über Felsbrükken, deren Ränder eisverkrustet waren und sich einem dunklen Abgrund entgegenneigten. Und immer weiter in die Höhe ging es. Manchmal hielten sie an, stiegen ab und führten die Pferde an den Zügeln, um ihnen auf diese Weise etwas Erleichterung zu gönnen. Aber selbst dann schritten sie rasch aus, denn die Zeit war nicht ihr Verbündeter.

Unzählige Kilometer legten sie zurück, fünfzehn wurden es, dann zwanzig und noch mehr – und mit jedem Kilometer wurde die Luft dünner und kälter, so daß sie sich die Kapuzen über den Kopf zogen und sich die Mäntel enger um die Schultern wickelten.

Schließlich begann sich der Pfad nach unten zu neigen: Tuck konnte deutlich sehen, wie der Weg hinabführte, in Richtung der östlichen Flanke der Sturmzacke.

»Herr, es geht jetzt nach unten«, freute sich der junge Wichtel. »Ich glaube, wir haben den höchsten Punkt des Quadranpasses bereits hinter uns.«

Galens Stimme klang gedämpft unter der Kapuze hervor: »Und noch immer keine Wachtposten des Feindes. Aber was noch sonderbarer ist: Hier hat sich nicht einmal besonders hoher Schnee angesammelt, nur eine dünne weiße Decke, und selbst die nur am Rande der Straße.«

Sie eilten über den nun hinabführenden Weg, und Tuck war sehr nachdenklich geworden. Schließlich erwiderte er: »Man sagt doch, Modru sei der Herr des Frostes. Vielleicht war er es, der dafür sorgte, daß sich hier kein hoher Schnee auftürmte. Aber was mag ihn dazu bewogen haben?«

›Deshalb!‹ schoß es Galen durch den Kopf. ›Ohne den Schnee

kann die Horde den Quadranpaß mühelos überqueren und dann den Lerchenwald überfallen. Um so wichtiger ist es, daß wir Darda Galion warnen.‹

Sie ritten weiter und folgten dem Verlauf der in die Tiefe führenden Quadranschnelle. Neben der Straße glänzte das Eis eines zugefrorenen Flusses, der ebenfalls Quadranschnelle hieß. Sie kamen an Abhängen, Schluchten und hohen Graten vorbei, und immer tiefer ging es hinab, in Richtung der noch in der Winternacht verborgenen Grube – eines schmalen Tals, das von den Hängen der vier Berge der Quadran begrenzt wurde.

Tuck beugte sich vor, um den Weg besser erkennen zu können, aber der größte Teil davon war hinter hohen Felswänden und gewaltigen Steinblöcken verborgen. Manchmal aber fiel sein aufmerksamer Blick durch Spalten im Granit, und dann konnte er den Verlauf der Schnelle weiter unten beobachten.

»Halt, Herr!« stieß er an einer dieser Stellen plötzlich hervor und ließ sich vom Rücken des schwarzen Rosses Galens gleiten. Der Wichtel eilte an einen schmalen Durchlaß zwischen zwei großen Granittürmen heran und starrte in die Tiefe. Galen stieg ab und folgte ihm.

»Ghûle«, stellte Tuck bitter fest. »Zwanzig oder dreißig. Etwa fünf Kilometer weiter unten. Sie reiten auf Hôllrössern und kommen in unsere Richtung.«

»Rach!« stieß der König hervor. »Kannst du irgendeinen Ort erkennen, der sich als Versteck für uns eignet?«

»Nein, Herr«, erwiderte der Wichtel nach nur kurzem Zögern. »Der Weg vor uns führt nur durch offenes Gelände.«

Galens Stimme vibrierte vor Zorn. »Dann bleibt uns nichts anderes übrig, als umzukehren, bevor uns der Feind entdeckt.«

»Aber inzwischen liegt fast eine ganze Tagesetappe hinter uns!« gab Tuck zu bedenken.

»Wir haben keine andere Wahl!« Und mit ein wenig weicherer und eindringlicherer Stimme wiederholte Galen: »Wir haben leider keine andere Wahl.«

Der König wandte sich an Gildor und Brega, die nach wie vor auf dem Rücken Flinkhufs saßen. »Wir müssen umkehren: Ghola reiten in unsere Richtung herauf.«

Wut leuchtete in den Augen Bregas auf, und er packte den Griff seiner Axt und hob die Waffe hoch empor. »Haben wir etwa die ganze lange Strecke zurückgelegt, nur um jetzt vor den Lakaien Modrus die Flucht zu ergreifen?«

»Wie viele sind es, König Galen?« fragte Gildor.

»Fast dreißig, meint Tuck«, antwortete Galen. Er schwang sich wieder auf den Rücken seines schwarzen Rosses und half dem Wichtel beim Aufsteigen.

Gildor wandte sich an den Zwerg und forderte ihn auf: »Schling dir den Riemen deiner Axt wieder um die Schultern, Zwicht Brega, denn selbst deine kühne Tapferkeit vermag nichts gegen mehr als zwanzig solche Gegner auszurichten.«

Brega knirschte aufgebracht mit den Zähnen, aber er fügte sich, und sie machten sich auf den Rückweg.

Die Pferde galoppierten über die Quadranschnelle in die Höhe, und Tucks Stimme übertönte das Pochen der Hufe: »Herr, die Ghûle ... warum reiten sie in diese Richtung? Wo sind sie bloß gewesen?«

»Das weiß ich nicht«, erwiderte Galen und sah sich kurz zu dem Wichtel um. »Vielleicht sind sie der Horde vorausgeeilt, die sich nun dem Quadranpaß nähert. Möglicherweise kehren sie aus der Region des Lerchenwaldes zurück – um den anderen Schergen Modrus über die Ergebnisse ihrer Erkundung zu berichten.«

Die Horde! Tucks Herz pochte laut und heftig. *Ich hatte sie schon ganz vergessen! Und jetzt reiten wir geradewegs auf sie zu!*

Über den gewundenen Weg jagten die Pferde, und sie näherten sich nun wieder der höchsten Stelle des Passes. Immer wieder blickte Tuck in die Tiefe und versuchte, das Erscheinen der Horde auszumachen. Er starrte an den großen Felsblöcken vorbei, und manchmal, wenn sie über einen schmalen Grat ritten, konnte er längere Zeit hinabsehen. Gleichzeitig suchten seine Augen nach einem geeigneten Versteck, in dem sie sich verbergen und abwarten konnten, bis die Ghûle an ihnen vorbeigezogen sein würden. Aber er fand weder kleine Schluchten noch Einschnitte im Granit, die geräumig genug waren, um sie alle aufzunehmen. Die Quadranschnelle führte steil in die Tiefe, und rechts und links lag nichts als harter Fels.

Allmählich blieben die kalten Höhen des Berges hinter ihnen zurück. Drei Stunden lang waren sie bereits unterwegs, und nun begann das Gelände um sie herum ebener zu werden.

»Herr, die Horde – ich kann sie jetzt sehen!« rief Tuck.

Und im Dunkel der Winternacht schien es an den Hängen der Vorberge zu wimmeln und zu brodeln: Die Teufelsbrut Modrus war es, deren Spitze die hin und her huschenden Schatten der Vulgs bildeten. Und an der Grenze seiner Sichtweite machte er die Ghûle aus, die mit ihren Hôllrössern nun gerade über einen Felssteg ritten. *Eine Falle!* gellte es im Innern von Tuck. *Wir sitzen in der Falle! Vor uns die Horde und hinter uns die Ghûle!*

»Wann können wir von der Straße abzweigen?« erklang die Stimme Galens.

»W-was?« Tuck hatte plötzlich Schwierigkeiten zu sprechen.

»Wann können wir von der Straße abzweigen?« wiederholte Galen, und seine Stimme bebte vor Anspannung.

Tucks Blick suchte das vor ihnen liegende Gelände ab. »Etwa anderthalb Kilometer voraus kann ich eine geeignete Stelle erkennen!« rief er, und ein jäher Hoffnungsschimmer loderte in ihm auf. »Wir können uns nach links wenden, dorthin, wo sich ein Felshang erhebt und in ein Hochplateau übergeht. Es gibt dort zwar keinen Weg, aber zumindest haben wir die Möglichkeit, die Straße zu verlassen!«

»Jetzt sehe ich die Stelle ebenfalls«, erwiderte Galen, und er trieb sein schwarzes Roß noch heftiger an. Das Pferd verfiel in einen jagenden Galopp und Flinkhuf und das Packtier folgten dichtauf.

Vor ihnen näherte sich die Rückenhorde, und hinter ihnen kamen die Ghûle. Die vier Krieger wandten sich von der Quadranschnelle ab, sausten über den Felshang und ritten über das Hochplateau.

Unmittelbar darauf zügelte Galen sein schwarzes Roß, und mit erhobener Hand veranlaßte er auch Gildor zum Anhalten. »Brega!« rief der König. »Deine Axt! Schlag einen Ast ab und verwisch unsere Spuren im Schnee!«

Brega sprang zu Boden, hackte einen struppigen, im Frost

erstarrten Zweig ab und eilte zur Paßstraße zurück. Mit dem Ast strich er umher und verwischte die von den Pferdehufen im Schnee zurückgelassenen Abdrücke und während er damit beschäftigt war, näherte er sich langsam seinen wartenden Kameraden. Mehr als fünfzig Meter legte er auf diese Weise zurück, und als Galen ihm ein Zeichen gab, ließ er den Ast fallen und schwang sich wieder auf den Rücken Flinkhufs, und im Anschluß daran setzten sie ihren Ritt fort. Sie wandten sich nach Süden, fort von der Quadranschnelle, durch ödes und karges Land, an eisverkrusteten Felsblöcken vorbei. Und während die Pferde dahingaloppierten, blickte sich Tuck um und beobachtete die Ghûle, die auf ihren Hôllrössern über den Weg kamen und auf die von unten vorrückende Horde zuhielten.

Als sie fast vier Kilometer von der Straße entfernt waren, verlangsamte Galen das Tempo, und Gildor folgte seinem Beispiel. Schweiß perlte auf dem Fell der Pferde, und weißer Schaum hatte sich auf ihren Nüstern gebildet.

»Donnerwetter, das war wirklich knapp!« rief Gildor. Seine Augen waren schärfer als die von Menschen und Zwergen, und er hatte die Ghûle und die Horde ebenfalls gesehen.

»Wir sind ihnen glücklich entronnen«, jubelte Brega. Aber dann schnappte er plötzlich nach Luft, und er streckte den einen Arm aus. Sein Gesicht verzerrte sich. *»Kruk!«*

Tuck drehte sich ruckartig um und sah in die Richtung, in die der Zeigefinger Bregas wies. Und er erblickte den großen Schatten eines Vulgs, der hinter einer aufragenden Felszacke hervortrat. Es war einer der Späher der Horde. Die Pferde wieherten und scheuten, und das Packtier richtete sich in jäher Panik auf die Hinterläufe auf und versuchte, sich loszureißen. Brega hielt die Zügel jedoch fest in der Hand. Der Blick der gräßlichen gelben Augen des Vulgs richtete sich auf sie, und er gab ein grollendes Knurren von sich. Dann warf er den Kopf in den Nacken, und aus seinem gen Himmel gerichteten Maul löste sich ein gellender Schrei. Und unmittelbar darauf rief das nachtschwarze Ungeheuer ein zweites Mal, und das Heulen anderer Vulgs und auch von Ghûlen antwortete ihm von ferne.

Tuck sprang vom Rücken des sich unruhig hin und her bewegenden schwarzen Rosses, setzte einen Pfeil auf die Sehne seines Bogens und ließ das Geschoß davonsausen, als der Vulg gerade zu einem dritten Schrei ansetzte. Die Spitze des Pfeils bohrte sich dem Ungeheuer in die dunkle Kehle, so daß nur ein keuchendes Röcheln aus dem Ruf wurde, als der Späher Modrus sterbend in den Schnee sank. Der Jungwichtel wirbelte herum und sah auf Hôllrössern hockende Ghûle, die nun über den Felshang auf das Hochplateau heraufgeritten kamen. Die leichenblassen Schergen des Bösen hatten den Ruf des Vulgs vernommen. Neben ihnen sausten die Schatten von anderen Vulgs durch die Winternacht, und ihre Schnauzen schnüffelten übers Eis.

Tuck sprang auf das schwarze Roß Galens zu. »Rasch, Herr, die Ghûle und Vulgs kommen nun direkt auf uns zu, denn sie wissen, daß wir hier sind.«

Galen half dem Wichtel in die Höhe und gab seinem Pferd die Sporen. Flinkhuf und das Packtier galoppierten ebenfalls los. In Tucks Innerem verblaßte der helle Hoffnungsschein, denn es war unklar, wie lange und wie weit sie fliehen konnten: Die Pferde waren schließlich bereits am Ende ihrer Kräfte.

Ihre Flucht ging nach Süden, über das vom Schnee bedeckte und öde Land des Hochplateaus, dessen Felsen sich zwischen den aufragenden Flanken der dunklen Grimmspitze im Osten und einem kleineren Berg im Westen erstreckten, dem Rotwachbukkel. Und hinter ihnen folgten auf Hôllrössern reitende Ghûle und Vulgs, die ihre Fährte aufgenommen hatten und sie nun nicht mehr verlieren konnten.

Immer weiter nach Süden galoppierte das schwarze Roß Galens, und das Pferd Gildors folgte dichtauf. Das Packtier bildete das Schlußlicht, und es wieherte in panischem Entsetzen, denn es witterte die Vulgs. Tuck hatte bald jegliches Zeitgefühl für die ihm endlos erscheinende Flucht verloren. Aber allmählich vergrößerte sich der Abstand zu ihren Verfolgern. Sie kamen an unzähligen Graten und frostigen Kaminen, an unüberwindbar steilen Granithängen vorbei, und immer weiter jagten sie, ohne den Pferden auch nur eine geringe Verschnaufpause zu gönnen.

Schier endlos lange galoppierten die Rösser bereits, und die

Ghûle und Vulgs fielen immer weiter zurück. Dann aber verließ den Jungwichtel plötzlich der Mut, denn am Rande eines steilen Abhangs zügelte Galen jäh sein schwarzes Roß.

»Tuck!« rief der König, als Flinkhuf herandonnerte. »Sieh nach unten!«

Tuck sprang in den Schnee, und auf dem Bauch liegend schob er sich vorsichtig an den Rand des Abgrunds, um in die Tiefe zu starren. Er drehte den Kopf nach links, dann nach rechts. *Dort! Ganz weit rechts und tief am Grunde der Schlucht!* »Herr! Ein langer und gewundener Weg, der an den Felswänden vorbeiführt! Fünfzig Schritte nach Westen!« Tuck erhob sich wieder und stöhnte leise, als er auch noch etwas anderes erkannte. »Herr, vier oder fünf Kilometer voraus ... ich glaube, ich sehe dort den Rand eines weiteren Abgrunds.«

»Steig auf, Tuck! Wir haben keine Wahl!« Galen streckte die Hand aus und half ihm beim Aufsitzen. »Um die zweite Schlucht machen wir uns erst dann Gedanken, wenn wir sie erreichen.«

Der in die Tiefe führende Weg war schmal und der Fels eisüberkrustet. Links von ihnen ragten steile Granitwände in die Höhe, und in den kleinen Ritzen und Fugen hatte sich weiß glänzender Schnee angesammelt. Rechts von ihnen gähnte der Abgrund. Vorsichtig suchte sich das schwarze Roß Galens einen Weg über den gefährlich glatten Stein, und hinter sich konnte Tuck das Klappern der Hufe der beiden anderen Pferde hören. Dann und wann spürte der Jungwichtel, wie das schwarze Roß auf dem Eis ausglitt, wobei jedesmal die Flanken des Pferdes erbebten, und Tuck stockte der Atem. Der Abstieg schien kein Ende nehmen zu wollen, und Tuck hatte das Gefühl, daß sie sich dem Grunde der Schlucht nur mit quälender Langsamkeit näherten, da doch über ihnen auf dem Hochplateau die Ghûle und Vulgs heraneilten.

Schließlich schabten die Hufe des schwarzes Rosses über den Fels am Grunde der Schlucht, und ihm folgten die beiden anderen Pferde. Erneut strebten sie nach Süden. Während sie ihre Flucht mit rasender Geschwindigkeit fortsetzten, warf Tuck einen Blick zurück auf den gewaltigen Schatten einer schier senkrecht in die Höhe ragenden Klippenwand. Ganz in der Nähe zeigte sich ein großer, senkrecht verlaufender Spalt im Granitantlitz des Felsmassivs, und westlich dieses Einschnitts waren die Dämonenwesen Modrus zu erkennen: Silhouetten vor dem Hintergrund des gespenstisch glühenden Schattenlichts. Als die Ghûle die Pferde sahen, begann sie wild und zornig zu heulen, denn erst jetzt begriffen sie, daß sie nur vier Reiter verfolgten. Der Schrei eines Nachtschatten übertönte alle anderen, und anschließend wandten sich die Ungeheuer dem Eispfad zu, um ebenfalls zum Grunde der Schlucht zu gelangen.

Weiter nach Süden galoppierten die Pferde, und erneut vergrößerte sich der Abstand zwischen Jägern und Gejagten, denn die Ghûle konnten den Eisweg nur langsam und mit größter Vorsicht passieren. Noch einmal legten sie eine größere Strecke zurück, ehe sie auf einen weiteren Abgrund stießen. Diesmal bot sich aber kein in die Tiefe führender Pfad.

»Herr! Im Osten! Dort scheint sich ein Tal zu öffnen, durch das man in die vor uns liegende Schlucht hinabsteigen kann. Vielleicht kommen wir auf diese Weise hinunter.«

Sie flohen nach Osten, und nach einer Weile stießen sie auf ein Flußtal, das so schmal war, daß Tuck glaubte, ein Pferd könne mit einem weiten Satz darüber hinwegsetzen. Der Boden dieses Einschnitts lag in unergründbarer Tiefe.

Weiter nach Norden ging es nun, in Richtung der Ghûle. Die Pferde galoppierten am Rande des Flußtals entlang, und die Reiter suchten nach einem Weg in die Tiefe.

Schließlich erreichten sie die Stelle, an der der Einschnitt begann. Ein Pfad führte in die dunkle Schlucht.

»Los!« rief Galen. »Wenn wir uns nicht beeilen, stellen uns die Schergen Modrus am Rande dieses Flußtals.«

»Halt!« erwiderte Brega laut. »Ich habe eine Laterne. Folgt Gildor und mir. Ich werde uns den Weg leuchten.«

Tuck konnte sehen, daß die Ghûle inzwischen das Ende des fernen Eispfades erreicht hatten, und die dunklen Schatten der Vulgs huschten über das Plateau.

Brega suchte in seiner Packtasche herum und zog schließlich eine aus Kristallglas und Messing bestehende Laterne hervor. Er öffnete die Klappe, und ohne daß im Innern eine von Öl genährte

Flamme brannte, begann ein blaugrünes Licht zu glänzen. »Wir können los!« rief er Gildor zu, und Flinkhuf sprang in den dunklen Schluchtzugang hinein, gefolgt von dem schwarzen Roß Galens und dem Packtier.

Sie folgten dem Verlauf eines schmalen und steil in die Tiefe führenden Weges. Brega hielt seine Laterne hoch erhoben, und das sonderbare Licht ließ für einen Augenblick unstete Schatten über die Steinblöcke und Felszacken tanzen. Das blaugrüne Funkeln glitzerte auf den großen Eiszapfen, die von dem schroffen Granit über ihnen herabhingen. Das Schnaufen der Pferde und das Pochen und Kratzen der Hufe hallte an den Felswänden wider und verklang in der Schwärze vor ihnen, die selbst der Blick der scharfen Augen Tucks nicht zu durchdringen vermochte.

Tuck fühlte die kolossale Wucht der über ihnen aufragenden Steinmassen buchstäblich auf seinen eigenen Schultern ruhen, und er hatte beinah den Eindruck, als müsse er nur die Arme ausstrecken, um die granitenen Wände rechts und links berühren zu können. Er legte den Kopf in den Nacken und sah in die Höhe. Weit über sich erkannte er einen schemenhaften Fleck: das blasse Glühen des Schattenlichts, das die Umrisse der gezackten Felsen wie Zähne wirken ließ, deren Spitzen auf die vier Reiter zielten.

Immer weiter in die Tiefe ging es über einen steilen und spiegelglatten Weg, und manchmal schabten sie mit den Schultern am hart überfrorenen Gestein entlang. Gildor und Brega mit der Laterne hatten die Spitze übernommen, und Galen und Tuck und das Packtier folgten.

Schließlich erkannte Tuck voraus einen großen senkrechten Einschnitt, in dem der frostige Glanz der Winternacht glühte, und er seufzte erleichtert, denn nun hatten sie das Ende des schmalen Tals erreicht.

Sie ließen die Schlucht hinter sich zurück und ritten durch felsiges Hügelland. »Nach Südwesten!« rief Galen, als Brega die Klappe seiner Laterne schloß und sie wieder in der Packtasche verstaute. »Wir halten auf den Alten Rellweg zu. Und wenn es uns gelingen sollte, den uns verfolgenden Schergen Modrus zu entrinnen, überqueren wir das Gebirge durch die Gûnarschlucht.«

Und so setzten sie ihren Weg fort, während die Vulgs ihre Fährte aufnahmen und ihnen die Ghûle auf ihren Hôllrössern nachritten.

Fast fünfundzwanzig weitere Kilometer legten sie zurück. Sie hielten nach Südwesten, und die Pferde waren inzwischen müde und erschöpft: Jedes Roß trug die doppelte Last, und sie hatten nicht die Gelegenheit gehabt, sich auszuruhen und neue Kraft zu schöpfen. Die Verfolger befanden sich nun hinter den Hügeln und lagen somit nicht mehr im Blickfeld. Aus diesem Grund vermochte Tuck nicht zu sagen, wie groß ihr Vorsprung inzwischen geworden war.

»König Galen«, mahnte Gildor, »Flinkhuf ist am Ende seiner Kräfte angelangt. Wir müssen uns irgend etwas einfallen lassen, um die Ghûlka von unserer Spur abzulenken.«

Galens Antwort bestand nur aus einem stummen Wink, mit dem er dem Elfenherrn bedeutete, daß er die Worte gehört hatte. Aber er setzte den Ritt unverdrossen fort.

Nach einer Weile sahen sie den Alten Rellweg vor sich. Die Hufe der Pferde jagten für eine Zeitlang über das Pflaster dieser ansonsten verlassenen Verbindungsstraße, ehe sie an eine Abzweigung gelangten. Links sahen sie ein langes Tal, und rechts setzte sich der Verlauf des Alten Rellweges fort und führte weiter nach Süden. Galen zügelte sein schwarzes Roß, und Gildor hielt sowohl Flinkhuf als auch das Packtier an. Keuchend, vor Erschöpfung zitternd und mit schweißnassem Fell blieben die Rösser stehen.

»Tuck, Gildor, schnallt eure Taschen vom Rücken des Packtiers«, befahl Galen. »Füllt sie mit Proviant. Und holt auch die Kornbeutel für mein Pferd und Flinkhuf.

Brega, dich bitte ich darum, erneut deine Axt einzusetzen: Schneide damit die Äste dreier großer Büsche ab.« Und der König fügte hinzu: »Vielleicht habe ich eine Möglichkeit gefunden, den Schergen Modrus zu entkommen.«

Während Brega damit beschäftigt war, die Äste dreier im

Winterfrost erstarrter Büsche durchzuhacken, hoben Galen, Gildor und Tuck die Provianttaschen vom Rücken des müden Packtiers. Und als Brega anschließend seinen Beutel füllte, befestigte Galen zwei der drei Büsche mit Seilen an den Sätteln der beiden Reitpferde. Wenn sie jetzt ihren Weg fortsetzen, würden die Äste und Zweige die im Schnee zurückbleibenden Hufspuren verwischen.

Anschließend brach er vom dritten Ast einen dickeren Zweig ab und band ihn quer auf den Sattel des Packtiers. Dann legte er kurz seinen Mantel ab, streifte sich das schweißnasse Wams vom Leib und befestigte es derartig an einem langen Seil, daß der Stoff über den Schnee schleifen sollte, wenn das Packtier wieder loslief.

»Gildor, nimm bitte sowohl die Zügel Flinkhufs als auch meines Pferdes in die Hand«, ordnete Galen an. »Halte sie ganz fest und sorge dafür, daß die Rösser ruhig bleiben. Ich habe die Absicht, das Packtier von hier aus nach Osten laufen zu lassen, ins Tal hinein. Brega, nimm nun die Zügel. Tuck, ich brauche sowohl den Feuerstein als auch deinen Zunder. Entzünde ein Feuer, denn ich möchte den Ast auf dem Rücken des Pferdes in Brand setzen.«

»Aber Herr«, wandte der Jungwichtel ein, »dann wird das Pferd ja verbrennen.«

»Nein, Tuck, der Sattel schützt das Tier davor – aber bestimmt gerät es durch das Feuer in Panik. Es wird daraufhin ins Tal galoppieren und meinen Geruch durch das Wams hinter sich herziehen, während unsere Spuren von den Ästen verwischt werden. Hoffen wir, daß die Vulgs auf diesen Trick hereinfallen.«

Tuck kratzte mit einem Messer über den Feuerstein, und die Funken setzten den Zunder in Brand. *Armes Pferd*, dachte er bei sich. *Aber wir haben keine andere Wahl, und vielleicht gelingt es dem Packtier ja, den Vulgs ebenfalls zu entkommen.* Der Wichtel reichte Galen den glimmenden Zunder, und der König benutzte ihn, um den auf dem Sattel festgebundenen Ast anzustecken. Als die ersten Flammen über das trockene Holz loderten, wichen das schwarze Roß Galens und Flinkhuf furchtsam zurück, doch Gildor hielt sie an den Zügeln fest. Das Packtier schnaubte und wieherte entsetzt angesichts des Feuers. Brega ließ dessen Zügel los, als Galen »Lauf!« rief und dem Pferd auf den Rücken klopfte.

Das Packtier wieherte laut und ergriff in panischem Entsetzen die Flucht. Es galoppierte so schnell es konnte, um dem auf dem Sattel lodernden Feuer zu entgehen, und zog dabei das Wams Galens hinter sich durch den Schnee. Aber das Pferd bäumte sich plötzlich auf, schlug einen Haken und lief nach Süden anstatt nach Osten!

»Verdammt!« rief Galen.

»Herr, es zieht Euren Geruch in die Richtung, in die wir eigentlich reiten wollten!« ließ sich Tuck kummervoll vernehmen.

»Blödes Vieh!« knurrte Brega. »Jetzt müssen *wir* den Weg nach Osten nehmen. Laßt uns in das Tal reiten und uns dort verstekken, bis die Gefahr vorüber ist.«

Bei diesen Worten richtete Tuck den Blick seiner Saphiraugen nach Norden in Richtung der Vorberge. »Wir müssen uns beeilen«, rief er leise, »denn ich kann jetzt bereits wieder den Feind sehen, wie er unseren Spuren folgt.«

Im Tal verwischte das Buschwerk hinter ihnen ihre Fährte. Rechts und links erhoben sich die Bergwände, und je weiter sie nach Osten kamen, desto höher wuchsen die Felsen gen Himmel – bis sie sich schließlich am Grunde eines tiefen Einschnitts befanden und den Rand der Schlucht über sich kaum noch auszumachen vermochten. Der Weg führte sie einmal in diese und dann wieder in jene Richtung. Er schlängelte sich hart am Rande der einen Felswand entlang, dicht neben einem Flußbett, in dem sich weder Wasser noch Eis zeigte, nur Steine, Felsen und Schnee.

Tuck hatte schon bemerkt, daß Galen unterwegs immer wieder nach rechts und links starrte und seinen Blick über die Talhänge gleiten ließ, die weiter oben zu senkrecht emporragenden Felswänden wurden. Und plötzlich schlug sich der König mit der flachen Hand auf die Stirn.

»Was ist denn, Herr?« fragte Tuck.

»Begreifst du denn nicht, Tuck?« kam die Antwort von Galen. »Wir sitzen in der Falle. Wir hätten nach Westen reiten sollen, durch offenes Gelände, aber jetzt befinden wir uns in diesem

Tal, das immer enger wird und dessen Ausgang nur im Westen zu liegen scheint. Doch nun ist es zu spät für eine Umkehr. Das Packtier hätte deshalb in diese Richtung davonstürmen sollen, aber es war so erschrocken und rannte nach Süden. Das kann vielleicht unser Ende bedeuten.« Galens Stimme klang bitter.

»Aber Herr, die Vulgs und Ghûle werden Eurem Geruch folgen, und das Buschwerk verwischt unsere Spuren«, erwiderte Tuck, obgleich ihm bei den Worten des Königs ein kalter Schauer über den Rücken rann.

»Das wollen wir hoffen, Tuck«, sagte Galen. »Laßt uns das wirklich hoffen!«

Tuck drehte sich um und sah zurück, aber er konnte den Talzugang im Westen nicht mehr erkennen. Er setzte seine ganze Hoffnung darauf, daß die Vulgs und Ghûle auf den Trick Galens hereinfielen, und er betete zu den Göttern, daß sie nun den Schergen Modrus entkommen waren.

Schweigend ritten sie weiter nach Osten, und die einzigen Geräusche, die sie vernahmen, stammten von den Hufen ihrer vollkommen erschöpften Pferde, dem Keuchen und Schnauben der Rösser und dem leisen Kratzen und Schaben der Büsche, die sie hinter sich herzogen.

Tuck wußte nicht, wie lange sie schon durch das Tal ritten. Sowohl das schwarze Roß Galens als auch Flinkhuf hatten die ganze Zeit über zwei Reiter tragen müssen, so daß die beiden Pferde kurz vor dem Zusammenbruch standen.

Galen zügelte sein Roß und stieg ab, und Tuck folgte seinem Beispiel. Als der Jungwichtel in den Schnee sprang, blieb Flinkhuf hinter ihm schwankend stehen, und Gildor und Brega ließen sich ebenfalls zu Boden gleiten.

Galen wanderte nach Osten und führte sein Pferd am Zügel. Bei jedem Schritt zitterten die Flanken des Rosses, Schaum hing auf seinen Nüstern, und das Fell war schweißverklebt. Tuck hätte angesichts der deutlich sichtbaren Qual des Tieres in Tränen ausbrechen können. Der Jungwichtel drehte sich um und warf einen kurzen Blick auf den dicht hinter dem schwazen Pferd des Königs folgenden Flinkhuf. Auch das Roß Gildors war am

Ende seiner Kräfte.

Von den Verfolgern konnte er weit und breit nichts sehen. Aber der Pfad hinter ihnen beschrieb eine Kurve und verschwand hinter großen Felsen, und daher wußte der Jungwichtel nicht, ob die Ghûle und Vulgs dem Packtier folgten oder sich aber für den Weg ins Tal entschieden hatten.

Galen blickte sich um und runzelte verdutzt die Stirn. »Tuck, sonderbarerweise kommt mir an diesem Tal irgend etwas bekannt vor: der Pfad, das Flußbett rechts von uns, die steile Felswand. Mir ist, als kenne ich diese Schlucht, obwohl ich nie hiergewesen bin. Aber ich erinnere mich dumpf an Geschichten und Erzählungen aus meiner Kindheit ...«

Sie kamen um einen Granitblock herum, und nicht ganz einen Kilometer vor ihnen lag das Ende des Tals: Eine hohe Steinklippe ragte steil aus dem Talgrund auf. Und ihr Pfad führte an jener Felswand in die Höhe und verschwand weit oben im Düsterdunkel. Außerdem erkannten sie die in den Granit gemeißelten Stufen einer Treppe, die zu einer Felsauswölbung emporführte, die weit über den Rand der Klippe ragte, zu einem steinernen Wächter, dessen reglose Gestalt sich über dem Gestein erhob und das Tal überblickte. Und jenseits der dunklen Wand und der hohen Felszinne stieß der gewaltige Schatten eines Bergmassivs in den schwarzen Himmel – der Gipfel der Grimmspitze, der an den höchsten Ausläufern der Winternacht zu kratzen schien.

Gildor und Brega traten an die Seite Galens und Tucks. Und mit gedämpfter Stimme sagte der Zwerg: »Wir haben es bereits vermutet: Wir befinden uns im Ragadtal.«

»Ja, natürlich!« Galen schlug sich mit der flachen Hand auf die Stirn. »Das Tal des Tors!«

»Dämmertor«, ergänzte Gildor. »Der westliche Zugang in das Höhlensystem der Grimmengrotten. Auf jener Klippe dort, hineingetrieben in den harten Granit der Großen Flanke Aevors, befindet sich das Dämmertor. Seit nahezu fünfhundert Jahren ist es nun schon geschlossen, aber zuvor stand es für ein halbes Jahrtausend offen. Die Zwichte ließen es geöffnet hinter sich zurück, als sie vor dem Ungeheuer Modrus flohen, das aus seinem Verlorenen Kerker ausbrechen konnte und in den Grimmengrotten wütete.«

»Da wir nun schon einmal hier sind«, knurrte Brega, »muß ich das Tor unbedingt sehen.«

Sie folgten weiter dem Verlauf des alten Pfades, und beim Näherkommen fügte Brega hinzu: »Dort auf der Felszinne ist der Platz der alten Wache. Dort standen vor langer Zeit Châkka und blickten durch das Tal. Über die Klippe stürzten einst große Wassermassen – die herrliche Wachkaskade war es –, gespeist vom Dämmerbach, jenem Gewässer, von dem man sagt, es habe diese Schlucht in den Fels gefressen.

Der Weg, den wir jetzt beschreiten, heißt Rellsporn. Eine alte Handelsstraße ist es, und sie wurde aufgegeben, als der Gargon in Kraggen-cor zu toben begann.

Wenn die Legenden der Wahrheit entsprechen, dann ist das Dämmertor von großen Säulen umgeben und befindet sich auf einem mit Marmor gepflasterten Platz, der von einem Wallgraben umgeben ist, über den eine Zugbrücke führt.

Seit langer Zeit sehne ich mich danach, diesen Ort mit eigenen Augen zu sehen. Aber ich hoffte, mein Wunsch ginge zu einem Zeitpunkt in Erfüllung, zu dem die Châkka sich anschicken, den Glanz ihrer alten Heimat wiedererstrahlen zu lassen. Aber ich komme als Flüchtling, der sich vor einem schrecklichen Feind zu verbergen versucht.«

»Das Dämmertor«, bemerkte Galen. »In den alten Sagen heißt es davon, es öffne sich auf ein Wort hin. Stimmt das?«

»Richtig«, bestätigte Brega. »Wenn daş Wort von einem Châk ausgesprochen wird und der Betreffende gleichzeitig die Hand auf das Tor legt – zumindest wird das bei meinem Volk erzählt.«

»Die Lian behaupten, der Zauberer Grevan habe bei der Fertigung des Tores geholfen«, warf Gildor ein.

»Zusammen mit dem Tormeister Valki erbaute er es«, fügte Brega hinzu.

»Kennst du etwa das Wort, mit dem man es öffnen kann?« fragte Tuck, und seine Juwelenaugen waren groß vor Erwartung und Staunen.

»Freilich, ich kenne die Formel«, erwiderte Brega, »denn mein Großvater war Tormeister und gab sein Wissen an mich weiter.

Ich aber entschied mich, in die Fußstapfen meines Vaters Bekki zu treten und Krieger zu werden. Aber obgleich ich die Formel kenne: Nicht für alles Sternensilber in Kraggen-cor würde ich jenes Tor öffnen, denn dahinter lauert der Ghath.«

Sie führten die Pferde an den Zügeln und erreichten schließlich die Stelle, an der der Weg an der Klippe entlang in die Höhe führte. Da sich kein Schnee auf dem dunklen Stein zeigte, lösten sie die Seile von den Sätteln, an denen sie die Büsche festgebunden hatten, denn nun war es nicht länger nötig, ihre Spuren zu verwischen. Dann schickten sich die vier Kämpfer an, hinaufzusteigen. Der Pfad war äußerst steil, und bei jedem Schritt zitterten die Pferde vor Entkräftung.

»Die Pferde sind vollkommen erschöpft«, stellte Galen fest und seine Stimme klang mitfühlend. »In einer schlimmen Lage befinden wir uns: Unsere Rösser müssen sich jetzt lange Zeit ausruhen – mindestens eine Woche oder länger –, und sie brauchen gutes Futter und frisches Wasser. Erst dann, wenn sie sich wieder von den zurückliegenden Anstrengungen erholt haben, können wir weiterreiten.«

»Aber wie kommen wir dann weiter nach Süden?« fragte Tuck.

»Zu Fuß«, gab Brega knapp zur Antwort.

»Nein, ich meinte nur, daß dadurch die Ausführung unseres Plans, das Königsheer zusammenzustellen und gegen Modru in die Schlacht zu führen, stark verzögert wird«, erklärte Tuck. »Außerdem scheint es jetzt unmöglich zu sein, die Lian im Lerchenwald vor der heranrückenden Horde zu warnen. Offenbar zürnen die Götter des Schicksals uns. Aber wie können wir sie wieder besänftigen?«

»Ich weiß es nicht«, gestand Galen ein, und seine Stimme klang müde.

»Waerling, zwar haben wir jetzt wirklich nicht mehr die Möglichkeit, rasch nach Süden zu gelangen und Darda Galion zu warnen, aber wir dürfen deshalb nicht noch mutlos werden oder gar die Hoffnung verlieren.«

Niemand von ihnen gab einen Ton von sich, als sie weitergingen.

Sie folgten dem Verlauf der Straße, die an dem Hang emporführte, und nach einer Weile erreichten sie den Gipfel der Klippe. Über ihnen erhob sich die massige und starre Gestalt des Steinernen Wächters, und die gewaltige und steile Felsspitze ragte genau am Rande eines kleinen Sees auf. Nicht mehr als sechshundert Meter breit war er, und Galen, Gildor, Brega und Tuck standen am nördlichen Ufer. Von dort aus konnte der Jungwichtel sehen, daß er fast vier Kilometer weit nach Süden reichte. Gestaut wurde das Wasser von großen Steinen und Felsblöcken, die aus der Wand der Klippe wuchsen, oberhalb der Treppenkaskade. Der Weg des Rellsporn verschwand in den dunklen Fluten.

»An diesen schwarzen Bergsee kann ich mich aber nicht erinnern!« wunderte Brega sich.

»Es ist der Dunkle See«, belehrte sie Gildor, »und die Lian erzählen, etwas Böses hause darin. Ich weiß nicht, um was es sich dabei handelt, aber wir sollten uns von diesen Fluten fernhalten.«

»In der Tat!« rief Galen. »Das ist wirklich ein Rätsel: Warum ist der See denn nicht zugefroren?«

Erst jetzt bemerkte Tuck, daß sich die schwarzen Wasser tatsächlich nicht mit einer Eisschicht überzogen hatten. Nur auf den Felsen am Ufer zeigte sich hier und dort glitzernder Rauhreif, aber die Fluten plätscherten selbst in der Kälte der Winternacht, und es sah aus, als *ob irgendwo am Grunde des Sees ein dämonisches Herz poche,* dachte Tuck.

»Vielleicht ist der See deshalb nicht zugefroren, weil er von den Felsen und dem Steinernen Wächter gegenüber dem Düsterdunkel abgeschirmt wird«, vermutete Brega, und sein Blick richtete sich kurz auf die gewaltige Gestalt aus Granit, die sie alle weit überragte.

»Vielleicht ist er auch deshalb nicht zugefroren, weil es dem Willen Modrus entspricht«, erwiderte Gildor. »Erinnert euch: Der Quadranpaß war nicht zugeschneit, und auch der Dunkle See zeigt sich unbeeindruckt von der Kälte der Winternacht. Möglicherweise steckt der Fluch Modrus dahinter. Immerhin ist er der Herr des Frostes.«

»Was könnte der Feind in Gron damit beabsichtigen, diesen See eisfrei zu halten?« überlegte Brega knurrend, aber niemand gab ihm eine Antwort auf seine Frage.

»Das Wasser ist so entsetzlich schwarz«, bemerkte Tuck leise.

»Und es sähe auch dann so aus, wenn jetzt die Sonne schiene«, erwiderte Gildor. »Manche Leute sagen, der Grund sei der dunkle Fels des Steinernen Wächters. Andere wieder glauben, der Dunkle See sei ein weithin sichtbares Zeichen des Bösen.«

Tuck legte den Kopf in den Nacken und blickte in die Höhe. Der Fels des Steinernen Wächters ragte Dutzende von Metern empor. Er ließ den Kopf wieder sinken und beobachtete das ferne Ufer. »Oho! Dort drüben vor dem schwarzen Hintergrund erkenne ich weiße Säulen, die eine große und hohe Decke tragen.«

»Das ist der Zugang des Dämmertors«, erklärte Brega, und er sah in die Richtung, in die der ausgestreckte Arm des Jungwichtels deutete. »Davor sollte sich ein Marmorplatz erstrecken, der umgeben ist vom Dämmergraben, in dem das Wasser des Dämmerbachs fließt. Jetzt aber ist bestimmt alles von diesem Dunklen See überflutet. Doch seht nur: Dort befindet sich die alte Zugbrücke. Sie ragt aus dem schwarzen Wasser und überspannt den Wallgraben, den wir nun nicht mehr erkennen können. Und am anderen Ufer des Sees setzt sich auch der Verlauf des Rellsporn wieder fort. Alles andere aber liegt in der Finsternis verborgen.« Bregas Stimme zitterte vor Wut über die Entweihung dieses heiligen Ortes durch die wogenden Fluten des Dunklen Sees.

»Vielleicht ...« setzte Galen an, aber er wurde von einem schrillen und durchdringenden Vulgheulen unterbrochen. Der Schrei hallte weit durch das Ragadtal. Flinkhuf und das schwarze Roß Galens scheuten und wieherten unruhig.

»Vulgs!« rief Brega entsetzt. »Im Tal!«

Tucks Herz pochte heftig, und er wirbelte herum und blickte ins Tal. Aber er konnte nichts erkennen. »Zum Platz der alten Wache!« rief er und rannte auf die steinernen Stufen zu, die etwa vierhundert Meter weiter südlich in den Granit gemeißelt worden waren.

Schnaufend und keuchend eilte er die Treppe empor und erreichte kurz darauf die Felsenplattform. Von dort aus hatte er einen wesentlich besseren Überblick und erkannte die Bewegungen unten im Tal: Auf Hôllrössern hockende Ghûle hielten Fackeln und ritten langsam auf das Ende des Tals zu. Jede Felsspalte leuchteten sie aus, jede dunkle Ritze, in der sich jemand verbergen konnte. Die Vulgs schnüffelten im Schnee und folgten der Fährte, die von den Büschen offenbar nicht ganz verwischt worden war.

Tuck drehte sich um und hastete wieder in die Tiefe. Er kehrte zu den anderen zurück, die weiter unten auf ihn warteten. »Ghûle! Und auch Vulgs! Sie durchkämmen das Tal und halten nach Verstecken Ausschau, in denen wir uns vor ihnen verbergen könnten. Viele Schergen Modrus sind es, und sie versperren den Ausgang des Tals.«

»Und wir können die Linien des Feindes nicht einfach durchstoßen«, stellte Galen bitter fest, »denn Flinkhuf und mein schwarzes Roß brauchen dringend Erholung.«

»Wenn wir es schaffen, den alten Wallgraben zu überqueren«, schlug Brega vor, »dann können wir uns am Dämmertor verstekken.«

»Aber die Brücke ist doch hochgezogen!« widersprach Tuck. »Und wir haben leider keine Flügel, um einfach hinüberzufliegen!«

»Wir dürfen die Hoffnung nicht aufgeben«, warf Gildor mit scharfer Stimme ein. »Vielleicht finden wir dort noch eine andere Möglichkeit.«

»Richtig«, bekräftigte Galen, »man kann eine Brücke erst überqueren, wenn man sie erreicht hat: Und man sollte keine Brücke hinter sich verbrennen, wenn man irgendwann einmal umkehren will.«

»Dann laßt uns eilen«, stieß der Jungwichtel aufgeregt hervor. »Aber ich glaube, wenn wir jene Brücke dort erreicht haben, werden uns alle anderen nicht mehr verblieben sein.«

Sie liefen nach Norden und zogen die Pferde hinter sich her. Am Ufer des Dunklen Sees hasteten sie entlang, und manchmal glitschten ihre Schritte im zähen Schlamm. Der Fels der steilen Klippe überragte sie nun, und Tuck hatte erneut das Gefühl, die gewaltige Wucht des Granits auf seinen Schultern zu spüren.

Eine kurze Weile eilten sie südwärts an der finsteren Wand aus

Granit entlang und stießen dann auf Felsgeröll und lose Steine. An dieser Stelle gaben die dunklen Wasser des Bergsees den Rellsporn wieder frei. Das Pflaster des Pfades war an vielen Stellen aufgerissen, und der Zahn der Zeit hatte tiefe Furchen hineingenagt. Der Weg wand sich durch das Geröll und hielt nach Süden auf den Zugang des Dämmertors zu. Die Klippenwand wuchs links von ihnen in den finsteren Himmel der Winternacht, und nur wenige Schritte unter ihnen gurgelte das Wasser des Dunklen Sees.

Weitere sechshundert Meter brachten sie schnaufend hinter sich und erreichten die alte Zugbrücke, die aus dicken und massiven Holzbohlen bestand. Ihre Schritte polterten darüber hinweg, und die Fluten des schwarzen Bergsees spülten nur einen knappen Meter unter ihnen an das Land. Dann aber mußten sie jäh verharren, denn das Klapptor der Zugbrücke war hochgezogen, so daß sich unmittelbar vor ihnen eine breite Wasserfläche erstreckte.

Und aus dem Ragadtal ertönte das schrille Heulen eines Vulg.

»Als die Châkka aus Kraggen-cor flohen, war die Zugbrücke heruntergelassen«, knurrte Brega. »Danach muß sie also irgend jemand wieder hochgezogen haben.«

Gildor reichte Tuck sowohl Schwert als auch Langmesser und begann damit, sich Mantel und Wams vom Leib zu streifen. »Es waren die *Rûpt*«, vermutete der Elf. »Wenn wir unseren Verfolgern entkommen sind, erzähle ich dir die Geschichte. Jetzt aber werde ich hinüberschwimmen und versuchen, die Brücke herabzulassen.«

»Aber die Seile sind sicher längst verrottet«, wandte der Zwerg ein.

»Ich glaube, uns bleibt keine andere Wahl«, entgegnete Gildor, der jetzt nur noch seine Unterwäsche trug.

Er war die ganze Zeit über ohne eine Rüstung unterwegs! schoß es Tuck durch den Kopf, denn der Elf hatte weder ein Kettenhemd noch einen Brustpanzer abgelegt, nicht einmal einen stählernen Helm.

»Sei auf der Hut«, warnte der Jungwichtel. Er spürte eine

Gefahr, aber er vermochte nicht zu sagen, mit was für einer Bedrohung sie es zu tun bekommen könnten.

Gildor nickte nur und sprang in das kalte und dunkle Wasser. Rasch durchteilte er die Fluten. Das Holz der Zugbrücke war nur knapp zwanzig Meter entfernt. Und während der Elfenherr an einer steinernen Mole emporkletterte, begann es in dem Wasser unter ihm plötzlich zu gurgeln und zu gischten. Es war, als bewege sich ein riesenhafter Körper dicht unter der Oberfläche der dunklen Fluten, und Tuck rang entsetzt nach Atem. Aber gleich darauf glätteten sich die Wellen wieder, und anschließend sah er nur noch das sonderbare Pulsieren, das ihm schon zuvor aufgefallen war.

Gildor griff nach den Tauen, mit denen man die Zugbrücke herablassen konnte, und sie knirschten und ächzten unter seinem Griff. Er sah hinauf und zerrte an den Seilen, wobei Staub von den Zugrädern an den Torpfeilern rieselte. Das Gesicht des Elfen verzerrte sich vor Anstrengung, als er mit aller Kraft an der Aufhängung zog. Die Räder setzten sich nur langsam in Bewegung, und das Radwerk knirschte und stöhnte. Nach und nach senkte sich die Zugbrücke herab.

»Sobald wir auf der anderen Seite sind, ziehen wir sie wieder in die Höhe«, schlug Brega vor. »Wenn die Schergen Modrus bis hierher vordringen, bleibt ihnen nichts anderes übrig, als durch das dunkle Wasser des Sees zu schwimmen.« Der Zwerg hob kurz seine Axt. »Und dann können wir ihnen leicht den Garaus machen.«

Knarrend und ächzend bewegten sich die Seilräder, und die Holzbohlen der Zugbrücke neigten sich Galen, Brega und Tuck entgegen. Sie waren bereits halb herabgelassen, und Tuck glaubte schon, aufatmen zu können. Da machte es plötzlichen *Knack*!, und die alten Seile rissen. Mit einem lauten Kreischen sauste die Zugbrücke herab, und donnernd krachten die Bohlen auf den Stein. *BUMM!* machte es, und es klang wie ein Gewittergrollen, das an den schwarzen Wänden der Granitfelsen widerhallte und im ganzen Ragadtal zu vernehmen war:

BUMM! Bumm! Bumm! Bumm… bum…

Als das Echo nach und nach verhallte, rief Galen: »Rasch

hinüber!« Er sprang über die Zugbrücke und zerrte die scheuenden Pferde mit sich, während Tuck und Brega ihm dichtauf folgten.

Aus dem Tal hinter ihnen erklang das triumphierende Heulen der Vulgs und Ghûle.

Brega bildete den Abschluß der fliehenden Schar, denn er hatte kurz innegehalten, um nach der Tasche und den Sachen Gildors zu greifen.

»Können wir neue Seile anbringen, um die Brücke wieder in die Höhe zu ziehen?« fragte Galen den Elfenherrn. Der Elf zeigte dem Zwerg das eine Ende des zerrissenen Taus und nahm seine Kleidungsstücke entgegen.

Der Zwerg betrachtete die alte Fasern des Seils eine Weile und blickte dann zu den Zugrädern an den Brückenpfeilern empor. »Nein, König Galen – jedenfalls nicht rechtzeitig genug.«

»Herr, schaut!« rief Tuck und streckte den einen Arm aus.

In der Ferne waren nun wieder die dunklen Schatten der Vulgs zu sehen, die über das Pflaster des Rellsporn schnüffelten. Das vorderste Ungeheuer wandte sich ab und hielt schon auf die Felsspitze der alten Wache zu. Es folgte der Fährte der Gejagten.

»Die Ghûle lassen bestimmt nicht lange auf sich warten.« Tucks Stimme zitterte bei diesen Worten, und sein Herz klopfte heftig.

Brega griff nach dem Schaft seiner Axt. »Sollen wir hier an der Brücke auf sie warten oder besser am Zugang zum Dämmertor, König Galen?«

»Besser am Dämmertor«, entschied Galen. Seine Stimme klang bitter, aber fest. »Zwischen den großen Säulen können die Ghûle uns nicht mehr von den Rücken ihrer Hôllrösser aus angreifen.«

Gildor zog sich inzwischen bereits den zweiten Stiefel an und sprang wieder voll angezogen auf die Beine. Tuck reichte ihm das Schwert, den Unheilsbringer, und als sich der Elfenherr die Klinge umschnallte, wandte er sich an den Waerling: »Behalt den Verderbensboten, Tuck, denn für dich ist mein Langmesser wie ein Schwert, und in dem bevorstehenden Kampf kommt bestimmt der Zeitpunkt, an dem du alle deine Pfeile verschossen hast. Oder aber der Feind rückt zu nahe heran, als daß du noch deinen Bogen einsetzen könntest, und dann kannst du das Schwert sicher gut gebrauchen.«

»Aber ich weiß doch nicht, wie man mit einer solchen Klinge umgeht, Herr von Gildor«, wandte der Jungwichtel ein. Doch der Elf schenkte diesem Einwand keine Beachtung, und daraufhin schnallte sich Tuck das Langmesser Gildors an der Taille fest. Blaues Glühen erstrahlte von dem Klingenjuwel und ließ eine kobaltfarbene Flamme über die scharfe Schneide zucken.

»Das Funkeln des Verderbensboten deutet darauf hin, daß uns das Böse nahe ist«, erklärte Gildor ihm. »Aber die Vulgs sind noch immer ein ganzes Stück entfernt, und die Ghûlka folgen in einem noch größeren Abstand. Normalerweise sollte das Juwel des Langmessers also nicht in diesem intensiven Glanz erstrahlen.« Gildor zog das Schwert namens Unheilsbringer, und die Klinge war wie rotes Feuer, woraufhin der Elfenherr erstaunt die Stirn runzelte. »Beide Waffen reagieren auf die nahe Gegenwart des Bösen.«

Bei diesen Worten Gildors richtete Tuck den Blick seiner Saphiraugen auf das schwarze Wasser des Dunklen Sees.

»Ach, wir können doch nicht den ganzen Dunkeltag lang hier stehenbleiben und uns über die Prophetie von Elfenschwertern wundern«, knurrte Brega. »Begeben wir uns besser an den Zugang des Dämmertors. Dort suchen wir eine Stelle, an der wir uns gegen die Schergen Modrus verteidigen können. Ja, vielleicht überleben wir nicht, aber es wird in jedem Fall ein Kampf werden, von dem die Barden noch in Jahrhunderten singen werden.«

Tuck und Gildor schoben ihre Klingen in die Scheiden zurück, und die vier Kameraden liefen auf die Säulen zu. Sie zogen die Pferde hinter sich her, hielten sich dicht an der Wand der großen schwarzen Klippe und gelangten schließlich auf eine große Steinplattform im Innern des Halbkreises aus Säulen. Über ihnen, gestützt von den gewaltigen Pfeilern, erblickte Tuck eine mächtige und von vielen Hämmern behauene Steinmasse. Als sie die Taschen und Beutel ablegten, drehte sich der Jungwichtel um und blickte in Richtung des von den schwarzen Seewassern überfluteten Marmorvorplatzes. Dort erhob sich der dicke

Stamm eines riesigen Baums. Längst waren seine Wurzeln in dem finsteren Wasser vermodert. Seit Jahrhunderten schon war kein Leben mehr in ihm, aber dennoch hatte ihn nichts zu Fall bringen können. Schwarze Wellen spülten an den Stufen einer Treppe entlang, die aus dem am Grund des Sees verborgenen Marmor des Vorplatzes wuchs.

»Sie kommen dort«, sagte Gildor leise, streckte den Arm aus und deutete auf das andere Ufer des Sees.

Fackeltragende und auf Hôllrössern reitende Ghûle preschten aus dem Dunkel der Winternacht heran, auf der Suche nach den vier Kriegern. Das Vulgrudel wandte sich von der Felsspitze der alten Wache aus nach Norden und folgte weiterhin der Fährte, welche die vier Flüchtlinge hinterlassen hatten. Der Anführer der Ghûle heulte den Schattenwesen etwas zu, und die Schemen antworteten ihm knurrend.

Am nördlichen Ufer des Dunklen Sees huschten die Vulgs entlang, und das Pochen der gespaltenen Hôllroßhufe hallte an der Klippenwand wider, als die Ghûle ihnen folgten.

Die Schergen Modrus kamen nun schon um das nördliche Ende des Bergsees herum, und Galen, Gildor, Brega und Tuck erwarteten ihren Angriff. Mit beiden Händen umfaßte Brega die Zwergenaxt, und Gildor zog den rot glänzenden Unheilsbringer. Galen hielt mit der rechten Hand den Griff von Jarriels Waffe umklammert, und in der linken leuchtete der silbrig funkelnde Stahl des Atalarschwertes, das aus dem Grab Othrans des Sehers stammte. Tuck griff nach seinem Bogen und trat an eine der Säulen heran, so daß sich für seine Pfeile ein freies Schußfeld ergab.

Die Ghûle wandten sich nun nach Süden. Sie ritten an der schwarzen Klippenwand entlang und hielten auf das Geröll zu – jene Stelle, an der sich der Rellsporn fortsetzte. Und die Hôllrösser galoppierten weiter in Richtung Zugbrücke und Dämmertorzugang.

Doch ganz plötzlich stieß der Anführer der Ghûle einen schrillen Schrei aus und brachte jäh sein Hôllroß zum Stehen. Die anderen Ungeheuer machten daraufhin ebenfalls halt.

»Was ist denn los?« knurrte Brega, und er trat einen Schritt vor, um die Schergen Modrus besser beobachten zu können.

Die Ghûle waren bis an jene Stelle geritten, an der sich der Rellsporn fortsetzte. Nun offenbarten sie alle Anzeichen von Beunruhigung und Nervosität, und sie schienen unschlüssig zu sein, ob sie weiterreiten und Galen, Gildor, Brega und Tuck angreifen sollten. Einige von ihnen riefen den Vulgs kehlige Befehle zu, und auch die Schattenwesen hielten inne. Sie hockten sich nieder, und ihre langen Zungen leckten die großen und spitzen Reißzähne. Sie machten jedoch keinerlei Anstalten, sich den vier Flüchtigen weiter zu nähern. Die Ghûle stiegen sogar ab.

»Ich verstehe das nicht«, grollte die Stimme Bregas. »Haben sie etwa Angst vor uns? Aber wir sind doch nur zu viert und sie dreißig.«

Die vier Kämpfer beobachteten die Ghûle und Vulgs noch eine ganze Weile, aber nach wie vor blieb es ihnen ein Rätsel, warum die Ungeheuer halt gemacht hatten.

»Ich weiß nicht, warum sie sich uns nicht weiter nähern«, rätselte Gildor. »Aber eines steht fest: Solange sie dort verharren, können wir uns nicht von der Stelle rühren.«

»Nein, Herr von Gildor«, widersprach Tuck. »Wir sitzen hier nicht so sehr in der Falle, wie es scheint. Wir haben immer noch die Möglichkeit, durch das Dämmertor zu fliehen.«

»Das Dämmertor!« schoß es Galen durch den Kopf. »Das hatte ich ganz vergessen! Tuck hat ja recht! Wir *können* den Ghola entkommen!«

»Dann geraten wir von einer Gefahr in eine noch viel größere!« entfuhr es Brega. »Habt Ihr denn auch vergessen, König Galen, daß in Kraggen-cor jetzt der Ghath haust?«

»Nein, Brega«, erwiderte Galen. »Das ist mir durchaus bewußt. Ich schlage folgendes vor: Wir öffnen das Dämmertor, und hinter uns schließen wir es wieder. Die Ghola werden bestimmt glauben, wir wollten versuchen, durch das alte Höhlensystem der Zwerge auf die andere Seite des Grimmwalls und nach Darda Galion zu gelangen. Statt dessen aber warten wir einige Zeit, bis die Schergen Modrus abgezogen sind. Dann öffnen wir das Dämmertor ein zweites Mal und wenden uns nach Süden, nach der Gûnarhöhengasse.«

»Aber was machen wir, wenn die Ungeheuer nicht auf diesen Trick hereinfallen?« fragte Tuck. »Was machen wir dann?«

»Dann ist unsere Lage nicht schlimmer als jetzt«, erwiderte Gildor.

»Aber warum muß es unbedingt ein Trick sein?« hakte der Jungwichtel nach. »Ich meine, wir könnten doch *tatsächlich* den Weg durch das alte Höhlensystem der Zwerge nehmen und so auf die andere Seite des Grimmwalls gelangen.«

»Du ahnst ja nicht, was uns in Kraggen-cor erwartet«, belehrte ihn der Elfenherr. »Es wäre besser, gegen hundert Ghûlka zu kämpfen als gegen einen Gargon. Wären es nur die *Rûpt*, die nun in den Grimmengrotten hausen und an denen wir irgendwie vorbeigelangen müßten, dann wäre auch ich der Meinung, wir sollten es wagen. Aber wir bekämen es dort mit dem Schrecken Modrus zu tun. Nein, wenn wir das Dämmertor öffnen, dann nur, um die Ghûlka in die Irre zu führen. Wir sollten deshalb auf keinen Fall versuchen, die Grotten zu durchqueren.«

»Nun, wo befindet sich das Tor denn überhaupt?« fragte Tuck, und sein Blick glitt über die abweisende Felsenwand. »Es muß hier irgendwo sein, aber ich kann es nicht erkennen.«

»Dort«, sagte Brega, und der Zwerg deutete in die entsprechende Richtung. Tuck kniff angestrengt die Augen zusammen, aber er sah nichts weiter als dunklen und steilen Fels. »Dort, wo das Pflaster des Rellsporn aufgebrochen ist und der Weg nach oben führt«, fügte Brega hinzu. »Du kannst das Tor deshalb nicht sehen, weil es geschlossen ist – obgleich die Châkka es geöffnet ließen, als sie aus Kraggen-cor flohen.«

»Die Brut Modrus hat es demnach geschlossen«, folgerte Gildor. »Fünfhundert Jahre nach der Flucht der Zwichte. Aber auch das ist eine zu lange Geschichte, die ich euch erst später einmal erzählen werde, denn jetzt sollten wir mit der Ausführung des Plans unseres Königs beginnen.«

»Dieser Plan gefällt mir gar nicht«, knurrte Brega. »Ein Katz-und-Maus-Spiel ist es, und es besteht die Möglichkeit, daß wir dem Ghath begegnen. Aber leider habe ich auch keinen besseren Vorschlag.«

»Dann sind wir uns also einig?« fragte Galen, und als seine

drei Gefährten nickten, fügte er hinzu: »Dann los!«

Der Zwerg griff nach dem Riemen seiner Axt und schwang sich die Waffe wieder über die Schulter. Er trat an die Klippe heran und preßte beide Hände auf den dunklen Stein. Dann murmelte er einige leise Kehllaute, worauf sich direkt unter den Händen des Zwergs ein silbriges Strahlen zeigte, ein Glanz, *der direkt aus den Fingern Bregas zu wachsen schien.* Und während sich der Glanz noch verstärkte, wurden gewisse Umrisse klarer. *Und plötzlich war das Tor da!* – ein helles Gleißen im glatten und schwarzen Granit.

Tuck spürte, daß irgend etwas nicht in Ordnung war, und er sah zu Gildor auf. Der Lian war erblaßt und zitterte. Schweiß bedeckte die Stirn des Elfen. Nur Tuck schien die Veränderung Gildors zu bemerken, und er fragte: »Stimmt etwas nicht, Herr von Gildor?«

»Ich ... ich weiß nicht, Tuck«, antwortete der Liankrieger. »Aber ich fühle etwas, etwas Schreckliches ... in der Ferne ...«

Brega wich zurück und griff wieder nach dem Schaft seiner Axt. »Haltet eure Waffen bereit«, forderte der Zwerg auf, und seine Stimme klang heiser und rauh. Gildor und Galen umfaßten die Hefte ihrer Schwerter, und Tuck nahm rasch den Bogen zur Hand und zog das Langmesser. Das rote Glühen des Unheilsbringers verschmolz mit dem kobaltblauen Feuer des Verderbensboten, und dieses sonderbare Licht spiegelte sich auf der stählernen Atalarklinge Galens wider.

Brega wandte sich wieder dem Tor zu. Er preßte die eine Hand auf einen glühenden Runenkreis, und anschließend rief er das magische Öffnungswort: *»Gaard!«*

Das funkelnde Metall, das von den Beschwörungsformeln eines mächtigen Zauberers gebildet worden war, gleißte noch heller, und dann schrumpften alle Runenzeichen zusammen, und es war, als *wichen sie in die Hand Bregas zurück.* Sie wurden zu kleinen Funken, und kurz darauf war der Granit wieder so glatt und dunkel und fest wie zuvor. Brega trat zurück, worauf sich vor dem Zwerg ein Spalt im Fels zu bilden begann. Die beiden Flügel eines großen Tors öffneten sich langsam und geräuschlos, und ihre Bewegung fand erst ein Ende, als sie auf den Granit der Klippe stießen. Eine dunkle Öffnung gähnte vor den vier Kameraden, und sie konnten den Zugang des Westkorridors erkennen, eines Ganges, der in die Schwärze hineinführte. Rechts wuchsen die Stufen einer steilen Treppe in die dunkle Höhe.

Tucks Herz pochte vernehmlich, als er in die dunkle Öffnung starrte, in der sich nichts bewegte, und seine Fingerknöchel der Hand, die das Heft des Langmessers, des Verderbensboten, umklammerte, waren weiß wie Schnee.

Doch da ertönten plötzlich hinter ihnen laute Schreie!

Die vier Kameraden drehten sich um und sahen, wie schleimige Tentakel aus dem schwarzen Wasser des Dunklen Sees hervorkrochen, nach den wiehernden und scheuenden Pferden griffen und die Rösser in Richtung der eisfreien Flut zogen.

»Kraken!« rief Galen.

»Madûk!« platzte es aus Brega heraus.

»Flinkhuf!« Gildor sprang mit einem langen Satz los, und das Klingenjuwel des Unheilsbringers glühte in blutrotem Feuer. Plötzlich aber blieb er wie angewurzelt stehen, sank langsam auf die Knie und schrie: *»Vanidor!«* Der Elfenherr schlug die Hände vors Gesicht, und das Schwert entglitt seinen Händen, aus denen alle Kraft gewichen zu sein schien. *»Vanidor!«* Erneut gellte er gequält den Namen seines Bruders, und ein glitschiger Tentakel schlang sich um den am ganzen Körper bebenden Elf und zerrte ihn in Richtung des Dunklen Sees. Galen rannte sofort hinzu und hieb kraftvoll mit seinem Schwert nach dem schleimigen Fangarm, aber die Klinge durchtrennte sie nicht. Ein weiteres Mal holte der König aus, doch auch diesmal zeigte sich keine Wirkung. Darauf bohrte er die mit Runenzeichen versehene Klinge des Langmessers aus Atalar in den Tentakel, und die silbrig glänzende Waffe aus dem Grab Othrans riß eine klaffende Wunde in das Fleisch des Kraken, von dem die Klinge des Schwerts einfach nur abgeglitten war.

Gildor wurde jäh zur Seite geschleudert, als der verwundete Tentakel mit einem Ruck ins schwarze Wasser zurückpeitschte. Die beiden in Panik wiehernden Pferde wurden in die dunklen Fluten gezerrt, und andere Fangarme tasteten in die Höhe, zuckten wütend herum und griffen nach den vier Gefährten.

Brega sprang rasch vor und zog den benommenen Elfenherrn zurück, während Tuck nach dem rot glänzenden Schwert Gildors griff und auf das offene Dämmertor zuhielt.

»Die Taschen!« rief Galen. Er griff nach einem Beutel und packte dann noch den zweiten, während Brega Gildor durch das Tor schleppte.

Tuck eilte zurück, duckte sich unter den hin und her peitschenden Tentakeln hinweg und ergriff zwei weitere Taschen. Aber als er erneut versuchte, ans Tor zu gelangen, traf ihn ein heftiger Schlag, der ihn zu Boden stürzen ließ. Er kroch dennoch weiter, schob sich stöhnend über den Fels und näherte sich dem Tor auf allen vieren. Er preßte sowohl die Taschen an sich, als auch seinen Bogen und die Waffen Gildors, den Unheilsbringer und den Verderbensboten. Galen folgte ihm und half dem Jungwichtel wieder auf die Beine. Sie stolperten durch das Dämmertor und in den finsteren Gang hinein.

Das im Dunklen See hausende zornige Untier schlug weiter nach ihnen, schlang einen Tentakel um einen großen Felsbrocken und hämmerte damit auf die beiden Flügel des großen Tors ein. Andere Polypenarme wickelten sich um den Stamm des abgestorbenen Baums, rissen ihn aus dem Boden und machten ihn zu einem gewaltigen Rammbock, der auf das Tor zielte. Äste und Zweige brachen wie Streichhölzer und Holzsplitter waren wie tödliche Geschosse, als sie in den Westkorridor sausten. Sie schabten und kratzten über die Erde und prallten vom Stein der Wände ab und sirrten in das Dunkel der Höhle. Weitere große Tentakel wickelten sich um einige der Säulen und zerrten wütend daran.

»Die Kette!« rief Brega. »Die Kette!« Er deutete auf die eisernen Glieder, die von der dunklen Decke herabhingen. »Wir müssen das Tor schließen, bevor die beiden Flügel aus den Angeln gerissen werden!«

Tuck und Galen sprangen nach vorn, und mit vereinten Kräften zerrten sie an der Kette und versuchten, das Dämmertor zu schließen. Aber sie kämpften gegen die übernatürliche Kraft des tobenden Kraken an, und gegen solch ein Untier konnten sie nichts ausrichten. Zuckende Tentakel peitschten durch das Tor in der Absicht, die vier Kameraden zu packen.

Mitten hinein in dieses wirbelnde Durcheinander sprang Brega, und mit der einen Hand schlug er auf eine der Türangeln und rief: *»Gaard!«* Sogleich warf er sich jedoch wieder zurück, um der Wut des Untiers zu entgehen. Langsam setzten sich die beiden Flügel in Bewegung und begannen sich zu schließen. Fortwährend hämmerte der Polyp auf das Tor ein und versuchte es offen zu halten. Aber dann fügten sich die beiden Flügel allmählich mit einem leisen Knirschen ineinander, und durch den enger werdenden Spalt zwischen den beiden Flügeln konnte Brega gerade noch die anderen Tentakel des Kraken sehen, wie sie sich um eine der Säulen wickelten, die den großen Stein über dem Vorplatz trugen. Einer der Pfeiler gab bereits krachend nach – und dann war das Tor vollkommen zu, und undurchdringbare Dunkelheit umgab die vier Gejagten.

Der Kraken löste seine Fangarme in dem Augenblick von den beiden Flügeln, als sie sich endgültig mit Gerumpel schlossen, und anschließend herrschte völlige Stille.

»Meine Tasche«, schnaufte Brega. »Wo ist meine Tasche?« Tuck hörte, wie der Zwerg in der Finsternis umhertastete. »Die Laterne«, brummte der Zwerg. »Wir brauchen Licht.«

Tuck holte Feuerstein und Stahl hervor, schlug beides aufeinander und erzeugte einen hellen Funken. In dem kurzen Aufblitzen sah er seine drei Begleiter – Gestalten, die in der Dunkelheit der Grimmengrotten erstarrt zu sein schienen.

»Noch einmal dein Feuer«, bat Brega.

Erneut ließ der Jungwichtel Stahl und Feuerstein übereinanderkratzen, und dann wieder. Jedesmal enthüllte der davonstiebende Funken für einen Augenblick ein anderes Bild, und Brega setzte die Suche nach seiner Tasche fort.

Als der Zwerg schließlich seine Laterne gefunden hatte und die Klappe öffnete, überflutete sie ein weiteres Mal jenes blaugrüne Phosphoreszieren. Gildor setzte sich auf, und seine blassen Züge waren so verzerrt, als litte er an einer inneren Pein.

Durch das geschlossene Dämmertor vernahmen sie ein dumpfes Dröhnen.

»Was ...« setzte Tuck an.

»Der Pfeilerfels«, antwortete Brega. »Der Krake Madûk hat in seiner Wut die Säulen umgerissen, und eben ist die Steinplatte herabgestürzt.«

Bumm! Bumm! Bumm! Ein beständiges Rumpeln.

»Jetzt schleudert das Untier Felsbrocken gegen das Tor«, sagte Gildor, »aus Wut, weil ihm seine Opfer entkommen sind.«

»Brega, würdest du bitte versuchen, das Tor noch einmal zu öffnen?« Galen schaute grimmig drein. *Bumm! Bumm!*

»Natürlich, König, sofort. Aber *warum*? Draußen wartet doch nur das tobende Untier darauf, uns zermalmen zu können.« Brega zeigte sich verwirrt angesichts der Bitte des Königs. *Bumm! Bumm! Bumm!*

»Weil wir hier festsitzen könnten, Brega«, erwiderte Galen. »Und irgendwo in diesen Grotten lauert der Schrecken Modrus.«

Bei diesen Worten erblaßte Brega sichtlich, und mit finsterem Gesichtsausdruck wandte er sich um und trat an das Tor heran. *Bumm! Bumm!* Erneut legte der Zwerg die Hand auf eine der großen Torangeln, und er murmelte einige unverständliche Worte und rief dann laut: *»Gaard!«* Doch nichts tat sich. Brega zog die Hand nicht von der Angel zurück, und nach einigen Augenblikken erklärte er: »Ich spüre, wie das Metall erzittert, aber vielleicht werden diese Schwingungen auch nur von den Steinen hervorgerufen, die der Polyp weiterhin gegen die beiden Flügel schleudert. Möglicherweise sind die Angeln gebrochen – oder das Tor ist von draußen blockiert. Jedenfalls öffnet es sich nicht.« *Bumm! Bumm! Bumm!* Brega preßte nun beide Hände auf die Angel. *»Gaard!«* erklang seine laute Stimme, aber sein magischer Befehl verhallte, ohne daß sich die Torflügel vor ihm in Bewegung setzten.

»Ich habe ja gleich gesagt, daß mir dieser Plan nicht sonderlich gefällt. Jetzt sitzen wir in der Falle, denn wir kommen nicht mehr heraus.« Brega wiederholte es voller Bitterkeit. »Wir kommen nicht mehr heraus.« *Bumm! Bumm!*

»Außer vielleicht durch die Dunkelpforte«, erwiderte Galen fest.

»Aber die führt doch bloß auf der anderen Seite des Grimmwalls hinaus!« stieß Brega hervor. »Und ich kenne den Weg überhaupt nicht.«

»Gildor aber hat ihn schon einmal beschritten«, meinte Tuck.

»Das war vor langer Zeit«, erwiderte der Elf. Er preßte sich die eine Hand auf die Brust und atmete langsam und keuchend. Aber Tuck konnte spüren, daß Gildor Schmerzen litt, die nicht nur von Rippenprellungen hervorgerufen wurden, und er fragte sich, warum der Elf zweimal den Namen seines Bruders gerufen hatte.

Bumm!

»Uns bleibt nichts anderes übrig«, stellte Galen fest. »Wir müssen versuchen, durch das ganze Schwarze Loch zu wandern und das Höhlensystem durch die Dunkelpforte wieder zu verlassen, denn das Dämmertor ist nun versperrt. Und wir müssen uns beeilen, denn sonst kommen die Ghola über den Quadranpaß und berichten dem Gargon von unserer Anwesenheit, und wenn das geschieht, wird sich der schreckliche Vûlk sofort auf die Suche nach uns machen.« *Bumm! Bumm!*

»Ihr habt völlig recht«, bekräftigte Gildor. Er erhob sich wieder und zog sowohl den Unheilsbringer als auch den Verderbensboten unter den Taschen hervor. Er reichte dem jungen Wichtel das Langmesser und schob sich das scharlachrot glühende Schwert in die Scheide. »Wir müssen versuchen, die Grimmengrotten zu durchqueren, und zwar so schnell wie möglich. Es bleibt uns tatsächlich keine andere Wahl.« *Bumm!*

Die vier Gefährten schulterten die Taschen und Beutel. Gildor orientierte sich kurz, und dann führte er seine Begleiter die Treppe empor. Brega hielt sich neben ihm und leuchtete mit der Laterne, während Tuck und Galen folgten.

Sie wanderten tiefer in die dunklen Grimmengrotten hinein, in jene Höhlen, in denen nun das Grauen selbst hauste, und hinter ihnen polterten weiter die von dem Kraken geschleuderten Felsbrocken gegen das Dämmertor: *Bumm! Bumm! Bumm!*

Die Spur des Schreckens

Durch das von der Ramme des Feindes aufgebrochene nördliche Tor der Challerainfeste galoppierte ein Pony, und mit einer doppelten Last auf seinem Rücken stürmte es vorbei an Menschen und Ghûlen im erbitterten Kampf. Pferde wieherten in Panik, und Hôllrösser knurrten wie Berglöwen. Fort von dem Klirren von Stahlklingen lief das Pony, fort von dem Heulen der Schergen Modrus und dem Röcheln sterbender Königssoldaten. Danner schlang beide Arme fest um die Hüfte Patrels, als sie im Schatten des ersten Verteidigungswalls nach Westen ritten, durch die Ebene flohen und dann die Vorberge erreichten.

Am Hang eines niedrigen Hügels hielten sie inne und beobachteten die Schlacht am Tor. Einigen Gruppen von Königssoldaten gelang es zwar, sich kurz vom Feind zu lösen, sie standen jedoch gleich darauf anderen Ungeheuern gegenüber, und viele Soldaten blieben tot im Schnee zurück.

»Hast du noch Pfeile übrig?« fragte Patrel.

»Keinen einzigen mehr«, erwiderte Danner. »Ich habe den letzten verschossen, als ich den Mann mit der Schlangenstimme tötete.«

»Ohne Waffen können wir aber nicht gegen den Feind kämpfen.« Patrels Stimme klang bitter. »Dann wären wir keine Hilfe für unsere Kameraden, sondern nur ein Hindernis.«

Sie stiegen ab und blickten zurück, wo die Schwerter der Königssoldaten auf die Säbel der Ghûle trafen. Patrel hockte sich vor dem Pony in den Schnee und schloß fest die Augen. Danner blieb stehen und ballte in ohnmächtigem Zorn die Fäuste.

Die Schlacht wogte hin und her. In dem heillosen Durcheinander sah man blutige Klingen immer wieder ausholen und Lanzen und Speere durch die kalte Winternacht sausen, ehe sie den Tod brachten, indem sie Helme zerschmetterten und Kettenhemden durchbohrten. Schreie verwundeter Soldaten und einiger Wichtel hallten über Eis und Schnee, und auch Ghûle röchelten ihr Leben aus. Viele der Pferde ergriffen in panischem Entsetzen wiehernd die Flucht, und gelegentlich floh da auch ein Pony, das seinen Reiter verloren hatte.

Danner stapfte durch den Schnee und knirschte wütend mit den Zähnen. Der Blick seiner wie von einem inneren Feuer bernsteinfarben glühenden Augen starrte gebannt auf das am ersten Verteidigungswall der Challerainfeste tobende Grauen, während Patrel wie apathisch im Schnee saß und sich in seinen jadegrünen Augen trübe Schleier bildeten.

Plötzlich sprang Patrel auf. »Der König!« rief er und deutete dorthin, wo er in dem Kampfgetümmel das Pferd Wirbelwind entdeckt hatte.

Aurion Rotauge war von Feinden umzingelt, und immer wieder hieb er mit seinem Schwert um sich. Zahllose Ghûle sanken mit gespaltenem Schädel tot in den Schnee, aber andere Ungeheuer griffen stets erneut an, und ein Scherge Modrus schleuderte schließlich eine Lanze, deren Spitze sich dem König in die Brust bohrte. Doch noch immer holte Aurion mit seiner Klinge aus und fällte zwei weitere Feinde. Der Elfenherr Gildor stürzte sich nun in den Kampf, und sein rubinrot glühendes Schwert hieb eine Bresche in die Reihen des Gegners. Die kobaltblau funkelnde Klinge seines Langmessers wehrte die stachelbesetzten Keulen und Morgensterne ab. Gildor bahnte sich allmählich einen Weg an die Seite Aurions, und die Ghûle wichen vor dem sonderbaren Gleißen der beiden Elfenwaffen zurück. Für kurze Zeit standen sich die gegnerischen Parteien reglos gegenüber: auf der einen Seite der Kriegerelf und der von einem Speer durchbohrte König, auf der anderen die Ghûle. Dann aber sank Aurion in seinem Sattel nach vorn, und die heulenden Ghûle trieben ihre Hôllrösser an und ritten davon.

Danner verharrte wie erstarrt. Sein Gesicht glich einer Maske des Entsetzens, und der Blick seiner glänzenden Augen war so kalt wie Gletschereis. Patrel fluchte und wanderte auf und ab. Die beiden Wichtel beobachteten, wie der Herr von Gildor sowohl sein Pferd als auch Wirbelwind von der Schlacht fortlenkte. Als der Elf eine ausreichende Entfernung zwischen sich und das Kampfgewühl gebracht hatte, stieg er ab und ließ Aurion langsam und vorsichtig zu Boden gleiten. Nach einigen Augenblicken faltete er dem König die Hände auf der Brust zusammen und legte dessen Schwert neben ihn.

»Aurion Rotauge ist tot«, stellte Danner mit einer Stimme fest, die nur ein frostiger Hauch war. Patrel wandte daraufhin das Gesicht ab, denn in seinen jadegrünen Augen glitzerten Tränen.

»Dort, sieh nur!« rief Danner. »Vidron schafft den Durchbruch!«

Patrel drehte sich um und sah, wie es einer Gruppe von Königssoldaten unter der Führung des silberbärtigen Vidron gelang, die Linien des Feindes zu durchbrechen: Die Pferde der Menschen galoppierten nach Süden, gefolgt von Ghûlen auf Hôllrössern. Auch Gildor trieb nun wieder sein Roß an und führte Wirbelwind an der Leine. Der Elfenherr ritt in sicherem Abstand einen weiten Bogen um die den Soldaten nachsetzenden Ghûle. Die pochenden Hufe Flinkhufs wirbelten den Schnee hoch empor, wobei der Abstand zu den Lakaien Modrus sich stetig vergrößerte.

Rūcks und Hlōks stürmten das Nordtor, und auch einige Oger waren unter den Ungeheuern, die nun über die Leichen der Gefallenen herfielen. Die beiden Wichtel sahen auch einige Ghûle, die auf dem Pfad Wache standen, über den die Soldaten geflohen waren.

»Sie versperren uns den Weg«, knurrte Danner. »Jetzt müssen wir also einen Umweg machen, um den anderen zu folgen.«

»Wir haben ja die Kampfhügel als Treffpunkt vereinbart«, erinnerte sich Patrel. »Wir reiten erst nach Westen und folgen dann dem Verlauf der Poststraße.«

Sie schwangen sich wieder auf den Rücken von Patrels schekkigem Pony, und Danner hielt sich an dem Riegenführer fest, während das Tier durch das Schattenlicht galoppierte, das an den Hängen der Vorberge rund um den großen Challerainberg glühte.

»Hast du irgendwelche andere Wichtel gesehen, die dem Feind entkommen konnten?« fragte Patrel.

»Nein«, brummte Danner. »Weder zu Fuß noch auf Ponys oder zusammen mit Menschen auf Pferden.«

»Nur acht von uns haben es bis ans Nordtor geschafft«, sagte Patrel leise. »Und ich sah zwei ... nein, drei von ihnen im Kampf gegen die Horde sterben. Ich konnte sie nicht erkennen. Vielleicht war auch Sandy unter ihnen, aber die anderen ...« Er zuckte mit den Achseln.

»Etwa?« Danners Stimme war nur ein heiserer Hauch.

»Ich weiß es nicht, Danner«, erwiderte Patrel. »Tuck könnte ebenso unter den Gefallenen sein, aber ich bin mir nicht sicher. Hör mal, Danner: Wir müssen damit rechnen, daß wir möglicherweise die letzten Wichtel der Königstruppe sind. Vielleicht hat außer uns kein Dornenläufer überlebt.«

Eine Zeitlang ritten sie schweigend durch die Winternacht. »Wenn wir den Treffpunkt erreichen, werden wir feststellen, ob außer uns auch noch anderen Wichteln der Ausfall durch die Linien des Feindes gelang«, brachte Danner schließlich hervor.

Und weiter ritten sie durch das Düsterdunkel an den Hängen der Vorberge entlang.

»Sieh mal!« rief Patrel und streckte den Arm aus. Im Tal vor ihnen sah der Riegenführer ein weißes Pony mit Sattel und Zaumzeug, eines der Reittiere der Jungwichtel.

»Vorsicht!« warnte Danner. »Es könnte noch immer den abstoßenden Geruch der Hôllrösser in den Nüstern haben und vor uns die Flucht ergreifen.«

Langsam ritten sie den Hang in die Tiefe und auf das kleine Tier zu. Als das Pony Patrels wieherte, setzte das weiße Tier sich in Bewegung und trabte in ihre Richtung, so als freue es sich darüber, ein anderes Pony und auch zwei Wichtel zu erblicken.

Danner stieg ab, sprach beruhigend auf das weiße Pony ein, griff nach den Zügeln und untersuchte es nach möglichen Verletzungen. »Es ist nicht verwundet«, stellte er nach einer Weile fest und fügte hinzu: »Sieht aus wie das Pony Teddys. Es könnte sich aber auch um das weiße Tier von Sandy handeln.«

»Jetzt nicht mehr, Danner«, entschied Patrel. »Wem auch immer dieses Pony gehört haben mag, jetzt ist es deines.«

Danner stieg auf, und sie setzten ihren Ritt nach Südwesten fort.

Rund dreißig Kilometer legten sie zurück, bevor sie in einer kleinen Waldung an einem sanft geneigten Hang in der Ebene südlich des Challerainberges ihr Lager aufschlugen. In den Satteltaschen führten sie Proviant mit sich, aber sie hatten kein Futter für die Tiere. Danner schaufelte den Schnee beiseite und fand üppiges Präriegras, das für die Ponys einer Delikatesse gleichkam und durch das Weiß der von Modru beschworenen Winternacht noch grünend überdeckt worden war.

Schließlich half Danner seinem Kameraden dabei, einen frischen Verband um dessen verwundete linke Hand zu schlingen, denn während des Kampfes am vierten Verteidigungswall hatte die Klinge eines Gegners ihn etwas geritzt. »Wollen wir hoffen, daß die Schneide nicht vergiftet war«, brummte Danner.

Patrel übernahm die erste Wache, und Danner wickelte sich in der Kälte in seine Decken. Sie hatten kein Feuer angezündet, denn dafür waren sie dem Feind noch zu nahe.

Danner hatte noch nicht lange geschlafen, als er von Patrel geweckt wurde. »In der Ebene westlich von uns reitet jemand nach Süden.«

Sie traten an den Rand der Waldung heran und beobachteten in gut anderthalb Kilometer Entfernung ein Roß, das durch das Schattenlicht galoppierte.

»Da!« rief Danner aus. »Ich glaube, es ist ein Pferd und kein Hôllroß. Und sieh nur! Vor dem Menschen erkenne ich eine zweite und wesentlich kleinere Gestalt. Ein Wichtel?«

Danner sprang in die Höhe. »Hierher!« rief er und winkte mit den Armen, aber die beiden Reiter in der Ferne hörten ihn nicht, und bevor er seinen Ruf wiederholen konnte, ermahnte Patrel ihn: »Sei still, Danner! Selbst wenn es sich um ein Pferd handelt, und ich glaube, du hast recht ... Wir wissen nicht, wer deine Stimme sonst noch vernehmen könnte – und wir besitzen keine Waffen.«

Danner nickte widerstrebend, als er begriff, daß Patrel recht hatte. Sie beobachteten also, wie das schwarze Roß durch das Düsterdunkel ritt und schließlich im gespenstischen Glühen des Schattenlichts verschwand.

Zwei weitere Dunkeltage lang waren sie nach Süden unterwegs, in Richtung der Kampfhügel – obgleich keiner der beiden Wichtel hätte genau sagen können, wo sich die anderen Königssoldaten trafen. »Die Region der Kampfhügel ist ziemlich groß«, gab Patrel zu bedenken. »Sie mißt rund achtzig Kilometer in der Breite und mehr als hundertfünfzig in der Länge. Eine ganze Armee könnte sich dort verstecken, ohne daß wir irgendeine Spur von ihr entdeckten. Ich weiß zwar nicht, wie wir die anderen Krieger finden sollen, die den Waffen des Feindes entkamen. Aber wenn keine anderen Wichtel überlebt haben, werden sie unsere scharfen Augen brauchen, um sie rechtzeitig vor den Schergen Modrus zu warnen.«

»Dann reiten wir eben weiter nach Steinhügel«, schlug Danner vor. »Das ist der zweite Treffpunkt, den wir vereinbarten.«

Und so hielten sie weiter nach Süden.

Als sie am nächsten Dunkeltag ihr Lager abbrachen, meinte Patrel: »Wenn ich richtig gerechnet habe, ist heute der letzte Tag des Monats Dezember – das Jahresendfest. Und morgen beginnt ein neues Jahr.«

»Ach, ich glaube, wir werden heute abend keine große Feier veranstalten«, erwiderte Danner. »Nicht einmal in meinen schlimmsten Träumen hätte ich mir vorgestellt, den Jahresendtag jemals auf solche Weise zu verbringen: Müde und erschöpft, hungrig, halb erfroren, ohne Waffen und gehetzt durch ein frostiges Düsterdunkel, welches das im Ödland von Gron lauernde Böse beschwor, auf der Flucht vor einem gräßlichen Feind.«

Patrel schnallte den Sattel auf dem Rücken seines Ponys fest und sah Danner an. »Sag mir eines, Danner«, fragte die leise Stimme des kleineren Wichtel. »Was machst du im nächsten Jahr, wenn es *wirklich* schlimm wird?«

Danner starrte den Riegenführer verwirrt an, ehe sie beide schallend zu lachen begannen. Patrel warf die Arme hoch und kicherte, und Danner preßte sich die Hände auf den Bauch, krümmte sich zusammen und brüllte vor Lachen, das weit über das schneebedeckte Land hallte. Die Ponys drehten die Köpfe zur Seite, blickten die beiden lachenden Wichtel an und bewegten die Ohren vor und zurück. Bei deren Anblick mußte Danner noch lauter lachen, verlor das Gleichgewicht und stürzte rücklings in den Schnee. Patrel ließ sich auf die Knie sinken, und Tränen rannen ihm glitzernd über die Wangen.

Sie lachten noch lange, als schließlich Danner auf allen vieren durch den Schnee kroch, Patrel auf die Schulter klopfte und ihn umarmte. Sie wischten sich mit den Handrücken die Tränen aus den Augen, standen auf und schwangen sich auf die Rücken der Ponys. Und dann setzten sie ihren Ritt nach Süden fort. Beide grinsten breit, und dann und wann begann einer von ihnen erneut zu kichern, woraufhin der andere sofort einstimmte. Müde, hungrig und halb erfroren flohen sie ohne Waffen vor einem gräßlichen Feind durch das Düsterdunkel, das von dem im Ödland von Gron lauernden Bösen beschworen worden war – und dennoch lachten sie.

Sie hatten rund fünfzehn Kilometer über die Poststraße zurückgelegt, die sich an den nördlichen Ausläufern der Kampfhügel entlangwand, als sie auf die Überreste eines Wagenzuges stießen, und die noch sichtbaren Spuren von dem Gemetzel entsetzten sie.

»Das war der Flüchtlingszug Laurelins«, knurrte Danner. Er ballte die Fäuste, und die Knöchel seiner Hände traten weiß hervor, als sie an den Leichen vorbeischritten.

Sie wanderten an der Seite des überfallenen Wagenzuges entlang. Sie suchten nach Überlebenden, aber sie fanden nur die im Frost erstarrten Körper von Toten.

»Oi!« rief Patrel und kniete sich in den Schnee. »Sieh mal! Hier zeigen sich die Abdrücke vieler gespaltener Hufe im Schnee: Hôllrösser, die nach Osten liefen.«

»Ghûle!« stieß Danner hervor, und wie als Bestätigung entdeckten sie kurz darauf die Leiche eines solchen Ungeheuers: Der Schädel war von einer Schwertklinge in zwei Teile gespalten worden. »Wie alt ist die Spur?«

»Das kann ich nicht genau erkennen«, erwiderte Patrel. »Mindestens fünf Dunkeltage, vielleicht auch sieben.«

»Warte mal«, sagte Danner leise und überlegte. »Diese Gruppe verließ Challerainfeste am ersten Yuletag, und heute ist der elfte.

Die Flüchtlinge können diesen Ort nicht vor Ende des vierten Yuletages erreicht haben, selbst wenn sie in aller Eile nach Süden zogen. Und wenn sie sich mehr Zeit gelassen haben, vielleicht am siebten.«

»Dann müßte die Fährte sechs Dunkeltage alt sein«, schloß Patrel daraus. »Beziehungsweise einen Tag mehr oder weniger.«

Sie wandten sich um und kehrten auf dem Weg zurück, den sie gekommen waren. Sie durchsuchten die Trümmer der umgestürzten Wagen und blickten in die Gesichter der Toten.

»Ich kann Laurelin nirgends finden«, knurrte Danner. »Ebensowenig wie Prinz Igon.«

»Entweder ist ihnen die Flucht gelungen, oder die Schergen Modrus haben sie gefangengenommen«, entgegnete Patrel. »Wenn sie fliehen konnten, sind sie wahrscheinlich nach Süden geritten. Wenn sie aber gefangen genommen wurden ...« Patrel deutete nach Osten, in die Richtung, in welche die Spur der Hôllrösser führte.

Zornig schlug Danner die Hände zusammen. »Ponys sind nicht so schnell wie Hôllrösser.« Ohnmächtige Wut schwang in seiner Stimme mit.

»Und selbst wenn das der Fall wäre: Die Ghûle haben einen großen Vorsprung, und wer weiß schon, wohin sie unterwegs sind? Außerdem können wir nicht mit Bestimmtheit sagen, ob Laurelin und Igon tatsächlich Gefangene der Ungeheuer sind. Vielleicht gelang ihnen ja auch die Flucht.«

Danner schnitt eine finstere Grimasse und grübelte. Dann plötzlich, von einem Augenblick zum anderen, gab er einen verzweifelten Schrei von sich: »Oh, verflucht sei das Böse, das nur Unheil über ganz Mithgar bringt!« Der Jungwichtel versuchte darauf ganz offensichtlich, seine aufgewühlten Empfindungen wieder unter Kontrolle zu bringen, denn er brummte: »Du hast recht, Patrel. Die Ghûle reiten auf Hôllrössern und nicht auf Ponys, und das bedeutet, daß sie ebensogut einen Vorsprung von sechzig Tagen haben könnten. Es ist uns unmöglich, sie einzuholen, ob Laurelin und Igon sich nun in ihrer Gewalt befinden oder nicht. Laß uns nach Steinhügel weiterreiten. Wenn wir von dem überfallenen Wagenzug berichten, werden sich Vidron oder Gildor mit schnellen Pferden auf den Weg machen und die Ghûle verfolgen – falls es dann überhaupt noch möglich sein sollte, die Schergen Modrus einzuholen, was ich ein wenig bezweifle.«

Patrel nickte. »Wir können uns aus der Habe des Wagenzuges mit Pfeilen, Futter für die Ponys und anderen Dingen versorgen. Und dann machen wir uns rasch auf den Weg nach Steinhügel.«

Eine Stunde später ritten sie nach Westen. Sie folgten dem Verlauf der Poststraße und ließen die Trümmer der Wagen mit den Toten hinter sich zurück.

Am Abend jenes Dunkeltages saßen sie ein ganzes Stück von der Straße entfernt im Schnee und schnitzten sich Pfeile zurecht. Ein kleines und zugleich abgeschirmtes Lagerfeuer wärmte sie: das erste, das sie seit dem Verlassen der Challerainfeste angezündet hatten. Als Patrel einmal aufblickte, sah er Tränen in den großen und bernsteinfarbenen Augen Danners glitzern. Danner starrte in die Flammen, ohne sie wahrzunehmen, und seine Stimme zitterte, als er sagte: »Weißt du, sie hat mich ihren stolzen Tänzer genannt.«

Jenseits der Kampfhügel wand sich die Poststraße weiter nach Süden, die beiden Wichtel, Patrel auf dem Schecken und Danner auf der weißen Stute, folgten deren Verlauf, während um sie herum das Schattenlicht glühte.

»Dieser Weg kommt mir jetzt ganz anders vor als damals, als wir das erste Mal nach Norden ritten«, stellte Patrel fest.

Danner brummte nur, und während die Ponys weiterliefen, begann es zu schneien. »Frohes neues Jahr!« knurrte Danner, legte den Kopf in den Nacken und starrte ins Düsterdunkel empor. Die Flocken waren wie weißer Staub, der von dem finsteren Gewölbe der Winternacht Modrus herabrieselte. Bald darauf sah der Jungwichtel Patrel an: »Frohes neues Jahr! Dies ist der letzte Yuletag. Und denk daran: Jetzt hat das Jahr angefangen, in dem es *wirklich* schlimm zu werden beginnt.« Aber diesmal lachte keiner von ihnen.

Am Abend des sechsten Dunkeltages seit der Flucht aus der Challerainfeste schlugen sie ihr Lager auf einem Hang oberhalb des Hochlandpfades auf, der auf die Poststraße traf.

Danner beobachtete da unten die Kreuzung der beiden Wege, und als Patrel ihm einen Becher mit heißem Tee brachte, sagte der kleinere Wichtel: »Es kommt mir wie eine Ewigkeit vor, Danner, aber es sind erst vier Wochen vergangen, seit wir von der Spindelfurt aufbrachen, das Waldland verließen und über jene Straße dort nach Norden ritten.«

»Bloß vier Wochen?« Danner trank einen Schluck von dem Tee und wandte seinen Blick dabei nicht von den beiden Wegen ab. »Mir scheint, es könnten eher vier Jahre vergangen sein. Jedenfalls fühle ich mich um Jahre gealtert.«

Patrel legte seinem Kameraden die Hand auf die Schulter. »Vielleicht stimmt das auch, Danner. Vielleicht sind wir das tatsächlich.«

Vier Dunkeltage später ritten sie über einen kleinen Nebenpfad. Die Hufe der Ponys pochten auf einer Brücke, die über einen Graben hinwegführte, und sie passierten ein Tor in einer hohen Wehrmauer und gelangten in das Dorf Steinhügel. Um sie herum wuchsen die Mauern von rund hundert Steinhäusern in die Höhe. Sie schmiegten sich an die Wände eines Tals, eines langen Grabens, den man in den Hang eines großen Hügels hineingetrieben hatte und der von Norden nach Osten verlief. Das Klacken der Hufe auf dem Kopfsteinpflaster hallte von Mauern und verriegelten Fensterläden wider. Sonst regte sich nichts in den leeren Straßen.

»Es hat den Anschein, als sei das Dorf von den Bewohnern aufgegeben und verlassen worden«, bemerkte Patrel. Er zog sich den Bogen von der Schulter und setzte einen Pfeil auf die Sehne.

Danner schwieg, als auch er seine Waffe zur Hand nahm. Der Blick seiner bernsteinfarbenen Augen glitt über die dunklen Hauseingänge und geschlossenen Fensterläden hinweg. Windböen flüsterten in Mauerritzen und wirbelten kleine Schneewolken auf.

Sie ritten weiter durch die leeren Straßen und Gassen, und schließlich erreichten sie die einzige Herberge von Steinhügel.

Das Hinweisschild knarrte und neigte sich im Wind hin und her.

»Wenn sich hier überhaupt noch Leute aufhalten, dann sitzen sie bestimmt im Wirtshaus«, meinte Danner. Er schaute zu dem Schild empor. Auf rotem Grund war darauf ein weißes Einhorn abgebildet, das sich auf die Hinterläufe aufgerichtet hatte, und die Wichtel lasen die Worte: *Das Weiße Einhorn – Inh. Bocklemann Branster.*

Das Dorf Steinhügel lag am westlichen Rand des nur dünn besiedelten Schrofflandes, an der Kreuzung der von Osten nach Westen führenden Querlandstraße und der Poststraße, die sich von Norden nach Süden erstreckte. Die Siedlung war ein Umschlagplatz für die Bauern und Holzfäller der Umgebung und für reisende Kaufleute. Im Weißen Einhorn mit seinen vielen Zimmern hielten sich gewöhnlich ständig ein oder zwei Reisende und der eine oder andere Bauer auf, der tagsüber seine Feldfrüchte zum Kauf auf dem Markt angeboten hatte und hier übernachtete. Gelegentlich aber konnte man hier auch »wirkliche« Fremde antreffen – zum Beispiel Königssoldaten von Challerainfeste, die nach Süden unterwegs waren, oder auch eine Gruppe reisender Zwerge. In einem solchen Fall versäumten es die Einwohner Steinhügels nicht, den Wirtsraum des Weißen Einhorns aufzusuchen, dort ein oder zwei Schoppen zu trinken und mit den weitgereisten Besuchern zu sprechen, die vielleicht Neuigkeiten zu berichten hatten. Und dann wurde viel gesungen und gelacht, und man freute sich und war fröhlich.

Aber als Danner und Patrel die Tür öffneten und den Wirtsraum betraten, lachte und sang niemand, und nur unheimliche Stille schlug ihnen entgegen. Im Innern der Herberge war es kalt und dunkel, und in den Kaminen brannten keine wärmenden Feuer.

Patrel zitterte in der Kälte. Danner fand einen Kerzenstumpf, und nach einigen vergeblichen Versuchen gelang es ihm, den Docht anzuzünden.

»Ich frage mich, wo all die Leute jetzt wohl sein mögen ...« überlegte Patrel laut, als sie durch den Wirtsraum schritten. Sie wanderten an einem langen Tisch vorbei, an den Bänken und Stühlen.

»Vermutlich sind sie nach Süden geflohen«, erwiderte Danner. Er entdeckte eine Lampe und benutzte die Kerze, um das Öl zu entzünden.

»Oder nach Weiunholz«, sagte Patrel und gab sich damit selbst eine Antwort auf seine Frage. »Bestimmt haben sich die Starken und Gesunden nach Weiunholz begeben, um dort zusammen mit den anderen Wehrhaften gegen die Schergen Modrus zu kämpfen.«

»Was jetzt?« Danner sah Patrel an, und das unstete Licht der Lampe überzog die Gesichter der Jungwichtel mit einem fahlen gelben Schein. »Wo sollen wir jetzt auf Vidron, Gildor und die anderen warten, denen es vielleicht gelang, die Linien des Feindes zu durchbrechen?«

»Hier, Danner«, antwortete der Riegenführer. »Im besten Wirtshaus der ganzen Stadt.«

Daraufhin sah sich Danner in der grauen Leere und der Kälte um und lächelte gezwungen. »Und du hast gesagt, es würde kein schlimmes Jahr werden.«

Patrel erwiderte das Lächeln seines Kameraden, und in seinen großen und jadegrünen Augen funkelte es. »Ich bringe jetzt die Ponys in den Stall, so daß wir nicht entdeckt werden, und du kannst unterdessen nach etwas Eßbarem suchen.«

Sie fanden noch eine zweite Lampe, und Patrel nahm sie mit, als er sich auf den Weg zum Stall machte. Danner begab sich in die Küche und durchsuchte die Vorratsschränke.

Als Patrel zurückkehrte, hatte Danner ein kleines Feuer entfacht und einen Kessel aufgesetzt, und ein scharfer Duft durchzog das Zimmer.

»Riecht gut«, bemerkte Patrel und rieb sich die Hände warm. »Was ist es?«

»Lauch«, erwiderte Danner.

»Lauch? Nein, Danner, ich *hasse* Lauch.« Patrel verzog das Gesicht.

»Tja, darauf nehmen die Vorräte in der Küche leider keine Rücksicht«, entgegnete Danner. »Unsere Mahlzeit besteht aus nichts als Lauch – es sei denn, du ziehst den Mehlbrei vor, den wir bisher immer zu uns genommen haben.«

Danner setzte Wasser für den Tee auf, und Patrel starrte auf die Lauchblätter, die im Kessel schwammen. Nach einer Weile ließ er sich auf einen Stuhl sinken und klagte: »Man sollte meinen, in einem so großen Wirtshaus gäbe es auch noch etwas anderes zu essen als nur Lauch.«

»Es hat ganz den Anschein, als hätten die Bewohner Steinhügels alle Lebensmittel mitgenommen – alles bis auf den Lauch«, hielt Danner ihm entgegen.

»So etwas! Die Schicksalsgötter haben sich wirklich gegen uns verschworen«, gab Patrel zurück, und dann begann er schallend zu lachen. »Es dürfte *tatsächlich* ein schlimmes Jahr werden, wenn ich ab jetzt dazu gezwungen bin, gekochten Lauch zu essen.«

»Tja, so schlecht haben die Blätter gar nicht geschmeckt«, meinte Patrel, und mit einem Stück hartem Brot wischte er den Teller sauber.

»Vielleicht bist du schlicht und einfach hungrig genug gewesen«, erwiderte Danner. »Dein Magen schien nicht annähernd so wählerisch wie Augen und Nase.«

»Du hast wahrscheinlich damit recht, Danner«, antwortete Patrel, während er nachdenklich kaute. »Möglicherweise hatte ich bis zum heutigen Tag bloß nicht genug Hunger verspürt, um an Lauch Gefallen zu finden. Natürlich habe ich auch noch nie eine so lange Zeit über ausschließlich Mehlbrei bekommen. Und andererseits war es gar nicht so schlimm, daß als einzig übriggebliebenes Lebensmittel nur Lauch zu finden war. Weißt du, es hätte auch schlimmer kommen können.«

»Was meinst du mit ›schlimmer‹?« fragte Danner und sah ihn neugierig an.

»Nun«, erwiderte Danner, und er schauderte und schnitt eine Grimasse, »anstelle von Lauch hätte es ja auch Haferbrei sein können.«

Während der restlichen Stunden dieses Dunkeltages wanderte Danner unruhig auf und ab und trat gelegentlich auf die Veranda hinaus, um nach Vidron, Gildor oder anderen überlebenden

Königssoldaten aus Challerainfeste Ausschau zu halten.

»Ach, ich komme mir vor, als sei ich in einem Käfig gefangen«, nörgelte der Jungwichtel, als er wieder einmal in die Wirtsstube zurückkehrte. »Weißt du, wir können ja überhaupt nicht sicher sein, ob außer uns auch noch anderen Verteidigern der Feste der Durchbruch durch die feindlichen Linien gelang. Die Übermacht der Ghûle war immerhin groß. Was machen wir, wenn alle Königssoldaten ums Leben gekommen sind?«

»Dann bleiben wir hier allein«, erwiderte Patrel leise.

»O nein!« widersprach Danner. »Bestimmt bekommen wir hier Besuch, und zwar von der Teufelsbrut Modrus. Denk nur an die große Horde, die Challerainfeste belagerte. Auf seinem Weg nach Süden kommt der Feind bestimmt auch an Steinhügel vorbei. Und ich möchte vermeiden, auf die Schergen Modrus zu treffen.«

»Stimmt, Danner«, antwortete Patrel, »aber bis dahin dürfte noch eine Weile vergehen. Zuerst fallen die Dämonenwesen über die Leichen der gefallenen Krieger auf der Feste her und plündern das Schloß. Danach aber werden sie gewiß nach Süden vorrücken und sicher auch Steinhügel heimsuchen.«

Daraufhin schwieg Patrel und begann zu grübeln, und er rührte sich nicht und wandte auch nicht den Blick vom Feuer ab, als Danner kehrtmachte und wieder auf die Veranda trat. Erst als der Jungwichtel erneut hereinkam, sah Patrel auf. »Ich glaube, die Lage bietet sich folgendermaßen dar, Danner«, sagte er. »Da Pferde schneller als Ponys laufen, hätten die Königssoldaten längst hier eintreffen müssen – es sei denn, sie wurden durch die Verfolger zu einem weiten Umweg gezwungen.«

»Oder von ihnen niedergemacht«, warf Danner ein.

»Ja – oder das.« Patrel nickte ernst. »Aber wie dem auch sei: Wir können hier nicht zu lange verweilen, denn wir wissen nicht genau, wann Ghûle, Vulgs oder andere Dämonendiener Modrus hierher in diesen Ort gelangen werden. Eines steht jedoch fest: irgendwann *kommen* sie.

In einem weiteren Punkt gibt es keine Unklarheiten: Wichtel können in der Finsternis des Düsterdunkels weiter sehen als Menschen und sogar Elfen. Nun, möglicherweise reicht ihr Blick in der von Modru beschworenen Winternacht weiter als der aller anderen Völker Mithgars. Man braucht also die Schärfe unserer Augen, Danner, aber du und ich ... wir beide allein sind nicht genug. Es werden also mehr Dornenläufer benötigt.

Deshalb mein Vorschlag: Laß uns heute und morgen noch hier warten. Wenn weder Vidron oder Gildor noch andere geflohene Königssoldaten hier auftauchen, brechen wir übermorgen auf und machen uns auf den Weg ins Waldland. Wir suchen Hauptmann Alver auf und berichten ihm von dem Erlebten. Anschließend stellen wir eine Streitmacht aus Dornenläufern zusammen und ziehen nach Süden, nach Pellar, um uns dort mit dem Königsheer zu vereinen und für die Soldaten durch das Düsterdunkel zu sehen. Wir leihen ihnen die Sehschärfe unserer Augen, wir werden ihre Späher sein und für sie in der Winternacht nach dem Feind Ausschau halten, und unsere Pfeile sollen Ghûle und Vulgs tödlich treffen, wenn die Armeen des Lichts und der Dunkelheit aufeinandertreffen.«

Patrel umfaßte den Unterarm Danners und sah ihm fest in die Augen. »Nur Wichtel sind dazu in der Lage, diese Aufgaben zu erfüllen. Was meinst du?«

Danner grinste breit. »Genau! Dein Plan gefällt mir! Selbst wenn Vidron oder die anderen bis morgen abend eintreffen, sollte einer von uns beiden ins Waldland zurückkehren und eine neue Dornenlauftruppe zusammenstellen.« Dann verschwand das Lächeln aus seinem Gesicht. »Wir haben noch eine Rechnung mit Modru zu begleichen.«

Sie stellten Wasser über das Feuer, badeten und wuschen ihre Kleidung und hingen die Sachen zum Trocknen auf. Und sie schliefen in richtigen Betten!

Während des ganzen nächsten Dunkeltages beobachteten sie den Horizont und hielten nach Königssoldaten Ausschau. Sie ritten aus dem Tal und auf die Hügelkuppe, aber am Horizont bewegte sich nichts. Sie waren und blieben allein. Hoch am Hang des Hügels trafen sie auf einige Wichtelbehausungen, aber sie waren ebenso verlassen wie die Häuser in Steinhügel.

»Vielleicht wohnten hier Verwandte von Toby Halter«, hielt Danner für möglich. Er erinnerte sich daran, daß Toby sich oft auf Reisen begeben hatte, um die Bewohner von Steinhügel zu besuchen und mit ihnen Handel zu treiben, und die Familie Halter hatte immer behauptet, sie stammte ursprünglich aus der Nähe von Weiunholz.

Erneut kochten sie Lauch, und Patrel fand sogar ein Stück Käse, das die Bransters offenbar übersehen hatten, als sie nach Weiunholz aufgebrochen waren. »Reicht für jeden von uns gerade für einen Nachtisch aus«, stellte Patrel fest. Aber sie genossen den Käse, als handele es sich dabei um eine überaus seltene Delikatesse, und danach sprachen sie lange von dem Festmahl anläßlich der Geburtstagsfeier Laurelins.

Am nächsten Dunkeltag ritten sie erneut auf die Hügelkuppe und starrten lange in die Finsternis des Düsterdunkels, aber wieder bewegte sich nichts in der schwarzen Winternacht. Nach einiger Zeit kehrten sie in die Herberge zurück, löschten das Feuer und packten ihre Sachen.

»Wenn ich eine oder zwei Kupfermünzen besäße«, sagte Danner und sah sich ein letztes Mal um, »so würde ich sie hier für Bocklemann Branster zurücklassen als Bezahlung für das Bad, die Wäsche unserer Kleidung und die Benutzung der Betten, in denen wir schlafen konnten.«

»Allein das Bad war schon einen Silbertaler wert«, meinte Patrel.

»Eine Goldmünze sogar«, erwiderte Danner.

»Komm, Danner, laß uns gehen, bevor wir Bocklemann eine Kiste voller Diamanten und Saphire schulden.« Patrel lachte, worauf sie die Herberge verließen und die Tür hinter sich schlossen.

Sie suchten den Stall auf, füllten die Satteltaschen mit Futter für die Pferde und ritten anschließend auf der menschenleeren Straße durch das Westtor. Und als sie dem Verlauf des Hohlwegs folgten, der kurz darauf auf die Querlandstraße traf, hörten und sahen sie natürlich nicht, wie der Hrosmarschall Vidron an der Spitze einer Gruppe müder und erschöpfter Königssoldaten über die Hügelhänge und durch das östliche Tor in die nun wieder verlassene Stadt einritt.

Nach Süden und Westen führte die Querlandstraße an den südlichen Ausläufern der Kampfhügel vorbei in Richtung Randholz und darüber hinaus nach dem Waldland. Diesen Weg nahmen die Wichtel. Ihr erstes Lager schlugen sie noch in der Region der Hügel auf, das zweite bereits im Wald.

Am dritten Dunkeltag nach dem Verlassen der Ortschaft Steinhügel befanden sie sich noch in Randholz und machten vor sich den großen Dornenwall aus. Kurz darauf ritten sie auf den Dornentunnel zu, durch den man ins Waldland gelangte. Sie nahmen Fackeln zur Hand und entzündeten eine, als sie in die Barriere hineinritten, und ihre Augen füllten sich mit Tränen der Freude über die Heimkehr.

Schließlich blieb der Dornenwall hinter den beiden Jungwichteln zurück, und die Hufe der Ponys pochten über die hölzernen Planken, die zwischen zwei Steinpfeilern lagen: Es war die Brücke über den Spindelfluß. Von den vier Hauptwegen, die ins Waldland führten, war dies hier die einzige Brücke. Die drei anderen führten durch den Strom, nämlich an der Spindel –, der Wenden- und der Zackenfurt. Aber die Brücke wurde einfach nur »Brücke« genannt – eine lässige Angewohnheit, die sich die Wichtel in vielen Dingen zu eigen gemacht hatten.

»He!« rief Danner überrascht aus, als sie aus der Dornenbarriere herausritten und die Ponys über die hölzernen Planken liefen. »Ich kann ja gar keine Wächter sehen, keinen einzigen Dornenläufer.«

Auch Patrel sah sich immer wieder besorgt um, gab aber keine Antwort. Er blickte über die Brücke hinweg: Auf der anderen Seite des Flusses setzte sich der Dornenwall fort, und in dem Dickicht gähnte der Zugang zu einem weiteren Tunnel. Mehr als drei Kilometer hatten sie bereits durch die Dornen zurückgelegt, um die Brücke zu erreichen, und noch einmal rund fünf Kilometer lagen vor ihnen, bis sie die Dornenbarriere ganz durchquert hatten. Die Ponys trabten mit dumpfem Pochen über die Brücke, unter der das Eis des zugefrorenen Spindelflusses wie graues Perlmutt im gespenstischen Glühen des Schattenlichts glänzte. Bald lag auch die Brücke hinter ihnen, und erneut ritten sie in die Schwärze hinein. Der helle Fackelschein ließ unstete Schatten über die rasiermesserscharfen Dornen zittern, die wie kleine Messer und Dolche aus der Wand des Tunnels ragten.

Insgesamt ritten sie eine lange Weile durch die Barriere, und sie kamen erst wieder aus dem Tunnel hervor, als bereits die Flammen über die restlichen Pechreste der letzten Fackel leckten. Kein Jenseitswächter grüßte sie, als sie ins Waldland ritten, und in dem sie umgebenden Düsterdunkel schien sich außer ihnen nichts Lebendes zu bewegen.

»Was meinst du zu der Lage hier, Danner? Keine Wache, der Weg ins Waldland frei, das Dornenlauflager leer und verlassen?« Patrels Stimme klang gepreßt, und der Blick seiner jadegrünen Augen schweifte umher und hielt vergeblich nach anderen Wichteln Ausschau.

»Ich meine, daß hier irgend etwas ganz entschieden nicht in Ordnung ist«, knurrte Danner. Er beugte sich herab, stieß die Fackel in den Schnee, um die Flammen zu ersticken. »Komm weiter, Patrel! Wir müssen irgendjemanden finden, der uns erzählen kann, was hier geschehen ist.«

Sie zogen auf der Querlandstraße weiter nach Westen, und tiefer ins Waldland hinein. Sie kamen an Hügeln mit sanft geneigten Hängen vorbei, an Weiden und Äckern und Feldern, aber alles wirkte grau und finster im Düsterdunkel. Fast drei weitere Stunden lang waren sie nach Westen unterwegs und legten dabei rund fünfzehn Kilometer zurück. Schließlich erreichten sie das Dorf Grünaue. Als sie sich der Ortschaft näherten, konnten sie nirgends einen Lichtschein ausmachen. Es sah ganz danach aus, als sei sie verlassen.

»Hoi, Danner, sieh nur!« stieß Patrel hervor. »Einige der Häuser sind abgebrannt.«

Sie nahmen die Bogen zur Hand, setzten Pfeile auf die Sehnen und trieben die Ponys an. Rasch erreichten sie das Dorf und ritten an den ersten Häusern und Hütten vorbei. Türen standen offen, Fensterscheiben waren zersplittert, und von einigen Gebäuden war nichts als flaumige Asche übriggeblieben. Nichts rührte sich in den Straßen – Totenstille herrschte.

Die beiden Jungwichtel ritten auf das Gemeinschaftshaus zu und sahen sich immer wieder wachsam um.

»Patrel, dort, am Feuergong ...« Danners Stimme war nur ein heiserer Hauch, und Patrels Blick fiel auf den im Frost erstarrten Leichnam eines Wichtels, aus dessen Rücken eine schwarze Lanze ragte. »Ein Ghûlspeer!« entfuhr es Danner. »Die Ghûle sind ins Waldland eingedrungen!«

Patrel wurde blaß, als er diese Worte vernahm und den Toten erblickte. »Er muß wohl gerade Alarm gegeben haben, als ihn die Schergen Modrus erwischten. Vielleicht konnte er mit dem Schlagen des Gongs anderen noch das Leben retten. Laß uns weitersuchen.«

Sie ritten durch das kleine Dorf, stiegen gelegentlich ab und betraten ein Haus. Und sie stießen auf weitere Tote: Mütter, Jungwichtel, Kinder, Säuglinge und Greise.

In einem Gebäude fanden sie gleich zwölf Leichname auf einmal: elf Kinder und eine junge Mutter. Danner wirbelte herum, lief auf die Straße und schrie: »Modru! Du Unhold! Du Feigling! Wo versteckst du dich, du Schlächter?« Und er sank auf die Knie, ließ den Bogen sinken und hämmerte mit den Fäusten auf den hartgefrorenen Boden. Er brüllte, knurrte grimmig und schrie, ohne daß Patrel ein einziges Wort verstehen konnte. Schließlich half der Riegenführer seinem Gefährten wieder auf die Beine. Er setzte ihn auf das weiße Pony und führte das Tier an den westlichen Rand der Ortschaft, wo sich die Herberge zum Fröhlichen Otter befand, und in dem Heu des Stalls legten sie sich zur Ruhe.

Es war schon spät in der Nacht, als Patrel aus einem tiefen und traumlosen Schlaf hochschreckte, geweckt durch das Pochen von Hufen, die in der Nähe über den hartgefrorenen Boden donnerten. Er warf dem neben ihm liegenden Danner einen kurzen Blick zu. Der Jungwichtel erwachte aber nicht, obgleich er im Schlaf leise stöhnte und sich dauernd von einer Seite auf die andere wälzte.

Patrel griff nach seinem Bogen, kroch zwischen den Strohballen hervor und schlich sich vorsichtig aus dem Stall. In der dunklen Ferne erkannte er eine aus fünfzig oder sechzig Reitern bestehende Gruppe, die nach Westen über die Querlandstraße zog. Aber er vermochte nicht zu sagen, ob es sich um Menschen auf Pferden oder Ghûlen auf Hôllrössern handelte. Das dröhnende Trommeln der Hufe verklang bald, nachdem die unbekannten Reiter in der kalten Finsternis der Winternacht verschwunden waren.

Am nächsten Dunkeltag setzten die beiden Jungwichtel ihren Weg nach Westen über die Querlandstraße fort, kamen durch Raffin und Tillok und erreichten schließlich Weidental. Auch diese Ortschaften waren verlassen, und wieder stießen sie auf die Leichen von durch Modrus Schergen umgebrachten Wichteln, und einige der Gebäude waren nur noch Ruinen und Trümmer. Den ganzen Dunkeltag über sprach Danner nicht ein einziges Wort, sondern hielt die Lippen verbissen zusammengepreßt.

Am Rande von Weidental hielten sie an. Sie übernachteten in einer leeren Scheune, denn keiner von ihnen konnte es über sich bringen, sich in einem Haus zur Ruhe zu legen, dessen Bewohner von den Ghûlen umgebracht worden waren.

»Nach Rute«, schlug Patrel vor, »wir reiten nach Rute. Dort befindet sich das Hauptquartier der Dornenläufer. Vielleicht können wir dort mit Hauptmann Alver sprechen – oder mit dem Oberbefehlshaber der Schutzwache des Waldlandes, wenn keine Dornenläufer zugegen sein sollten.«

»Und was machen wir, wenn auch alles andere vom Feind zerstört worden ist?« Es war das erste Mal seit mehr als einem Dunkeltag, daß Danner sprach, und seine Stimme klang heiser.

»Zerstört?« Patrel sah seinen Gefährten an.

»Ich meine alle Dörfer, alle Wichtelsiedlungen«, erklärte Danner.

Bei dieser Vorstellung wurde Patrels Gesicht aschfahl, während Danner sogleich damit begann, das weiße Pony zu satteln. »Ich reite nach Waldnieder, Patrel«, entschied er. »Das Dorf ist nur knapp zwanzig Kilometer von hier entfernt. Nachher können wir uns immer noch auf den Weg nach Rute begeben – wenn das dann noch nötig sein sollte. Ich kann jetzt einfach keinen Bogen um Waldnieder machen. Kommst du mit?«

Patrel nickte, denn er wußte nur zu gut, wie man sich fühlte, wenn man nur zwanzig Kilometer von seinem Heimatdorf entfernt war.

Sie stiegen auf und ritten erneut nach Westen. Rund zehn Kilometer legten sie zurück, und dann wandten sie sich nach Nordwesten und folgten dem Verlauf des Nebenpfades, der Straße, die nach Lammgerb und anschließend nach Waldnieder führte.

Sie hatten gut fünf weitere Kilometer zurückgelegt und bogen gerade um eine Baumgruppe, die den Blick auf Lammgerb bisher verdeckte, als Danner aufrief: »Sieh nur! Feuer! Waldnieder brennt!« Er hieb dem weißen Pony die Stiefelabsätze in die Flanken und schrie: »Los!«

Patrel folgte ihm, denn er konnte ebenfalls den Widerschein eines Feuers sehen, das in dem noch rund vier Kilometer entfernten Waldnieder loderte.

Durch Lammgerb galoppierten die Ponys und dann nach Westen über den Waldniederweg. An der Bachfurt schlitterten die Tiere über das Eis des Südbachs. Kurz darauf wandten sich Danner und Patrel nach Norden und ritten auf dem östlichen Flußweg über den zugefrorenen Waldbach, sausten an den Bachfelsen vorbei und hetzten die Ponys am nördlichen Ufer in die Höhe, bis sie gleich darauf Waldnieder erreicht hatten. Dort hielten sie auf das Gemeinschaftshaus zu.

Überall um sie herum loderten die Flammen um Häuser und Hütten. Und vor der hellen Glut des Feuers konnten die beiden Jungwichtel dunkle Silhouetten erkennen: auf Hôllrössern hokkende Ghûle! *Die dämonischen Schergen Modrus befanden sich in Waldnieder!*

Danner und Patrel zügelten ihre Ponys mit einem Ruck, sprangen zu Boden und setzten jeweils einen Pfeil auf die Sehnen ihrer Bogen. Sie hielten sich im Schatten der Bäume verborgen und schlichen langsam auf die Ungeheuer zu, die sich in unmittelbarer Nähe des Gemeinschaftshauses aufhielten. Doch noch während sie sich dem Feind näherten, stießen die Ghûle schrille Schreie aus, trieben ihre Hôllrösser an und ritten nach Süden. Sie galoppierten über die Brücke und nahmen den Westpfad, nachdem sie Waldnieder brennend hinter sich zurückließen.

Danner lief ihnen laut rufend eine kurze Strecke hinterher, und sowohl er als auch Patrel sandten ihnen Pfeile nach. Aber die Ghûle befanden sich jetzt schon außer Schußweite, so daß die Pfeilspitzen sich weit hinter ihnen in den Schnee bohrten.

Und als die beiden Jungwichtel noch den Ungeheuern nachstarrten, vernahmen sie einen durchdringenden Schrei: »Achtung!« Als Hôllroßhufe hinter ihnen vernehmbar pochten, wirbelten sie herum und sahen, wie eines der dämonischen Reittiere direkt auf sie zustürmte. Auf seinem Rücken hockte ein grinsender Ghûl, der die blutverschmierte Klinge seines Säbels hob, um zwei weiteren Wichteln den Tod zu bringen.

Sssst! Twock! Von einer Baumgruppe vor ihnen sauste ein Pfeil durch das Schattenlicht, zischte über Patrels Schulter hinweg und bohrte sich in die Brust des angreifenden Ghûls. Das Ungeheuer stürzte tödlich getroffen in den Schnee, während das Hôllroß weiterlief.

»Was ...?« brachte Danner nur hervor, als er sich umdrehte, um ihren Retter zu erkennen.

Eine kleine Gestalt trat hinter einem Baumstamm hervor, deren Blick aus saphierblauen Augen sich voller Haß, Abscheu und Entsetzen auf den toten Ghûl richtete.

Danner starrte die grimmig dreinschauende junge Frau mit dem zerzausten Haar groß an. »Merrilee!« platzte es ungläubig aus ihm heraus. »Merrilee Hain!«

»Danner! O Danner!« Schluchzend lief Merrilee auf den Jungwichtel zu und drückte ihn fest an sich, so als ersehne sie nichts mehr als nur ein wenig Trost.

»Er ist mausetot«, stellte Patrel fest und wandte sich von der Leiche des Ghûls ab. »Aber es ist mir ein Rätsel, weshalb. Während des Kampfes um Challerainfeste haben meine Pfeile Dutzende von Ghûlen durchbohrt, und keiner von ihnen starb.«

»Holz durchs Herz«, gab Danner über den Kopf Merrilees

hinweg zur Antwort, und er hielt die junge Frau nach wie vor fest. »Merrilees Pfeil hat ihn genau ins Herz getroffen.« Und an die junge Wichtelfrau gerichtet fügte er hinzu: »Wenn du nicht so genau gezielt hättest, Merrilee, wären wir jetzt tot und nicht jenes gräßliche Ungeheuer dort.«

»Genau, du hast recht«, hauchte Patrel beeindruckt, und er blickte auf den Pfeilschaft, der aus der Brust des Ghûls ragte. »Holz durchs Herz! An Lanzen und Speere habe ich dabei gedacht, ja, aber nicht an Pfeile.« Dann nickte Patrel entschlossen, umfaßte eines seiner eigenen Geschosse und streckte die zur Faust geballte Hand gen Himmel. »Hervorragend! Jetzt haben wir eine Möglichkeit gefunden, uns wirksam gegen sie zur Wehr zu setzen!«

»Sie haben meine Eltern umgebracht, Danner.« Merrilees Stimme war nur ein Flüstern. Sie wich zurück, wandte sich von Danner ab und rieb sich die Augen. Mit dem Ärmel putzte sie sich die Nase und starrte haßerfüllt auf den toten Schergen Modrus.

»Bringo und Bessie – tot?« krächzte Danner.

»Auch die Eltern von Tuck«, fügte Merrilee hinzu. Erneut traten Tränen in ihre Augen, aber es gelang ihr, sich rechtzeitig genug wieder zu beherrschen.

»Auch Tucks Eltern?« platzte Danner heraus. »Wie?«

»Wir kamen hierher, um die letzten Ponys aus dem Stall meines Vaters zu holen«, berichtete Merrilee. »Wir wollten sie in den Schluchtwald bringen, dorthin, wo sich nun die meisten Wichtel aufhalten. Tulpe und meine Mutter hatten darüber hinaus die Absicht, ihre Kräuterarzneien und all die anderen Heilmittel in Sicherheit zu bringen, und so kamen sie mit uns hierher.

Während mein Vater und ich in den Ställen weilten, kamen die Ghûle. Mein Vater stieß mich in die Futterkiste und schlug die Klappe über mir zu. Und die Ungeheuer ... sie drangen in den Stall ein ... und sie ... sie töteten ihn.« Jetzt brach Merrilee in Tränen aus. Danner schlang ihr einen Arm um die Schultern, und seine Augen schienen von innen heraus zu glühen. Patrel fand irgendwo ein Taschentuch und reichte es dem jungen Mädchen.

Nach einigen Augenblicken fuhr Merrilee fort: »Als sich die Ghûle wieder aufmachten, steckten sie alles in Brand. Ich konnte nicht zu Vater gelangen, und ich lief durch die Hintertür hinaus und über die Ponyweide. Ich weinte, und ich stolperte durch den Wald von Niederend, um meine Mutter und die Unterdamms zu warnen. Aber ich kam zu spät.

Die Ghûle hatten bereits Tulpe gepackt und zerrten sie an den Haaren hinter sich her. Bert eilte herbei, aber er hatte nur seinen Steinmetzhammer, um gegen die Ungeheuer zu kämpfen. Er zerschmetterte noch einem der Ghûle den Arm, bevor er erschlagen wurde. Und als sich Tulpe losriß und zu ihrem sterbenden Mann lief, wurde sie von einem Speer durchbohrt. So kamen sie beide ums Leben.«

Merrilees Stimme klang heiser, als sie in Gedanken das ganze Entsetzen noch einmal durchlebte: »Die Ghûle warfen eine Fakkel in die Wurzel und setzten die Heimstatt der Unterdamms in Brand. Und dann ritten sie wieder weiter und verschwanden im Wald von Niederend.

Ich lief zu unserem Bau, und meine Mutter lag sterbend vor dem Eingang. Sie war von einer Säbelklinge getroffen und tödlich verletzt worden.

Ich rannte in den Bau und holte meinen Bogen – den ich von Tuck erhalten habe –, aber ich konnte nur einen einzigen Pfeil finden.« Merrilee deutete auf den aus der Brust des toten Ghûls ragenden Schaft.

»Ich kehrte in Richtung Gemeinschaftshaus zurück, um wenigstens einen der Feinde umzubringen, bevor die Ungeheuer mich erwischen würden. Aber die Ghûle waren bereits fort, bis auf den hier. Ich weiß nicht, welches Haus er gerade plünderte, aber als er sein Hôllroß antrieb, um zu den anderen Schergen Modrus aufzuschließen, wollte er gerade euch beide töten, so wie es meinen Eltern und den Unterdamms erging. Der Pfeil von der Sehne meines Bogens vereitelte dies jedoch.«

»Das hast du ausgezeichnet gemacht, Merrilee, denn sonst wären wir jetzt tot«, lobte Patrel. »Dummerweise haben wir mit unseren Pfeilen auf die anderen Ghûle gezielt, obgleich sie schon außer Schußweite waren, und wir hätten nicht schnell genug neue Pfeile auf die Sehnen unserer Bogen setzen können, um uns erfolgreich zu verteidigen.«

»Der Alte Barlo«, sinnierte Danner, »hat uns einst gelehrt, man solle gut und sorgfältig zielen, denn sonst könne man seine Pfeile gleich wegwerfen.« Er lachte bitter. »Tuck pflegte diesen Rat unseres Lehrmeisters des öfteren zu zitieren.«

Bei der Erwähnung von Tucks Namen blickte Merrilee in Richtung der Bäume und sah dann Danner an. »Wo ist überhaupt Tuck?« Besorgnis ließ ihre Stimme zittern.

Danner suchte vergeblich nach passenden Worten.

»Das wissen wir nicht, Merrilee«, erwiderte Patrel. »Wir haben ihn zum letztenmal in Challerainfeste gesehen.«

»In Challerainfeste? Aber ich dachte, ihr wärt an der Spindelfurt stationiert gewesen!« Merrilees Augen wurden groß vor Erstaunen.

»Seid ihr hier in Waldnieder denn nicht benachrichtigt worden?« fragte Danner. »Hat dich der Brief Tucks eigentlich erreicht?« Und als Merrilee daraufhin den Kopf schüttelte, stieß er einen wilden Fluch aus.

»Wir wußten zwar, daß sich einige Jungwichtel auf den Weg nach Challerainfeste gemacht hatten, aber wir kannten nicht die Namen der Betreffenden.« Merrilees Stimme war jetzt nur noch ein Hauch. »Erzähl mir von Tuck.«

»Als wir ihn das letztemal sahen, kämpfte er mit uns und den Königssoldaten am Nordtor der Challerainfeste gegen den Feind«, berichtete Patrel nun seinerseits. »Wir versuchten zu jenem Zeitpunkt, vor der großen Übermacht der Horde Modrus aus der Bastion zu fliehen. Und während jenes Kampfes wurden wir voneinander getrennt, und seither wissen wir nicht, was aus Tuck geworden ist.«

Einige Augenblicke lang schwieg Merrilee, und dann fragte sie: »Ist außer euch auch noch anderen Wichteln der Ausfall gelungen?«

Patrel zuckte mit den Schultern. »Auch das wissen wir nicht.«

»Merrilee ...« Danner fragte mit unterdrückter Stimme. »Meine Familie ... geht es ihr gut?«

Merrilee hob bedauernd die Achseln. »Darauf kann ich dir

keine Antwort geben, Danner. Als wir das Dorf verließen, ging alles drunter und drüber. Überall herrschte großes Durcheinander: Die Leute eilten hierhin und dorthin; manche flohen nach Norden, andere nach Süden, und wieder andere wollten den Kampf gegen die Schergen Modrus aufnehmen und deshalb bleiben. Deine Eltern, Danner, habe ich leider nicht gesehen. Daher weiß ich nicht, ob sie noch am Leben sind oder ...« Sie sprach nicht weiter.

Danners Kiefermuskeln spannten sich vor Beherrschung, als er mit den Zähnen knirschte. Dann sah er Patrel an. »Hör mal, Patrel, wir müssen die Ghûle aus dem Waldland vertreiben, und Merrilee hat uns gezeigt, wie man wirkungsvoll gegen sie kämpfen kann: Holz durchs Herz. Wir müssen in den Schluchtwald reiten und die Verteidigung organisieren. Erst wenn alles vorbereitet ist, können wir zum Gegenschlag ausholen.«

»Wir brauchen Dornenläufer«, stellte Patrel fest. »Junge und alte Leute, die mit Pfeil und Bogen umzugehen verstehen.«

»Das trifft auch auf mich zu«, bemerkte Merrilee leise.

»W-was?« rief Patrel verblüfft aus.

»Ich sagte, das trifft auch auf mich zu: Ich kann ja mit Pfeil und Bogen umgehen.« Merrilee hob den Kopf.

»Äh, ich habe dich schon beim erstenmal verstanden«, wich Patrel aus. »Aber ich meinte nur: Du bist eine Frau.«

»Na und?« gab Merrilee zurück und griff nach dem im Schnee liegenden Bogen.

»Nun ... äh ... tja, du bist eben eine Frau.« Patrel fielen nicht die richtigen Worte ein.

»Das hast du schon einmal betont«, erwiderte Merrilee hitzig. In ihren Augen funkelte es. »Aber das lasse ich nicht als Einwand gelten: Hör mal, Tuck hat mir beigebracht, wie man den Bogen einsetzt, und er war ein guter Lehrmeister. Er ist zwar nicht hier, und vielleicht kehrt er nie zurück. Also übernehme ich jetzt seinen Platz, denn das Waldland braucht Wichtel mit Kampfesmut und Geschick, und ich besitze beides. Meine Pfeile treffen genau ins Ziel – wofür gerade ihr mir zu Dank verpflichtet seid –, und der Beweis dafür liegt tot vor euch im Schnee. Der Schaft ragt nicht nur aus einem bloßen Zufall aus dem Herzen des

Ungeheuers. Ich habe vielmehr genau auf diese Stelle gezielt und auch getroffen, denn sonst wärt ihr jetzt nicht mehr am Leben.« Merrilees Züge verfinsterten sich, und ihre Stimme wurde rauh und heiser, als sie fortfuhr: »Die Ghûle haben meine Eltern, die Unterdamms und viele andere umgebracht – vielleicht auch Tuck. Und dafür sollen sie büßen … ja, büßen!«

Danner sah in ihr vom Ruß geschwärztes und tränenüberströmtes Gesicht. Dann glitt sein Blick in Richtung der Ponyweide und darüber hinaus, dorthin, wo die Leichen Bringos und Bessies und der Unterdamms liegen mußten. Anschließend sah er dorthin, wo sich im Düsterdunkel das Haus seiner Eltern verbarg, und dann starrte er auf den toten Ghûl. »Ich glaube, sie hat recht. Was macht es schon, daß sie eine Frau ist?«

Patrel stotterte und setzte einige Male zu einer Antwort an, aber schließlich nickte er widerstrebend, und als Merrilee die Arme um ihn schlang und ihn fest an sich drückte, warf er Danner über die Schulter einen kurzen Blick zu, so als wolle er damit zum Ausdruck bringen: »Sieh selbst! Ich habe ja gesagt, daß sie eine Frau ist!«

Merrilee trat wieder zurück. »Ich habe dich zwar schon einmal gesehen«, wandte sie sich an Patrel, »aber ich kenne deinen Namen nicht.«

»Patrel Eilsperre aus dem schmalen Baumland östlich vom Mittelwald«, stellte sich der kleine Wichtel vor.

»In der Challerainfeste war er unser Anführer«, erklärte Danner.

»Jetzt erinnere ich mich: Ich sah dich an dem Tag, als Tuck Waldnieder verließ. Im Gemeinschaftshaus. Du hast Tuck, Hob, Tarpy und Danner nach Norden begleitet.« Und als Patrel darauf mit einem Nicken antwortete, fügte sie hinzu: »Ich bin Merrilee Hain.«

»Ich weiß«, sagte Patrel. »Tuck hat oft von dir gesprochen.«

»Hört mal«, knurrte Danner, »wir können hier nicht den ganzen Winterkrieg über stehenbleiben und plaudern. Wir müssen uns in den Schluchtwald begeben und dort etwas für die Verteidigung tun. Machen wir uns also auf den Weg.«

Sie wandten sich von dem Gemeinschaftshaus ab, und als sie

über den Hang ritten, der von Waldnieder aus hinauf in die Höhe führte, kamen sie auch an dem Steinhaus der Eltern Danners vorbei. Doch sie fanden keine Spuren, die Aufschluß gegeben hätten über das Schicksal von Hanlo und Siegla Brombeerdorn, Danners Eltern. Sie setzten ihren Weg fort.

Flammenzungen leckten schon über das Holz der Ställe.

»Bringo wäre sicher sehr stolz gewesen, hätte er gewußt, daß seine Tochter zwei Dornenläufer vor dem sicheren Tod gerettet hat, Merrilee«, sagte Danner.

Merrilee gab keine Antwort, und so ritten sie an dem Stall vorbei und auf die dahinter gelegene Ponyweide. Dort trieben sie elf Tiere zusammen und verließen Waldnieder.

Sie wickelten die Leichen von Merrilees Mutter und Bert und Tulpe Unterdamm in weiche Decken und banden sie auf den Rücken dreier Ponys fest. »Wir bringen sie in den Schluchtwald und betten sie dort zur letzten Ruhe«, entschied Danner, und er nahm Merrilee erneut in die Arme, als die junge Frau leise zu weinen begann.

»Sie sollen dafür büßen«, flüsterte sie voller Haß. »Ja, sie sollen dafür teuer bezahlen!«

Merrilee führte sie in ein Wichtellager in einem weiten Tal westlich der Stelle, an der der Nordpfad in den Schluchtwald führte. Als die drei mit den elf Ponys heranritten, wurden in dem Lager Stimmen des Jubels laut, die jedoch rasch wieder verklangen, als die Geflohenen die drei auf den Rücken der Tiere festgebundenen Leichen sahen.

Einige Jungwichtel übernahmen die traurige Aufgabe, Gräber auszuheben, während Danner, Patrel und Merrilee sich sofort auf den Weg machten, um mit den Ältesten des Lagers zu sprechen. Ein Ring aus Neugierigen schloß sich um sie, da alle hören wollten, was sie zu berichten hatten.

»Wir kommen von der Challerainfeste, und wir bringen schlechte Nachrichten: Die Feste ist von der Horde Modrus erobert worden, und der Hohekönig Aurion kam ums Leben.« Die Versammelten stöhnten, als sie diese Worte Patrels vernahmen, denn sie alle hatten den guten und gerechten König Aurion geliebt – auch wenn nur diese beiden Dornenläufer Gelegenheit gehabt hatten, ihn persönlich kennenzulernen. Patrel wartete, bis das Klagen und Stöhnen sich wieder legte, und fuhr dann fort: »Von den dreiundvierzig Jungwichteln, die auf den Wehrgängen der Bastion wachten, weiß ich nur von zweien, von denen ich mit Sicherheit sagen kann, daß sie überlebt haben: Danner Brombeerdorn und ich selbst.« Erneut breitete sich Unruhe unter den Zuhörern aus, und erst als Patrel die Hand hob, kehrte wieder Stille ein. »Vielleicht ist es auch noch anderen gelungen, der Übermacht des Feindes zu entkommen, aber es können nicht viele sein, denn nur acht von uns haben es bis ans Nordtor von Challerainfeste geschafft, und während des Kampfes sah ich drei von ihnen sterben.«

»Was ist mit dem Königsheer im Süden?« fragte einer der Ältesten. »Ist es noch nicht zusammengestellt? Ist es noch nicht losmarschiert, um gegen die Horde Modrus in den Kampf zu ziehen?«

»Wir wissen nicht, wie es um die Aushebung eines Königsheeres steht«, erwiderte Patrel. »Aber die Streitmacht ist nicht in Challerainfeste eingetroffen. Der Grund dafür ist mir nicht bekannt, denn wir erhielten auch keine Nachricht aus dem Süden. Aber wir mußten schließlich der Übermacht des Feindes weichen.

Danner und ich ritten von Challerainfeste aus nach Süden, über die Poststraße nach Steinhügel und von dort westwärts über die Brücke ins Waldland. Viele Spuren des Schreckens haben wir unterwegs gesehen. Die im Waldland gelegenen Dörfer Grünaue, Raffin, Tillok und Weidental sind zerstört, und die Schergen Modrus haben viele Wichtelleben vernichtet. Und jetzt brennt auch Waldnieder ...«

Waldnieder brennt? Allerlei Rufe unterbrachen den Bericht Patrels, und einige der Versammelten wandten sich um und wollten offenbar sofort ins Dorf zurückkehren. *»Halt!«* donnerte die Stimme Danners, und der Jungwichtel sprang mit einem Satz auf die Beine. »Bleibt stehen!« Die Menge verharrte, und es kehrte wieder Stille ein. »Es gibt nichts, was ihr in Waldnieder jetzt noch tun könntet«, erklärte Danner scharf. »Was verbrannt ist, bleibt verbrannt, und die Häuser, die bisher von den Flammen verschont wurden, werden auch weiterhin stehen. Es hat keinerlei Sinn, geradewegs in die Speere der Ghûle hineinzulaufen.« Danner ließ sich wieder auf seinen Baumstumpf sinken und bedeutete Patrel, nun fortzufahren.

Doch noch bevor der Dornenläufer Gelegenheit dazu hatte, fragte einer der Ältesten: »Hauptmann Patrel, hast du denn gar keine guten Nachrichten für uns?« Und sowohl Zuhörer als auch die anderen Angehörigen des Rates der Ältesten murmelten etwas mit erwartungsvollem Nachdruck.

»Doch!« erwiderte Patrel laut. »Ich habe sogar die beste Nachricht für euch, die man sich derzeit nur denken kann: Wir wissen jetzt, wie man die Ghûle wirkungsvoll erledigen kann.« Die Stimmen vieler Wichtel riefen durcheinander, und Patrel hielt einen Pfeil in die Höhe. »Holz durchs Herz! Dieses Holz hier, das Holz von Pfeilen. Und gerade die Wichtel zeichnen sich durch eine ausgezeichnete Treffsicherheit aus.« Die Versammelten brummten beipflichtend, und Patrel hob die Hand. »Glaubt nur nicht, es sei sehr einfach, denn die Pfeile müssen die Herzen der Ghûle vollkommen durchbohren. Sonst sterben die Ungeheuer nicht.«

Im Anschluß an diese Worte wandte er sich an die Ältesten. »Ich schlage folgendes vor: Schickt Reiter als Kuriere in andere Lager. Alle Wichtel sollen benachrichtigt werden, ganz gleich, wo sie sich auch befinden. Sie müssen erfahren, wie man Ghûle töten kann. Und all diejenigen, die sich hier in der Nähe aufhalten und mit Pfeil und Bogen umgehen können, müssen sich umgehend in einem Gemeinschaftsraum treffen – an einem Ort, der in sicherer Entfernung von den Wegen liegt, welche die Ghûle benutzen.« Patrel sah Danner fragend an.

»Weißlings Stall östlich von Lammgerb«, schlug Danner vor. »Eine Stelle in einem Tal, das von dem sie umgebenden Wald fast ganz verborgen wird. Und der Stall soll unser Treffpunkt sein.«

»So sei es«, entschied Patrel. »Weißlings Stall. Dort werden wir uns versammeln und eine Streitmacht zusammenstellen, welche die Ghûle aus dem Waldland vertreibt.

Die Kuriere sollen auch folgende Botschaft übermitteln: Die

Augen von Wichteln sehen weiter durch das Düsterdunkel als die von Menschen und selbst von Elfen. Vielleicht können unsere Augen das Schwarz der Winternacht sogar besser durchdringen als die des Feindes. Wenn das der Fall ist, haben wir damit einen weiteren Vorteil gegenüber unserem Gegner: Wenn wir aufmerksam Wache halten, können wir ihnen ausweichen, sollten wir von einer großen Übermacht angegriffen werden. Oder wir bereiten Fallen vor. Mannschaften sollen aufgestellt werden, die auf allen Wegen die Spuren von uns verwischen, und sie sollen darüber hinaus falsche Fährten legen, welche die Schergen Modrus in die Irre führen. Und wenn das alles auch nichts hilft, wenn unsere Kämpfer und Kuriere also plötzlich dem Gegner gegenüberstehen und nicht mehr rechtzeitig fliehen können, so sollen sie mit ihren Pfeilen nach den Herzen der Ghûle zielen.

Und nun schickt die Kuriere auf den Weg, auf daß überall Gruppen aus Bogenschützen zur Verteidigung ihrer Heimat gebildet werden und sich die hier ansässigen Jungwichtel, die im Umgang mit Pfeil und Bogen geübt sind, in Weißlings Stall treffen. Morgen wollen wir damit beginnen, den Feind *zurückzuschlagen!*«

Patrel schwieg, und für einige Augenblicke herrschte Stille. Dann ergriff einer der Ältesten, Bürgermeister Geront Schnatterhals, das Wort: »Hip, hip – hurra!« rief er, und die ganze Versammlung stimmte sofort mit ein: *»Hip, hip – hurra! Hip, hip – hurra! Hip, hip – hurra!«* Dreimal erklang dieser Jubel, ehe die Wichtel sich dann umwandten und forteilten. Rasch wurde vereinbart, wer sich als Kurier auf den Weg machen und wer als Wache zurückbleiben sollte. Man schärfte den Botschaftern ein, daß einige geübte Bogenschützen dazu gebraucht wurden, um die Lager zu schützen, während die anderen zu Kampfgruppen vereint werden sollten, denen dann die Aufgabe zufiel, gegen die Ghûle anzutreten. Und da die meisten Jungwichtel, die mit Pfeil und Bogen umzugehen verstanden, Dornenläufer waren oder früher einmal dieser Truppe angehört hatten, ging man allseits davon aus, daß das Zusammenstellen der Verteidigungsstreitmacht für das Waldland keine allzu großen Schwierigkeiten machen würde.

Mitten in diesem Durcheinander trat ein junger Wichtel an Merrilee heran und teilte ihr mit, die Eisgräber seien bereit. In Begleitung von Danner und Patrel begab sich Merrilee daraufhin an den Rand des zugefrorenen Sumpfes, wo sich nun drei neue Gräber öffneten. Und während die drei Toten zur letzten Ruhe gebettet wurden und Merrilee leise schluchzte, hob Patrel weithin hallend und mit getragener Stimme zu singen an:

»Auf dieser Lichtung, in des Winters kalter Luft,
Soll beginnen eures letzten Schlafes ewige Nacht.
Es kommt der Tag, an dem der Frühlingsduft
Zieht über das Land und öffnet seine Knospenpracht.

Dann wird uns laben die Sommerglut der Sonne
Und Früchte, die Natur uns gab.
Und im Herbst feiern wir des Erntefestes Wonne,
Wenn bunte Blätter decken euer Grab.

Dann beginnt erneut des Winters kalte Macht,
Wenn sich schließt der Kreis der Jahreszeiten.
Lebt wohl – schlaft in Frieden und in weißer Pracht.
Denn bald schon folgen wir ins Reich der Ewigkeiten.«

Merrilee, Danner und Patrel ließen eine Handvoll Erde in jedes Grab rieseln, und dann wurden Bessie Hain mitsamt Bert und Tulpe Unterdamm eins mit dem Boden des Waldlandes.

Als Danner und Patrel in Begleitung Merrilees den Stall von Weißling betraten, vernahmen sie aufgeregte Stimmen. Und in dem gelben Lampenlicht sahen sie fast hundert Wichtel, jeder bewaffnet mit einem Bogen. Überall tauchten die Verteidiger des Waldlandes auf. Sie warteten oben auf dem Heuschober, drängten sich in Holznischen zusammen, hockten auf Futterkisten, hatten es sich auf Fässern bequem gemacht und wanderten in dem breiten Gang zwischen den Ponystallungen auf und ab. Wohin die Neuankömmlinge auch sahen – von überall her blickten sie die erwartungsvollen Gesichter von Jungwichteln an.

Danner, Patrel und Merrilee bahnten sich einen Weg durch das Gedränge, bis sie die Mitte des Stalls erreichten. Hier erhob sich eine provisorisch errichtete Plattform, und die drei kletterten auf das Podest. Als Patrel die Hände hob, verstummten die Stimmen der Wartenden, und nach und nach wurde es still. Es war warm im Stall, und so legten Danner, Patrel und auch Merrilee ihre Jacken ab. Hier und dort flüsterte und wisperte man überrascht, denn nun waren nicht nur zwei in prächtige Rüstungen gekleidete Jungwichtel zu sehen, sondern auch eine junge Frau. Weder Danner noch Patrel hatten bedacht, welche Wirkung dieser Anblick auf die Wartenden haben mochte, denn sie vermochten sich nicht ihren Eindruck auf die verwegene Schar vorzustellen: Danner trug eine pechschwarze Rüstung, Patrel eine goldene. Und dann die Frau zwischen den beiden – was hatte sie denn hier zu suchen?

Erneut hob Patrel die Hände und forderte die Versammelten damit zum Schweigen auf. Danner und Merrilee ließen sich nieder, als Patrels Stimme erklang: Er erzählte von der Eroberung der Challerainfeste durch den Feind, dem Tod Aurions, dem Mut und der Tapferkeit der Wichtel, die bei den Kämpfen gefallen waren, und er berichtete auch von dem, was Danner und er während des Ritts nach Waldnieder erlebt hatten. Kummervolles Stöhnen und zornige Rufe begleiteten seine Worte, und oftmals mußte Patrel eine kleine Pause machen und warten, bis sich das Stimmengewirr wieder legte.

Dann erzählte er auch, wie der Pfeil Merrilees den Ghûl getötet hatte, und von der Hoffnung, die daraus für das ganze Waldland erwachsen war. Er sprach darüber hinaus von der Fähigkeit der Wichtel, in der Finsternis des Düsterdunkels weiter sehen zu können als andere, wobei es sich um einen großen Vorteil, möglicherweise auch dem Feind gegenüber, handele.

»Ich möchte euch folgenden Vorschlag machen: Wir sollten versuchen, die Ghûle in von uns sorgfältig ausgesuchte Engstellen zu locken und anschließend mit wohlgezielten Pfeilen zu töten. Auf diese Weise mag es uns gelingen, die Schergen Modrus aus unserer Heimat zu jagen.« Patrel deutete auf Merrilee und Danner. »Wir drei haben das geschworen, und ich glaube, ihr alle seid hierher gekommen, um uns bei diesem Kampf zu helfen.

Was meint ihr?«

Und aus fast hundert Jungwichtelkehlen ertönte ein Ruf, der das Dachgebälk der Scheune erzittern ließ. Endlich zeigte sich eine Möglichkeit, die Ungeheuer des Feindes in Gron mit Hoffnung auf Sieg zu bekämpfen.

Einer der Wichtel erhob sich, und die anderen erkannten ihn sofort: Es war Luth Zielgut aus Weidental. »Ich kann dem, was du gesagt hast, nur voll zustimmen, Hauptmann Patrel. Das heißt, bis auf einen Punkt.«

»Und der wäre, Luth?« erwiderte Patrel.

»Äh, nun, ich will die junge Frau in deiner Begleitung nicht beleidigen, aber es kann doch wohl nicht dein Ernst sein, sie in unsere Streitmacht eingliedern zu wollen«, brachte Luth vor. Einige der anderen Wichtel brummten: *»Hört, hört.«*

»Was hast du denn dagegen, Luth?« fragte Patrel.

»Nun, sie ist schließlich eine *Frau*!« rief Luth erregt. »Versteh mich bitte nicht falsch. Ich meine, meine Gattin und meine Tochter – das sind ebenfalls Frauen, aber ...«

»Aber was, Luth?« Patrel ließ nicht locker. Er hatte zuvor die gleichen Bedenken gehabt, und wußte daher, daß dieses Thema in aller Öffentlichkeit besprochen und abgeschlossen werden mußte.

»Wir lassen Frauen ganz einfach nicht kämpfen! Das ist der Einwand, auf den ich hinauswollte«, erklärte Luth, und von mehreren Seiten pflichteten ihm andere Wichtel bei.

»Würdest du es eher begrüßen, wenn sie sterben, ohne auch nur eine Möglichkeit gehabt zu haben, sich gegen den Feind zur Wehr zu setzen?« Patrels Stimme klang scharf. »Wie die von Grünaue, Raffin und Tillok?«

Luth zog bei diesen Worten den Kopf ein, und einige Jungwichtel begannen, mit anderen in ihrer Nähe hitzige Diskussionen zu führen.

»Hört mir zu – ihr alle!« rief Patrel, um das Stimmengewirr zu übertönen. »Von allen hier anwesenden Bogenschützen – mich und Danner eingeschlossen – ist Merrilee die einzige, von der ich weiß, daß sie einen Ghûl getötet hat. Kann das irgend jemand von euch auch von sich behaupten? Ich jedenfalls nicht.«

Erneut erhoben sich Stimmen, ehe Patrel wieder die Arme heben mußte, um sich Gehör zu verschaffen. Es glühte in seinen jadegrünen Augen, und seine Worte klangen zornig, als er fortfuhr: »Merrilee hat mir durch ihr Geschick das Leben gerettet, und bis ihr bewiesen habt, wie gut ihr mit Pfeil und Bogen umzugehen versteht, vertraue ich ihr und Danner mehr als euch allen!«

Bei dieser Bemerkung sprangen viele Wichtel auf, ballten die Fäuste gegen ihn und beschimpften ihn aufgebracht. Auch Merrilee war nun am Ende ihrer Geduld angelangt. Die ganze Zeit über hatte sie ruhig mit angehört, wie man über sie sprach, *so als sei sie überhaupt nicht anwesend und könne nicht selbst für sich eintreten.* Sie machte Anstalten aufzuspringen, aber Danner legte ihr die Hand auf die Schulter und bedeutete ihr, sich wieder zu setzen. Langsam wurde es still, und die Jungwichtel machten inzwischen einen recht nachdenklichen Eindruck, denn sie kannten Danners Geschick als Bogenschütze.

»Hauptmann Patrel hat recht«, sagte der in eine schwarze Rüstung gekleidete Danner. »Niemand sonst kann sich rühmen, einen Ghûl getötet zu haben. Und ich möchte noch folgendes hinzufügen: Merrilees Pfeil traf das Ungeheuer genau ins Herz, an der einzigen Stelle also, an der man einen Ghûl tödlich verletzen kann, *und er hockte sogar auf einem Hôllroß, das in vollem Galopp auf uns zustürmte!* Fragt euch selbst: Gibt es jemanden unter euch, dessen Geschick sich mit einer solchen Leistung messen kann? Und macht euch auch dies bewußt: *Die Fähigkeit, die Merrilee bereits bewiesen hat, müßt ihr alle erst noch erringen!*« Danner zögerte für einen Augenlick. »Wenn es keine weiteren Einwände mehr gibt ...« – es war nun ganz ruhig im Stall –, »... dann können wir jetzt unsere Strategie planen.« Dann setzte er sich, und Merrilee drückte ihm die Hand, wobei ihre kobaltblauen Augen leuchteten.

Die meisten anwesenden Wichtel kannten sich, wenn nicht persönlich, so zumindest vom Hörensagen, und da ein Großteil von ihnen einmal Dornenläufer gewesen war, gab es keine Probleme bei der Bildung einzelner Riegen und der Bestimmung der jeweiligen Anführer. Niemand von ihnen stellte auch nur einen Augenblick lang in Frage, daß sie alle unter dem Oberbefehl von Hauptmann Patrel Eilsperre standen und daß Danner Brombeerdorn sein Stellvertreter war. Es erwies sich nur als schwierig, für die junge Frau einen angemessenen Rang zu finden, denn sie hatte sich nie der Dornenlaufausbildung unterzogen. Schließlich kam man überein, sie solle sich dem Stab Hauptmann Patrels hinzugesellen, da ihr Geschick im Umgang mit Pfeil und Bogen dem der anderen mindestens gleichkam.

Die Riegenführer versammelten sich an einem Tisch und nahmen auf Stühlen, Schemeln oder kleinen Fässern Platz. Patrel, Danner und Merrilee verließen das Podest und traten auf sie zu. Die anderen Wichtel im Stall schwiegen und lauschten, um etwas von dem aufzuschnappen, was ihre acht nunmehr am Tisch sitzenden Kameraden zu besprechen hatten: die beiden Anführer Patrel und Danner und die Riegenführer Orbin Keimgrün, Norv Laufflink, Dinby Erdklappe, Alvy Wollviel und Luth Zielgut, der trotz seiner Einwände gegenüber Merrilee auf Grund seines guten Leumundes als Dornenläufer einstimmig in dieses Amt gewählt worden war. In der Mitte dieser Wichtel wirkte die junge Frau klein und zerbrechlich. Während sie sich berieten und einen Kriegsplan zu entwickeln begannen, traten weitere Jungwichtel in den Stall, um dem Waffenruf der ausgeschickten Kuriere zu folgen.

»Besitzt irgend jemand von euch irgendwelches Wissen darüber, wo sich die Ghûle befinden?« fragte Patrel.

»Ja«, antwortete Norv Laufflink. »Ich glaube, sie folgen weitgehend dem Verlauf der durch das Waldland führenden Straßen. Ganz sicher benutzen sie die Querlandstraße, den Zackenweg und den Zweifurtweg. Und möglicherweise sind die Ungeheuer auch auf der Südspitze, dem Wendeweg, dem Westsporn und dem Hochlandpfad anzutreffen. Diese Straßen führen durch unsere Siedlungen, und sobald die Schergen Modrus in eines unserer Dörfer gelangen, plündern sie die Häuser und stecken sie anschließend in Brand.«

»Jetzt mag die Aufmerksamkeit der Ghûle in erster Linie unseren größeren Ortschaften gelten«, warf Merrilee ein. »Aber bald werden sie auch die Bauernhöfe verwüsten, die Hütten im

Wald und die abseits gelegenen Gruben. Vor der Teufelsbrut Modrus ist niemand sicher.« Bei diesen bitteren Worten der jungen Frau wurde im Stall zustimmendes Murmeln laut.

»Wie konnten sie eigentlich ins Waldland gelangen?« fragte Danner. »Wie kamen sie bloß durch den Dornenwall, und wie gelang es ihnen, die Jenseitswache zu überwinden?«

Niemand der am Tisch Sitzenden beantwortete diese Frage Danners, bis einer der Neuankömmlinge sich zu Wort meldete, und Patrel kurz die Hand hob und nach dem Namen des Betreffenden fragte.

»Ich bin Danby Takellos aus Lautburg. Ich befand mich in der Nähe von Norddüne, als ich die Nachricht vernahm, daß sich Ghûle im Waldland befinden. Es hieß, sie seien durch den alten Nordholztunnel durch die Barriere in unsere Heimat gelangt.«

»Aber jener Weg führt nur durch einen Abschnitt des Dornenwalls«, wandte Orbin ein und schlug mit der flachen Hand auf den Tisch.

»Wohl«, stimmte ihm Danby zu, »aber laßt mich zuerst aussprechen. Die Schergen Modrus folgten dem Verlauf des Nordholztunnels und erreichten so die Quellen des Spindelflusses. Von dort aus ritten sie über das Eis: Es ist sehr dick dort und kann ohne weiteres ein größeres Gewicht tragen; wie ich hörte, ist der Spindelfluß inzwischen bis fast zum Grunde zugefroren. Nun, die Ghûle ritten bis an die Flußgabelung rund fünfzehn Kilometer westlich der Spindelfurt. Dann nahmen sie den Weg über die Felsen –, und schon waren sie im Waldland.«

Im Anschluß an diese Worte Danbys herrschte lautes Durcheinander, denn er hatte eine Nachricht gebracht, die für alle Anwesenden neu war. Der alte Nordholztunnel war schon vor vielen Jahren aufgegeben worden, und die Wichtel hatten dort neue Dornen angepflanzt, um die südliche Öffnung in der Barriere zu schließen. Der nördliche Bereich aber war sich selbst überlassen worden, und ohne die nötige Hege und Pflege wuchsen die Dornen nur sehr langsam. Die alten Barrikaden in jenem Bereich hatte man natürlich geschlossen, aber ganz offensichtlich war es den Ungeheuern gelungen, sie wieder zu öffnen. Am südlichen Ufer des Spindelflusses erhob sich ein gewaltiger Hügel aus dem Innern des Dornenwalls – der sogenannte Innerberg –, ein Steilhang aus massivem Granit. Und fast neun Kilometer weit reichte dieser steinerne Riese ins Waldland hinein. Hinzu kam, daß in diesem Jahr der Spindelfluß ganz zugefroren war, und so etwas war noch nie zuvor geschehen.

Patrel bat um Stille, und anschließend bestätigte Merrilee: »So ist es! Auf diese Weise sind auch die ersten Vulgs ins Waldland gelangt: durch die nördliche Hälfte des Nordholztunnels, über das Eis des Flusses und dann den Innerberg.« Ein weiteres Mal erklangen zustimmende Rufe von den Anwesenden.

»Na schön«, rief Danner, »jetzt wissen wir also, wie es die Vulgs und nachher auch die Ghûle schafften, sich unbemerkt von den Dornenlaufwächtern in unsere Heimat zu schleichen. Aber jetzt stehen wir vor folgendem Problem: Wie soll es uns gelingen, die Ungeheuer wieder zu vertreiben? Wo fangen wir an?«

Für eine Weile wußte keiner Rat, bis Norv Laufflink sich meldete: »Bisher ist an jedem Dunkeltag eine aus Ghûlen bestehende Patrouille zwischen Weidental und dem Ort Adlerfarn über die Querlandsstraße geritten. Vielleicht sind es jene Ungeheuer gewesen, welche die beiden genannten Ortschaften verwüsteten.«

»Und auch Waldnieder«, fügte Merrilee mit gesenkter Stimme hinzu.

»Genau, auch Waldnieder«, bekräftigte Norv. »Es sind rund zwanzig oder fünfundzwanzig Schergen Modrus. Sie könnten das erste Ziel unseres Gegenschlags sein – obwohl es sich bei dem Ghûlenheer um eine recht große Streitmacht handelt.«

Danner schaute in die Runde. »Ich schätze, mit den zuletzt Eingetroffenen befinden sich jetzt rund hundertfünfundzwanzig Wichtel hier. Das Verhältnis erscheint mir somit als recht günstig: Auf jeden Ghûl samt Hôllroß kommen fünf von uns.«

»Ja, wir sind in der Überzahl«, meinte Patrel, »aber denk daran: Die Ghûle sind keine starren Ziele. Und mit ihren Säbeln, Speeren und der Schnelligkeit ihrer Hôllrösser könnten sie das zahlenmäßige Verhältnis wieder ausgleichen.«

Patrel unterbrach die Beratung für eine Weile, um die Neuankömmlinge zu einer weiteren Riege zu vereinen und einen entsprechenden Anführer zu bestimmen: Regin Borkenstark, einen Bauern aus dem Bereich von Mittenfurt.

Und während dieser kurzen Unterbrechung stützte Merrilee das Kinn auf die Hände und dachte nach. Regin trat zu den anderen Riegenführern am Tisch und warf der jungen Frau einen erstaunten Blick zu, ohne aber ein Wort zu sprechen.

»Gut«, entschied Patrel, »diese Ghûlpatrouille soll unser erstes Angriffsziel sein. Wie gehen wir vor?«

Niemand gab Antwort auf diese Frage, und die Stille war wie ein dumpfer Trommelschlag, der ihnen allen in den Ohren dröhnte. Schließlich räusperte sich Merrilee, und als Patrel ihr aufmunternd zunickte, erklärte sie: »Ich verstehe nur wenig von Kriegsführung – und noch weniger von Strategie und Taktik. Ich kann aber mit Pfeil und Bogen umgehen, und ich verstehe viel von Ponys. Patrel, einige deiner Worte haben mich eben sehr nachdenklich gemacht. Du sagtest: ›Die Ghûle sind keine starren Ziele.‹ Aber was passiert, wenn das doch der Fall sein könnte? Ich meine, wenn sie tatsächlich zu starren Zielen würden? Das würde unseren Kampf wesentlich erleichtern.« Einige der anwesenden Wichtel murmelten überrascht, doch es kehrte sofort wieder Stille ein, als Merrilee fortfuhr: »Ich habe mir folgendes gedacht: Wir sollten die Ghûle in einen Hinterhalt locken, in eine Art Pferch mit hohen Wänden. Hinter ihnen schließen wir dann einfach das Tor. Und dann fallen wir über sie her.« Erneut flüsterte und wisperte es in den Reihen der Zuhörer, und Merrilee hob ihre Stimme: »Oh, ich kann hören, was einige von euch nun einwenden: *Aber wir haben keinen solchen Pferch, den wir zu einer Ghûlfalle machen könnten.* Nun, in diesem Punkt irrt ihr euch. Wir *haben* eine derartige Falle, und sie heißt Lammgerb, das heißt, die Straße von Lammgerb. Hört nun meinen Plan: Eine Gruppe von berittenen Wichteln läßt sich absichtlich von den Ghûlen entdecken, ergreift aber daraufhin sofort die Flucht und reitet über den Nebenpfad in Richtung Lammgerb. Zwar haben die Wichtel einen kleinen Vorsprung – von rund anderhalb Kilometer –, aber die Schergen Modrus wissen auch, daß Ponys nicht so schnell sind wie Hôllrösser, und nehmen also die Verfolgung auf. Die Wichtel fliehen auf der Hauptstraße ins Dorf Lammgerb, während es den Ghûlen inzwischen gelungen sein wird, zu ihnen so dicht aufzuschließen, daß sie ihnen schier im Nacken sitzen. Doch wenn dann die Ungeheuer das Dorf erreichen – *puff!* – sind die Wichtel plötzlich verschwunden. Statt dessen treffen sie auf eine Barrikade, die sich flammend quer über die Straße spannt. Die Ghûle machen kehrt, doch auch hinter ihnen hat man nun eine Barrikade aus umgestürzten Wagen errichtet, die ebenfalls in Brand steht. Die Schergen Modrus können auch nicht durch die Zwischenräume zwischen den Häusern und Hütten reiten, denn auch dort werden sich Hindernisse befinden. Und plötzlich springen die Wichtel aus ihren Verstecken hervor, und ihre Pfeile durchbohren die Herzen der Ghûle. Jetzt sind die Jäger zu Gejagten geworden, und die Wichtel fliehen nicht mehr, sondern greifen den dämonischen Feind an.«

Mit dieser Vision beendete Merrilee ihren Vortrag, und völliges Schweigen herrschte im Stall – eine Stille, die sich wie ein bleiernes Gewicht auf die Schultern der Anwesenden senkte. Doch dann ertönte plötzlich aus mehr als hundert Kehlen ein dröhnender Jubelruf, der die Wände des Gebäudes erbeben ließ, und die Wichtel grinsten und klopften sich gegenseitig auf die Schultern. Patrel drückte Merrilee an sich und umarmte sie, und er mußte schreien, um den lärmenden Tumult zu übertönen: »Du verstehst also nichts von Strategie und Taktik, wie? Merrilee, du hast das Zeug zu einem General!« Und Freudentränen glitzerten in den Augen der jungen Frau, als Danner lächelnd ihre Hand ergriff und prophezeite: »Dein Racheeid wird sich erfüllen, Merrilee, denn mit diesem Plan erleiden die Ghûle eine schlimme Niederlage.«

Es gab noch allerlei zu besprechen, bevor die Einzelheiten der von Merrilee entwickelten Taktik jedem klar waren, und während dieser Gespräche erläuterte die junge Frau immer wieder ihre Vorstellungen und lieferte damit wichtige Beiträge. Und als alle diesbezüglichen Probleme gelöst waren, blickte Luth Zielgut Merrilee bewundernd an und gestand ein: »Junge Frau, ich habe mich in dir geirrt. Verzeihst du mir?« Merrilee lächelte und neigte den Kopf, worauf Luth grinste.

Patrel bat um Stille und meinte dann: »Der heutige Dunkeltag ist nahezu vorüber. Unser Plan steht fest. Morgen bereiten wir die Falle in Lammgerb vor, und übermorgen – wenn uns das Schicksal keinen Strich durch die Rechnung macht – greifen wir die Ghûlpatrouille an. Doch ehe wir uns nun zurückziehen und zur Ruhe legen, möchte ich noch einmal Merrilee Hain, welche die Idee zu diesem Plan hatte, das Wort erteilen.«

Die Wichtel klatschten und jubelten, so daß Merrilee ganz verlegen wurde: Es war nichts Besonderes, den anderen ihren Plan auseinanderzusetzen; von ungleich höherer Bedeutung aber war es, vor einer großen Wichtelstreitmacht eine Rede zu halten. Danner beugte sich zu ihr und flüsterte ihr zu: »Faß einfach das in Worte, was du fühlst!« Und dann halfen ihr zwei Jungwichtel auf den Tisch.

Sie schaute in die Runde, und der Blick ihrer kobaltblauen Augen glitt über die erwartungsvoll gespannten Gesichter der Anwesenden: Dornenläufer, mit Pfeil und Bogen bewaffnet, dazu entschlossen, den Kampf gegen die Teufelsbrut Modrus aufzunehmen und diejenigen zu rächen, die von den Ungeheuern umgebracht worden waren. Trauer stieg plötzlich in ihr empor und mischte sich mit heißem Stolz.

Dann erhob sie ihre klare Stimme, und alle hörten ihre Worte: »Von diesem Ort der Freiheit soll die Kunde in alle Richtungen gehen, daß die Wichtel nicht länger die Flucht ergreifen vor den Dämonenwesen, die der Feind in Gron ausschickte. Modru hat einen großen Fehler gemacht, als er die Ghûle ins Waldland eindringen ließ und ihnen den Auftrag gab, unsere Heimat zu erobern. Die spitzen Dornen sollen in das Fleisch seiner Schergen stechen, und wir werden uns für die vom Feind begangenen Untaten rächen. Wir haben diesen Krieg nicht angefangen. Modru hat ihn uns aufgezwungen, und jetzt werden wir nicht nur kämpfen, um uns zu verteidigen, sondern um zu *gewinnen*. Ganz Mithgar soll es erfahren, und auch noch in Urenkels Tagen wird man sich daran erinnern: An diesem Tag begann der Freiheitskampf, denn ein ebenbürtiger Gegner stellte sich ab jetzt dem Bösen entgegen.«

Donnernder Applaus ertönte, und Merrilee sah beim Überblikken der Kriegerschar, daß einige der Wichtel keinen Hehl aus ihren Tränen machten.

»Sie nennen die Schlacht gegen Modru nun nicht mehr Winterkrieg, Merrilee«, sagte Danner. »Nach deiner Rede sprechen alle nur noch von dem *Freiheitskampf.*«

Noch bevor Merrilee eine Antwort darauf zu geben vermochte, kam Patrel in den Stall. »Die Falle in Lammgerb ist vorbereitet. Morgen holen wir zum ersten Gegenschlag aus. Wichtelwachen beobachten aus ihrem Versteck die Ghûlpatrouille auf der Querlandstraße. Da sie nur insgesamt siebenundzwanzig Dämonenwesen umfaßt, sind wir ihnen also nach wie vor überlegen. Wie stehen die Dinge hier?«

»Es sind noch weitere Dornenläufer eingetroffen, alte und junge«, antwortete Danner. »Uns stehen damit nun rund doppelt so viele Kämpfer wie vorher zur Verfügung. Fast zweihundertfünfzig sind es inzwischen, und ständig stoßen weitere zu uns. Stell dir das vor: Morgen wird ein wahrer Pfeilhagel auf die Ghûle herabregnen. Warum lassen wir nicht einige Jungwichtel hier zurück?«

»Nein«, widersprach Merrilee. »Es ist wichtig, daß alle an dem Kampf morgen teilnehmen. Wir hoffen, daß wir den Sieg erringen, aber vielleicht erleiden wir auch eine Niederlage. Aber ganz gleich, wie der Ausgang auch aussehen mag: Es müssen alle dabei sein.«

»Denk mal nach, Merrilee: Was könnte morgen schon schiefgehen?« Luth sah von den Pfeilen auf, die er zurechtschnitzte.

»Wenn ich das nur wüßte, Luth«, erwiderte die Jungwichtelfrau. »Dann könnten wir entsprechende Vorkehrungen treffen.«

»Nun«, meinte Luth, »bestimmt läuft morgen alles nach Plan. Du bist einfach nur ein wenig nervös, das ist alles.«

»Hoffentlich behältst du recht«, entgegnete Merrilee. »Ich weiß nicht, ob ich es verkraften könnte, wenn irgend etwas schiefgeht.«

Danner lachte und kam auf ein anderes Thema zu sprechen. »Ach, Patrel, du hättest erleben sollen, wie es war, als sich einige der Neuankömmlinge gegen die Teilnahme einer jungen Frau an dem Kampf aussprachen. Luth hat ihnen gründlich den Kopf gewaschen.«

Luth lächelte reumütig, und in seinen Augen begann es zornig zu funkeln. »Diese Mistkerle! Oh, ich bitte um Entschuldigung, Merrilee. Aber ich werde noch immer wütend, wenn ich bloß an sie denke.«

Patrel mußte ebenfalls lachen. »Luth, es gibt nichts Schlimmeres als einen zur Buße bereiten Übeltäter, jemanden, der seinen Fehler eingesehen hat. Ich weiß das nur zu gut, denn mir ist es nicht anders ergangen als dir.«

Luth stand auf und lächelte, als er Merrilee die fertigen Pfeile reichte. »Hier hast du deine Geschosse, junge Wichtelkämpferin. Genau recht für deinen Bogen. Ziel gut mit ihnen, wenn wir morgen die Ghûle in die Falle locken.«

Und als Luth sich zur Ruhe zurückzog und Danner und Patrel seinem Beispiel folgten, starrte Merrilee die Pfeile sinnend an und suchte nach einem schwachen Punkt in ihrem Plan.

Fast dreihundert Wichtel hatten sich eingefunden, als die Streitmacht des Waldlandes aufbrach und durch das Schattenlicht nach Lammgerb ritt. In der Ortschaft angekommen, bezogen sie Posten hinter verborgenen Barrikaden und in allen möglichen Verstecken. Zwanzig Kämpfer erhielten den Auftrag, nach Süden über den Nebenpfad zu reiten, um als Köder die Ghûle in den vorbereiteten Hinterhalt zu locken.

Merrilee und Patrel begaben sich auf das Dach des Blauen Stiers, einer Herberge in Lammgerb. Die junge Wichtelkämpferin blickte über die Straße und sah auf dem Dach der Schmiede Danner sitzen. Sie winkte ihm zu, bevor sie sich in ihr Versteck duckte. Alle verbargen sich nun. Einige hielten weiterhin nach Süden Ausschau: Die zwanzig als Köder ausgesandten Jungwichtel befanden sich nun auf dem Nebenpfad, ganz in der Nähe der Querlandstraße.

Und dann begann das Warten ...

Minuten erschienen ihnen wie Stunden, und die Stunden vergingen so langsam wie Tage. Und die Wichtel warteten beharrlich, aber die Ghûle kamen nicht. Merrilee wurde allmählich nervös und überprüfte in immer kürzeren Abständen ihre Pfeile. Patrel summte leise eine Melodie, und die anderen unterhielten sich im Flüsterton. Noch war von der Ghûlpatrouille weit und breit nichts zu sehen. Die Zeit verstrich nur langsam. Sie war wie ein träges Rinnsal, das im Frost der Winternacht zu erstarren drohte. Und schließlich fiel Merrilee ein, woran sie bei ihrem Plan nicht gedacht hatte. »Wir können ja nicht wissen, ob die Ghûle heute überhaupt noch diesen Weg nehmen«, wandte sie sich an Patrel. »Uns fehlt jegliches Wissen darüber, welchen Auftrag sie haben.«

Und so warteten sie weiterhin ...

Merrilee grübelte bereits: *Waren all die Vorbereitungen umsonst?*

Und mit quälender Langsamkeit schlich die Zeit dahin ...

»Dort kommen sie, Hauptmann!« meldete der Wachtposten. »O weh!«

Bei dem überraschten Ausruf des Wichtel blickte Merrilee über den Rand des Daches hinweg. Durch das Düsterdunkel starrte sie in Richtung der Kreuzung, wo die Querlandstraße auf den Nebenpfad traf. Sofort erkannte sie die Ponys der Jungwichtel, und dahinter, von den Hügeln rechts und links der Querlandstraße kommend, entdeckte sie die dunklen Konturen der Ghûle auf Hôllrössern. Das Herz schlug Merrilee plötzlich bis zum Halse, *denn es waren nicht nur siebenundzwanzig Schergen Modrus, sondern an die hundert.* Aber jetzt war es zu spät, den Plan zu ändern: Die auf dem Nebenpfad dahingaloppierenden Wichtel zwangen ihre Ponys herum und ritten in Richtung Lammgerb, worauf die Ghûle heulten und sofort die Verfolgung aufnahmen.

Die fliehenden Wichtel donnerten über das Pflaster der Straße, erreichten bald das Dorf, gefolgt von den Hôllrössern, die beängstigend rasch zu ihnen aufschlossen. Merrilee ballte die Fäuste und hieb leicht auf das Holz des Daches ein. »Reitet, Wichtel, reitet schneller! Reitet um euer Leben!« Sie hoffte inständig, daß sie die Geschwindigkeit der Ponys und der Hôllrösser richtig eingeschätzt hatte.

Die Ghûle griffen nun schon nach ihren Speeren und machten sich dazu bereit, die Lanzen gegen die Jungwichtel zu schleudern, die nun dem Rand des Dorfes von Lammgerb ganz nahe waren.

Der vorderste Ghûl gab ein schrilles Heulen von sich, worauf einige der Ungeheuer sich nach links wandten, um den Durchlaß zwischen Lammgerb und dem Bachteich zu blockieren und somit zu verhindern, daß den Wichteln in dieser Richtung die Flucht gelang. *Und damit konnten diese zwanzig Ungeheuer nicht in die Falle geraten!*

Merrilee blickte über die Straße und beobachtete Danner, der zwei Jungwichtelriegen zuwinkte und mit ihnen im Dunkel der Winternacht hinter der Schmiede verschwand.

Und da sausten die Ponys der Wichtel bereits über die Dorfstraße, und die Hôllrösser folgten ihnen dichtauf. Die Ghûle heulten schon triumphierend, denn sie hatten die Fliehenden fast erreicht.

Am Ende der Straße galoppierten die Ponys durch die Barrikade, deren Lücke sofort geschlossen wurde, indem man einen mit dornigem Buschwerk beladenen Wagen hineinschob. Flammen züngelten schon knisternd, als einige Fackeln das ölgetränkte Holz plötzlich entzündeten. Die Hôllrösser wieherten erschrocken, bäumten sich auf und blieben stehen. Die Ghûle schienen nun zu begreifen, daß sie in einen Hinterhalt geraten waren, und zwangen die Rösser herum. Aber auch im Süden war die Straße jetzt von einer ebenfalls in Flammen stehenden Barrikade versperrt.

Die Falle war zugeschnappt.

Doch zwanzig Ghûle befanden sich außerhalb.

Patrel sprang auf und setzte das Valonhorn an die Lippen – jenes Horn, das er am Tage des Einzuges am Königshof von Marschall Vidron erhalten hatte –, und ein heller Laut durchwehte den Frost des Düsterdunkels und hallte weit übers Land. Überall konnten die Wichtel den Signalruf vernehmen, und Hoffnung erglühte wie ein helles Licht in den Herzen der Kämpfer. Unten auf der Straße duckten sich die Ghûle unwillkürlich vor dem Klang des Horns, und die Hôllrösser wieherten entsetzt und scheuten in großer Furcht. Die Wichtel krochen aus ihren

Verstecken hervor, und als Patrel zum zweiten Mal in das Valonhorn blies, sirrten Hunderte von Pfeilen durch die Luft, so daß ein wahrer Geschoßhagel sich auf die Schergen Modrus ergoß.

Merrilee stand so steif wie ein Stock, setzte einen Pfeil auf die Sehne und spannte sie langsam, während sie sich an die Worte Tucks erinnerte: *»Atme ganz tief ein, und dann laß einen Teil der Luft entweichen. Zieh die Sehne ganz durch. Richte die Spitze des Pfeils auf das Ziel. Und dann loslassen!«* Immer und immer wieder ließ sie auf diese Weise Pfeile davonsausen, und die Stimme Tucks in ihrer Erinnerung verstummte nie. Ihre Geschosse trafen genau das Ziel, drangen in die Brust der Ghûle und durchbohrten das Herz. Es beirrte sie keineswegs, daß um sie herum ein wildes Durcheinander herrschte, in welchem Ghûlspeere in Richtung der Wichtel geschleudert wurden und mancher röchelnde Schrei eines Sterbenden erklang. Wichtig waren nur die Worte Tucks, die ihr im Innern zuflüsterten: *»Atme ganz tief ein, und dann laß einen Teil der Luft entweichen. Zieh die Sehne ganz durch. Richte die Spitze des Pfeils auf das Ziel. Und dann loslassen!«* Und der gefiederte Tod sauste von der Sehne ihres Bogens davon.

Aber die Ghûle setzten sich wütend zur Wehr und schleuderten ihre Lanzen, um damit die Jungwichtel zu durchbohren. Die Ungeheuer stiegen von ihren Rössern ab, obwohl viele von ihnen schon über und über mit Pfeilen gespickt waren. An Laternenmasten kletterten einige empor, um auf die Dächer der Häuser zu gelangen. Und dort angekommen, schwangen sie ihre Säbel, bevor die aus nächster Nähe abgeschossenen Pfeile der Verteidiger sich in ihre Herzen bohrten oder die Unholde von hölzernen Speeren getroffen wurden, welche die Jungwichtel extra zu diesem Zweck angefertigt hatten.

Merrilee war bisher der Ghûl entgangen, der auf das Dach des Hauses kletterte, auf dem sie stand, aber Patrel erledigte das Dämonenwesen mit einem Pfeil, der einen hölzernen Schaft genau durch das Herz des Ungeheuers trieb.

Die Zahl der auf der Straße liegenden toten Ghûle wuchs zusehends. Aber von der Nordbarrikade schrillten die Schreie der Ungeheuer, die nicht in die Falle geraten waren und nun versuchten, die Barriere zu durchbrechen – und es gelang ihnen sogar. Die überlebenden Ghûle trieben daraufhin ihre Hôllrösser an und hielten auf die Bresche in der Barrikade zu, währenddessen die auf den Häusern postierten Wichtel von Dach zu Dach sprangen und unbeirrt mit ihren Pfeilen auf die fliehenden Schergen Modrus zielten. Die beiden von Danner angeführten Riegen griffen inzwischen die zwanzig Ghûle an, die sich außerhalb der beiden Barrikaden befanden, und ihre Geschosse bohrten sich in deren leichenblasses Fleisch. Die Ungeheuer machten kehrt und holten mit ihren Säbeln aus, um die Jungwichtel anzugreifen, die zu Fuß waren und sich zu weit vorgewagt hatten. Einige von ihnen wurden von Speeren durchbohrt, und die Säbelklingen der Ghûle spalteten manchen Schädel. Doch die kleinen Kämpfer wichen nicht zurück, sondern zielten sorgfältig, um ihre Pfeile aus Holz durch die Ghûlherzen zu schießen und dadurch die Dämonenwesen zu töten. Diejenigen Jungwichtel, die zuvor die Ghûle angelockt hatten, gesellten sich der Streitmacht Danners hinzu, und es gelang ihnen, die von den Ungeheuern aufgerissene Lücke in der Barrikade wieder zu schließen, so daß nur wenigen die Flucht gelang. Anschließend wandten sie sich den Ungeheuern außerhalb des ausweglosen Hinterhaltes zu. Der Tod zischte von den Sehnen ihrer Bogen und lichtete allmählich die Reihen der dämonischen Geschöpfe. Nur drei Ghûlen gelang es, dem Pfeilhagel zu entkommen und in panischem Entsetzen zu fliehen.

In der Falle von Lammgerb aber kam kein einziger Scherge Modrus mit dem Leben davon.

Und als die Wichtel sahen, daß diese Schlacht zu Ende war und sie den Sieg errungen hatten, brach großer Jubel aus, und unzählige Stimmen riefen nach Merrilee. Die junge Frau sah Patrel an und schmiegte sich vor Ergriffenheit schluchzend an ihn, und er wandte sich an die anderen, so als wolle er sagen: »Tja, sie ist und bleibt nun einmal eine Frau.«

Siebenundneunzig Ghûle waren getötet worden: sechs von Speeren, nachdem sie auf die Dächer geklettert waren, die anderen von Pfeilen. Es war zweifellos ein gewaltiger Sieg, nach dem man wieder Mut schöpfen konnte, aber er war auch zu einem hohen Preis errungen worden:

Neunzehn Wichtel hatten die Schlacht nicht überlebt, und dreißig andere waren von Säbelhieben und Lanzen verwundet. Einige der Verletzten würden wohl nie wieder in der Lage sein, gegen den Feind zu kämpfen, aber die meisten mochten sich erholen und wieder genesen.

Wie ein Lauffeuer verbreitete sich die Nachricht von der Schlacht von Lammgerb in allen Sieben Tälern, und überall schöpfte man neuen Mut, denn zum ersten Mal war es den Jungwichteln im Waldland gelungen, dem Feind eine empfindliche Niederlage beizubringen, weil nun bekannt war, wie man wirkungsvoll gegen Ghûle kämpfen konnte. Man berichtete auch von einer mutigen und sehr treffsicheren »Dornenläuferin«, aber die meisten, die diese Geschichte hörten, hielten sie nur für ein Gerücht.

Und in Nordholz, Südholz und den Hügeln von Kleinbergland trafen sich Dornenläufer und kämpften für die Freiheit ihrer Heimat. In den Hoch- und Lehmdünen und auch in Ostholz wurden Hinterhalte vorbereitet und weitere Ghûle getötet. Und in Großbruch, Kleinbruch und in der Region der Klippen im Westen, lächelten die Wichtel und freuten sich: Sie hatten schon die ganze Zeit über gegen die Ghûle gekämpft und wußten, daß die Ungeheuer nicht unverwundbar waren. Aber die Zahl derjenigen Schergen Modrus, die während der Schlacht von Lammgerb getötet worden waren, überraschte sie doch.

In Weißlings Stall berieten sich die Riegenführer mit den beiden Anführern Patrel und Danner und auch mit Merrilee. »Dann sind wir uns also einig«, schloß Patrel. »Wir wissen zwar noch nicht, wie wir es schaffen sollen, aber wir müssen jetzt zur Offensive übergehen, Adlerfarn angreifen und das dortige Lager der Ghûle zerstören.«

Merrilee sah die Riegenführer nacheinander an, und das Grauen einer dunklen Vorahnung ließ sie schaudern.

Myrkenstein

Speichel rann an der abscheulichen eisernen Maske Modrus herab, und hinter den Augenschlitzen funkelten die Pupillen in bösem Glanz. Jäh holte er aus, und der Rücken seiner schwarz umhüllten Hand traf Laurelin mitten ins Gesicht, so daß die Prinzessin das Gleichgewicht verlor und zu Boden fiel. *»Khakt!«* Dieser heisere Schrei Modrus brachte den stummen Rukh in den saalartigen Raum zurück. Der Blick des Dämonenwesens huschte über alles im Saal, während er auf den Spiegel zueilte und dessen Kristallglas wieder unter dem pechschwarzen Tuch verbarg.

»Shuul!« zischte Modru, und der Rukh sprang durch die Tür und verschwand. Die schwarzgekleidete Gestalt wandte sich Laurelin zu. »Vielleicht offenbart Ihr bessere Manieren, wenn Ihr Euch in Eurem Quartier ein wenig ausgeruht habt«, ertönte Modrus Schlangenstimme, und er lachte: *»Tsss, sss, sss, zzz.«*

Der stumme Rukh kehrte zurück, und in seiner Begleitung befanden sich zwei Lōkha.

»Shabba Dūl!« schrillte Modru, worauf die Lōkha die Prinzessin auf die Beine zerrten und sie vor sich her durchs Zimmer schoben.

Durch den zentralen Gang gelangten sie nach einer Weile an ein massives und mit Eisenbeschlägen versehenes Portal. Einer der beiden Lōkha griff nach einer Fackel und entzündete sie, während der andere einen großen Schlüsselbund hervorzog. Die Tür öffnete sich knarrend und ächzend, und Laurelin schlug muffige Luft entgegen. Man stieß sie hinein, und das eine Ungeheuer hielt die prasselnde Fackel über ihren Kopf. In dem unsteten Schein konnte Laurelin sehen, daß sie sich nun in einem Treppenhaus befand, von dem aus schmale Stufen steil in eine bodenlose und schwarze Tiefe führten. In diese Schwärze kletterten sie hinab, und die Prinzessin hielt sich dicht an der linken und glitschigen Wand, denn rechts gab es kein Geländer, auf das sie sich hätte stützen können. Immer tiefer kamen sie: ein Treppenabsatz, dann folgte ein weiterer und noch viele mehr. Bald gab sie es auf, die Stufen zu zählen. Nach schier einer halben Ewigkeit sah Laurelin eine von Rostflecken übersäte eiserne Tür vor sich. Zwar führten die schmalen Stufen weiter in die finstere Tiefe, aber der Lōkh mit den Schlüsseln blieb stehen und schob einen Metallstab ins Schloß.

Das Dämonenwesen fluchte knurrend und versuchte mehrmals vergeblich, das Schloß zu öffnen. Schließlich ertönte ein knirschendes Kratzen, und die Riegel gaben nach. Der Lōkh schlug heftig gegen das Schloß, und die Tür schwang auf. Er stemmte sich gegen das rostige Eisen, bis der Spalt zwischen Tür und Wand groß genug war, um sie durchzulassen.

Ein schmaler gewundener Gang schloß sich an, dessen Boden sich nach unten neigte. Dann und wann sah Laurelin rechts und links weitere eiserne Türen mit kleinen Gitterfenstern, aber die entsprechenden Schlösser widerstanden den Versuchen des Dämonenwesens, sie zu öffnen, und so führten die Lōkha Laurelin weiter in die Tiefe. Einige Zeit später gelangten sie endlich in eine stinkende Kammer, deren Boden kotverschmiert und voller abgenagter und zersplitterter Knochen war. In der Wand auf der gegenüberliegenden Seite der Kammer erblickte Laurelin eine dunkle Öffnung, wo sich der schmale Gang fortsetzte. Links lag eine vergitterte Zelle mit schmutzigem Stroh auf dem Boden, in die sie gestoßen wurde.

Mit einem dröhnenden *Peng!* schloß sich die Tür hinter der Prinzessin.

Mit einem knirschenden *Klack!* drehte sich der Schlüssel im Schloß.

Und dann wandten sich die Lōkha um und ließen sie allein – ohne die Fackel.

Laurelin konnte noch lange die grunzenden und schmatzenden Stimmen der beiden Dämonenwesen hören, als sie den Gang zurückgingen. Sie vernahm das ächzende Kratzen, mit dem weiter oben die halb verrostete eiserne Tür ins Schloß fiel, und sie hörte noch, wie sich der Schlüssel knarrend drehte. Dann war sie allein in der Finsternis.

Laurelin streckte die eine Hand aus und schritt langsam durch die Dunkelheit, bis sie die Gitterstäbe der Zelle ertastete. Daraufhin wandte sie sich nach rechts, hielt sich dicht an dem Gitter und gelangte auf diese Weise schließlich an eine steinerne Wand. Wieder drehte sie sich nach rechts und wanderte durch die Schwärze, wobei sie die Schritte zählte.

Laurelins Zelle maß fünfzehn Schritte in der Länge und zehn in der Breite. Drei Wände bestanden aus glitschigem Stein, und auf der vierten Seite befanden sich die eisernen Gitterstäbe. Nur schmutziges Stroh bedeckte den Boden. An der Rückwand der Zelle entdeckte die Prinzessin einen kleinen Vorsprung, der wie eine Sitzbank war. Darauf nahm sie Platz, lehnte sich an den kalten Stein und zog die Knie an. Vollkommen allein war sie nun in der Finsternis, und zum ersten Mal seit ihrer Gefangenschaft weinte sie leise.

Laurelin schreckte aus dem Schlaf, als sie in der Ferne das Ächzen der alten Eisentür vernahm. Unsteter Fackelschein flakkerte in der Ferne und wurde allmählich heller: Jemand kam durch den schmalen Korridor. Es war der Lõkh-Kerkermeister. Das helle Licht schmerzte in den Augen der Prinzessin, und sie wischte sich die Tränen aus dem Gesicht. Das Ungeheuer stellte zwei Kübel vor die Zellentür, wandte sich wieder um, ging den Weg zurück, den es gekommen war, und verriegelte die eiserne Tür hinter sich.

Obwohl in der darauffolgenden Schwärze grelle Erinnerungsbilder vor den Pupillen Laurelins flimmerten, tastete sie sich an die Gitterstäbe heran, griff hindurch und berührte einen der beiden Behälter. Er enthielt Wasser, und erst als sie trank, wurde sie sich ihres großen Durstes so recht bewußt. Zwar schmeckte das Wasser ein wenig nach Schwefel, aber die Prinzessin stürzte es trotzdem die ausgedörrte Kehle hinunter. Auf den Knien hockte sie im Stroh und tastete umher, bis sie den anderen Kübel gefunden hatte. Sie schob die Hand hinein, und ihre Finger berührten trockenes Brot. Sie legte den Kanten in die Schlinge, in der ihr verletzter Arm ruhte, und anschließend griff sie ein zweites Mal in den Behälter. Unmittelbar darauf schnappte sie jäh nach Luft und zog den Arm mit einem Ruck wieder zurück, denn etwas Feuchtes mit kleinen Krallen war an ihren Fingern vorbeigekrochen.

Laurelin hockte sich auf den steinernen Vorsprung, aß das Brot und lauschte dem leisen Pochen herabfallender Wassertropfen – ein Geräusch, das in der Schwärze ringsum wie ein dumpfer Trommelschlag widerhallte.

Die Prinzessin wußte nicht, wie lange sie geschlafen und was sie aufgeweckt hatte. Sie setzte sich auf den steinernen Sims und horchte aufmerksam. Irgend etwas hatte sich *verändert*, aber sie wußte nicht, worum es sich handelte. Plötzliche Furcht durchfuhr ihren zarten Leib, so daß ihr Herz heftig zu klopfen begann. Sie preßte den Rücken an die kalte Wand, hielt den Atem an und versuchte sich über das klarzuwerden, was sie in der Finsternis zu spüren glaubte. Nach und nach entstand ein gräßliches Bild vor ihrem inneren Auge: In ihrer Phantasie sah sie ein großes Ungeheuer, dessen monströse Gestalt hinter den Gitterstäben der Zellentür aufragte und das mit langen Armen nach ihr zu greifen versuchte. Laurelin zog die Beine an und machte sich so klein wie möglich. Sie versuchte, den umhertastenden Pranken zu entgehen, und voller Entsetzen erinnerte sie sich an die abgenagten, gesplitterten Knochen auf dem Boden außerhalb der Zelle. Ihre Kehle war zwar ganz trocken, denn sie hatte großen Durst, aber sie wagte nicht zu trinken, weil der Kübel mit dem Wasser dort stand, wo sie das personifizierte Grauen vermutete.

Als sie das nächste Mal den Kerkermeister kommen hörte, wartete Laurelin, bis der Lichtschein der Fackel den Korridor so weit erhellte, um erkennen zu können, daß er leer war. Daraufhin sprang die Prinzessin auf und lief an die Gitterstäbe heran. Erneut schmerzte der helle Schein in ihren Augen, aber diesmal war sie darauf vorbereitet. Sie blinzelte und wandte das Gesicht ab. In dem Augenblick, als der Lōkh die beiden Kübel auf den Boden stellte, griff sie auch gleich nach dem Becher, der im Wasser des einen Behälters schwamm, und trank in großen Zügen. Sie stürzte das Wasser regelrecht hinunter, so daß der Lōkh sie groß anstarrte und knurrte: *»Schtuga!«* Laurelin griff nach dem Brot und den beiden Mohrrüben, die sich in dem anderen Kübel befanden – das ebenfalls darin liegende Fleisch rührte sie nicht an –, schob sich die beiden Dinge in die Armschlinge, füllte den Becher nochmals und hockte sich dann wieder auf den steinernen Vorsprung. Das Ungeheuer nahm die beiden Kübel, die es zuvor gebracht hatte – die anderen ließ es stehen –, lachte schrill und schlurfte durch den schmalen Gang davon.

Und Laurelin preßte sich erneut an den kalten und glitschigen Stein in ihrem Rücken und zog die Knie an. Neben ihr stand der mit Wasser gefüllte Becher, und sie aß das Brot und die Mohrrüben mit dem Gedanken: *Nein, du Schrecken der Finsternis – wenn es dich wirklich geben sollte, so kannst du mich auch diesmal nicht erwischen, denn jetzt habe ich alles Notwendige direkt in meiner Nähe.*

Während der nächsten »Tage« verbrachte Laurelin die meiste Zeit in ihrer Zelle auf dem steinernen Sims. Wann immer sie den Kerkermeister kommen hörte und im Fackelschein sah, daß der Gang leer war, trat sie rasch an die Gitterstäbe heran und wartete. Sie trank hastig und gierig, griff schnell nach dem Brot und zog sich dann wieder zurück, bevor der Lōkh sich wieder auf den Rückweg machte.

Wenn sie allein war, spürte sie oftmals jene unheilvolle Präsenz vor ihrer Zelle, und dann sprang sie auf den steinernen Vorsprung und preßte sich an die Wand. Dann wieder hatte sie Eindruck, der Korridor sei leer, und nutzte diese Gelegenheit, um an der Rückwand der Zelle auf und ab zu gehen.

Zwar hatte die Prinzessin keine Möglichkeit zu bestimmen, wieviel Zeit verstrich, aber sie nahm an, der Lōkh kam einmal am »Tag« herunter, um ihr Wasser und Essen zu bringen. Und jedesmal kratzte sie mit dem Fingernagel eine Kerbe in das Holz der Armschiene, dort, wo es unter dem Verband hervorragte.

Fünf solcher Kerben befanden sich bereits im Holz, als sie hörte, wie sich knarrend und knirschend die Tür öffnete, und im Korridor erneut den Lichtschein einer Fackel sah. Aber seltsamerweise war seit dem letzten Besuch des Kerkermeisters noch kein ganzer »Tag« vergangen. Bei dem Licht aber handelte es sich nicht um eine Sinnestäuschung, und kurz darauf konnte Laurelin durch das Gitter zwei Lōkha sehen, die den Vorraum betraten.

Das eine Ungeheuer holte einen Schlüsselbund rasselnd hervor und öffnete die Zelle, und das andere zerrte die Prinzessin aus ihrem Kerker. Laurelin blinzelte angesichts des grellen und für sie fast blendenden Lichtscheins, während die beiden Lōkha sie durch den schmalen Gang und die Treppe emporstießen.

Jetzt zählte Laurelin aufmerksam: Acht Treppenabsätze hatten sie passiert, bevor sie die Tür ganz oben erreichten. Die Prinzessin zitterte, als sie in den zentralen Korridor gelangten, denn die Gefangenschaft hatte sie bereits geschwächt.

Die Lōkha wandten sich zur Seite und geleiteten Laurelin zu einer angrenzenden Tür, wo weitere Treppenstufen in die Höhe führten. Nach einer Weile erreichten sie einen großen und leeren Steintunnel. Hier zeigte erneut eine steile Treppe nach oben: eine Schlange aus Granit, deren harter Leib im Innern des Eisernen Turms Modrus erstarrt zu sein schien. Diese Treppe stiegen sie empor, ein Lōkh vor Laurelin, der andere hinter ihr. Die Prinzessin hielt sich dicht an der Wand, denn auf der anderen Seite gab es kein Geländer, das sie vor einem tödlichen Sturz in die Tiefe hätte bewahren können.

Immer höher hinauf wanden sich die Stufen, und sie kamen an kleinen Sehschlitzen in den Wänden vorbei, durch die man in das Düsterdunkel hinausblicken konnte. Treppenabsatz auf Treppenabsatz blieb hinter ihnen zurück, und bald atmete Laurelin schwer und schnappte keuchend nach Luft. Gerade als sie glaubte, vor Erschöpfung zusammenbrechen zu müssen, blieben die beiden Lōkha stehen und ruhten, denn der Aufstieg hatte auch sie angestrengt. Laurelin ließ sich auf eine der Stufen sinken, lehnte den Kopf an die kalte Wand und versuchte, ruhig und gleichmäßig zu atmen.

Viel zu schnell standen die beiden Ungeheuer jedoch wieder auf und knurrten Laurelin einen kehlig klingenden Befehl zu, ehe sie den mühevollen Aufstieg fortsetzten. Über vier weitere Treppenabsätze kamen sie, um dann endlich vor eine große eisenbeschlagene Tür zu gelangen. Der eine Lōkh griff nach einem Türklopfer aus Messing, hob ihn und ließ ihn auf das Eisen dröhnen.

Kurz darauf wurde die Tür von einem Rukh geöffnet, dem

ebenfalls die Zunge aus dem Maul geschnitten worden war. Man führte Laurelin in die große Kammer in der Spitze des Eisernen Turms. Sie war rund und durchmaß etwa zwanzig Meter, und dunkle Schatten huschten umher. An den Wänden erblickte die Prinzessin die undeutlichen Konturen von Tischen, auf denen Schriftrollen, Prismen, Destillierapparate, Astrolabien, Karten, geometrische Figuren aus Metall, Phiolen mit Chemikalien und viele andere seltsame Gegenstände und Geräte lagen, darunter auch verschiedene Lehrbücher.

Darüber hinaus standen aber auch einige Folterinstrumente bereit: eine Kohlenpfanne, in der ein Brandeisen glühte, Daumenschrauben, ein Streckbrett und andere gräßliche Gerätschaften, die nur dazu dienten, Schmerzen zu verursachen.

Doch Laurelins Aufmerksamkeit richtete sich sogleich auf ein großes Podest in der Mitte des Raumes. Sie schaute verwirrt drein, denn sie verstand nicht, was sich auf dieser Plattform ihren Blicken darbot: Das Etwas sah aus wie ein großer und unregelmäßig geformter *Fleck*, der nicht in erster Linie schwarz zu sein schien, sondern vielmehr so wirkte, als sauge er alles Licht auf. Er glich einem massigen Stein, der groß war, mehr als zwei Meter lang und jeweils einen guten Meter breit und hoch. Wie ein gewaltiger schwarzer Rachen ruhte dieses Etwas auf dem Podest, ein Maul, das das Licht verschlang.

Die beiden Lōkha führten Laurelin um dieses *Etwas* herum und zu einer Kette, die an einem eisernen Pfosten befestigt war. Mit dem gesunden Arm wurde die Prinzessin daran festgebunden. Und als die Ungeheuer kehrtmachten und die Kammer wieder verließen, wandte Laurelin den Blick von dem schwarzen Fleck ab und schaute sich um. Und plötzlich stockte ihr der Atem, denn nicht weit von ihr erblickte sie eine Gestalt, die Hände an die Wand gekettet, den Kopf kraftlos zur Seite geneigt.

Es war ein Elf!

»Herr von Gildor!« stieß Laurelin hervor.

Langsam hob der Elf den Kopf und sah sie an. Angesichts der vielen Verletzungen war sein Gesicht eine blutige Fratze. Lange starrte er die Prinzessin an, bis er dann erwiderte: »Nein, meine Dame, ich bin Vanidor, der Zwillingsbruder Gildors.«

Ein Schlangenlachen zischte in den dunklen Schatten an den Wänden. »*Tsss, sss, sss, zzz.* Wir haben also Vanidor vor uns, hm?«

Laurelin drehte den Kopf zur Seite und sah, wie die schwarze Gestalt Modrus aus den Schatten trat.

»Vanidor, der fünfte in der Thronfolge der Liankrone«, begann der Herr der Winternacht. »Vielleicht, liebste Prinzessin, sollte er Euren Platz einnehmen, denn Ihr könntet zwar eines Tages Anspruch auf den Thron des Hohekönigs erheben, doch in seinen Adern fließt das Blut der *Dolh*.« Modru schwieg kurz und breitete die Arme aus. »Doch leider ziehe ich zur Zeit das Adelsblut einer Prinzessin dem eines hochrangigen Lian vor. Ihr repräsentiert schließlich Mithgar, und das kann man von ihm nicht behaupten.«

»Prinzessin?« wiederholte Vanidor und sah Laurelin ein zweites Mal an.

»Ja!« Modru lachte zischend, als er nach dem verfilzten Haar Laurelins griff und ihren Kopf herumzwang, so daß das Fackellicht ihre Züge erhellte. »Vanidor, du Narr – hier ist die Frau, die du suchtest!«

Eingefallene Wangen, die linke Seite des Gesichts von dem früheren Schlag Modrus aufgequollen und schorfig, die Kleidung und der Verband mit einer dicken Kruste aus stinkendem Kot bedeckt: Es dauerte eine ganze Weile, bis sich Vanidor von seiner Überraschung erholte. »Es tut mir leid, meine Dame.« Mehr konnte er nicht hervorbringen.

»Ach – leid tut es dir?« zischte Modru, und in den Pupillen hinter den Augenschlitzen der eisernen Maske blitzte es triumphierend. »Ja, das sehe ich. Sie tut dir leid. Und noch mehr, als dir jetzt bewußt ist. Du hättest diese junge Frau erretten sollen – wenn es dir gelungen wäre, sie zu finden, sie als das zu erkennen, was sie ist ... und wenn du nicht in meine Gewalt geraten wärst. Aber der Plan einer Befreiung der Prinzessin hätte sich in keinem Fall leicht in die Tat umsetzen lassen, selbst wenn du an meinen Wächtern vorbeigekommen wärst. Denn dort unten, wo sich diese liebreizende junge Frau bis vor kurzem aufhielt, befand sie sich in der Gesellschaft eines ganz speziellen, sagen wir, Helfers. Und *der* hätte ganz gewiß nicht ruhig bei deinem Versuch zugesehen, ihm seine ... Beute zu stehlen. Oh, macht Euch keine Sorgen, meine Liebe. Er hat den Auftrag ... nun, freundlich zu sein. *Tsss, sss, sss.*«

Modru wandte sich an Vanidor und fauchte plötzlich: »Wie viele haben sich insgesamt auf den Weg gemacht, um in ihrer Vermessenheit zu versuchen, die Prinzessin zu befreien?«

Vanidor gab keine Antwort.

»Doch bestimmt mehr als nur drei«, zischte Modru.

»Frag die anderen doch«, entgegnete der Elf.

»Du weißt, daß sie tot sind, närrischer Vanidor«, erwiderte Modru. »Und deshalb frage ich dich. Und du wirst mir auch Auskunft darüber geben, wie es euch gelang, in meine Festung zu kommen.«

Erneut schwieg der Elf.

Modru rief zu dem stummen Rukh: *»Vhuul!«* Das Ungeheuer wandte sich um und eilte durch die Tür, und Modru trat an das Podium heran und betrachtete das schwarze und lichtfressende Maul. »Ich gewähre dir noch ein wenig Zeit, um dich eines Besseren zu besinnen, du Narr. Doch wenn du mir dann nicht freiwillig die von mir gewünschten Antworten gibst, werde ich dich eben dazu zwingen.«

Bei diesen Worten begann Laurelins Herz heftig zu klopfen, und sie blickte in die grünen Pupillen Vanidors und spürte, wie sich Tränen in ihren grauen Augen zu bilden begannen. Aber Vanidor schwieg beharrlich.

»Vielleicht sollte ich dich dadurch zum Sprechen bringen, indem ich mich ein wenig mit der Prinzessin beschäftige und dich dabei zusehen lasse«, überlegte Modru laut. »Nein, ich brauche sie ohne Makel.«

Die Tür öffnete sich wieder, und der Rukh eilte in die Kammer, und ihm folgte ein riesiger Troll. Vier Meter groß war er, und seine roten Augen glühten unheilvoll. In seinem halb geöffneten Maul waren lange und spitze Raubtierzähne zu erkennen. Die Haut des Ungeheuers schimmerte in einem grünlichen Ton, war geschuppt und ähnelte somit einer Panzerung. Nichts als eine schwarze Hose aus Leder trug das Ungetüm, das nun in die Kammer schwankte und dessen lange Arme schlaff an den Seiten herabhingen. Er starrte auf den schwarzen *Fleck* auf dem Podest, blieb vor Modru stehen und musterte Laurelin mit einem gierigen Blick.

Das Herz der Prinzessin schlug ihr nun bis zum Halse, und es fiel ihr sehr schwer, das Ungeheuer anzusehen, ohne nicht am ganzen Leib zu zittern.

»Dolh schluu gogger!« befahl Modru in der kehligen Slûkh-Sprache. Der Oger drehte sich daraufhin um und griff nach einem Arm von Vanidor, während der Rukh sich daranmachte, die Handfesseln zu lösen. Dann wurde der Elf auf das Streckbrett gelegt und an Armen und Beinen daran festgeschnallt. Der große Troll hockte sich daneben zu Boden, schlang die eine Hand sich um die Knie und legte die andere erwartungsvoll auf das Handrad, während das gierige Glühen in seinen roten Augen sich noch verstärkte.

Als Modru das Zeichen gab, begann der Troll das Rad zu drehen. *Krack! Krack! Krack! Krack!* knirschte es, und die Seile spannten sich. *Krack! Krack! Krack!* Vanidor konnte nun weder Arme noch Beine bewegen. Der Troll hielt das Rad wieder an. Das Ungeheuer hatte den Rachen geöffnet, in dem die dicke Zunge über gelbe Zähne leckte.

»Wieviel waren es insgesamt?« zischte Modru.

Vanidor schwieg.

Krack!

»Ich frage dich erneut, du Narr: Waren es mehr als nur drei?« Modru starrte Laurelin an, aber die Prinzessin preßte die Lippen aufeinander und gab keinen einzigen Laut von sich.

Krack!

»Sag mir, Elf: Wie lauten die Namen deiner beiden toten Gefährten?« Modru drehte sich wieder zu Vanidor um. Der Körper des Elfen war nun in die Länge gespannt.

»Antwortet ihm, Vanidor!« beschwor Laurelin ihn entsetzt. »Es ist kein Verrat, denn Eure Kameraden sind doch tot!«

»Duorn und Varion«, gab Vanidor zögernd Auskunft.

»Oh, der Tölpel kann *tatsächlich* sprechen«, zischte Modru. »Duorn und Varion also? Und was ist mit den anderen? Haben sie ebenfalls Namen?«

Vanidor blieb still.

Der Troll grinste böse.

Krack!

»Du solltest besser den Mund aufmachen, du Tor«, fauchte Modru. »Denn auch mit deinem Schweigen kannst du die Rückkehr meines Herrn nicht verhindern!«

»Deines Herrn?« entfuhr es dem Elfen unwillkürlich. Schweiß glänzte auf der Stirn Vanidors und rann ihm über das Gesicht.

»Gyphon!« donnerte die triumphierende Stimme Modrus.

»Gyphon?« hauchte Vanidor. »Aber Er ist doch jenseits der Sphären verbannt.«

»Noch ist das der Fall, ja«, knurrte Modru. »Aber am Schwärzesten Tag wird ihm der Myrkenstein das Tor öffnen, durch das Er zurückkehren kann.

Aber wir verlieren nur Zeit, du Narr! Nenn mir die Namen deiner anderen Gefährten!«

Stille.

Krack!

Vanidor stöhnte leise, und Tränen rannen über die Wangen Laurelins.

»Der ... Myrkenstein?« fragte der Elfenherr mit rauher Stimme.

Modru starrte ihn an und zögerte kurz, so als überlege er, ob er seinem Gefangenen gegenüber ein Geheimnis lüften solle. »Warum nicht? Du wirst schließlich keine Gelegenheit mehr haben, dein Wissen anderen mitzuteilen.« Der Herr der Winternacht trat an das Podium heran und sah zu dem schwarzen *Fleck* auf. »Hier, du Tor, siehst du den herrlichen Myrkenstein. Vor Jahrtausenden ist er von meinem Herrn auf den Weg geschickt worden. Eine lange Reise hat er hinter sich, aber vor fünf Jahren hat er mich schließlich erreicht. Erinnerst du dich nicht an die letzten Worte meines Herrn, die Er an Adon richtete? ›*Selbst jetzt noch kann ich Ereignisse herbeiführen, die du nicht aufzuhalten vermagst.*‹ Waren das nicht Seine Worte?«

Modru wandte sich um und blieb vor dem Streckbrett stehen. »Deine Begleiter, Narr: Ihre Namen will ich hören.«

Der Elfenherr biß sich so fest auf die Lippe, daß ihm Blut

übers Kinn rann, aber er gab keinen Ton von sich.

Krack!

Die Qual Vanidors wurde unbeschreiblich. Die Seile hatten ihm bereits die Schultergelenke ausgerenkt, und seine Wirbelsäule war derart gespannt, daß sie jeden Augenblick zerbrechen konnte. Rasselnd rang er nach Luft, und auf seiner Brust sah man deutlich jede einzelne Rippe.

»Nun, Vanidor«, höhnte Modru, »meine Bemerkungen über den Myrkenstein scheinen dich überrascht zu haben. Sicher fragst du dich, woher er kam: Vom Himmel, du Narr! Was ihr nämlich schlicht und einfach den Drachenstern nanntet, war in Wirklichkeit ein Zeichen Gyphons. Der große, feuerspeiende Komet diente einzig und allein dazu, den Myrkenstein zu mir zu bringen. Über Mithgar zogen die Flammen hinweg, bis weit nach Norden, bis hierher nach Gron, wo der Komet den Myrkenstein in mein Hoheitsgebiet fallen ließ. Warum, glaubst du, habe ich denn so viele Jahrhunderte lang in dieser Einöde gelebt? Aus Furcht etwa? Nein! Ich habe gewartet.

Und jetzt nenn mir die Namen deiner Kameraden!«

Nur das Schluchzen Laurelins antwortete ihm.

Speichel tropfte von den Zähnen des Troll.

Krack!

Vanidors Hände bluteten schrecklich, und die Fußgelenke zersplitterten mit einem leisen Knirschen. Der Elfenherr gab jedoch nur dumpfe und unartikulierte Laute von sich.

»Habt ihr etwa geglaubt, es handele sich nur um ein seltenes Naturschauspiel?« fragte das Schlangenzischen Modrus. »Nein, es war das Werk meines Herrn! Und es ist eine mächtige Waffe. Wie, glaubst du, entstand das Düsterdunkel? Nun? Das weißt du nicht? Dann will ich es dir sagen: durch den Myrkenstein, Narr. Er *verschlingt* förmlich den verfluchten Sonnenschein und schafft das Schattenlicht. Mit seiner Hilfe kann ich kontrollieren, wie weit die Winternacht reicht, und so habe ich die Macht über ganz Mithgar. Und wenn erst mein Herr zurückgekehrt ist, so werden meine Untertanen und ich vom Sonnenbann befreit. Und dann kann uns nichts mehr aufhalten. Dann ist uns die ewige Herrschaft über Mithgar sicher.«

Modru hieb mit der zur Faust geballten Hand auf das Streckbrett, und starrte den Elfen siegessicher an. »Die Namen, du verdammter Tor«, zischte Modru. »Die Namen!«

»Oh, Vanidor, so antwortet ihm doch!« schluchzte Laurelin. »Bitte sprecht!«

Vanidor stöhnte und ächzte, aber er nannte keine Namen.

Der große Troll schmatzte gierig.

Krack!

»Reite, Flandrena, reite!« platzte es schrill und gellend aus Vanidor heraus.

»Flandrena?« fauchte Modru. »Ist das einer deiner Begleiter?«

Vanidors schmerzerfüllte Schreie hallten durch den Eisernen Turm, und Laurelin zerrte an der Kette, wand sich hin und her, und weinend versuchte sie vergeblich, an die Seite des gefolterten Elfen zu gelangen.

Krack!

»Gildor!« heulte Vanidor in höchster Pein, dann sank sein Kopf zur Seite, und er rührte sich nicht mehr. Der Elf war tot.

Laurelin sank auf die Knie, schlang die Arme um ihren Körper und krümmte sich zusammen. Hin und her schwankte ihr Oberkörper, und ihre Schultern zitterten und bebten, während sie schluchzte und weinte. Aber das Entsetzen war so groß, so erschütternd, daß nicht ein einziger Laut über ihre Lippen kam. Kaum wurde sie sich der Lōkha bewußt, welche die Kette von ihrem unverletzten Arm lösten, sie von dem eisernen Pfosten fortstießen und die schmalen Stufen der steilen Wendeltreppe in die Tiefe geleiteten. Der schreckliche Tod Vanidor Silberzweigs hatte sie zutiefst erschüttert, so daß sie keinen klaren Gedanken mehr fassen konnte. Und während sie benommen hinunterstolperte, hörte sie weit oben das zischende Schlangenlachen Modrus.

Man führte sie in einen breiten Gang, aber die Lōkha machten keine Anstalten, sie in ihre dunkle Zelle zurückzubringen. Statt dessen wurde sie der Obhut zweier knurrender Rukha übergeben, welche die Prinzessin in einen luxuriös eingerichteten Raum führten.

»›Ohne Makel‹, gebot er«, krächzte eines der beiden Ungeheuer.

»Aber, *sss*, der Arm, der Arm ...« zischte das andere.

»Der Trank wird ihn heilen, du Dummkopf«, lautete die knurrende Antwort. »Aber erst müssen wir einen neuen Verband anlegen.«

Die beiden Rukha packten die Prinzessin mit festen Griffen und rissen ihr gefühllos die vor Schmutz starrende Kleidung vom Leib, bis sie schließlich nackt war. Dann benutzten die beiden eiserne Scheren, um die Tücher durchzuschneiden, in der ihr verletzter Arm ruhte, währenddessen der Prinzessin große Tränen über den Schmutzschorf auf den Wangen rannen.

Schließlich warfen die Rukha die Stoffetzen beiseite. Zwar hatte die Bruchstelle des verletzten Arms bereits begonnen, wieder zusammenzuwachsen – schließlich waren seit der Verletzung inzwischen schon dreiundzwanzig Tage verstrichen –, aber die beiden Diener des Herrn der Winternacht legten Laurelin dennoch einen neuen Verband an: Sie benutzten lange Tuchstreifen dazu, die sie in eine zähe Flüssigkeit tauchten und ihr dann um den Arm schlangen, wo sie innerhalb kurzer Zeit trockneten. Als die beiden Rukha damit fertig waren, reichte der nunmehr steif gewordene Verband vom Handgelenk bis fast zum Ellenbogen.

Anschließend zwangen sie die Prinzessin dazu, einen heißen Trank zu schlucken: Es war die gleiche scharfe und ätzende Flüssigkeit, die ihr die Ghola während des langen Ritts nach dem Eisernen Turm Modrus immer wieder eingeflößt hatten.

Sie brachten die Gefangene in einen anderen Raum und setzten sie in eine Wanne mit warmem Wasser. Mit geruchloser Seife wuschen sie ihr das verfilzte Haar und schrubbten ihr die Schmutzkruste vom Körper, während Laurelin die rauhe Behandlung teilnahmslos über sich ergehen ließ.

In jener Nacht schlief sie zwar in einem Bett, aber sie träumte vom Eisernen Turm, und als sie erwachte, schrie sie: *»Vanidor!«* Und sie weinte, bis sie irgendwann wieder einschlief.

In ihren Traumvisionen trat eine Elfin mit goldenem Haar auf sie zu und tröstete sie.

Und dann stand ein Elf vor ihr und musterte sie mit einem traurigen Blick. *Bist du Vanidor? Oder Gildor?* Aber der Elf gab keine Antwort und lächelte nur.

Schließlich sah sie vor ihrem inneren Auge auch Prinz Galen. Er stand im Schatten und hielt in der einen Hand das Medaillon mit der Locke Laurelins.

Als sie erwachte, spürte sie die Nässe von Tränen auf den Wangen, und immer wieder mußte sie an das denken, was oben in der Turmkammer geschehen war. In ihren Gedanken wiederholte sich immerzu jene grausame und erbarmungslose Folterung, die Vanidor zu Tode gequält hatte.

Der stumme Rukh brachte ihr etwas zu essen, aber sie rührte die Speisen nicht an. Sie setzte sich nur stumm auf, starrte mit leerem Blick ins Feuer und weinte still vor sich hin. Den ganzen Dunkeltag über rührte sie sich nicht von der Stelle und blieb eingehüllt von den Schatten des Entsetzens. Der Überfall auf den Wagenzug, die achtzehn Tage in der Gewalt der Ghola, die fünf »Tage« in ihrer schmutzigen und finsteren Zelle hatten gleichwohl nicht geschafft, was nun doch über sie gekommen war. Der grauenvolle Tod Vanidors hatte ihr schließlich alle Zuversicht geraubt und ihre Seele in eine dunkle Höhle der Hoffnungslosigkeit geworfen.

In der darauffolgenden Nacht träumte Laurelin erneut von der Elfin mit dem goldenen Haar, die diesmal aber ein Samenkorn in den schwarzen Boden pflanzte. Bald darauf keimte ein grüner Schößling und wurde zu einer herrlichen Blume, die jedoch ebenso rasch wieder verwelkte. Als ein heftiger Wind aufkam, ergriff eine Bö die leblosen Blütenblätter und wirbelte sie fort. Aber hier und dort schwebte auch seidiger Flaum in der Luft. Die Elfin streckte den Arm aus, nahm eine jener Flocken zur Hand und zeigte sie Laurelin. Und da: Es waren neue Samenkörner.

Die Prinzessin erwachte später, setzte sich im Schein des flakkernden Kaminfeuers auf und versuchte, die Bedeutung der Traumbotschaft zu erkennen, und nach einer Weile glaubte Laurelin zu wissen, was ihr die Vision mitzuteilen beabsichtigt hatte: *Dem Leben folgt der Tod, und aus dem Tod entsteht neues Leben, in einem niemals endenden Kreislauf.*

Und daraufhin – durch die Hilfe der Elfin mit dem goldenen Haar, einer Frau, die sie jedoch nie zuvor gesehen hatte – begannen sich die Wunden in der Seele Laurelins zu schließen und zu heilen.

Die Grimmengrotten

Sie stiegen eine lange Treppe empor, Brega und Gildor mit der Laterne voraus, gefolgt von Tuck und Galen. Und weiter unten rumpelte und dröhnte es noch weiterhin, denn der wütende Kraken hämmerte noch immer auf das Dämmertor ein: *Bumm! Bumm!*

Als sie das Ende der Treppe erreicht hatten, blieben sie stehen und schöpften Atem.

»Zweihundert Stufen«, stellte Brega fest und wandte sich an Gildor. »Seltsam, daß am Anfang eines Handelsweges eine so lange Treppe steht.«

»Wie dem auch sei, Zwicht Brega«, erwiderte Gildor, »dies ist jedenfalls der Weg, den wir damals benutzten. Vielleicht wurden die schwereren und größeren Waren über eine andere Route in die Grimmengrotten befördert, möglicherweise durch einen breiten Gang, der sich an die Kammer weiter unten anschloß. Doch als ich in Begleitung anderer Elfen vor vielen, vielen Jahren durch die Grimmengrotten auf die andere Seite des Grimmwalls gelangte, stiegen wir zuerst diese Treppe empor.«

Der Zwerg knurrte nur.

Bumm! Bumm! Bumm!

»Laßt uns weitergehen«, riet Brega, »bevor es dem tobenden Madûk gelingt, die verborgenen Streben zu brechen, und dann könnte hier alles einstürzen.«

Sie setzten also ihren Weg fort. Durch einen hohen Gang mit gewölbten Wänden schritten sie, und rechts und links waren die dunklen Öffnungen von anderen Korridoren zu sehen, die vom Hauptgang abzweigten und in die Schwärze führten. Der Boden war eben und von einer dicken Staubschicht bedeckt, in der sich keine Spuren zeigten – außer denen, die sie selbst hinter sich zurückließen.

Bumm! Bumm! Weit weg in der Tiefe wütete der Kraken noch immer, aber das Echo seiner Schläge verhallte, als sie tiefer in die Grimmengrotten vordrangen. *Bumm... bumm... bum...* Und schließlich konnten sie das Hämmern überhaupt nicht mehr hören.

Der Boden des Ganges neigte sich nun ein wenig nach unten, und zu beiden Seiten zweigten noch immer weitere Korridore ab. Gildor aber verblieb im Haupttunnel und schien genau zu wissen, welchen Weg sie nehmen mußten.

In das Innere ging es, weiter hinein in den dunklen Granit der Grimmspitze, wobei sie rasch ausschritten. Sieben Kilometer legten sie zurück, dann acht, und sie machten keine Pause. Galen hatte ihr Problem mit folgenden Worten umschrieben: »Wir müssen den Dunklen Irrgarten durchquert haben, bevor die Ghola dem Gargon berichten können, daß sich Fremde in seinem schwarzen Reich befinden.«

Doch sie alle waren ja müde, völlig erschöpft von der langen Flucht vor den Schergen Modrus. Und als sie schließlich in eine große Halle gelangten – sie war mehr als hundert Meter lang und dreißig Meter breit –, von der Brega behauptete, sie sei gut zehn Kilometer vom Dämmertor entfernt, blieb Gildor stehen.

»Wir müssen ausruhen und etwas essen«, schlug der Elfenherr vor. Er deutete auf die vier Hauptgänge, die von diesem saalartigen Gewölbe aus weiter in die Grimmengrotten hineinführten. »Und ich will die Pause nutzen, um mir jene Korridore dort anzusehen, denn nun gilt es zu entscheiden, welchen Weg wir nehmen sollen.«

Tuck ließ sich dankbar in der Mitte der Kammer zu Boden sinken und kramte in seiner Tasche, um zwei Miankekse hervorzuholen. Den einen reichte er Galen, und den anderen aß er selbst. Sie hockten im Schatten und beobachteten Gildor und Brega, die an den dunklen Gangöffnungen vorbeischritten und sich darüber unterhielten, in welche Richtung sie weitergehen sollten. Nach einer Weile kehrten Elf und Zwerg zu ihnen zurück, nahmen neben Mensch und Wichtel Platz und stärkten sich ebenfalls.

Brega schlang seine Ration regelrecht herunter, doch Gildor rührte sein Essen kaum an und machte einen sehr nachdenklichen Eindruck.

»Elf Gildor«, wollte Brega wissen und nahm einen Schluck aus seiner Feldflasche. »Können wir unterwegs irgendwo unsere Wasservorräte ergänzen?«

»Ja, wenn ich die entsprechende Stelle finde«, antwortete Gildor. »Als ich vor langer Zeit durch die Grimmengrotten wanderte, fand ich viel Wasser, und es war rein und schmeckte köstlich.«

»Elf Gildor«, ließ sich erneut die Stimme Bregas vernehmen, »im Augenblick droht uns ja keine Gefahr und wir ruhen uns aus. Ihr habt vor nicht allzu langer Zeit versprochen, uns von Ereignissen der Vergangenheit zu berichten, von den Dingen, die sich zutrugen, nachdem die Châkka Kraggen-cor verlassen hatten. Wer zog die Zugbrücke in die Höhe? Und wie kommt es, daß das Dämmertor geschlossen war? Wie entstand der Schwarze See?«

»Ah, ja.« Gildor nickte. »Ich will mein Versprechen halten. Hört mir also zu: Als dem Schrecken Modrus der Ausbruch aus dem Verlorenen Kerker gelang, flohen die Zwichte aus den Grimmengrotten, und einige Elfen suchten sogar in Darda Galion Zuflucht, denn der Schrecken ist wirklich gar fürchterlich. Nach Osten und Westen flohen die Zwichte und wandten sich anschließend nach Norden und Süden. Und auch die Elfen machten sich auf und davon, manche sogar zu Fuß.

Als die Zwichte fort waren, versammelten sich Rukha und Lōkha in den Schwarzen Höhlen in der Absicht, dem Gargon in seinem dunklen Reich zu dienen. Es kam häufig zu Kämpfen gegen die Teufelsbrut, und die Lian stellten Wächter an den beiden Zugängen zu den Grimmengrotten auf – sowohl am Dämmertor als auch an der Dunkelpforte.

Auch die *Rûpt* bewachten die Eingänge – obgleich niemand weiß, warum sie diesen Ort für so wichtig erachteten. Vielleicht fürchteten sie, es könne den Lian gelingen, in die Grotten vorzustoßen, aber selbst Lian sind nicht dazu in der Lage, es mit einem Gargon aufzunehmen: Während des Großen Bannkriegs vor viertausend Jahren gelang es nur den Zauberern aus den Schwarzen Bergen von Xian, mit ihrer in Bann schlagenden Macht jene Ungeheuer zu vertreiben. Und wenn es die Zauberer damals mit mehr Gargonen zu tun bekommen hätten, wäre vielleicht nicht einmal ihre Magie fähig gewesen, mit dieser Gefahr fertigzuwerden.

Nun, wie dem auch sei: Die Teufelsbrut bewachte das Dämmertor, auf daß es niemandem gelänge, in die Grimmengrotten zu gelangen, und die Lian beobachteten die beiden Zugänge, während Jahreszeiten einander abwechselten und Jahr um Jahr verstrich.

Vor fünfhundert Jahren dann kamen zwei große Trolle, und in jeder Nacht häuften sie Steinblöcke aufeinander und bauten einen Damm, der das Wasser des Dämmerflusses staute. Ein Jahr lang arbeiteten sie bis zur Fertigstellung. Die Fluten des Dämmerflusses ergossen sich daraufhin nicht länger in einer prächtigen Kaskade über die Felsen, sondern sammelten sich hinter dem Trolldamm und stiegen immer höher. Der Schwarze See – der Dunkle See, wie er richtig heißt –, wurde größer und größer und füllte schließlich das ganze Tal unterhalb des alten Wächterfelsens.

Ich glaube, danach verstrich ein weiteres Jahr, ehe in der Dunkelheit der Nacht ein großer Drache herbeiflog.«

»Ein Drache?« platzte es aus Tuck heraus.

»Ja, ein Drache«, bestätigte Gildor und nickte.

»Dann stimmen also die alten Sagen«, meinte Tuck. »Die Drachen gibt es demnach wirklich, sie sind also nicht nur Fabelwesen.«

»Genau, Tuck«, bekräftigte Gildor. »Drachen sind lebendige Geschöpfe, sowohl die Feuerdrachen als auch die Frosterpel. Einmal waren alle Drachen dazu in der Lage, Feuer zu speien, aber jene, die während des Großen Bannkriegs auf Seiten Gyphons kämpften, wurden ihrer Flammen beraubt und zu Frosterpeln. Sie traf Adons Bann. Das helle Licht der Sonne tötet sie, auch wenn sie nicht den Verdorrenden Tod sterben: Ihre Schuppen schützen sie davor. Nun, die Frosterpel sind trotzdem gefährliche Gegner, und wenn sie die Rachen öffnen und speien, züngeln zwar keine Flammen, aber der Speichel vermag harten Fels und festes Metall aufzulösen. Sogar Silber kann ihm nicht standhalten. Und wenn deren Hauch auf ungeschützte Haut trifft, so verbrennt sie in einem kalten Feuer.«

»Und wo sind sie jetzt, die Drachen und Frosterpel?« fragte Tuck. »Ich meine: Wenn es die Drachen wirklich gibt, dann müßten sie doch von dem einen oder anderen gesehen worden sein.«

»Sie schlafen, Tuck«, erklärte Gildor. »Tausend Jahre lang müssen sie sich in ihren in den fernen hohen Bergen gelegenen Höhlen verbergen. Und sie warten nur darauf, daß sie geweckt werden, ihre Schwingen ausbreiten und erneut über das Land herfallen können. Vor fünfhundert Jahren haben sie sich schlafen gelegt. Und in weiteren fünfhundert Jahren werden sie erwachen. Und dann werden sie hungrig sein, und zweitausend Jahre lang brauchen sie nicht mehr zu ruhen und können rauben und alles verbrennen.«

»Der Tag, an dem die Drachen erwachen, wird schrecklich sein«, prophezeite Brega finster. »Alle Völker Mithgars fürchten sich vor ihnen. Die Châkka sind oft von jenen Ungeheuern der Lüfte angegriffen worden. Die Drachen wurden von unseren Schätzen angelockt und raubten die Reichtümer, die wir in vielen Jahrhunderten zusammentrugen.« Brega sah Gildor an. »Aber jener Drache, der des Nachts ans Dämmertor flog – war es ein Frosterpel, wie Kriechflink?«

»Ja, wie Kriechflink«, erwiderte Gildor, »aber nicht genau derselbe, denn dieser Lindwurm war bereits von Elgo erlegt worden.« Bei der Erwähnung von Elgos Namen begann es in den Augen Bregas zu funkeln. Aber bevor er noch etwas zu sagen vermochte, fuhr Gildor fort: »Als das große Geschöpf aus dem nördlichen Ödland kommend nach Süden segelte, dachten wir zunächst, es sei die mächtige Schwarzschuppe. Kurz darauf aber sahen wir, daß es sich vielmehr um die Ödlandschwinge handelte. Und der Drache trug etwas bei sich, eine Last – eine *sich schlängelnde* Last –, etwas Lebendiges, das er in den Schwarzen See warf.«

»Der Kraken«, bemerkte Galen.

»Der Madûk«, entfuhr es Brega.

»Richtig«, bestätigte der Elf und nickte. »Damals hatten wir natürlich noch keine Ahnung, um was es sich handelte, aber jetzt, fünfhundert Jahre später, wissen wir längst, daß in den schwarzen Wassern des Dunklen Sees ein Hôllfraß lauert.«

»Ein Hôllfraß?« Ein weiteres Mal runzelte Tuck verwirrt die Stirn. »Woher kam dieses Geschöpf?«

»Ich vermute, Ödlandschwinge hat den Hôllfraß vom Großen Mahlstrom in der Region der im Borealmeer gelegenen Inseln des Verderbens hierher gebracht, denn dort leben diese Wesen. Mit ihren langen Fangarmen zerren sie Schiffe in den großen Strudel, dort, wo die Gronspitzen im Meer versinken.« Gildor sah sie der Reihe nach an. »Aber der Hôllfraß könnte auch woanders beheimatet gewesen sein: Es heißt, gar gräßliche Ungeheuer aus grauer Vorzeit leben noch heute in den Tiefen nicht nur der großen Meere, sondern auch in den lichtlosen Wassern des Grimmere, des Nordensees und in anderen Fluten. Außerdem gibt es viele Flüsse und Ströme, die tief unter unseren Füßen dahinfließen, eingehüllt in ewige Nacht. Dort fressen sich die Wasser durch Fels und Stein und vereinen sich zu großen Höhlenseeen. Auch dort sollen schreckliche Kreaturen hausen, Geschöpfe, die noch schlimmer sind als Gargonen.«

Tuck schauderte und sah sich unwillkürlich um. Jenseits des Lichtscheins von Bregas Laterne war jedoch alles still und finster. Gildor fuhr fort: »Der Drache ließ seine Last in den Schwarzen See fallen und flog unmittelbar im Anschluß daran wieder nach Norden, wobei er es ganz offensichtlich sehr eilig hatte, vor Sonnenaufgang seine Schlafhöhle zu erreichen. Und als sich der Hôllfraß im Wasser des Sees befand und der nächste Tag anbrach, mußten die Lianwächter feststellen, daß die Zugbrücke hochgezogen und das Dämmertor geschlossen waren. Und die *Rûpt*posten vor dem Portal zu den Grimmengrotten waren abgezogen.«

»Sie brauchten es auch nicht mehr zu bewachen«, warf Galen ein, »denn nun gab es ja den Kraken, der fortan diese Aufgabe übernahm.«

»Stimmt genau«, erwiderte Gildor. »Und jetzt wissen wir auch, warum die Ghûlka uns nicht angriffen: Sie fürchteten den Hôllfraß.«

Erneut schauderte Tuck. »Was für ein gräßliches Ungetüm: Es wartet im schwarzen Wasser bloß darauf, hilflose Opfer packen und verschlingen zu können.«

Einige Augenblicke lang sprach niemand ein Wort. Dann flüsterte Galen: »Ich habe mein schwarzes Roß sehr geliebt.«

»Ich meinen Flinkhuf ebenfalls«, fügte Gildor hinzu.

Wieder senkte sich Stille über sie herab, und Tränen glänzten in den Augen Tucks. Selbst Brega schien von dem schrecklichen Tod der Pferde betroffen zu sein, die ihre Kräfte vollkommen verausgabt hatten, um ihre Reiter nicht in die Hände der Ghûle fallen zu lassen, und die dann von dem Kraken in die Tiefe des Dunklen Sees gerissen worden waren. Der Zwerg räusperte sich und brachte mit rauher Stimme hervor: »Es waren gewiß die besten Pferde, die es jemals gab.«

Nach einer Weile stand Galen auf und meinte: »Ist das alles, Gildor? Wir sollten jetzt wieder aufbrechen.«

»Nur noch eines, König Galen«, bat Gildor und erhob sich ebenfalls. »Das Ungeheuer wurde auf den Befehl Modrus hin von dem Drachen in den Dunklen See geworfen; das ist ganz sicher, denn niemand sonst könnte ein Interesse daran haben, den Zugang in die Grimmengrotten zu versperren. Und noch etwas: Die Macht des Herrn der Winternacht muß wirklich groß sein, wenn er einen Drachen damit beauftragen kann, einen Hôllfraß vom Großen Mahlstrom bis hierher zu tragen und sich das Ungetüm die Mühsal des Transports auch gefallen läßt.«

»Vielleicht«, sagte Brega beiläufig und schnallte sich seine Taschen auf den Rücken, »ist etwas dran an der Legende, die behauptet, Drachen gingen Verbindungen mit Madûks ein.«

»Was?« stieß Tuck hervor. »Drachen lassen sich mit Kraken ein?«

»Es ist zwar nur eine Sage«, antwortete der Zwerg. »Aber eines stimmt: Den Châkka sind keine weiblichen Drachen bekannt.« Brega warf Gildor einen forschenden Blick zu, doch der Elfenherr bestätigte nur mit einem Schulterzucken diese letzten Worte.

Erneut machten sie sich auf den Weg. Je tiefer sie in das Höhlensystem gelangten, desto unbehaglicher wurde Tuck zumute, obgleich der Grund seiner wachsenden Unruhe ihm selbst ein Rätsel war.

Der Gang, für den sich Gildor entschieden hatte, führte weiter in die Tiefe, und als der »Große Saal« – wie Brega ihn nannte – nur erst einen knappen Kilometer hinter ihnen lag, gelangten sie an einen Riß im Boden. Fast drei Meter war er breit, und auf der anderen Seite setzte sich der Korridor fort. Und aus dem dunklen Abgrund der Spalte vor ihnen ertönten schmatzende und gurgelnde Geräusche.

»Aha«, machte Gildor. »Jetzt bin ich ganz sicher, daß wir dem Weg folgen, den ich auch vor vielen Jahren genommen habe: Ich erinnere mich noch sehr gut an diesen Riß im Boden und das Schmatzen darin. Damals aber spannte sich ein hölzerner Steg darüber, so daß man auf die andere Seite gelangen konnte.«

»Was verursacht dieses sonderbare Sauggeräusch?« fragte Tuck. Er trat nahe an die Spalte heran und starrte in die Tiefe, aber er konnte nichts erkennen, und daraufhin wich er wieder zurück. »Es hört sich so an, als befände sich dort unten irgendein Ungeheuer, dem nichts lieber wäre, als uns zu verschlingen.« Bei dieser Bemerkung entsann sich der Jungwichtel der Erzählung des Elfenherrn über Ungetüme, die in schwarzen Tiefen hausten.

Brega horchte. »Ich glaube, es handelt sich um einen Strudel. Herr von Gildor, als Ihr damals hier wart, hatte da dieser Ort einen Namen?«

Gildor schüttelte den Kopf, und Tuck sagte: »Dann nenne ich ihn hiermit die Schmatzende Schwärze. Vielleicht gibt es dort unten tatsächlich irgendwo einen Strudel, aber er verursacht jedenfalls schmatzende Geräusche.«

»Tuck, glaubst du, du könntest auf die andere Seite springen?« fragte Galen.

Mit einem prüfenden Blick maß der Jungwichtel die Entfernung: Für ihn, nur gut einen Meter groß, war es in jedem Fall ein recht weiter Sprung. »Ich meine schon«, erwiderte er schließlich. »Aber eine Brücke wäre mir lieber.«

»Hier, Waeran«, rief Brega, und er setzte sowohl die Laterne als auch sein Gepäck ab und entrollte ein Seil. »Leg deine Taschen ab und binde dir das Seil um. Dann wirf mir das Ende zu. Ich werde dich halten, wenn du das Gleichgewicht verlieren und hinabstürzen solltest.«

Der Zwerg nahm einen kurzen Anlauf und sprang auf die

andere Seite der Spalte. Tuck warf Brega das eine Ende des Seils zu und hielt das andere um die Taille geschlungen. Als Brega sich das Tau um die Schultern gebunden hatte und es fest in den Händen hielt, nickte er dem Jungwichtel zu.

Tuck warf einen letzten Blick in die dunkle Tiefe des Abgrunds vor ihm, wobei er versuchte, den Gedanken an ein monströses Ungeheuer zu verdrängen, das dort unten nur auf ein Opfer wartete, das es verschlingen konnte. Er nahm Anlauf und stieß sich mit aller Kraft ab, so daß er ohne Schwierigkeiten auf die andere Seite des Bodenrisses gelangte.

Gildor warf ihnen sowohl die Laterne als auch die Taschen zu und dann sprangen auch er und zuletzt Galen hinüber. Als sie sich alle auf der anderen Seite des Erdrisses befanden, setzten sie ihren Weg fort und ließen das gräßlich klingende Saugen der Schmatzenden Schwärze hinter sich zurück.

Tief unter dem dunklen Granit der Grimmspitze wanderten sie dahin. Ihr Weg fiel noch immer leicht ab, und dann und wann zweigten andere Gänge von dem Hauptkorridor ab. Manchmal stießen sie auch auf neue Risse im Boden, doch keine dieser Spalten war so breit wie die der Schmatzenden Schwärze. Und während sie Kilometer um Kilometer zurücklegten, verstärkte sich die dunkle Vorahnung Tucks.

»Es ist der Schrecken Modrus, Tuck«, erklärte Gildor, als er den Schweiß auf der Stirn des Wichtels sah. »Wir kommen ihm nun näher, und deine dumpfe Furcht wird noch weiter zunehmen.«

Sie schritten durch einen finsteren Irrgarten, und irgendwann gelangten sie in eine geräumige und oval geformte Halle, die nach Bregas Worten etwa achtzehn Kilometer vom Dämmertor entfernt war. Auch dieses saalartige Gewölbe hatte ziemlich große Ausmaße: In der Länge rund hundert Meter, und an der breitesten Stelle waren es fast achtzig Meter von Wand zu Wand. Sie durchwanderten sie und schritten durch die dunkle Öffnung, die am gegenüberliegenden Ende gähnte.

Noch immer fiel der Boden des Korridors leicht ab. Tuck war inzwischen recht müde, und gelegentlich drohten ihn seine Kräfte zu verlassen. Er hatte bereits einen langen »Tag« hinter sich – einen Tag, der vor vielen Stunden mit dem Versuch begonnen hatte, den Quadranpass zu überqueren.

»Wenn wir die nächste Halle erreichen, legen wir eine längere Pause ein«, kündigte Galen an. »Wir müssen uns ausruhen, denn sonst versagen uns die Beine noch den Dienst, und dann können wir nicht genügend rasch fliehen, sollte das erforderlich werden.«

Sechs weitere Kilometer legten sie in dem schwarzen Labyrinth zurück, vorbei an Abzweigungen und kleineren Nebengängen und manchmal über eine weitere Bodenspalte hinweg. Aber dann endlich gelangten sie erneut in einen großen Saal. Brega hielt die Laterne hoch empor, und Gildor lächelte erleichtert. »Auch an diesen Ort erinnere ich mich: Hier machten wir Halt, um unsere Wasservorräte zu ergänzen.«

Tuck blickte an dem Elfenherrn vorbei und sah einen fast runden Raum, der etwa zweihundert Meter durchmaß. Und in dem phosphoreszierenden Glanz, der von der Zwergenlaterne ausging, konnte er auch eine niedrige steinerne Brücke erkennen, die über einen Fluß führte, dessen klare und sprudelnde Wasser sich aus einer Öffnung in der Wand links von ihnen ergossen, durch einen tiefen Einschnitt im Fels spülten und unter der einen Wand der Halle wieder in der Dunkelheit verschwanden. Hier und dort ragten kleine Steinsimse aus dem Boden des Höhlengewölbes.

»Diesen Ort nennt man Grundkammer«, eröffnete ihnen Brega. »In den Sagen und Legenden der Châkka wird immer wieder die über den Trinkfluß führende Brücke erwähnt. Das Wasser, so heißt es, schmecke wie eine süße Frucht.«

»Das traf auch auf das Wasser des Dämmerbaches zu«, erwiderte Gildor, »bevor der Dunkle See entstand. Jetzt aber ist es durch den Hôllfraß verdorben, und es schmeckt faulig und bitter. Laßt uns hoffen, daß wenigstens das Wasser des Trinkflusses noch genießbar ist.«

Mit langen Schritten durchmaßen sie die Grundkammer, und am Ufer des Flusses blieben sie stehen, schöpften mit den Händen Wasser, tranken und füllten sich wieder ihre ledernen Beutel, nachdem sie festgestellt hatten, daß es wirklich rein und trinkbar war.

Dann sanken sie zu Boden, lehnten sich mit dem Rücken an einen der vielen Steinsimse und stärkten sich an ihren Vorräten. Während sie ihre Mahlzeit einnahmen, überkam Tuck erneut das Unbehagen, und ein Hauch von Entsetzen durchpulste ihn auf Grund der gefährlichen Nähe zu dem Schrecken.

Sie waren gerade mit dem Essen fertig, als Gildor leise sagte: »König Galen, ich habe eine schlechte Nachricht für Euch. Bis jetzt konnte ich nicht darüber sprechen, denn mein eigener Kummer war einfach zu groß. Doch nun darf ich das, was ich weiß, nicht länger für mich behalten: Ich fürchte, der Versuch, die Prinzessin aus der Gewalt Modrus zu befreien, ist fehlgeschlagen, und Vanidor kam dabei ums Leben.«

»Vanidor ...« rief Tuck überrascht aus, doch dann unterbrach er seinen Satz, zögerte kurz und fragte: »Woher wollt Ihr das wissen, Gildor?«

»Der Ort, an dem er in meinem Herzen weilte, ist nun leer.« Gildor schwieg eine Weile und blickte ins Leere, und als er fortfuhr, war seine Stimme nur ein leises Flüstern: »Ich habe seine Todesqualen gespürt. Ich vernahm seinen letzten Schrei. Das Böse in Gron hat meinen Bruder umgebracht.«

Gildor stand auf und wanderte in dem Gewölbe auf und ab. Tuck, Galen und Brega erinnerten sich jetzt daran, daß der Elf vor einer Weile auf die Knie gesunken und *»Vanidor!«* gerufen hatte – in jenem gräßlichen Augenblick, als sie außerhalb des Dämmertors von dem Kraken angegriffen worden waren.

Nach einer Weile erhob sich auch Galen und verschwand in der Dunkelheit jenseits des Lichtscheins der Laterne, um dem Elfenherrn zu folgen. Sie blieben stehen und sprachen miteinander, aber ihre Stimmen waren so leise, daß Tuck kein Wort verstehen konnte. Tränen bildeten sich in seinen Augen und rannen ihm in salzigen Perlen über die Wangen.

Und auch Brega beugte sich vor und verbarg das Gesicht unter seiner Kapuze.

Von der Grundkammer aus schritten sie nach Südosten, und als sie dem Verlauf des Korridors folgten, wandte sich der Gang allmählich nach Osten. Der Boden stieg nun etwas an, und in den Wänden rechts und links von ihnen sahen sie nach wie vor die dunklen Öffnungen kleinerer Nebengänge.

Rund fünf Kilometer legten sie zurück, und Gildor blieb an einer Stelle stehen, an der ein großer Gang nach Süden führte. Offenbar war er ein wenig unsicher geworden und besprach sich mit Brega, doch das begrenzte Wissen des Zwergs war ihm nur eine geringe oder gar keine Hilfe. Schließlich entschied sich der Elf dazu, den Weg durch den anderen Tunnel fortzusetzen, und so wanderten sie nach Süden und kamen bald darauf in eine weitere Halle. Hier verharrte Gildor erneut, sah sich um, schüttelte aber den Kopf und führte seine Begleiter in den Hauptkorridor zurück und dann nach Osten.

Der Boden des Ganges neigte sich weiterhin nach oben, und bald darauf beschrieb der Korridor eine Kurve und führte daraufhin nach Norden. In diesem Bereich zweigten keine Nebengänge mehr ab.

Fast fünf weitere Kilometer brachten sie hinter sich, ehe sie eine Kreuzung von vier Gängen erreichten. Der linke war recht hoch und breit und führte nach oben. Auch der rechte sah aus wie eine Hauptverbindung, doch der Boden fiel nach unten ab. Die beiden mittleren Tunnel waren klein und schmal; durch einen von ihnen konnte man ganz offensichtlich in höhergelegene Bereiche der Grimmengrotten gelangen, während der andere nach unten führte. Unmittelbar links von ihnen befand sich eine geöffnete Steintür.

»So was Dummes, ich kann mich nicht mehr erinnern«, rief Gildor und starrte auf die vier vor ihnen liegenden Gangöffnungen.

»Es spielt keine Rolle, für welchen Tunnel wir uns entscheiden«, stellte Brega fest. »Durch sie alle kommt man nach Rávenor.«

»Zur Sturmzacke?« fragte Tuck. »Aber ich dachte, wir befänden uns hier unter der Grimmspitze.«

»Sieh dich einmal genau um, Waeran«, forderte ihn Brega auf und deutete in die Runde. »Hier kannst du den schwarzen Granit von Aggarath erkennen, wohingegen sich dort der rauhe Stein von Ràvenor befindet. Ja, bisher befanden wir uns unter dem Fels der ›Grimmspitze‹, doch nun wandern wir unter der gewaltigen Bergmasse der ›Sturmzacke‹ hinweg.«

Als sie den Weg nach Osten fortsetzten, konnte Tuck zwar spüren, wie seine innere Unruhe weiter zunahm, aber es keimte auch neue Hoffnung in ihm empor. »Stimmt es, daß sich die Dunkelpforte in der Flanke der Sturmzacke befindet?« Und als Brega daraufhin nickte: »Dann haben wir also bald die andere Seite des Grimmwalls erreicht.«

»Ach, Freund Tuck«, erwiderte der Zwerg, »zwar haben wir bereits mehr als dreißig Kilometer unter dem Fels von Aggarath zurückgelegt, aber wir müssen noch einmal vierzig Kilometer unter dem roten Stein Rávenors hinter uns bringen, bevor sich uns eine Möglichkeit bietet, die Grimmengrotten auf der anderen Seite des Grimmwalls zu verlassen.«

Bei diesen Worten Bregas ließ Tuck die Schultern hängen, und sein Mut sank noch weiter, als Gildor ergänzte: »Vierzig Kilometer mögen es sein, wenn ich den richtigen Weg finde. Andernfalls werden es jedoch bestimmt noch viel mehr.«

»Laßt uns eine Pause machen und etwas essen, während Ihr Euch zu orientieren versucht«, schlug Galen vor.

Der Elf nickte, und Brega führte sie durch die geöffnete Steintür in eine niedrige Kammer, die nur knapp zehn Quadratmeter groß sein mochte. Es war der erste kleine Raum, den sie bisher in den Grimmengrotten gesehen hatten.

»Oh!« platzte es aus Brega heraus, und er hielt die Laterne hoch.

In der Mitte des Raumes hing eine schwere eiserne Kette von einer vergitterten Öffnung in der Decke, und durch einen weiteren Rost verschwand sie im Boden. Die starken Kettenglieder schienen direkt der Finsternis über ihnen zu entspringen und unten von der Dunkelheit verschluckt zu werden.

Brega untersuchte das in den Fels des Bodens eingelassene Gitter. »Seid auf der Hut. Die Metallstäbe sind nun sicherlich locker, obgleich sie einmal fest im Granit verankert waren.«

Tuck blickte sich verwundert in dem kleinen Raum um. Er starrte auf die beiden vergitterten Schachtöffnungen und auf die

Kette dazwischen. »Was hat es mit dem Schacht und der Kette auf sich, Brega? Und was ist mit den eisernen Gitterstäben?«

Der Zwerg zuckte nur mit den Schultern. »Ich weiß nicht, welchem Zweck diese Dinge dienten, Freund Tuck. Ich kenne Belüftungsschächte und Tunnel, durch die man Erz, Wasser, Lebensmittel und andere Dinge beförderte. Der Sinn dieser Konstruktion aber entzieht sich meinem Wissen. Aber ich bin davon überzeugt, andere Châkka könnten dir den Zweck von Schacht und Kette sofort erklären. Was die Gitter angeht: Ich vermute, sie wurden in den Fels eingelassen, um zu verhindern, daß vom Schacht her etwas in diesen Raum gelangen kann.«

»Oder umgekehrt«, warf Gildor ein.

»Ist dies der Verlorene Kerker?« Tucks Herz klopfte heftig bei dieser Frage.

»Nein, Tuck«, beruhigte ihn Gildor und deutete auf die steinerne Tür und die Eisenstäbe. »Eine derart primitive Konstruktion hätte nicht einmal einem entschlossenen Rukh widerstehen können, geschweige denn der Kraft eines mächtigen Vûlk.«

»Elfenherr, dieser Raum wurde von Châkka aus dem Fels gemeißelt«, widersprach Brega aufgebracht. »Ihr übertreibt, wenn Ihr behauptet, man könne keinen Ükh auf Dauer hier festhalten ... obgleich Ihr sicher recht habt, was den Ghath betrifft.«

Als der Name des Schreckens fiel, schlug Tuck das Herz bis zum Halse, und in seinen Ohren begann es plötzlich zu dröhnen.

»Deine Worte entsprechen der Wahrheit, Zwicht Brega, und ich entschuldige mich bei dir für mein vorschnelles Urteil.« Gildor verbeugte sich vor dem Zwerg, und Brega neigte den Kopf.

Sie hockten sich auf den Boden, aßen Mian und tranken Wasser, und Gildor dachte die ganze Zeit darüber nach, für welchen der vier Korridore er sich entscheiden sollte. »Ich glaube folgendes: Wir sollten keinen der beiden mittleren Gänge nehmen, denn ich erinnere mich daran, daß ich damals nur durch recht große Tunnel wanderte. Aber ich weiß einfach nicht, ob wir unseren Weg durch den ganz linken oder aber ganz rechten Korridor fortsetzen sollten.«

»Weißt du denn gar nichts von dieser Abzweigung, Brega?« fragte Galen.

»Nein, König«, erwiderte der Zwerg.

»Dann, Herr von Gildor«, fuhr Galen fort, »müßt Ihr Euch für einen der beiden Gänge entscheiden, und wir können nur hoffen, daß Ihr später etwas wiedererkennt.«

Schlagartig verstärkte sich das Entsetzen in Tuck und umhüllte sein Gemüt wie eine große und finstere Wolke. Der Jungwichtel schnappte unwillkürlich nach Luft, und Galen, Gildor und Brega erblaßten ebenfalls. Aber ebenso jäh, wie sie entstanden war, löste sich der dichte Dunst der Furcht wieder auf, und es war, als sei ein schweres Gewicht von ihren Schultern genommen.

»Er weiß Bescheid!« rief Gildor und sprang auf. »Der Schrekken hat nun erkannt, daß wir uns in seiner Domäne befinden. Und er macht sich auf und sucht nach uns.«

»Die Ghola«, keuchte Galen. »Sie haben ihm demnach von uns berichtet.«

»Wir müssen die Grimmengrotten so schnell wie möglich verlassen!« kreischte Brega. »Wir müssen fliehen, bevor uns der Ghath findet!« Hastig schnallte sich der Zwerg seine Taschen auf den Rücken und trat an die Tür heran. Er hielt die Laterne hoch empor, und Galen, Gildor und Tuck folgten ihm eilig.

Vor den vier abzweigenden Gängen blieben sie stehen. »Welchen Weg sollen wir nehmen, Gildor?« fragte Galen. »Wir dürfen nicht noch mehr Zeit verlieren. Ihr müßt Euch jetzt entscheiden.«

»Wir nehmen den Korridor ganz links«, entschloß sich Gildor. »Es scheint mir der größere der Tunnel zu sein.«

Und in diesen Gang hasteten sie hinein. Tuck bestimmte das Tempo, denn er war der Kleinste.

Gildor zog das Schwert Unheilsbringer aus der Scheide und hielt es zum Schlag bereit. Das rote Glühen des Klingenjuwels sollte sie davor warnen, wenn im Dunkel vor ihnen Schergen Modrus lauerten.

Einen knappen Kilometer legten sie durch den Korridor mit den glatten und gewölbten Wänden zurück, doch dann wurde Gildor immer behutsamer, so als schrecke er davor zurück, den Weg fortzusetzen – obgleich das in die Klinge seines Schwertes eingelassene Juwel nur in einem matten Scharlachrot leuchtete.

Nach einer geringen Strecke blieb der Elf stehen, und auch seine Begleiter verharrten. Nur Brega trat noch einige Schritte vor. »Wir dürfen nicht weitergehen«, preßte Gildor gepreßt hervor, und sein Gesicht war aschfahl.

»Aber dieser Tunnel ist groß und leer«, knurrte Brega und deutete in das graue Zwielicht vor ihnen.

»Wir nähern uns einem Ort des Verderbens«, ahnte Gildor. »Der Gestank, den ich rieche, ähnelt dem von Schlangen, aber es sind keine Schlangen, die in der Schwärze vor uns lauern.«

Tuck schnüffelte, und jetzt roch er es ebenfalls: ein bitterer, fast ätzender Duft, wie von Nattern. »Was ist das, Herr von Gildor? Was verursacht diesen Gestank?«

»Das weiß ich nicht genau, Tuck«, antwortete der Elf. »Aber als ich vor langer Zeit an den Schlachten des Großen Bannkriegs teilnahm, nahm ich ihn dort wahr, wo sich zuvor Gargonen aufgehalten hatten.«

Daraufhin machten sie kehrt und eilten zurück, und als sie erneut die Abzweigung erreichten, traten sie in den rechten Korridor. Und als sie dem Verlauf dieses nach oben führenden Ganges folgten, stieg erneut das Grauen in Tuck empor. Er begann am ganzen Leib zu zittern, und sein Knie drohten nachzugeben.

»Der Schrecken ... er sucht nach uns.« Gildors Stimme war nichts mehr als nur ein Hauch, und seine Begleiter nickten ernst.

Weiter durch den nach oben führenden Gang eilten sie im phosphoreszierenden Schein der Zwergenlaterne und Tuck legte weiterhin das Tempo vor. Tuck schritt so rasch aus, wie er konnte, und nach und nach fiel ihm auf, daß sich die Beschaffenheit des Korridors zu ändern begann. Die Wände rechts und links waren bald nicht mehr glatt, sondern rauh und schienen von den Zwergenwerkzeugen nicht in dem Maße bearbeitet worden zu sein, wie die hinter ihnen liegenden Bereiche. Dann sahen sie vor sich einen schmalen Spalt im Boden, der sich kurz darauf verbreiterte und zu einer regelrechten Schlucht wurde, in der tiefste Finsternis wallte. Der feste Boden, über den sie wanderten, wurde immer schmaler und war bald nicht mehr als ein Sims am Rande des schwarzen Abgrunds. Nach einigen weiteren Metern konnten sie sich nur noch mit aller Vorsicht über diesen Vorsprung schieben und mußten dauernd an der Wand nach Halt suchen. Nach einer Weile dann verbreiterte sich der Sims wieder, und Tuck seufzte erleichtert, als er erneut auf breitem und festem Stein voranschritt.

In diesem Augenblick traf ihn eine jäh wachsende Furcht wie ein Hammerschlag, und auch Tucks drei Begleiter zuckten unwillkürlich zusammen: Der Gargon befand sich auf der Suche nach ihnen, und seine nach ihnen forschende dunkle Macht sickerte durch die massiven Granitwände der Grimmengrotten.

Noch immer stieg der Gang nach oben an, und hier und dort zeigten sich Risse im Stein. Tuck mußte über drei oder vier breite Spalten hinwegspringen, und für jemanden, der nur einen guten Meter maß, waren das schon fast athletische Leistungen.

Nach einer Weile aber wurde der Untergrund ebener, und die Wände waren nicht mehr so rauh. Sie kamen nun wieder etwas schneller voran. Drei Stunden des Kletterns und Springens lagen hinter ihnen – drei Stunden, in denen sie insgesamt gut zehn Kilometer zurückgelegt hatten –, und schließlich gelangten sie in einen großen runden Raum, in dem Tuck um eine Ruhepause bat.

Der Jungwichtel ließ sich zu Boden sinken und rieb sich die schmerzenden Beine. Die böse Vorahnung drohte das Licht der Hoffnung in ihm zu löschen. Deutlich spürte er, daß sie sich dem Schrecken nun um zehn weitere Kilometer genähert hatten. Um sich von diesem Gedanken abzulenken, witzelte Tuck: »Nun, ich habe mich inzwischen von einem Dornenläufer zu einem Grottenläufer entwickelt.«

»Ach!« brummte Brega. »Das sind wir alle: Grottenläufer. Und von uns vieren habe nur ich davon geträumt, einmal durch die Korridore von Kraggen-cor zu wandern. Jetzt hat sich dieser Traum erfüllt – obwohl ich mich nun an einen anderen Ort wünsche: Denn ich kehre nicht mit einer Châkka-Streitmacht im Triumph in unsere alte Heimat zurück, sondern ich schleiche mich wie ein feiger Dieb durch die Dunkelheit. Wenn ich dieses Abenteuer überlebe und Gelegenheit habe, meinen Nachkommen davon zu berichten, so werde ich ihnen erzählen, wie ich mich durch Kraggen-cor gequält habe, jene Grotten, in denen einst ein mächtiges Volk lebte. Heute aber herrscht dort die Finsternis – und in den Gängen und Tunneln lauert das Entsetzen.«

Erneut gischtete eine Woge der Angst über sie hinweg, und das Grauen, das sie alle erfaßte, war noch stärker als zuvor. Sie sprangen auf, als wollten sie jäh die Flucht ergreifen. Dann verflüchtigte sich die Panik wieder, und Tuck versuchte, sich zu entspannen.

Sie schritten an den Wänden des runden Raums entlang, und Gildor beriet sich kurz mit Brega. Daraufhin entschied sich der Elf für den nach Osten führenden Weg, denn dieser Tunnel war breit und – nach den Wetzspuren im Boden zu urteilen – oft benutzt worden. Sie brachen wieder auf, und sie kamen recht schnell voran, da der Stein zu ihren Füßen eben und ohne Hindernis war.

»Haben die Gargonen denn keine ebenbürtigen Gegner?« schnaufte Tuck, während er rasch einen Fuß vor den anderen setzte.

»Keinen, den ich kenne«, erwiderte Gildor. »Sonst besäßen wir vielleicht eine Möglichkeit, den Schrecken zu bekämpfen.«

»Er fürchtet die Sonne«, warf Galen ein, der sich an der Seite Tucks hielt. »Und vielleicht auch die Macht Modrus. Aber wir können weder über die Sonne noch über Modru gebieten, um dem Schrecken den Garaus zu machen.«

»Was ist mit Zauberern?« fragte Tuck. »Herr von Gildor, habt Ihr nicht davon gesprochen, daß es während des Großen Bannkriegs gelang, die Gargonen zu vertreiben?«

»Seit jener Zeit sind die Magier von Xian nicht mehr gesehen worden«, erwiderte Gildor. »Vielleicht mit nur zwei Ausnahmen: Elyn und Thork könnten während ihrer Suche in den Schwarzen Bergen mit ihnen zusammengetroffen sein. Es heißt, es gelang ihnen, die Magische Feste zu finden.«

Sie marschierten weiter, und der irrlichtartige glühende Schein der Laterne ließ zitternde Schatten über die Wände aus Granit tanzen.

»Und gibt es etwas, vor dem sich Modru fürchtet?« wollte

Tuck wissen. Noch immer war er es, der das Tempo bestimmte.

»Die Sonne«, erwiderte Galen. »Und Gyphon.«

»Es heißt auch, Modru hasse Spiegel«, fügte Gildor hinzu.

»Spiegel?« knurrte Brega überrascht.

»Ich glaube, wenn er in einen Spiegel blickt, sieht er in dem Glas einen Teil seines wirklichen Ichs«, erklärte Gildor. »Und man sagt auch, Modru könne es nicht ertragen, wenn er sein Abbild in einem silbernen Spiegel sähe, denn dann würde seine wahre Seele enthüllt, und selbst Masken könnten ihm in einem solchen Fall nichts nützen. Aber einige Sagen und Legenden behaupten sogar, daß derjenige, der Modrus wahres Abbild in einem Spiegel aus Silber sähe, sofort den Verstand verlöre.«

Der Gang, durch den sie nun wanderten, führte nach Nordwesten, und mit langen Schritten eilten sie an den behauenen Wänden entlang. Die Runde Kammer – wie Brega sie genannt hatte – lag fast drei Kilometer hinter ihnen, als Gildor plötzlich die Hand hob. *»Pst!«* machte er. »Ich höre etwas, wie das Klirren eiserner Rüstungen, und seht nur: Das Klingenjuwel meines Unheilbringers glüht heller. Schließ deshalb die Klappe der Laterne, Brega.«

Rasch kam der Zwerg dieser Aufforderung nach, und sie verharrten in der Finsternis und horchten: Irgendwo weiter vorn waren das Schaben von Metallplatten von Rüstungen und Körperpanzern und auch metallische Geräusche von Schritten vernehmbar. Nach einer Weile machte Tuck in der Schwärze vor ihnen den matten Schein von Fackeln aus, und das Licht wurde rasch heller, als sich die Streitmacht ihnen näherte. Erneut drängte Furcht in dem Jungwichtel empor.

»Der Schrecken Modrus hat Rukha und Lōkha ausgeschickt, die in den Gängen der Grimmengrotten nach uns suchen sollen«, stellte Galen mit gepreßt klingender Stimme fest.

Brega öffnete die Laternenklappe einen Spaltbreit und suchte nach einem Nebengang, in dem sie sich verbergen konnten. »Dort entlang«, flüsterte er, und sie betraten einen schmalen und nach Osten führenden Korridor.

Die Wände des Tunnels, durch den sie nun eilten, waren nur hier und dort behauen worden, und er sah ganz nach einem natürlichen Hohlraum im Fels aus. Im Boden zeigten sich hier und dort Risse und Spalten. Oftmals konnte man zwar mit einem einzigen Schritt darübersteigen, aber manchmal mußte Tuck wieder in einem Sprung darüber setzen, was den anderen, die größer waren als er, erspart blieb.

Gut einen Kilometer legten sie zurück, ehe sie stehenblieben und lauschten. Gildor konnte besser hören als sie alle, und er teilte ihnen seine Vermutung mit, einige Schergen Modrus hätten den Hauptkorridor verlassen und durchstreiften nun den Nebengang.

Daraufhin setzten sich die vier Gefährten wieder in Bewegung, und je weiter sie nach Osten vordrangen, desto glatter wurden die Wände. Gildor warf immer wieder einen prüfenden Blick auf das glühende Klingenjuwel. Der Edelstein schimmerte nur in einem matten Rot, und das bedeutete, daß die Entfernung zu den Ungeheuern nach wie vor recht groß war. Aber mit jedem Meter, den sie hinter sich brachten, nahm die Furcht in Tuck und seinen Kameraden zu, denn sie näherten sich weiter dem Gargon.

Schließlich verbreiterte sich der Gang und mündete in eine weitere Halle, in der sie sich wachsam umsahen und nach dem fernen Lichtschein von Rückenfackeln suchten. Aber überall um sie herum war und blieb es dunkel. Brega öffnete die Klappe seiner Laterne, und in dem eigentümlichen Glühen bot sich ihren Blicken eine gewaltige Höhle dar: Fast vierhundert Meter war sie lang, und zweihundert breit. Sie befanden sich an deren westlicher Seite.

»Genau!« preßte Gildor mit gedämpfter Stimme hervor. »An diesen Ort erinnere ich mich. Allerdings bin ich damals durch den Nordgang hierher gelangt. Ja, und von hier müssen wir den nach Osten führenden Korridor nehmen.«

»Herr von Gildor, wie weit ist es noch bis zur Dunkelpforte?« fragte Galen, als sie die Kammer durchquerten.

»Fünfundzwanzig Kilometer, vielleicht auch dreißig«, antwortete der Elf. »Ich weiß es nicht mehr genau.« Gildor wandte sich an den Zwerg: »Zwicht Brega, wie weit sind wir inzwischen gekommen?«

»Das Dämmertor liegt rund fünfzig Kilometer hinter uns«, erwiderte der Zwerg, und seine Stimme klang so sicher, daß niemand an der Angabe Bregas zweifelte.

»Nun«, überlegte Gildor laut, »wenn wir uns nicht verirren, dürften es eher noch fünfundzwanzig anstatt dreißig Kilometer sein, die uns von der Dunkelpforte trennen.«

Sie traten in den nach Osten führenden Korridor, offenbar ein Gang, der nicht allzu oft benutzt worden war. Zwar hatten die einst hier lebenden Zwerge den Boden geglättet, aber der Fels von Wänden und Decke war rauh und uneben. Der Stein zu ihren Füßen neigte sich nach oben, und der Tunnel beschrieb immer wieder Kurven. Einmal schraubte er sich in einer langen Spirale in die Höhe. Dann und wann stießen sie rechts und links auf breite Spalten, die sich irgendwo in der Dunkelheit verloren.

»Wenn ich mich nicht irre«, ließ sich Brega vernehmen, und seine Stimme zitterte vor Aufregung, »so wird dieser Tunnel von uns Châkka als Hochpfad bezeichnet. Er ist Teil einer Handelsroute durch Kraggen-cor und führt von der Breiten Halle in die Große Kammer der Sechsten Ebene. Die Höhle, die wir gerade hinter uns gelassen haben, muß die Breite Halle gewesen sein. Zwar habe ich diesen Weg noch nie zuvor benutzt, aber ich bin jetzt davon überzeugt, daß wir uns tatsächlich dem Osttor nähern, denn das überlieferte Wissen meines Volkes berichtet, daß die Große Kammer nurmehr rund drei Kilometer von der Dunkelpforte entfernt ist.«

Sie eilten weiter in die Höhe. Ihre Hoffnung wuchs, aber auch die dumpfe Furcht nahm zu, denn mit jedem Schritt kamen sie dem Schrecken näher.

»Pst!« Ein weiteres Mal bedeutete Gildor seinen Begleitern, still zu sein, und Brega schloß die Klappe seiner Laterne. Das rote Glühen des Klingenjuwels verstärkte sich, und sie vernahmen das leise Klirren von Rückenrüstungen.

Sie krochen in einen Wandspalt und verbargen sich in der Schwärze. Der Elfenherr schob das Schwert in die Scheide, so daß man das Funkeln des in die Klinge eingelassenen Edelsteins nicht mehr sehen konnte. Sie warteten angespannt.

Bald darauf hörten sie Stimmen, die sich in der kehligen

Slûkh-Sprache unterhielten, und das Schlurfen und Rasseln metallener Waffen wurde lauter. Sie sahen den unsteten Schein von Fackeln, und kurz darauf kamen die ersten Schergen Modrus an dem Spalt in der Wand vorbei. Tucks Herz klopfte so heftig, daß er glaubte, die Ungeheuer müßten das Pochen hören. *Und einer der Rücks trat an den Riß im Stein heran und hielt die Fackel hinein!*

Tief verborgen in der Dunkelheit und noch unentdeckt von den mißtrauischen Augen des Ungeheuers griff Tuck nach einem Pfeil. Doch noch ehe er das Geschoß auf die Sehne seines Bogens setzen konnte, warf der Fackelschein sein Licht auf die Gesichter der Versteckten, und im selben Augenblick heulten und kreischten die übrigen Rücks. Das Ungeheuer, das nun vor der Felsspalte stand, gab einen schrillen und gellenden Schrei von sich, ließ die Fackel zu Boden fallen und preßte sich nur noch beide Klauenhände auf die Ohren. Und dann verebbte die Flutwelle des Entsetzens, und der Rück griff nach der Fackel, wandte sich von der Spalte im Granit ab und rannte rasch den anderen Ungeheuern nach.

Ein knurrender Hlōk inmitten der wimmelnden Masse der Rücks holte mit einer Peitsche aus, schlug auf die anderen Schergen Modrus ein und trieb sie dazu an, die Suche fortzusetzen. Aber inzwischen waren die Ungeheuer bereits an der Felsspalte vorbei, und so blieben Tuck und seine drei Begleiter unentdeckt. Sie schlurften weiter durch den Gang, schnüffelten und knurrten und verschwanden schließlich in der dunklen Ferne.

»Der Schrecken hat ungewollt unsere Entdeckung verhindert«, flüsterte Tuck. Seine Hände zitterten noch immer. »Es überrascht mich jedoch, daß auch die Rücks nicht vor dem von ihm ausgehenden Entsetzen gefeit sind.«

»Vor dem Grauen des Gargon ist niemand geschützt«, erklärte Gildor. »Vielleicht nicht einmal Modru.«

»Laßt uns weitergehen, bevor hier noch andere Ungeheuer auftauchen«, drängte Brega.

Gildor zog sein Schwert wieder aus der Scheide, und das Glühen des Klingenjuwels verblaßte nach und nach, als sich die Rücken weiter entfernten und bald darauf nicht einmal mehr deren trüber Fackelschein auszumachen war. Rasch verließen sie die enge Felsspalte und wandten sich erneut nach Osten. Es dauerte nicht lange, bis sie in eine weitere große Höhle gelangten, in der gewaltige rechteckige Felsblöcke auf dem Boden lagen.

Brega deutete auf einen der Quader. »Ich nenne diesen Ort Ruhekammer. – Ich glaube, die Beine des Waeran sind nun wirklich erschöpft. Setzen wir uns zwischen diesen Steinblöcken zu Boden. Hier bieten sich uns genügend Verstecke, sollten wir von anderen nach uns suchenden Ungeheuern überrascht werden.«

»Ein guter Vorschlag, Krieger Brega«, pflichtete Galen ihm bei. Er ließ sich zu Boden sinken und lehnte sich mit dem Rücken an einen der Felsen. »Wir haben eine Ruhepause dringend nötig, denn ich glaube, für die vor uns liegende Strecke brauchen wir alle unsere Kräfte, und wir sollten jederzeit auf eine rasche Flucht gefaßt sein.«

Und so machten sie eine Pause in der Ruhekammer, beobachteten das Glühen des roten Klingenjuwels, das sie vor dem dämonischen Feind warnte, aßen Mian, tranken Wasser und versuchten, mit der Furcht vor dem Schrecken fertigzuwerden.

Nach der Angabe Bregas trennten sie nun bereits sechzig Kilometer vom Dämmertor. In der Grundkammer hatten sie sechs Stunden geschlafen, und in den anderen Höhlen war ihr Aufenthalt auf höchstens eine Stunde beschränkt gewesen. Rund eine Stunde lang schöpften sie in der Ruhekammer neue Kraft, um für die letzte Etappe zur Dunkelpforte gewappnet zu sein. Und Gildor schätzte, daß es bis dahin nur noch fünfzehn oder sechzehn Kilometer zurückzulegen galt.

Eine weitere Woge des Grauens ergoß sich über sie, und sie sprangen auf. Als die Flut des Entsetzens wieder verebbte, waren sie alle schweißgebadet.

»Los«, stöhnte Brega. »Wir sollten uns wieder auf den Weg machen.«

»Laßt uns aufbrechen«, stimmte ihm Gildor zu und griff nach seinem Schwert. »Denn wenn wir länger hier verweilen, fordern wir das Verderben geradezu heraus.«

»Tuck?« fragte Galen, und als der Jungwichtel nickte, marschierten sie wieder nach Osten.

Der Gang führte nach oben, beschrieb einige leichte Linkskurven und wandte sich dann wieder nach rechts. Das Glühen des Klingenjuwels war zunächst recht schwach, aber es verstärkte sich nach und nach und warnte die vier Kameraden vor einer sich ihnen nähernden dämonischen Gefahr. Daraufhin schritten sie noch rascher auf ihrem Weg aus, der sie an rauhen Granitwänden entlangführte. Hier und dort zeigten sich in den Fels hineingemeißelte Runenzeichen, aber die Grottenläufer nahmen sich nicht die Zeit, stehenzubleiben und eine Entschlüsselung zu versuchen. Fast zwei Stunden lang marschierten sie, und unterwegs sahen sie weder die dunkle Öffnung eines Nebenkorridors noch einen Ausgang. In diesem Bereich der Grimmengrotten gab es auch keine Felsspalten; überall waren die Wände glatt. Weiterhin fiel der Boden des Tunnels leicht ab, und Linkskurven wechselten sich mit Biegungen nach rechts ab.

Dann kamen sie in eine Kaverne, die so groß war, daß sich das gegenüberliegende Ende in der Finsternis verlor. Das Glühen des Klingenjuwels deutete auf nahe Schergen Modrus hin. Zwar spürten sie alle das von dem Schrecken ausgehende Entsetzen, aber dennoch war weit und breit nichts zu erkennen, was auf eine unmittelbare Gefahr hindeutete.

»Dies ist die Große Kammer der Sechsten Ebene«, schnaufte Brega. »Und das bedeutet, daß wir weniger als drei Kilometer von der Dunkelpforte entfernt sind.«

»Pst!« machte Gildor und schob das Schwert Unheilsbringer in die Scheide zurück. »Seht, dort vorn. Lichter. Es nähert sich uns jemand. Schließ die Klappe der Laterne, Brega.«

Tuck sah Fackelschein, der von einem Portal zu der Höhle fern im Osten zu ihnen drang.

»Auch südlich von uns«, flüsterte Galen. Er streckte den Arm in die entsprechende Richtung aus und deutete auf die Lichter im Tunnel.

»Nur der Gang im Norden ist vollkommen dunkel«, hauchte Brega drängend.

»Dann also nach Norden!« zischte Galen. Sie hetzten über den steinernen Boden. Der Zwerg öffnete die Klappe seiner

Laterne nur einen Spaltbreit, und deren seltsam leuchtender Glanz wies ihnen den Weg.

Sie hatten den nördlichen Gang gerade erreicht, als von Osten und Süden Rücks und Hlöks in die Große Kammer liefen und ständig an Zahl zunahmen.

»Es ist die Horde«, erkannte Galen mit zitternder Stimme. Er schob sich an den Rand des Zugangs heran und starrte auf die Schergen Modrus, die nun in unüberschaubarer Zahl in die Große Kammer strömten. »Sie hat den Quadranpass durchquert und sich anschließend in den Bereich des Schwarzen Lochs begeben, um hier auf den Gargon zu treffen.«

»Stimmt, und der Schrecken wird die Grotten als eine schwarze Festung benutzen und von hier Krieg führen gegen Darda Galion, und die Teufelsbrut ist seine Armee.« Gildor verzog vor innerem Schmerz das Gesicht.

»Aber zunächst einmal werden die Schergen Modrus nach uns suchen«, knurrte Brega. »Und wenn wir überhaupt noch eine Chance haben wollen, den Lerchenwald zu erreichen und die Lian vor der Horde zu warnen, so müssen wir uns beeilen.«

Sie flohen nach Norden und gelangten nach einer Weile an eine aufgebrochene Tür zu ihrer Rechten. Vor ihnen setzte sich der Tunnel fort und wandte sich in der Ferne nach links, und sie sahen den Widerschein von Fackeln, die hinter der Kurve wohl von Ungeheuerklauen getragen wurden.

»Rasch, hier hinein!« rief Brega in Panik, und sie schoben sich schnell durch die aufgebrochene Tür.

Sie gelangten in eine weitere große Höhle. Schmal war sie, aber sehr lang, und die Decke hing niedrig über ihren Köpfen. Hundert Schritte mochte diese Grotte lang sein, und nur zwölf breit, und am gegenüberliegenden östlichen Ende sahen sie einen Ausgang.

In ihrer Mitte erhob sich ein großer, die Decke stützender Steinbogen, in dessen Fels sich uralte Runen zeigten.

Als sie durch die Grotte eilten und auf den östlichen Ausgang zuhielten, fiel Tucks suchender Blick auf die letzten Reste einer längst vergangenen Schlacht: zerbrochene Waffen, zerschmetterte Rüstungen, die Schädel und Knochen von seit Äonen toten

Kämpfern.

Und mit einer schwarzen und inzwischen längst getrockneten Flüssigkeit standen folgende Zwergenrunen auf dem Granit geschrieben: 

Brega betrachtete die Zeichen ebenfalls. »Braggi!« rief er. »Das sind die Runen Braggis, und mit dem Blut der Teufelsbrut hat er sie geschrieben. Er zog hierher nach Kraggen-cor, um den Ghath zu erlegen, aber er kehrte nie zurück.« Sie blieben nicht stehen, sondern schritten weiter und traten über das hinweg, was an die ehemalige Schlacht erinnerte: Zwergenrüstungen sah Tuck, die Panzer von Ungeheuern, die in den Diensten Modrus gestanden hatten; zerbrochene Äxte, gesplitterte Säbel, Kriegshämmer und Keulen.

Als sie weiterliefen, zog sich Brega die Kapuze über den Kopf. »Hier in dieser Grotte des Grabesbogens stellte sich Braggi seinen Feinden zum Kampf. Aber offenbar kam der Ghath ihnen zuvor, und weil Braggi und seine Gefährten beim Anblick des Schreckens erstarrten, wurden sie zermalmt.«

Tuck schauderte, und sein Blick glitt über die Wände der Höhle. Er bemühte sich, nicht auf die Überreste zu blicken, die von jenem Kampf zurückgeblieben waren, als der Gargon über die vor Furcht zu Reglosigkeit verdammten Zwerge hergefallen war und sie alle umgebracht hatte. Offenbar war Braggi nur noch die Zeit geblieben, jene schwarzen Runenzeichen auf dem Stein des Granitbogens zu hinterlassen, dann hatte auch ihn das Schicksal ereilt.

Die vier Kameraden sprangen über gebleichte Knochen hinweg und eilten rasch auf das östliche Portal zu. Auf ihrem Weg näherten sie sich dem Grabesbogen. Als sie sich darunter befanden, gischtete eine neue Entsetzenswoge über sie, und diesmal verebbte sie nicht wieder, sondern toste um sie herum, ließ ihre Herzen in einem rasenden Takt klopfen und erzeugte ein Grauen in ihnen, das ihnen fast die Kehlen zuschnürte.

»Er hat uns gefunden!« keuchte Gildor. »Er kommt hierher, und er befindet sich bereits ganz in der Nähe!«

Tuck rang immer wieder schnaufend nach Luft und hatte das schreckliche Gefühl, ganz langsam ersticken zu müssen. Seine

Arme und Beine zitterten so sehr, daß er sie kaum noch unter seinen Willen zu zwingen vermochte. Er war kaum dazu in der Lage, sich von der Stelle zu rühren.

Auch Brega atmete zischend und rasselnd durch seine zusammengebissenen Zähne. Er legte den Kopf in den Nacken, so daß die Kapuze zurückfiel. Er riß die Augen auf. »Der Bogen«, krächzte er. »Der Schlußstein ... wie ein Bolzen ... den Weg der Verfolger blockieren.«

Das Grauen durchpulste sie nun alle, aber dem Zwerg gelang es dennoch, sich zu beugen und nach einem alten Kriegshammer zu greifen. »Hebt mich ... hoch«, stöhnte er. »Hebt mich ... hoch. Und wenn ... wenn ich zuschlage, dann müßt ... müßt ihr mich fallenlassen und ... weglaufen ... Die ... die Decke wird einstürzen.«

»Aber du könntest dabei ums Leben kommen!« Die Fluten der Angst schienen Tucks Worte auf irgendeine sonderbare Weise zu dämpfen.

Es gelang dem Zorn Bregas, das Entsetzen zu verdrängen. »Bei Adon, hebt mich hoch – es ist unsere einzige Chance!«

Galen und Gildor umfaßten den Zwerg und stemmten ihn in die Höhe. Schwankend stand er schließlich auf ihren Schultern, und mit der linken Hand stützte er sich an dem Stein des Grabesbogens ab, während die rechte Faust den Kriegshammer hielt. Tuck befand sich hinter ihnen, und nur der Blick des Wichtels war auf die Tunnelöffnung mit der aufgebrochenen Tür gerichtet. Ihm war, als könne er bereits das Geräusch schwerer Schritte vernehmen, von großen Tatzen, die über den Stein des Ganges schlurften. Und in dem Augenblick, als sich etwas Riesiges und Ungeheuerliches aus den dunklen Schatten schob, gellte der Schrei Bregas: *»Yah!«* Und mit der ganzen Kraft seiner breiten Schultern holte er mit dem Kriegshammer aus. *Krack!* Das Eisen schmetterte gegen den Schlußstein des aus Granit gehauenen Stützbogens, und in der Decke über ihnen begann es zu ächzen und zu knirschen. Gildor, Galen und Brega taumelten zurück und verloren den Halt, als um sie herum Steine herunterzuprasseln begannen. Brega packte Tuck und zerrte ihn mit sich, denn nur der Jungwichtel hatte in der Finsternis voraus den Gargon erblickt, und das Entsetzen war ihm so sehr in die Glieder gefahren, daß er sich nicht mehr aus eigener Kraft bewegen konnte.

Sie rannten nach Osten, auf die Tür zu, und unmittelbar hinter ihnen stürzte die Decke ein. In der Höhle herrschte ein wahres Chaos, und gewaltige Granitblöcke versperrten den Verfolgern den Weg. Als Galen, Gildor, Brega und Tuck die Tür erreichten, sich in die Dunkelheit hineinwarfen und über die schmalen Stufen einer kurzen Treppe in die Tiefe sprangen, donnerte es hinter ihnen, und der restliche Teil der Decke gab mit einemmal nach. Es krachte und dröhnte, und Staub wallte in dichten Schwaden auf.

Die Fluten des Grauens sickerten durch die massiven Wände und ergossen sich weiterhin über die Flüchtlinge. Tuck glaubte, das Entsetzen müsse jeden Moment seinen Brustkasten schier auseinandersprengen. Aber er konnte sich nun wieder ohne fremde Hilfe bewegen, und sie eilten durch einen schmalen Korridor, während hinter ihnen, jenseits der Steinblöcke, der herabgestürzten Decke, der Schrecken Modrus tobte und wütete.

»Nach unten«, keuchte Brega. »Wir müssen nach unten, in die Versammlungskammer des Ersten Untergeschosses – in den Kriegssaal. Dort führt eine Zugbrücke über die Große Deōp. Und wir müssen die Klamm überqueren, um die Dunkelpforte zu erreichen. Jedenfalls behauptet das unser überliefertes Wissen der Châkka.«

»Haargenau, Zwicht Brega, wir nahmen damals auch die Zugbrücke, um die Große Tiefe zu überqueren«, bestätigte Lord Gildor, und aus seiner Stimme klang dumpfe Furcht. »Allerdings kamen wir nicht durch diesen Korridor. Statt dessen gelangten wir über eine lange Treppe in eine gewaltige Höhle – euren Kriegssaal.«

»Wir befinden uns hier auf der Fünften Ebene«, knurrte Brega und erblaßte, weil der weit hinter ihnen wütende Schrecken eine weitere Entsetzenswoge über sie hinweggischten ließ. »Sechs Stockwerke müssen wir in die Tiefe hinabsteigen, um den Kriegssaal zu erreichen.«

Sie liefen durch einen nach links abzweigenden Tunnel nach

Osten. Es dauerte nicht lange, und der Gang wandte sich nach Süden, und kurz darauf hasteten sie eine weitere Treppe hinab. »Die Vierte Ebene«, brummte der Zwerg, und sie setzten den Weg nach Süden fort. Bald stießen sie auf einen weiteren nach links abzweigenden Korridor, und nach einigen Dutzend Metern fanden sie erneut eine in die Tiefe führende Treppe. »Die Dritte Ebene«, sagte Brega. Noch immer lastete das Grauen wie ein bleiernes Gewicht auf ihren Schultern. Der Tunnel, durch den sie nun stürmten, erstreckte sich von Osten nach Westen. Sie flohen nach Osten, und es fiel ihnen immer schwerer, das Zittern der Knie zu unterbinden. Eine dritte Treppe, und Brega kommentierte mit vibrierender Stimme: »Die Zweite Ebene.«

Tuck und seine Begleiter waren nahezu am Ende ihrer Kräfte angelangt, und die gräßliche Furcht vor dem Gargon nagte mit scharfen Zähnen an dem ihnen noch verbliebenen Mut. Aber nichtsdestoweniger liefen sie stetig weiter. Nach Süden wandten sie sich, und kurz darauf sahen sie die Stufen der vierten Treppe vor sich. »Die Erste Ebene«, stöhnte Brega, und nach einem schmalen Steg setzte sich der Gang nach Osten hin fort.

Innerlich von dem Grauen hin und her gerissen, eilten sie weiter, und das Entsetzen des Ghath folgte ihnen wie ein Schatten, dem sie nicht entkommen konnten. Tuck wußte nicht, wieviel Zeit inzwischen verstrichen war, als sie eine weitere Treppe vor sich sahen. »Die Pfortenebene«, brummte Brega, als sie die Stufen hinter sich gelassen hatten. Sie machten keine Pause und stürzten weiter durch die Grotten.

Wieder wandte sich der Verlauf des Tunnels nach Süden. Nach einer Weile verließen sie den Hauptgang und liefen durch einen Nebenkorridor.

Sie stolperten die Stufen der letzten Treppe in die Tiefe, und plötzlich befanden sie sich in einer riesigen Höhle. Sie taumelten aus dem Tunnel heraus, und noch immer ließ der Schrecken ihre Herzen in einem wilden Takt klopfen, so daß sie nur unter großen Mühen atmen konnten.

»Dort, die Drachensäule«, schnaufte der Zwerg und deutete auf einen gewaltigen Pfeiler aus Granit. Der massive Stein war von vielen Hämmern so behauen worden, daß er einem großen

Drachen ähnelte, der seine Schwingen in einem breiten Schacht mit kannelierten Wänden ausbreitete. »Dies ist der Kriegssaal des ersten Untergeschosses. Und die Zugbrücke führt nach Osten über die Große Deōp.«

Sie wandten sich daraufhin nach links, und als sie weitereilten, zitterten und bebten ihre Beine so sehr, daß sie beinahe die Beherrschung verloren. Am Rande eines tiefen Abgrunds stolperten sie entlang und gelangten schließlich an einen hölzernen Steg, der über die Klamm hinwegführte. Und zum Glück war die Zugbrücke heruntergelassen und wurde nicht von den Schergen Modrus bewacht.

»Der Gargon war sich seiner Macht zu sicher«, frohlockte Galen. »Offenbar hielt er es für unmöglich, daß wir diesen Ort erreichen, denn sonst wären hier sicher einige Rūcks als Wächter postiert worden.«

Sie kamen an Fässern mit Pech und Öl vorbei, und sie sahen auch große Haufen zusammengebundener Fackeln, die hier für die Lakaien des Feindes in Gron bereitlagen, auf daß sie sich den Weg durch die Grimmengrotten leuchten konnten. Dann hatten sie den Rand der über die Große Tiefe hinwegführenden Brücke erreicht. Direkt vor ihnen gähnte der nachtschwarze und schier bodenlose Abgrund. Er entsprang der Finsternis links von ihnen, und weiter rechts verschwand er irgendwo in der stockfinsteren Schwärze. An einer Stelle war die Kluft fast dreißig Meter breit, und dort, wo sich die Brücke über den Abgrund spannte, betrug die Entfernung von der einen Seite der Klamm zur anderen immer noch rund sechzehn Meter. Tuck schauderte, als er in die Tiefe starrte, und das Zittern seiner Knie verstärkte sich.

Als sie den Steg betraten, drehte sich Galen ruckartig um. »Wartet!« rief er den anderen zu. »Wenn wir diese Brücke zerstören, kann uns der Feind nicht weiterverfolgen.«

»Wie?« Tucks Herz hämmerte, und jede einzelne Faser seines Leibs gellte: *Lauf, du Narr! Lauf!* Aber er wußte, daß Galen recht hatte. »Wie sollen wir es anstellen, die Brücke unpassierbar zu machen?«

»Feuer brauchen wir!« Galens Stimme war heiser und rauh. »Mit Feuer!«

Kaum hatte der König diese Worte ausgesprochen, als sich auch schon Brega in Bewegung setzte. Die jäh in ihm auflodernde Hoffnung auf Entkommen verlieh ihm neue Kräfte. Er sprang auf ein Faß mit Pech zu, rollte es auf die Holzplanken und schlug es mit seiner Axt auf. Gildor und Galen halfen dem Zwerg dabei, weitere Fässer herbeizuschaffen, und immer wieder hieb Brega mit seiner Streitaxt hinein. Zähflüssiges Pech ergoß sich über das Holz der Brücke.

»Eine Fackel, Tuck!« rief Galen, als er sich anschickte, noch ein Faß herbeizurollen.

Der Jungwichtel zog den Verderbensboten, und in der Klinge des Langmessers glühte der kobaltblaue Edelstein. Mit einem wohlgezielten Schlag durchtrennte er das Seil, mit dem einige Dutzend Fackeln zusammengebunden waren. Rasch ergriff er eine davon und kehrte auf die Brücke zurück, während Brega mit Hilfe seines Kriegsbeils zwei weitere Fässer öffnete.

Am östlichen Ende des hölzernen Stegs blieb Tuck stehen, schlug Stahl und Feuerstein zusammen und entzündete die Fakkel. Unmittelbar darauf eilten auch Gildor, Galen und Brega herbei, und Tuck reichte dem Elfen die brennende Fackel und erklärte: »Ihr habt uns hierher geführt, Herr von Gildor. Nun soll es Eure Aufgabe sein, dem Feind die weitere Verfolgung unmöglich zu machen.«

Der Lianwächter holte mit der Fackel zum Wurf aus – und in diesem Augenblick schob sich der Schrecken aus den Schatten auf der anderen Seite des Abgrunds, und er richtete seinen grauenvollen Blick auf die vier Flüchtlinge.

Der Gargon war gekommen, um ihnen allen den Tod zu bringen.

Tuck sank auf die Knie, geschüttelt von unbeschreiblichem Entsetzen, und er war sich überhaupt nicht bewußt, daß die schrillen und gellenden und weithin hallenden Schreie, die er vernahm, von ihm selbst stammten.

Tahh! Tahh! Das graue und steinartige Geschöpf kam auf sie zu. Geschuppt wie eine Schlange war es, aber es ging auf zwei Beinen – eine unheilvolle und abscheuliche Karikatur eines riesigen, reptilienartigen Menschen.

Gildor stand wie erstarrt, gefangen in einem Kerker aus Grauen. Sein Blick klebte an dem Ungetüm fest, und er konnte sich nicht mehr von der Stelle rühren.

Tabh! Tabh! Der große Mandrak näherte sich ihnen weiter. Fast drei Meter groß war er; lange Krallen wuchsen aus Händen und Füßen, und in dem großen Rachen sah Tuck scharfe Reißzähne.

Dutzende von Schweißperlen entstanden auf der Stirn Galens, und er begann am ganzen Leib zu beben, als er mit aller ihm noch verbliebenen Kraft versuchte, sich aus dem Schreckensbann des Ungeheuers zu befreien. Langsam hob er das Schwert, bis die Spitze auf den Gargon gerichtet war. Dann aber erstarrte er wieder, nicht mehr in der Lage dazu, sich erneut zu bewegen: Denn der Unheilsblick des Monstrums ruhte nun direkt auf ihm und beraubte ihn seiner ganzen Willenskraft.

Tabh! Tabh! Das Ungeheuer schritt nun an Tuck vorbei und schenkte dem noch immer schreienden Wichtel nicht die geringste Beachtung. Natterngestank verpestete die Luft.

Und als der Jungwichtel den Gargon nicht länger im Blickfeld hatte, löste sich auch langsam die Starre auf, und in diesem Moment sah er, wie das kobaltblaue Klingenjuwel des Verderbensboten, den er noch immer in der Hand hielt, grell aufleuchtete. Nach wie vor kreischte Tuck, und die Wellen des Grauens, die seine Seele umspülten, waren schlichtweg unerträglich. Trotzdem hob er den Arm und holte mit ganzer Kraft aus und bohrte die Spitze des Langmessers, das er von dem Elfen erhalten hatte, in das eine Bein des Gargon. *Twack!* machte es. Die Klinge der Waffe war schärfer als die eines gewöhnlichen Schwertes und durchteilte folglich den Schuppenpanzer des Reptils und schnitt tief in das stinkende Fleisch des Ungetüms, während der Edelstein funkelte und so hell wie eine Sonne gleißte.

Der Gargon brüllte donnernd in seinem Schmerz und drehte sich um und griff nach Tuck. Die großen Klauen durchsausten die Luft und zielten nach dem Jungwichtel, um ihn zu zerreißen.

Doch nun hatte der Gargon seinen Unheilsblick von Galen abgewandt, und der König holte sofort aus und bohrte Jarriels

Schwert tief in die Magengrube des Gargon. *Sukkk!* machte es, als die Klinge am Heft zerbrach und das Ungeheuer sich krümmte, einen zweiten donnernden Schrei von sich gab und Galen direkt in die Augen starrte. Namenloses Grauen erfüllte den König, und Galen taumelte angesichts der Wucht dieser Flutwelle des Entsetzens zurück.

Aus den Augenwinkeln nahm Tuck eine Bewegung wahr, ein kurzes Glänzen: Die Streitaxt Bregas sauste durch die Luft, und die Klinge drang tief in die Stirn des Ungetüms: *Pock!* Und der Gargon brüllte und taumelte zurück auf den hölzernen Steg.

Gildor warf die Fackel, und mit einem dumpfen *Wusch!* loderten jähe Flammen empor. Brega packte Tuck an der Schulter und riß ihn zurück, als das pechdurchtränkte Holz der Brücke sich in eine Feuerwand verwandelte.

Sie brachten auch Galen in sichere Entfernung von der Flammenhölle, denn der König stand noch immer unter der Wirkung des letzten schrecklichen Blicks des Gargon.

In dem hinter ihnen liegenden Kriegssaal vernahmen sie das Geräusch eiliger Rück- und Hlökschritte. In großer Zahl eilten die Ungeheuer aus den Gängen und Tunneln in die riesige Grotte. An der großen Drachensäule stürmten sie vorbei, und auf der anderen Seite der Großen Tiefe blieben sie stehen. Tuck konnte ihre gellenden Schreie hören: *»Glâr! Glâr!«* (Feuer! Feuer!)

Und dann toste eine neue Flutwelle des Entsetzens und Grauens und der Panik heran, und die Teufelsbrut sank zu Boden, schrie, kreischte und gellte, während Gildor, Brega und Tuck auf die Knie fielen und erneut zu völliger Reglosigkeit verurteilt waren.

Die Woge schien niemals verebben zu wollen, und für Tuck verstrich geradezu eine ganze schreckliche Ewigkeit.

Dann stürzte der Gargon, blieb inmitten der züngelnden Flammen liegen und – starb. Und als das Ungetüm endlich tot war, löste sich das Entsetzen schlagartig auf.

»Rasch«, brachte Gildor hervor, der sich als erster erholte. »Wir müssen den König fortbringen, damit er nicht von den Pfeilen des Feindes getötet wird.«

Ihre Arme und Beine zitterten noch immer, als sie den benommenen Galen hochhoben und ihn wegtrugen. Einige Stufen stiegen sie schnaufend empor und gelangten dann in einen Tunnel, der von der Schlucht fortführte. Während Gildor sich bemühte, den König wieder zu Bewußtsein zu bringen, standen Tuck und Brega Wache, der eine bewaffnet mit dem Langmesser des Elfen, der andere mit dem Schwert Gildors. Die Klinge mit dem rotglühenden Juwel schien fehl am Platze zu sein in der knorrigen Hand Bregas – einer Hand, die gewohnt war, mit einer Streitaxt umzugehen.

»Ach, sieh dir nur die Größe der Versammlungshalle an, Tuck«, staunte Brega, als die Flammen immer höher emporzüngelten und die Dunkelheit weiter zurücktrieben. »Sie muß mindestens anderthalb Kilometer lang und fast achthundert Meter breit sein.«

Und Tuck blickte über die Rūcks und Hlōks hinweg, die nun überallhin liefen, und im flackernden Licht der brennenden Brücke erkannte er, daß es nicht nur eine Drachensäule gab, sondern derer Dutzende: Sie erhoben sich am Rande weiterer Schluchten und Spalten im Boden, und selbst in der grauen Ferne konnte der Jungwichtel noch den bearbeiteten Granit erkennen. Nein, Brega hatte sich in seiner Einschätzung der Größe dieser Grotte sicher nicht getäuscht.

Schließlich kam Galen wieder zu sich. Er war noch immer geschwächt. Tief in den Höhlen lagen seine Augen, und das verzerrte Gesicht war totenbleich. In seinen Pupillen spiegelte sich das Entsetzen noch immer wider, denn der Gargon hatte ihn direkt angesehen, und Tuck schauderte unwillkürlich, als er an das Entsetzen dachte, das der König erlebt haben mußte. Sicher wäre er in der Woge des Grauens ums Leben gekommen, wenn Brega nicht im richtigen Augenblick seine Axt geschleudert hätte, deren Klinge die Stirn des Ungetüms durchteilt hatte. Da Galen noch nicht die Kraft zum Aufstehen besaß, warteten sie auf dem breiten Treppenabsatz, von dem aus sie auf die brennende Brücke blicken konnten, während der König allmählich die Nachwirkungen des Schocks überwand und wieder zu Kräften kam. Lange Zeit beobachteten sie die Flammen. Die brennenden Überreste der Brücke stürzten schließlich in die Große Tiefe, und in der Glut fiel auch der verkohlte Leichnam des Gargon in den bodenlosen Abgrund.

Als dies geschah, erhoben sich die vier Grottenläufer und setzten ihren Weg nach Osten fort, wobei der immer noch schwankende Galen von Brega gestützt wurde. Eine Zeitlang wanderten sie durch einen breiten Tunnel, der allmählich in die Höhe führte. Nach einer Weile blieb das Erste Untergeschoß der Grimmengrotten hinter ihnen zurück, und sie erreichten die Pfortenebene. Kurz darauf gelangten sie in die Ostkammer. Sie durchquerten die große Höhle, kletterten über die Trümmer der aufgebrochenen Dunkelpforte hinweg und kamen auf der anderen Seite des Grimmwalls endlich wieder ins Freie.

Vor ihnen, im Schattenlicht des Düsterdunkels, lag das Tal, das man einfach nur »Grube« nannte und das sich im Osten an den Quadranpaß anschloß. In dieses Tal wanderten die vier Gefährten, indem sie sich zuerst weiterhin nach Osten hielten, sich dann aber nach Süden wandten, in Richtung des fernen Darda Galion. Sie hatten die Absicht, die Lian vor der Horde zu warnen, die sich nunmehr in den Grimmengrotten befand, und sie wollten auch die frohe Kunde vom Tode des Gargon verbreiten.

Nur gemeinsam war es ihnen gelungen, den Schrecken zu bezwingen, und sie hatten es nur geschafft, weil das Glück des Zufalls auf ihrer Seite gewesen war. Doch unter den vier Helden gab es vor allem einen, dessen Verdienste größer waren als die der anderen. Galen war noch immer schwach und zitterte nach wie vor, als er mit stockender und gerührter Stimme feststellte: »Als ... als wir alle erstarrt waren ... als es überhaupt keine Hoffnung mehr ... für uns zu geben schien, hat uns ... uns dein Schlag befreit, Tuck ... Dein Hieb war es, der die entscheidende Wende brachte.«

Schatten des Unheils

Der scharfe Blick Tucks juwelenartiger Augen glitt durch das Düsterdunkel und schweifte durch das Tal, das sich im Osten an den Quadranpaß anschloß, und nirgends konnte er einen Feind erkennen. Todmüde und erschöpft ließen die vier Grottenläufer die Dunkelpforte hinter sich zurück und begannen den Abstieg. Tuck und Gildor übernahmen die Spitze, und Galen und Brega folgten. Sie nahmen den Weg über einen alten und inzwischen längst vergessenen Handelspfad, der zuerst nach Süden führte und sich weiter unten nach Osten wandte. Über den Hang der Grube schlängelte sich diese Straße für rund vierzig Kilometer bis dorthin, wo am Talgrund das östliche Ende des Quadranpasses lag.

Und als sie fast am Ende ihrer Kräfte über das ausgetretene Pflaster wanderten, meinte Brega ernst: »Mein ganzes Leben lang habe ich mich danach gesehnt, einmal Kraggen-cor aufsuchen zu können, doch jetzt bin ich froh darüber, daß wir die Grotten verlassen haben.«

Sie marschierten weiter, und bald brauchte sich Galen nicht mehr auf den Zwerg zu stützen. Unbeschreiblich müde waren die vier Kameraden, doch sie wußten, daß sie zur Sicherheit eine gewisse Entfernung zwischen sich und die Dunkelpforte bringen mußten. »Wir haben in dem Schwarzen Loch keine Ghola inmitten der Reihen der Yrm sehen können«, stellte Galen fest. »Sicher reiten sie irgendwo durch das Düsterdunkel. Aber bestimmt werden sie bald in Richtung der Grimmengrotten zurückkehren, und in diesem Falle müssen wir viele Kilometer fort sein.«

Und so machten sie keine Pause und wanderten weiter über die alte Straße, die am südlichen Rande des *Quadsees* vorbeiführte. Es handelte sich um kaum mehr als einen großen Teich, der knapp anderthalb Kilometer von der Dunkelpforte entfernt war. Normalerweise wurde dieser See vom *Quadrill* gespeist, in den die Schmelzwasser der Sturmzacke flossen. Aber in der Kälte der Winternacht waren sowohl der Fluß als auch der See zugefroren. Die vier Kameraden wanderten stumm an dem Eis entlang, und irgendwo in der Ferne vernahm Tuck ein dumpfes Rumoren. Er wußte nicht, worum es sich dabei handeln mochte, und er war auch viel zu müde, um länger darüber nachzudenken.

Bald darauf führte der Weg an den Klippen am westlichen Ufer des *Quadsees* vorbei, und sie passierten einen uralten und eisüberkrusteten Sphärenstein, der die alte Grenze des Reiches der Zwerge aus den Grimmengrotten markierte.

Von dort aus wandten sie sich nach Südosten, und tiefer hinein in das Tal von Grube führte der Weg. Auch der *Quadrill* – ein Fluß, der in den Höhen des Grimmwalls entsprang und fern im Osten in den Argonstrom mündete – blieb hinter ihnen zurück.

Rund fünfzehn Kilometer legten sie schnaufend und keuchend zurück, und die ganze Zeit über sprach keiner von ihnen auch nur ein einziges Wort. Fort von der Dunkelpforte und den Grimmengrotten schwankten sie, und das dumpfe Rumoren wurde immer leiser. Schließlich schlugen sie inmitten eines Dikkichts aus Ginster, Kiefern und Fichten ein Lager auf. Zwar waren sie inzwischen so sehr erschöpft, daß sie auf der Stelle hätten einschlafen können, aber sie wechselten sich dennoch bei der Wache ab – trotz des Einwandes Gildors, er sei noch kräftig genug, um diese Aufgabe allein übernehmen zu können. Und jeder von ihnen schritt langsam um das Lager herum, um auf diese Weise Herr seiner Müdigkeit zu werden und nicht einzuschlafen. Sie entzündeten kein Feuer, so daß die Kälte ihnen allen arg zusetzte. Doch trotz des Winterfrostes schliefen sie sofort dort ein, wo sie sich zu Boden ließen.

Runde zwölf Stunden lang verweilten sie in dem Dickicht und ruhten sich aus bis auf denjenigen, der jeweils Wache halten mußte. Das Schwert Unheilsbringer mit seinem roten Klingenjuwel half dem Wächter dabei, nach Feinden Ausschau zu halten, und das trübe Leuchten des Edelsteins deutete nur auf weit entfernte dämonische Gegner hin. Schließlich aber weckte Gildor, der die letzte Wache übernommen hatte, die anderen auf, denn der Elfenherr wußte nur zu gut, daß sie den Grimmengrotten immer noch viel zu nahe waren und nicht länger an diesem Ort bleiben durften.

»Wir müssen wieder aufbrechen«, erklärte Gildor ihnen. »Denn wenn die Ghûlka in Richtung der Grotten zurückkehren und dort von unserer geglückten Flucht erfahren, werden sie sofort die Verfolgung aufnehmen.« Der Elf deutete auf die nackten und von den Unbilden des Wetters verwitterten Pflastersteine des alten Weges, der zum größten Teil schneefrei war. »Die *Rûpt* dürften schnell herausfinden, daß wir diese Route genommen haben – wenn sie keine Spuren finden, die quer durchs Land führen. Aber einmal ganz abgesehen von dieser erkennbaren Gefahr: König Galen, ich spüre etwas Unheilvolles, das vor uns liegt, aber ich kann beim besten Willen nicht sagen, um was es sich dabei handelt. Ich spüre aber, daß wir uns beeilen müssen. Seit uns der Hôllfraß angriff, rät mir mein Inneres, an keinem Ort lange zu verharren; ich fürchte, andernfalls gelingt es Modru, auch den letzten Widerstand zu brechen und seine finstere Herrschaft über Mithgar anzutreten.«

Im Anschluß an diese düsteren Worte nahmen sie alle eine rasche Mahlzeit aus Miankeksen und Wasser ein. Ehe sie sich wieder auf den Weg machten, lieh sich Brega von Tuck das Langmesser des Elfen um sich eine Keule aus Eibenholz zu schnitzen, und Galen machte sich mit der Atalarklinge ebenfalls ans Werk und schnitt sich einen Stab, der als Lanze oder Speer zu verwenden war. Diese Arbeit war rasch erledigt, denn die Klinge des Verderbensboten bewieß unglaubliche Schärfe, und das Atalarschwert stand der Elfenwaffe in dieser Hinsicht kaum nach.

»Na also«, knurrte Brega, reichte Tuck das Langmesser zurück und wog die Keule in der einen Hand. »Diese Waffe gefällt mir doch wesentlich besser als dein Zahnstocher, Waeran.«

»Oh, es ist gar nicht mein Langmesser«, erwiderte Tuck, als er sich daran machte, die schwarze lederne Scheide vom Gürtel zu schnallen und die Waffe Gildor zurückzugeben. »Ich habe sie mir nur für die Wanderung durch die Grimmengrotten ausgeliehen.«

Aber Gildor schüttelte bloß den Kopf und lehnte es ab, das

Langmesser zurückzunehmen. »Behalte den Verderbensboten nur, Wichtel. Du hast dir diese Waffe wirklich verdient. Hättest du sie nicht bei dir gehabt, wären wir gewiß dem Gargon zum Opfer gefallen. Sie gehört fortan dir.«

Tuck war verblüfft, denn bei dem Langmesser handelte es sich um eine ›besondere‹ Waffe, und außerdem verstand er wie die meisten seiner Artgenossen nur wenig vom Umgang mit Schwertern. »Ein anderer könnte diese Klinge wesentlich besser einsetzen!« wandte er daher ein.

»Nein«, widersprach Gildor. »Seit diese Waffe geschmiedet wurde, hast du sie zum ersten Mal in angemessener Weise benutzt. Ich vermute beinahe, sie wurde extra für dich geschaffen.«

Und als die vier Kameraden daraufhin ihr Lager abbrachen, das Dickicht verließen und wieder über die Straße wanderten, war jeder von ihnen bewaffnet: Brega mit einer großen Keule aus Eibenholz, Galen mit einer langen Lanze und der Atalarklinge, Gildor mit dem Unheilsbringer und Tuck sowohl mit Pfeil und Bogen als auch dem Verderbensboten, dem Langmesser des Elfen, das an seiner Seite hing. Für den kleingewachsenen Wichtel kam die Klinge mit dem blauen Edelstein einem Schwert gleich. Mit langen Schritten durchmaßen sie das Düsterdunkel, denn die unheilvollen Worte Gildors trieben sie alle zur Eile an.

Obgleich jeder von ihnen nur wenige Stunden geschlafen hatte – die Wachperioden waren jeweils drei Stunden lang gewesen –, fühlten sie sich in gewisser Weise ausgeruht, und die Erschöpfung nach dem langen Marsch durch die Grimmengrotten war größtenteils nurmehr eine Erinnerung. Ihre Furcht war von ihnen gewichen, außer von Galen: Denn offenbar war es ihm noch immer nicht ganz gelungen, die Wirkung des Entsetzensblicks des Gargon ganz aus sich zu verdrängen. Aufmerksam sahen sie sich immer wieder um, wobei zwar die Augen Tucks von ihnen allen am weitesten reichten, doch nach einigen Kilometern verwischten sich selbst für ihn die Konturen, und jenseits seiner Sichtweite war alles dunkel und finster. Trotz des Düsterdunkels aber genoß es der Jungwichtel, sich nun wieder im Freien zu befinden. Die Winternacht war so kalt wie Gletschereis, aber dennoch freute er sich darüber, Geräusche in der Ferne hören zu können, anstatt dem in engen Gängen und finsteren Höhlen widerhallenden Echo zu lauschen. Er spürte das Wehen des Windes auf den Wangen, und er ließ seine Seele streicheln von dem Schweigen des weiten Landes.

»Brega«, begann Tuck nach einer Weile, »als wir uns noch ganz in der Nähe der Dunkelpforte befanden, konnte ich in der Ferne ein dumpfes Rumoren hören. Jetzt vernehme ich dieses Geräusch nicht mehr. Weißt du vielleicht, worum es sich dabei gehandelt hat?«

»Ich glaube schon«, brummte Brega. »Es war der Vorvor, der sich in einer großen Steinsenke in der granitenen Flanke Ghatans befindet: ein reißender Strudel. Erzeugt wird er von einem unterirdischen Fluß, dessen Wasser an jener Stelle aus dem Berg hervorgurgeln, über den Rand der Schlucht stürzen und unten wieder unter dem Berg verschwinden. An jenem Ort begann der Krieg gegen die Grg, denn gröhlende Ükhs und knurrende Hrōks warfen Durek, den ersten König meines Volkes, in die gischtende Tiefe.« Die Züge Bregas verzerrten sich in plötzlich aufkeimendem Zorn, und bei dem Gedanken an die Squam begann es in seinen Augen zu funkeln und zu gleißen. Es bereitete ihm sichtlich Mühe, seine aufgewühlten Empfindungen wieder unter Kontrolle zu bringen, als er fortfuhr: »Der Erste Durek wurde zwar von der Strömung unter die Felsen gerissen, aber irgendwie gelang es ihm doch zu überleben, und er wurde der erste Châk, der durch die Höhlen von Kraggen-cor wanderte, in denen es damals noch nicht das Klopfen und Pochen von Hämmern gab. In eben diese Höhlen spülte ihn die Gischt des Flusses, und es heißt, er sei nachher an dem Ort wieder aus dem Berg hervorgekommen, an dem später die Dunkelpforte errichtet wurde. Doch wie er es schaffte, die Große Deōp zu überqueren, blieb bis heute ein Rätsel – obgleich manchmal behauptet wird, es seien die Utruni gewesen, die ihm geholfen hätten.«

»Die Utruni?« fragte Tuck erstaunt.

»Ja – die Utruni«, bestätigte Brega. »Es heißt nämlich auch, die Steinriesen hätten großen Respekt vor der Arbeit der Châkka, denn wir verleihen dem lebendigen Stein noch größere Kraft.

Und die Utruni hassen die Grg: Zwar leben auch die Squam unter den Bergen, aber sie schaden dem Fels und zerstören die kostbaren Werke des alten Unterlandes.«

»Aber wie konnten die Utruni Durek denn helfen?« begehrte Tuck zu erfahren. »Ich meine: Die Große Tiefe ist selbst an der schmalsten Stelle mindestens sechzehn Meter breit, und niemand weiß, wie tief die Schlucht sein mag – wenn sie überhaupt irgendwo ein Ende findet. Wie also soll es Durek selbst mit Hilfe der Utruni gelungen sein, sie zu überqueren?«

»Oh, die Utruni haben eine besondere Macht über Felsen und Granit«, antwortete Brega. »Sie können durch festes Gestein wandeln: Mit ihren Händen schaffen sie Fugen und Ritzen, *und hinter sich schließen sie die Lücken im Fels wieder*!« Bei diesen Worten stockte Tuck unwillkürlich der Atem, und Gildor bestätigte die Behauptungen Bregas mit einem Nicken. Der Zwerg fügte hinzu: »Mit dieser Fähigkeit könnten sie jedem helfen, der sich in einer ähnlichen Lage befindet wie damals Durek.«

Während die vier Kameraden weiter nach Südosten wanderten und dabei wieder dem Verlauf des Quadrillflusses folgten, dachte Tuck über diese Legende nach.

»Brega, als wir uns kennenlernten, erwähntest du, ich hätte Utruniaugen«, wandte sich Tuck erneut an ihn. »Warum?«

»Ich wollte damit nur sagen, daß deine Augen denen von Utruni ähnlich sind«, schränkte der Zwerg ein. »Es heißt, die Augen von Utruni seien große kristallene Scheiben – oder Edelsteine. Und die Steinriesen können sich ihrer auf eine andere Weise als wir bedienen, denn ihr Blick geht selbst durch festen Granit hindurch. Nun, Waeran, auch deine Augen sind anders als die unsrigen, denn wie sonst ist es dir möglich, in diesem Düsterdunkel weiter zu sehen als wir?«

Daraufhin schwieg Tuck eine ganze Weile und wurde sehr nachdenklich.

Die Worte Bregas riefen in Tuck die Erinnerung an das hervor, was ihm der Elf schon einmal bei anderer Gelegenheit mitgeteilt hatte. Doch er schenkte den Bemerkungen Bregas größere Beachtung, denn wie die Riesen lebten auch die Zwerge von Stein umgeben, und Tuck war der Ansicht, daß dieser Umstand die

Worte Bregas gewichtiger machte.

Sie marschierten nach Südosten, durch das Tal von Grube, von den Zwergen Baralan und den Elfen Falanith genannt. Aber welchen Namen sie auch hatte: Es handelte sich in jedem Fall um einen tiefen Einschnitt, der von den vier Bergen der Quadran gesäumt wurde – von Sturmzacke, Grimmspitze, der Hohen Zacke und dem Grauen Turm. Während sie weitergingen, fiel dem jungen Wichtel eine seltsame Sache auf. »Schau, Brega, kannst du die Felsen über dem Hang dort sehen?« Als der Zwerg daraufhin den Kopf schüttelte, fuhr Tuck fort. »Sie sind fast ganz weiß. Wir haben den roten Granit der Sturmzacke hinter uns gelassen und auch den schwarzen Stein der Grimmspitze gesehen. Jetzt gewahre ich die Felsen eines dritten Bergs, und sie sind von ... nun, von hellgrauer Farbe.«

»Das ist Uchan, den ihr Grauer Turm nennt und der bei den Elfen Gralon heißt«, erklärte Brega. »Der einzige Berg der Quadran, den du nun noch nicht kennst, ist Ghatan, und sein Stein hat eine blaue Tönung. Rostrot, Pechschwarz, Kobaltblau und Bleigrau – das sind die Farben der vier Berge, und unter jedem befinden sich andere Erze, andere Schätze.«

Und sie setzten unermüdlich den Weg über die alte Straße fort und wanderten zwischen dem *Quadrill* und dem Gipfel des Grauen Turms nach Südosten. Insgesamt zwölf Stunden lang waren sie ohne Pause unterwegs, und der Verlauf des Weges folgte der Flanke des Berges, als sie schließlich das Tal von Grube hinter sich ließen. Dann schlugen sie in einem Gehölz aus Kiefern und Fichten ein zweites Lager auf. Sie hatten rund vierzig Kilometer zurückgelegt, und sie waren zu müde, um noch weiterzugehen.

Als sie wieder aufbrachen, wandten sie sich nach Süden, in Richtung Darda Galion. Links von ihnen konnten sie nach wie vor den zugefrorenen *Quadrill* sehen, während sich rechts von ihnen die östlichen Hänge des mächtigen Grauen Turms erhoben. Je weiter sie nach Süden kamen, desto schwerer war der Verlauf des Wegs zu erkennen. An einigen Stellen waren die Pflastersteine bereits überwuchert oder lagen unter einer dicken Schmutzschicht, und gelegentlich war der Pfad sogar im Lehm am Flußufer versunken.

Rund neun Stunden lang wanderten sie stetig nach Süden. Nur einmal legten sie eine kurze Pause ein, um eine karge Mahlzeit einzunehmen und sich auszuruhen, und dann machten sie sich rasch wieder auf den Weg. Gildor verspürte noch immer jene dunkle Vorahnung; es war, seinen Worten nach, als könne er in der Ferne Verfolger spüren, die ihnen immer näher kämen. Unterwegs zog der Elf deshalb immer wieder das Schwert Unheilsbringer aus der Scheide, doch das kirschfarbene Klingenjuwel glühte nur matt.

Eine weitere Stunde lang zogen sie durch das Düsterdunkel, und Tuck hielt wachsam nach dem Gegener Ausschau. Doch er konnte nichts erkennen, weder Freund noch Feind. Er sah nur Bäume und eine Landschaft, die sich vom Ufer des *Quadrill* aus nach Süden neigte.

Dann aber: »Schaut mal, da vorne«, forderte sie Tuck auf. »Da ist etwas Großes, das uns den Weg versperrt. Vielleicht ein weiterer Berg.«

»Nein, eigentlich dürfte es vor uns keinen Berg geben«, knurrte Brega. Und Gildor nickte zustimmend.

»Wie weit bis dahin?« fragte Galen.

»An der Grenze meiner Sichtweite«, erwiderte Tuck. »Also etwa acht Kilometer.«

Sie gingen weiter, und Tuck versuchte herauszufinden, um was es sich bei dem Hindernis vor ihnen handelte. Gut anderthalb Kilometer hatten sie zurückgelegt, als der Jungwichtel ausrief: »Ein Sturm ist es! Ich sehe wirbelnde Schneeflocken!«

»Ha!« machte Brega. »Ich *wußte* ja, daß es kein Berg sein konnte.«

»Die Flocken sehen in dem Schattenlicht dunkel aus«, erwiderte Tuck, »und das Wirbeln wirkt von hier aus gesehen wie eine massive *Wand*. Hinzu kommt, daß der Sturm auf einen ganz bestimmten Ort beschränkt zu sein scheint.«

Sie marschierten weiter, und als sie sich der Randzone des Sturms näherten, wurde das Heulen des Windes lauter. Kurz darauf umtosten sie die Böen und Schneeflocken.

»Pst!« machte Gildor und schlug sich die Kapuze zurück.

»Horcht!«

Tuck strengte seine Ohren an, aber er konnte nichts anderes hören als nur das Heulen des Sturms.

»Ich dachte ...« setzte Gildor an, doch dann unterbrach er sich. *»Da!«* entfuhr es ihm. Und sie alle vernahmen in der Ferne das Heulen eines Vulgs.

Erneut zog Gildor sein Schwert Unheilsbringer aus der Scheide, und der Elf nickte ahnungsvoll, denn das rote Klingenjuwel funkelte in hellem Glanz. »Sie kommen«, stellte der Liankrieger fest.

»Kruk!« machte Brega, als er das Gleißen des in die Klinge eingelassenen Edelsteins sah. Tuck drehte sich um und blickte eine ganze Zeitlang aufmerksam nach Norden – in die Richtung also, aus der sie gekommen waren.

Erneut heulte der Vulg.

Durch das Schneegestöber hielt der Jungwichtel Ausschau. »Jetzt kann ich sie sehen. Eine große Streitmacht ist es: Ghûle auf Hôllrössern, fünfzig oder noch mehr. Und sie reiten über die Straße auf uns zu.«

»Tuck«, drängte Gildor, »ich kann kein geeignetes Versteck erkennen. Du etwa?«

»Herr von Gildor«, warf Galen ein, »Ihr vergeßt, daß sich auch Vulgs unter den Feinden befinden, und den Spähern Modrus dürfte es nicht schwerfallen, unserer Fährte zu folgen. Selbst wenn wir ein geeignetes Versteck fänden, wir könnten dem Gegner trotzdem nicht entkommen. Laßt uns also eine günstige Stelle suchen, an der wir uns gegen den Feind verteidigen.« Galen ergriff seinen Stock und sah den Wichtel an. »Tuck, laß bitte deinen Blick nach einem Ort schweifen, an dem es weder die Vulgs noch die Ghûle auf ihren Hôllrössern leichthaben, uns anzugreifen: eine schmale Felsplatte etwa, eine Hügelkuppe, ein Haufen hoher Felsen, irgend etwas in dieser Art.«

Erneut durchdrang der Blick Tucks das Düsterdunkel. »Nein, Herr, die Bäume stehen weit auseinander, und das Land ist weitgehend eben ...«

Ein drittes Mal kreischte in der Ferne der Vulg.

Brega umfaßte den Griff seiner Keule und machte sich zum

Kampf bereit. »Dann erwarten wir den Gegner also hier am Ufer des *Quadrill*«, knurrte der Zwerg.

»Nein, Krieger Brega«, erwiderte Galen. »Nicht hier.«

»Wo denn sonst, König Galen?« Bregas Stimme klang scharf und unruhig. »Der Waeran sagte doch gerade, es gibt keinen Ort in der Nähe, der zur Verteidigung geeignet ist, und vor den Vulgs können wir uns nirgends verstecken. Dieses Ufer ist ebenso gut wie jeder andere Platz für unseren letzten Kampf. Es bietet sogar noch einen Vorteil: Hier brauchen wir wenigstens keinen Angriff von hinten zu befürchten.«

»Widersprich mir bitte nicht, Krieger Brega, denn jetzt ist nicht die Zeit zu ausführlicher Diskussion«, keuchte Galen. »Vielleicht gibt es eine Möglichkeit, der Teufelsbrut zu entkommen: der Sturm! Wenn der Wind weiter südlich noch heftiger weht, wenn dort die Böen noch lauter heulen als hier und es uns gelingt, in jenen Bereich zu gelangen, bevor die Schergen Modrus hier sind – nun, dann verwischt das Schneetreiben möglicherweise unsere Spuren. Los, schnell!«

Galen, der schlaue Fuchs! dachte Tuck, als sie tiefer in das wirbelnde Weiß hineinliefen.

Und hinter ihnen stürmten die heulenden Vulgs heran, gefolgt von Ghûlen auf Hôllrössern, und rasch verringerte sich die Entfernung zwischen Jägern und Gejagten.

Die vier Kameraden durchliefen die Randzone des Sturms, und je weiter sie nach Süden kamen, desto heftiger wurden die Böen, desto lauter fauchte es um sie, und das Schneetreiben wurde, wie sie gehofft hatten, immer dichter. Aber nunmehr ganz dicht hinter ihnen folgten die Schergen Modrus. Die gespaltenen Hufe der Hôllrösser trommelten in raschem Tempo über den hartgefrorenen Boden, und es konnte nicht mehr lange dauern, bis die Ghûle die Fliehenden, Gildor, Galen, Brega und Tuck, eingeholt haben würden.

Sie liefen weiter, obwohl der Sturm an ihnen zerrte, und der wirbelnde Schnee wurde zu einem dichten und wogenden Schleier, der sie von allen Seiten einhüllte. Immer wieder sah sich Tuck besorgt um, und wie eine eisige Klaue schloß sich Furcht um sein Herz, als er in dem grauen Tosen sah, wie schnell die Verfolger zu ihnen aufschlossen.

Die Vulgs stießen bereits ein triumphierendes Heulen aus, und die Ghûle stimmten gröhlend und knurrend mit ein: Zwar hatten sie Gildor, Galen, Brega und Tuck bisher noch nicht zu Gesicht bekommen, aber die Fährte, der sie folgten, wurde immer frischer, so daß sie ahnen durften, es könnte nicht mehr lange dauern, bis sie ihre Opfer gestellt haben würden.

Tuck sog sich die Luft keuchend in die Lungen, und er rannte, was er konnte. Um ihn herum fauchte und fegte der Sturm und umwirbelte ihn mit Schneeflocken, die anscheinend wie kleine Geschosse auf ihn zielten. Und tiefer hinein in die Mitte der Böen ging es.

Doch das Heulen der Vulgs und das Gröhlen der Ghûle übertönte bald das Tosen des Windes: Jetzt hatten die Schergen Modrus die vier Flüchtlinge entdeckt, und sie jubelten mit knurrenden Stimmen.

Mitten hinein in das Tosen und das immer dichter werdende Schneegestöber warf sich Tuck, und der fauchende Zorn der Böen dämpfte alle anderen Geräusche, so daß es nicht lange dauerte, bis der Jungwichtel nur noch seinen eigenen rasselnden Atem hören konnte. Das dunkle Schneegestöber war so dicht, daß er nun schon seine Kameraden nicht mehr sehen konnte. Tuck warf einen kurzen Blick über die Schulter, aber dabei rutschte er auf dem Eis aus und fiel der Länge nach zu Boden. Und als er sich auf Händen und Knien in die Höhe stemmte, donnerte schon ein Hôllroß an ihm vorbei, aber der mit einem Speer bewaffnete Ghûl auf dem Rücken des dämonischen Reittiers entdeckte den Wichtel glücklicherweise nicht.

Tuck sprang auf die Beine und lief weiter, und in dem dunklen Treiben reichte selbst der Blick seiner scharfen Augen nur wenige Schritte weit. Hier und dort tauchte in der fauchenden Finsternis ein dunkler Schatten auf und sauste an ihm vorbei, und er begriff, daß es nur eine Frage der Zeit war, bis ihn der Feind ausfindig machen würde. Trotzdem stürmte er weiter.

Bald darauf bemerkte Tuck in dem Wüten des tobenden Sturms eine Veränderung: Die Böen heulten zwar noch immer und peitschten den wirbelnden Schnee, aber auf irgendeine sonderbare Weise war es heller geworden. Ein Teil der Schwärze wich einem matten Grau. Begann sich der Sturm etwa zu legen? Wurde der dichte Schneeschleier etwa durchsichtiger? Nein, das konnte nicht sein, denn noch immer reichte der Blick Tucks nur einige wenige Schritte weit. Als er weiterlief und hier und dort für einen Augenblick eine Schattengestalt wahrnahm, vermochte er nicht zu sagen, ob es sich dabei um einen Schergen Modrus oder einen seiner Kameraden handelte.

Wieder verlor er den Halt und stürzte, doch als er auf die Füße kam, schien der Sturm für einige Augenblicke den Atem anzuhalten, und zwanzig Meter hinter sich entdeckte der Jungwichtel einen finsteren Schatten: einen auf einem Hôllroß hockenden Ghûl, der sich ihm langsam näherte. Und das Ungeheuer senkte seinen Speer, so daß sich die mit Widerhaken versehene Spitze auf ihn richtete, und es ging zum Angriff über, während Tuck in aller Eile nach seinem Bogen tastete. Er hatte jedoch keine Chance, denn das Hôllroß war viel zu schnell, als dessen gespaltene Hufe über den hartgefrorenen Boden trommelten. Der Tod selbst sauste da Tuck entgegen.

Der Ghûl holte zum Stoß aus, und der Jungwichtel warf sich zur Seite und rollte durch den Schnee. Das Hôllroß galoppierte an ihm vorbei, und da! – Tuck war unverletzt geblieben, denn sonderbarerweise hatte der Ghûl keinen zweiten Versuch unternommen, die Lanze in seinen Leib zu bohren. Etwas ganz Seltsames geschah aber dennoch: Das Hôllroß lief rund zwanzig Meter weiter, ehe *es zusammenbrach und auch der Ghûl reglos im Schnee liegenblieb*.

Tuck zog den blau funkelnden Verderbensboten aus der Scheide und stürmte auf den Feind am Boden zu, um dem Ghûl mit einem Hieb den Schädel zu spalten. Doch als er sich dem Ungeheuer näherte, sah er, daß es am ganzen Leib zu beben begonnen hatte. Die Klauenhände öffneten und schlossen sich krampfhaft, und das leichenblasse Gesicht war verzerrt und nur noch eine Fratze. Und dann *kräuselte sich die Haut des Ghûls und ließ das Ungeheuer zusehends schrumpfen*. Noch immer heulte der Wind und umtoste sie das Schneegestöber; Tuck starrte den

Ghûl groß an und erlebte, wie sich der Körper des Ungeheuers *krümmte und immer mehr verfiel*, und kurz darauf war nur noch Asche übrig, die der Sturm ergriff und dann verwehte. Übelkeit keimte in Tuck empor, und würgend wandte er sich ab und stolperte weiter durch das Tosen und Wüten.

Das Heulen des Sturms wurde jetzt so laut, daß der Wichtel schon glaubte, es müsse ihm jeden Augenblick das Trommelfell zerreißen. Er lief weiter und stemmte sich gegen die Böen. Immer schwerer fiel es ihm, einen Fuß vor den anderen zu setzen. Nach einer Weile dann hatte er wohl das Schlimmste überstanden, und das infernalische Fauchen wurde allmählich leiser. Noch immer zerrten die Böen an seiner kleinen Gestalt, aber jetzt waren sie nicht mehr so heftig wie noch kurz zuvor.

Und dann plötzlich taumelte er aus dem weißen Wirbeln in die Arme seiner erwartungsfrohen Gefährten.

Und oben am Himmel glänzte hell und strahlend die Sonne.

Und da erkannte Tuck, daß sie sich nicht mehr im Düsterdunkel befanden, und brach in Tränen der Freude aus.

Nun ging es nach Süden, und sie legten noch einmal rund fünfzehn Kilometer zurück. Hinter ihnen blieben der heulende Wind und der am Rande der finsteren Schwarzen Wand entlangwirbelnde Schnee. Sie liefen in Eile, denn sie wollten möglichst rasch eine große Entfernung zwischen sich und die gräßliche Winternacht legen. Tuck blickte sich immer wieder staunend um und genoß das, was sich seinen Augen darbot: helles Tageslicht, ein blauer Himmel, Berge und Wälder in weiter Ferne. Tief in ihm entflammte ein gleißendes Licht der Freude, denn zum ersten Mal seit vielen Tagen und Wochen sah er wieder die *Sonne*. Er beobachtete seinen eigenen Schatten, so als sähe er ihn nun erstmalig, und er bemerkte, wie er an Länge gewann, als sich die Sonne nach und nach dem Horizont entgegenneigte. Seltsamerweise konnte er sich gar nicht an einen derart hellen Tag erinnern.

Seine Stimme klang verwundert und erstaunt, als er fragte: »Ist die Sonne eine ewige Flamme? Wird sie eines Tages einmal erlöschen? Der Himmel ist so blau. Woher kommt nur diese Farbe?«

Die meisten Fragen konnten seine Kameraden auch nur mit einem Kopfschütteln beantworten, doch sie lächelten und erwiderten: »Das weiß nur Adon allein.«

Obgleich die Sonne noch nicht untergegangen war, schlugen sie ihr Lager auf einer kleinen Felskuppe auf, von wo aus sie über den Quadrill blicken konnten. Es war zudem ein Ort, der sich leicht verteidigen ließ: Zwar hatten sie jetzt das Düsterdunkel hinter sich gelassen, aber wenn die Sonne erst einmal hinter dem westlichen Horizont versunken war, zog die Finsternis der Nacht heran, und in jener Schwärze konnten sich die Schergen Modrus in die Bereiche wagen, die noch nicht von der Winternacht des Feindes in Gron eingehüllt worden waren. Die vier Kameraden waren müde und äußerst erschöpft, denn seit der letzten Rast hatten sie viele Kilometer zurückgelegt, und sie konnten ihren Weg einfach nicht mehr fortsetzen.

Vollkommen erschlagen hockte sich Tuck in dem verblassenden Licht des schwindenden Tages zu Boden, lehnte sich an einen Felsen und nahm zusammen mit seinen drei Begleitern eine karge Mahlzeit ein. Sein müder Blick glitt in die Richtung, aus der sie gekommen waren. Nach wie vor konnte er die Schwarze Wand sehen, die sich in der Ferne durch das Tal spannte und bis zu den höchsten Gipfeln des Grimmwalls emporreichte. Wie ein riesiges, gewaltiges Ungeheuer wirkte die Winternacht, wie ein Ungetüm, das nur zeitweise verharrte und sich jederzeit wieder in Bewegung setzen konnte. Er erschauderte und wandte den Blick davon ab, als er in die Augen des Elfen sah.

»Herr von Gildor«, sagte Tuck, »wir befinden uns jetzt zwar außerhalb der Winternacht – und von ganzem Herzen freue ich mich darüber –, aber ich frage mich, warum das Düsterdunkel Halt gemacht hat. Ich meine: Warum rückt die Schwarze Wand, die wir dort im Norden sehen können, denn nicht weiter nach Süden vor?«

»Wie du dich erinnern kannst, Tuck«, erwiderte Gildor, »verharrte das Düsterdunkel viele Tage und Wochen lang in den

Silberhügeln nördlich von Challerainfeste, während die Winternacht in anderen Regionen am Grimmwall entlang nach Süden wallte, das Ardental einhüllte und sich auch über andere und noch weiter südlich gelegene Orte stülpte. Und wie du weißt, ließ Modru das Düsterdunkel von den Silberhügeln aus nach Rian ziehen, über den Challerainberg und Weiunholz hinweg. Ganz offensichtlich kann der Feind in Gron die Winternacht an einigen Orten verharren lassen, während er sie in anderen Regionen weiter nach Süden schiebt.«

Gildor zögerte kurz und sah zu der Schwarzen Wand. Nach einer Weile fuhr er fort: »Und was deine Frage angeht: Ich weiß nicht, warum die Winternacht gerade dort haltgemacht hat. Vielleicht hat sie die Grenzen der Macht Modrus erreicht – obwohl ich mir das eigentlich nicht vorstellen kann. Ich vermute nämlich, daß Modru die nunmehr in den Grimmengrotten befindliche Horde Darda Galion angreifen lassen will, und seine Armee kann nicht weiter vorstoßen, wenn sie nicht vom Düsterdunkel vor dem Sonnenschein geschützt wird. Ich nehme daher an, daß er derzeitig nur bestimmte Vorbereitungen trifft, und wenn diese erst einmal abgeschlossen sind, wird sich die Schwarze Wand wieder in Bewegung setzen und erneut nach Süden vorstoßen. Aber ich kann natürlich nicht mit letzter Sicherheit behaupten, daß diese meine Annahmen stimmen, denn wer weiß schon, was hinter der Stirn des Großen Bösen vor sich geht?«

Brega biß von einem Miankeks ab und knurrte: »Vielleicht hat der Feind in Gron gar nicht die Absicht, auch diese Region von seiner Winternacht vereinnahmen zu lassen. Vielleicht will er sie statt dessen den Lakh aus Hyree überlassen oder den Piraten von Kistan.«

»Möglicherweise«, räumte Gildor ein. »Aber ganz sicher können wir dessen nicht sein. Aber ganz gleich, von welchem Feind eine Bedrohung für diese Gegend ausgehen mag, ob nun von den Lakh, den Piraten oder der Horde – und es spielt in diesem Zusammenhang auch keine Rolle, ob Modru bestimmte Vorbereitungen treffen muß oder andere Gründe dafür hat, das Düsterdunkel dort im Norden verharren zu lassen –: Für uns gilt, wir müssen weiter! *Wir* dürfen hier nicht einfach abwarten! Und zur

Fortsetzung unseres Weges müssen wir uns zunächst ausruhen. Legen wir uns also schlafen, auf daß sich in den Abendstunden und in der Nacht unsere Kräfte erneuern.«

Schweigend beendete Tuck seine Mahlzeit und sah zu, wie die Sonne den westlichen Horizont erst berührte und dann dahinter versank. Er versuchte zwar, sein Tagebuch weiterzuführen, aber er war dazu viel zu müde und schlief ein, noch bevor das letzte Licht des Tages verblaßt war.

Irgendwann in der Nacht erwachte Tuck, und die Finsternis ringsum war so schwarz, daß er erschrak und schon befürchtete, das Düsterdunkel habe sie erneut eingehüllt. Dann aber sah er den funkelnden Schleier, der sich übers Firmament spannte; Sterne gleißten und glitzerten, und die Sichel des Mondes leuchtete trüb. Er seufzte zufrieden und schlief wieder ein. Keiner seiner drei Begleiter weckte ihn, um ihn ebenfalls wachen zu lassen. Der Jungwichtel hatte an jenem Tag mehr als fünfzig Kilometer zurückgelegt, und für einen kleinen Waerling war das eine gewaltige Strecke.

Als die vier Kameraden am nächsten Morgen frühstückten, beobachtete Tuck mit Freudentränen in den Augen, wie die Sonne über den östlichen Horizont stieg. Erneut erstaunte ihn die strahlende Helligkeit des Tages im Gegensatz zu der Finsternis der Nacht. Alles war so völlig anders als in dem gespenstischen Glühen des Schattenlichts. Sonne, Mond und Sterne – wie herrlich es doch war, diese Gestirne sehen zu können! Und Tuck war nicht der einzige, der sich an dem Anblick der Sonne erfreute: Gildor, Galen und Brega standen gleichfalls wie verzaubert und beobachteten die golden funkelnde Scheibe, die sich über den östlichen Rand Mithgars schob und ihr warmes Licht über das Land ergoß.

Sie wanderten nach Süden, entlang dem gewundenen Flußbett des Quadrills, und über die Landschaft um sie herum war zwar eine kalte Decke des Winters gebreitet, aber dennoch hielt sie immer neue Wunder für die vier Wanderer bereit – Wunder jedoch nur für diejenigen, die viele Wochen im Düsterdunkel verbracht hatten.

Tucks Blick schweifte überall hin. Er beobachtete die Gipfel des Grimmwalls, die im Westen jenseits des Talhangs in die Höhe ragten, die Grate jenes Gebirges, das sich vom fernen Norden bis nach Süden erstreckte. Weiß glänzten dort oben mächtige Gletscher. Im Anschluß an den Talhang im Osten, so wußte der Jungwichtel, lag ein hügeliges Heideland, das bis nach dem Rothrofluß und darüber hinaus nach Argon reichte. Hinter ihnen im Norden ragte die Schwarze Wand des Düsterdunkels in die Höhe. Und als sie um einen Felsvorsprung herumkamen, sah er im Süden ...

»Hola!« rief Tuck aus. »Herr von Gildor, dort vorne ... Was ist das? Ich weiß nicht, um was es sich dabei handelt.«

»Ei!« erwiderte der Liankrieger freudig. »Hier im hellen Licht des Tages, im glänzenden Schein von Adons Sonne, können die Augen der Elfen also wieder weiter sehen als selbst die von Wichteln. Was du dort im Süden siehst, Tuck, sind die Randgebiete von Darda Galion, dem Land der Silberlerchen. Dein Blick fällt auf die Ausläufer des großen Waldes der Alten Bäume – jene Region also, die du den Lerchenwald nennst.«

Lerchenwald, fuhr es Tuck durch den Sinn, und er versuchte, sich an die Karten des Kriegsrates von Challerainfeste zu erinnern. Der Lerchenwald: die Heimat der Elfen, die sich vom Grimmwall im Westen bis nach dem Argonfluß im Osten erstreckte, vom Hügelland im Norden bis nach dem Großen Steilhang im Süden, also bis zur Grenze von Valon. Der Lerchenwald, auch Darda Galion genannt: ein Land der Bäume und der Flüsse – des Rothro, des Quadrills, des Cellener, des Nith, und natürlich der vielen Bäche, die in sie mündeten; ihre funkelnden und klaren Wasser strömten durch den Wald und vereinten sich schließlich mit den Fluten des mächtigen Argonstroms.

Die vier Kameraden setzten ihren Weg nach Süden fort. Sie wanderten in Richtung des fernen Waldes, und unterwegs vernahm Tuck das Gurgeln von fließendem Wasser. Daraufhin richtete sich sein Blick auf den Quadrill, und er sah, daß die Eisfläche an einigen Stellen aufgebrochen war. Dieser Anblick rief Tuck unwillkürlich die schreckliche Nacht an der Spindelfurt vor Augen: Damals war das Pferd des Königskuriers durch das Eis gebrochen, und sowohl der Herold Aurions als auch sein Kamerad Tarpy waren in den kalten Fluten ertrunken.

Tuck verdrängte diese Gedanken und beobachtete die Alten Bäume, als sie sich dem Rande des Waldes näherten. Mächtig ragten die dicken Stämme dieser Waldriesen empor. Weit gen Himmel wuchsen sie, und die Blätter der Kronen waren von einem dunklen Grün. Unter diesem hohen Dach lebten die Elfen, und die Alten Bäume schluckten förmlich das Licht der Sonne, so daß am Boden des Waldes immerwährendes Zwielicht herrschte.

»Meine Güte«, hauchte Tuck. »Diese Bäume ... wie groß sind sie wohl?«

Gildor lächelte. »Man sagt, wenn man ihre Stämme hinaufwandern könnte, so erfordere es hundertfünfzig Lianschritte, um von den Wurzeln bis zur Krone zu gelangen. Aber ich erinnere mich sogar an einen Riesen, der tief im Wald steht und mindestens zweihundert Schritte hoch ist.«

Tuck senkte den Blick und versuchte abzuschätzen, wie groß der Schritt des Lian war. Er maß ungefähr einen Meter, und als er sich daraufhin die Größe der Bäume vorstellte, verschlug es ihm unwillkürlich die Sprache.

»Ach, Wichtel, aber jene Bäume dort sind nicht so groß wie die in Adonar; von meinen Vorfahren wurden sie als Schößlinge hierher gebracht und in das Land der vielen Flüsse gepflanzt.«

Ein Wald von Adonar! Als Schößlinge hierher gebracht! Und doch sind die Bäume jetzt zu gewaltigen Riesen geworden! Tuck schwindelte, als er daran dachte, welche Anstrengungen die Elfen unternommen haben mußten, um hier in der Mittleren Ebene einen ganzen Wald aus Alten Bäumen anzupflanzen: Die dazu erforderliche Zeit sprengte jegliches Vorstellungsvermögen des Jungwichtels.

Nach einer Weile schließlich erreichten sie die ersten dicken Baumstämme, und weit über ihren Köpfen bildeten die Zweige, Äste und Blätter ein dichtes Dach. Und obgleich die Sonne hoch am Himmel stand, herrschte unter den Wipfeln der Alten Bäume ein unbestimmtes Zwielicht.

»Kest!« rief ein im Laubwerk verborgener Wächter.

»Halt«, wandte sich Gildor an seine Kameraden. *»Vio Gildor!«* (Ich bin Goldzweig!) antwortete der Lian.

Tuck erschrak heftig, als er um sich herum plötzlich überall die graugekleideten Gestalten eines Trupps aus Liankriegern sah. Auf irgendeine geheimnisvolle Weise schienen sie dem im Alten Wald herrschenden Zwielicht zu entwachsen. Einige der Elfen waren mit Bogen bewaffnet, andere trugen glänzende Schwerter. Der Lian aber, der nun auf sie zutrat, hielt einen schwarzen Speer in der Hand.

»Tuon«, sprach Gildor ihn an, als er den flachshaarigen Lanzenwerfer wiedererkannte.

Tuon schenkte Gildor zwar ein freundliches Lächeln, aber er ließ seinen Speer nicht sinken. Er hielt ihn statt dessen so, daß er ihn jederzeit als Waffe einsetzen konnte. Sein wachsamer Blick musterte die drei Begleiter des Elfenherrn, und in seinen Augen funkelte es überrascht, als er den Waerling sah. »Ah, Tuon«, meinte Gildor, und er hob die Stimme, so daß ihn alle hören konnten, »du brauchst nicht länger mit der Spitze des Schwarzen Durchbohrers auf uns zu zielen, denn meine Kameraden sind gute Freunde.«

Daraufhin senkte Tuon die Waffe. »Es drohen überall Gefahren, Alor Gildor, denn der Feind in Gron schickt sich an, ganz Mithgar zu unterwerfen. Zwar will ich Euren Worten gern Glauben schenken, aber ich möchte doch die Namen Eurer Gefährten erfahren.«

»Nein, Tuon«, erwiderte Gildor. »Zwar habe ich keinesfalls die Absicht, dich zu beleidigen, aber diese drei Kämpfer in meiner Begleitung können sich solcher Heldentaten rühmen, daß Coron Eiron der erste sein sollte, der ihre Namen vernimmt und erfährt, welchen Ruhm sie bisher errangen. Folgendes jedoch sollst du wissen: Zwicht, Waerling, Mensch und Lian – in den vergangenen Tagen zogen wir vier durch die Grimmengrotten! Von dem Dämmertor bis zur Dunkelpforte haben wir das dunkle Labyrinth durchquert! Wahrlich! Wir sind richtige Grottenläufer!«

Im Anschluß an diese Worte begannen die Elfen des von Tuon angeführten Trupps überrascht zu murmeln, und erstaunte Blicke betrachteten die vier Krieger. Der Elfenhauptmann trat verblüfft einen Schritt zurück und suchte nach den passenden Worten einer Erwiderung, doch Gildor hob die Hand. »Nein, Tuon, ich muß Coron als erstem von unseren Abenteuern berichten; er soll erfahren, was wir in den Grimmengrotten sahen und welche schweren Prüfungen wir dort zu bestehen hatten. Wenn du also meine drei Begleiter unbedingt mit Namen versehen willst, so rufe sie Axtwerfer, Verderbensträger und Schmetterschwert.« Gildor deutete nacheinander auf Brega, Tuck und Galen. »Und ich mag für dich Fackelschleuderer sein.

Ich bringe aber auch Nachrichten – schlechte Nachrichten –, und diese Botschaft sollen du und die Männer deiner Waldwache als erste erfahren: In den Grimmengrotten befindet sich nun eine mächtige Horde – zehntausend *Rûpt* mögen es sein, vielleicht sogar noch mehr. Aber ich glaube nicht, daß die Teufelsbrut in den nächsten Tagen oder Wochen nach Süden vorrücken wird, denn die Schwarze Wand verharrt im Norden und schiebt sich nicht weiter auf Darda Galion zu, und außerdem müssen die Schergen Modrus erst zu einer Armee zusammengestellt werden. Aber dennoch müßt ihr von nun an wachsamer sein denn je, denn bestimmt schleichen sich des Nachts die Späher Modrus aus den Grimmengrotten bis hierher.« Gildor schwieg, und in den Reihen des Liantrupps verbreitete sich sichtlich Unruhe.

»Nun, Alor Gildor, das sind *wirklich* schlechte Nachrichten!« stieß Tuon hervor. »Die Anwesenheit einer großen Streitmacht des Feindes im Bereich der Quadranberge bedeutet, daß wir hier am Rande des Alten Waldes höchst aufmerksam sein müssen, denn die Grimmengrotten sind nicht weit von unserer Heimat entfernt. Doch wenn die Armee der *Rûpt* in diese Richtung vorrückt, sind viele Lian erforderlich, um den dämonischen Feind zurückzuschlagen. Die meisten unserer Krieger aber befinden sich im Norden, wie du von Coron Eiron erfahren wirst. Er selbst ist gerade erst vor kurzer Zeit aus Riamon zurückgekehrt; du hast also Glück, ihn hier im Wald anzutreffen.« Tuon wandte den Blick vom Elfenherrn ab und betrachtete dessen drei

Gefährten. Neugierige Fragen standen auf seinen Lippen, aber er sprach sie nicht aus, sondern verneigte sich vor Gildor und fand sich mit dessen Entschluß ab, die Geschichte von der Durchquerung der Grimmengrotten zuerst Eiron zu erzählen, dem Coron aller Lian von Mithgar. Doch Tuon war nicht auf den Kopf gefallen, und er meinte: »Ihr habt zwar die Horde erwähnt, Alor, aber Ihr spracht nicht von dem Schrecken, und ich glaube, Euer Schweigen kommt einer eindeutigen Antwort auf die Frage gleich, die uns in diesem Augenblick alle beschäftigt. Aber ich respektiere Euren Wunsch, Eure Geheimnisse erst vor dem Coron zu enthüllen, und aus diesem Grund werde ich nicht versuchen, Euch oder Euren Begleitern Einzelheiten über die erwähnten Heldentaten zu entlocken. Fürwahr, Ihr müßt viel zu erzählen haben, denn schließlich behauptet Ihr, durch die Grimmengrotten marschiert zu sein.

Kommt bitte mit, auf daß wir gemeinsam eine Mahlzeit einnehmen. Und wir stellen Euch Pferde zur Verfügung, mit denen Ihr zu einem Bootsversteck am Ufer des Quadrills reiten könnt. Es befindet sich an einer Stelle, an der sich keine feste Eisdecke auf dem gurgelnden, wenngleich niedrigen Wasser bilden konnte.« Tuon drehte sich um und gab den Liankriegern seines Trupps stumme Handzeichen. Und als sich der Träger des schwarzen Speeres vor Gildor anschickte, den Elfenherrn und dessen drei Gefährten in Richtung des Lagers zu führen, verschwanden die andern Lian in dem Zwielicht unter den hohen Wipfeln der Alten Bäume.

Gildor und Galen konnten nun wieder auf Pferden reiten. Brega hockte hinter dem Elfenherrn, und Tuck hatte sich hinter dem König auf den Rücken des Rosses geschwungen. Die Tiere galoppierten an den dicken Stämmen der Alten Bäume vorbei, am südlichen Ufer des Quadrills entlang. Vor ihnen ritt Theril – ein Lian, der von Tuon den Auftrag erhalten hatte, die vier Krieger zu den Booten zu bringen.

Ihr Weg führte sie im milchigen Zwielicht unter dem Blätterdach des Waldes über weiches Moos. Die halblauten Geräusche, die sie verursachten, verloren sich schnell in dem dichten Geäst über ihnen.

Immer wieder bestaunte Tuck die gewaltigen Bäume, und nun konnte er sich mit eigenen Augen überzeugen, daß Gildor zuvor nicht übertrieben hatte: Die Stämme der Bäume ragten tatsächlich viele Dutzend Meter in die Höhe, und jeder Stamm war so dick, daß viele Elfenarme erforderlich gewesen wären, um ihn zu umfassen. Wie Tuck wußte, war das Holz dieser Alten Bäume sehr wertvoll – in ganz Mithgar war es begehrt –, aber das Freie Volk hatte in vielen Jahrhunderten nicht einen einzigen gefällt. Dann und wann aber war es den *Rûpt* gelungen, den einen oder anderen Waldriesen stürzen zu lassen – aus reiner Böswilligkeit. In diesem Zusammenhang sprachen die Elfen voller Kummer und Verbitterung vom Fällen der Neun. Und ihre Rache folgte rasch und ohne Gnade. Sie statuierten ein abschreckendes Exempel an jenen Ungeheuern, die es gewagt hatten, die Klingen ihrer Äxte an das Holz der Alten Bäume zu setzen, und das, was von den Übeltätern übrigblieb, wurde dem dämonischen Gezücht gezeigt, das sich in ihren Bergverstecken verbarg. Seitdem war kein Alter Baum mehr in Darda Galion angerührt worden. Dann und wann zogen die Elfen aus, um die Äste beiseite zu schaffen, die ein Blitzschlag von einem Baum abgerissen hatte oder die einem über die Mittlere Ebene Mithgars hinwegziehenden Unwetter zum Opfer gefallen waren. Sie wurden dann von den Sturmerntern des Freien Volkes eingesammelt, und man prüfte jeden einzelnen Ast lange und mit großer Sorgfalt, bevor die scharfen Werkzeuge der Schnitzer das Holz bearbeiten konnten; es war allseits bekannt, daß die geschickten Elfenhände kostbare Schätze aus dem wertvollen Holz schufen.

Drei Pferde galoppierten durch den stummen und erhabenen Wald, und zwei von ihnen trugen doppelte Last. Mehrere Stunden lang waren sie schon unterwegs, als sie schließlich eine hohe Klippe am Ufer des Quadrills erreichten, eine Stelle, an der lange Moosflechten herabhingen und das Wasser berührten. Hier zügelte Theril sein Roß und stieg ab, während Gildor, Galen, Brega und Tuck seinem Beispiel folgten. Jenseits der Baumwipfel neigte sich die Sonne dem westlichen Horizont entgegen, und es wurde allmählich dunkler.

»Schlagt Euer Lager hier auf, Alor Gildor«, sagte Theril. »Morgen dann nehmt ein Boot und rudert damit den Quadrill flußabwärts, bis an die Stelle, wo sich seine Wasser mit denen des Cellenerflusses vereinen. Auf der anderen Seite, am südlichen Ufer, werdet Ihr dann zu einem weiteren Waldwachenlager gelangen, und dort werdet Ihr neue Pferde bekommen, mit denen Ihr tiefer in den Wald hinein reiten könnt, zum Coron Eiron.«

»Ein Boot?« knurrte Brega. »Ich kann weit und breit keines sehen. Sollen wir uns etwa aus den Moosflechten eines bauen?«

»Herrlich, Axtwerfer!« lachte Theril. »Eines bauen? Nein! Aber in diesem Zusammenhang hat das Moos tatsächlich eine Bedeutung, denn *darunter* liegt das verborgen, was ihr braucht!« Mit diesen Worten sprang der Lianwächter ans Ufer des Flusses, hob die Hand und strich einen Vorhang aus grünen Fasern zur Seite: Unter einem breiten Felsvorsprung versteckt, dümpelten rund ein Dutzend Elfenboote auf dem Wasser des Stroms. Jedes war recht schmal und etwa sechs Schritte lang, und Bug und Heck liefen spitz zu. Der Bootsrumpf war abgerundet: Rippen aus Fichtenholz wölbten sich von einer Seite zur anderen.

Brega lachte lauthals und übertönte damit sogar das Rauschen des Flusses. Er maß die Boote mit anerkennenden und bewundernden Blicken, denn in dieser Hinsicht galt Brega sogar bei seinem eigenen Volk als Ausnahme: Er konnte sowohl schwimmen als auch mit kleinen Jollen wie diesen umgehen – obgleich für diese Boote keine Ruder vorgesehen waren, sondern Paddel.

Tuck andererseits konnte zwar ebenfalls recht gut schwimmen, aber er verstand nur wenig von Booten. Mit mißtrauischen Blikken betrachtete er die auf dem Wasser tanzenden Schiffchen, und es erstaunte ihn, daß sie nicht einfach umkippten und versanken.

Nachdem sie ihr Lager aufgeschlagen und gemeinsam eine Mahlzeit eingenommen hatten, schwang sich Theril wieder auf den Rücken seines Pferdes und griff nach den Zügeln der beiden anderen Rösser. »Alor, ich kehre nun zu meiner Waldwache zurück. Soll ich Tuon irgend etwas ausrichten?«

Gildor sah seine Kameraden fragend an, und Galen erwiderte: »Nur dies, Theril: Die schöne Rael von Arden deutete an, daß wir auf unserem Weg auf unerwartete Hilfe treffen würden. Sag Tuon und deinen Kameraden, Raels Worte entsprächen tatsächlich der Wahrheit: Zuerst stießen wir auf den Axtwerfer, und dann machten wir Bekanntschaft mit der Truppe, der du angehörst. Richte deinen Kameraden auch aus, der Hohekönig sei sehr stolz auf die Lianwachen des Lerchenwaldes.«

Galen schwieg, und Theril musterte den Mann neugierig. »Du mußt den Hohekönig sehr gut kennen, wenn du das behaupten kannst, Schmetterschwert. Hinter deinen Worten verbirgt sich eine Geschichte, die ich nur zu gerne in Erfahrung brächte. Aber ich will nicht länger verweilen, sondern meinen Kameraden deine Botschaft überbringen, und wenn einer von uns jemals dem Hohekönig selbst gegenübertreten sollte, so darf er folgendes behaupten: ›Ich habe Schmetterschwert kennengelernt, einen aufrechten Mann, und obgleich ich damals nicht seinen wirklichen Namen wußte und auch nicht ahnen konnte, welchen Rang er bekleidete oder welche Heldentaten er vollbracht hatte, so freut es mich doch sehr, ihm geholfen haben zu können, ihm und seinen drei Begleitern: Axtwerfer, Verderbensträger und Fackelschleuderer‹.«

Theril deutete vor jedem der Genannten eine Verbeugung an, und mit einem weithin hallenden *»Los!«* trieb er sein Pferd an, das ihn sofort im Galopp forttrug, hinein in das graue Zwielicht des Waldes. Und Tuck rief dem Krieger nach: »Leb wohl, Lian Theril; und möge es auch deinen Kameraden gut ergehen!«

Am nächsten Morgen stiegen Galen, Gildor, Brega und Tuck in ein Elfenboot und steuerten es in die Mitte des Quadrillflusses. Brega kniete im Heck, und mit der Kraft seiner breiten Schultern trieb er immer wieder das Paddel durch die gurgelnden Fluten des Stroms. Gildor hatte im Bug Platz genommen, und auch er tauchte das abgeflachte Ende eines Paddels in die Wellen. Tuck saß hinter dem Elf, und Galen vor dem Zwerg. Auch Galen hielt eines davon in den Händen. Nur der Jungwichtel besaß keines. Aber Tuck wußte, daß er damit nur die anderen behindert hätte. So ruhte er sich aus und beobachtete, wie im Zwielicht des Waldes die moosbewachsenen Ufer rasch zu beiden Seiten an ihnen vorbeiglitten, und er bestaunte die weichen Schatten in diesem stillen Land und verglich sie schaudernd mit der Schwärze des Düsterdunkels.

Den ganzen Tag über paddelten sie dahin. Dann und wann durchfuhren sie Stromschnellen, Stellen, an denen das Wasser tosend an Felsblöcken vorbeigischtete und große Strudel schäumten, und an diesen Orten mußten Brega, Galen und Gildor sich sehr anstrengen, während Tuck krampfhaft Halt suchte. Meistens aber flossen die Wasser des Flusses ruhig dahin und spülten über den Fels der Ufer, auf denen Farnkräuter wuchsen. Tucks Blick glitt an den gewaltigen Stämmen der Alten Bäume in die Höhe, und die Ruhe des Waldes legte sich wie eine warme Decke über ihn. Er genoß die stille Erhabenheit, döste ein und wußte bald nicht mehr, wie lange sie schon auf diese Weise unterwegs auf der Fahrt durch das Zwielicht der Elfenheimat waren.

Den ganzen Tag über trieben sie nach Osten mit nur zwei kurzen Pausen. Als der Abend zu dämmern begann, erreichten sie die Stelle, an welcher der Cellenerfluß in den Quadrill mündete. Und östlich davon machten sie am südlichen Ufer des Flusses die Feuer des von Theril erwähnten Waldwachenlagers aus.

Am nächsten Morgen hockten sie auf Lianpferden und ritten nach Südosten. Diesmal hatten sie keinen Führer bei sich, denn Gildor wußte, wo Waldmitte lag, nämlich rund dreißig Kilometer entfernt.

Am späten Vormittag stießen sie auf die erste Lianwache des Ortes, die sie passieren ließ, und nach einem weiteren kurzen Ritt erreichten sie die Häuser von Waldmitte, in enger Nachbarschaft zu den Stämmen der Alten Bäume. Dies war das Zentrum der Elfenbastion von Darda Galion.

Gildor ritt mit seinen drei Gefährten auf ein langgestrecktes und niedriges Gebäude in der Mitte der Ansiedlung zu. Und als sie näher kamen, sahen einige Elfen von ihrer Arbeit auf und beobachteten sie. Einen seltsamen Anblick boten sie für die Elfen: Eine Gruppe, die aus Mensch, Zwicht, Waerling und Lian bestand. Vor dem Coronhaus zügelten sie die Pferde und stiegen ab. Ein paar der Wächter erkundigten sich nach ihren Namen, während andere Elfen die Rösser fortführten.

»Vio Gildor«, erwiderte der Elfenlord. *»Vio ivon Arden.«* (Ich bin Goldzweig und komme von Arden.) »Die Namen meiner Begleiter möchte ich als erstem dem Coron Eiron und seiner Gemahlin Faeon nennen.«

Als der Name der Elfin Faeon fiel, zeichnete Kummer die Gesichter der Wächter. »Alor Gildor«, erwiderte der Hauptmann der Wache, »Ihr könnt passieren und mit dem Coron sprechen. Aber Ihr werdet feststellen, daß er sehr niedergeschlagen ist, und er wird Euch selbst den Grund für seinen Schwermut nennen. Ich kann nur hoffen, Ihr bringt Nachrichten, die ihn wieder aufmuntern.«

»Genau!« rief Gildor. »Da bin ich ganz sicher! Es gibt keine bessere Botschaft als die, welche wir dem Coron mitzuteilen gedenken. Halte uns nicht länger auf! Laß uns durch!«

Sie traten in das große Gebäude, in dessen Innern es recht dunkel war. Am gegenüberliegenden Ende des langen Saals saß ein alter Elf gramgebeugt inmitten der düsteren Schatten auf seinem Thron: Eiron, der Hohe Coron aller Lian von Mithgar.

Die vier Kameraden schritten in Richtung des Throns, bis sie kurz darauf die Stufen einer Treppe erreichten, die auf ein Podium führte. Eiron ließ langsam die Hand von der Stirn sinken und hob den Kopf. Er musterte die vier Neuankömmlinge, und seine Augen weiteten sich vor Erstaunen, als er Mensch, Zwicht und Waerling sah. »Alor Gildor«, brachte er schließlich hervor, und seine leise Stimme zitterte vor Kummer.

»Coron Eiron«, ergriff Gildor das Wort und verneigte sich kurz, »ich darf Euch meine Begleiter vorstellen: Zwicht Brega aus Rothügel, ein tapferer Krieger, Schrecken der *Rûpt*, Grabesbogenbrecher und Axtwerfer; Waerling Tuckerby Unterdamm, Dornenläufer aus dem Waldland, Meister im Umgang mit Pfeil und Bogen, Verderbensbote und Todesbringer für Dutzende von Schergen Modrus ...« Gildor hielt kurz inne, und sowohl Tuck als auch Brega verbeugten sich vor dem Elfenkönig, der ihnen zum Gruß zunickte. Dann fuhr Gildor fort: »Coron, zwar stelle ich dir diesen Menschen als letzten meiner Gefährten vor, aber auch er ist ein Krieger, der großen Ruhm errang: Gegen die Horde des Feindes in Gron kämpfte er und machte dabei viele Ghûlka nieder; Schmetterschwert wird er auch genannt, und er ist der Sohn des inzwischen verstorbenen Königs Aurion ... Coron Eiron, dies ist König Galen – jetzt der Hohekönig von ganz Mithgar.«

Bei diesen letzten Worten stand Eiron ruckartig auf, und er verbeugte sich vor Galen, der sich seinerseits vor dem Coron verneigte.

»Ach, aber das sind schlimme Nachrichten, die Ihr mir bringt, denn Aurion und ich waren alte Freunde, und es macht mich sehr traurig, von seinem Tod zu hören.« Tränen des Kummers glänzten in den Augen Eirons. »Laßt uns Platz nehmen, miteinander reden und gemeinsam speisen. Und dann bin ich begierig darauf, Eure Geschichte zu hören, denn Euren Worten, Alor Gildor, entnehme ich, daß Ihr mir etwas sehr Wichtiges mitzuteilen habt. Ich hoffe nur, daß Ihr mir auch eine freudige Botschaft bringt, denn mein Herz ist voller Gram, und ich brauche nichts nötiger als eine Aufmunterung.«

Gildor lächelte breit. Er zog den rot glänzenden Unheilsbringer aus der Scheide, hob das Schwert hoch empor und rief: »*Coron Eiron, va Draedan sa nond*!« (König Eiron, der Gargon ist tot!)

Coron Eiron taumelte einen Schritt zurück und ließ sich jäh auf den Thronsessel sinken. »*Nond? Va Draedan sa nond*?« Eiron konnte es offensichtlich einfach nicht fassen.

»Ja, es stimmt!« jubelte Gildor und schob das Schwert wieder in die Scheide zurück. »Vor fünf Tagen haben wir vier das Ungeheuer in dem dunklen Labyrinth der Grimmengrotten getötet: Tuck versetzte ihm einen Hieb mit dem Verderbensboten, und daraufhin wandte der Gargon seinen Entsetzensblick von uns anderen ab. König Galen bohrte ihm dann sein Schwert tief in den Leib, bis sogar die Klinge zerbrach, und das gab Zwicht Brega die Möglichkeit, seine Axt zu werfen, deren Klinge im Schädel des Ungetüms steckenblieb. Und ich schleuderte die Fackel, deren Feuer den Gargon verbrennen ließ. Der Schrecken starb, noch bevor die Brücke, die zu seinem Scheiterhaufen wurde, zusammenbrach und in die Große Tiefe in den Grimmengrotten stürzte, wo der Leichnam des Ungeheuers mitsamt den Flammen von dem bodenlosen Abgrund verschlungen wurde.«

Freude funkelte nun in den Augen Eirons, und der Elfenkönig sprang wieder auf und rief einen Diener zu sich. »Zünde die Lampen und Fackeln an! Schüre die Feuer in den Kaminen! Bereite ein Fest vor! Und schicke Havor zu mir!« Und kaum war der Bedienstete davongeeilt, trat ein Liankrieger in den Saal – Havor, der Hauptmann der Torwache –, blieb vor dem Thron stehen und verbeugte sich. Und Eiron befahl: »Folgende Botschaft soll in alle Regionen von Darda Galion und die an den Alten Wald angrenzenden Länder gebracht werden, in den Großwald und nach Darda Erynian, nach Riamon und Valon, zu den Lian, die sich nun im Norden befinden und dem Heer im Süden: *Va Draedan sa nond!* Der Gargon wurde von diesen vier Kriegern erschlagen: von Zwicht Brega aus Rothügel; von Tuckerby Unterdamm, Waerling aus dem Land der Dornen; von Alor Gildor, Lian von Arden; und von König Galen, Hohekönig ganz Mithgars!«

Havor riß die Augen auf, denn der in den Grimmengrotten hausende Schrecken hatte viele Jahrhunderte lang in den Quadranbergen geherrscht, und durch das von diesem Ungeheuer hervorgerufene Entsetzen waren sowohl die Zwerge als auch Menschen und Elfen dazu veranlaßt worden, aus jenen Regionen zu fliehen. Zwar waren damals viele Elfen nach Adonar gezogen, doch andere Lian verblieben in Darda Galion und schworen, in Mithgar zu verweilen und weiterhin ihre Aufgabe als Wächter wahrzunehmen. Trotzdem hatte der im Norden lauernde Schrekken einen dunklen Schatten auf ihr Leben geworfen. Nur der helle Schein der Sonne hielt das Ungeheuer davon ab, die Grotten der alten Zwergenheimat zu verlassen. Des Nachts kam er aber aus dem Schwarzen Loch hervor und durchstreifte das Tal, das die Elfen Falanith nannten und die Menschen schlicht als Grube bezeichneten. Wenn der Morgen zu dämmern begann, zog sich der Gargon rasch in die Grimmengrotten zurück, denn auch ein Ungeheuer wie der Schrecken unterlag dem Bann Adons. In all den vielen Jahren hatten es nur Braggi und seine tapferen Gefährten gewagt, nach Kraggon-cor zu ziehen und zu versuchen, dem Gargon den Garaus zu machen, doch vergebens. Noch niemals war es gelungen, einen Gargon ohne die Hilfe eines Zauberers zu töten, und die Magier waren seit Äonen verschwunden, und niemand wußte, wo sie sich jetzt aufhielten. Aber nun standen vier Krieger im Coronsaal, und diese Kämpfer hatten den gräßlichen Gargon ohne fremde Hilfe umgebracht – vielleicht den letzten seiner Art. Der Schrecken der Grimmengrotten war für immer tot! Havor streckte den einen Arm aus, ballte die Hand zur Faust und rief: *»Hàl, valagalana!«* (Heil, ihr tapferen Krieger!) Und dann drehte er sich um und verließ den Saal rasch, um diese frohe Nachricht allseits bekanntzumachen. Coron Eiron führte seine Gäste an das warme Kaminfeuer, gab ihnen die Möglichkeit, zu baden und sich zu stärken, und geleitete sie anschließend in ihr Quartier, wo er sich ihre Geschichte anhörte.

Großer Jubel herrschte nun in der Elfenbastion, und Herolde auf schnellen Pferden ritten durchs gesamte Land. Überall verkündeten sie den Tod des Gargon, und Freudenfeste wurden gefeiert, denn alle Bewohner des Alten Waldes fühlten sich wie von einer schweren Last befreit. Die Elfen lauschten den Worten der Kuriere und sie spürten sogleich, die Botschaft entsprach der Wahrheit, denn sie horchten in sich hinein und suchten vergeblich die Umklammerung des Entsetzens, der sie seit Jahrhunderten nicht hatten entrinnen können. Die Stimme des Schreckens flüsterte nicht mehr aus den Grimmengrotten. Der Gargon war endlich tot!

Währenddessen ruhten sich im Gästequartier des Coron die vier Helden aus und erzählten dem Elfenkönig, was sie während ihrer Flucht durch die Grimmengrotten erlebt hatten. Aber nicht nur sie berichteten von ihren Abenteuern. Auch Eiron hatte Neuigkeiten für sie.

»Nun, König Galen«, begann der Coron, »im Süden toben heftige Kämpfe. Die Lakh aus Hyree und die Piraten von Kistan stellen immer neue Scharen von Kämpfern zusammen, und die Heere aus Hoven, Jugo, Pellar und Valon sehen sich einem starken Feind gegenüber. Obwohl die Zwichte aus den Rothügeln auf unserer Seite in die Kämpfe eingreifen, bleibt das Bündnis trotzdem zahlenmäßig weit unterlegen.«

»Was ist mit den Lian?« fragte Galen. »Und mit den Kriegern von Riamon?«

»Wir kämpfen im Norden«, erwiderte Eiron. »Der Feind in Gron schickte seine Teufelsbrut durch die Pässe von Jallor und Crestan, und die Ungeheuer kommen aus geheimen Pforten hoch oben im Grimmwall. Meine Lianstreitmacht hat sich nicht nur mit den Dylvana vereint – den Elfen aus Darda Erynian und dem Großwald –, sondern auch mit den Zwichten von Zechenbau Nord, den Menschen von Riamon und denen von Baeron. Wir kämpfen in der Weite von Delon, der Kantenhöhe und dem Land Aven. Aber wir sind auch schon bis nach der Erynfurt und den Ruinen von Caer Lindor vorgestoßen. Überall sahen wir uns einem außerordentlich starken Feind gegenüber, denn die Zahl der Schergen Modrus ist groß, und sie greifen ohne Erbarmen an.

Hört auf meine Worte, König Galen: Es liegt mir fern, Euch Eure Hoffnungen zu nehmen, aber sicher begreift Ihr nun, daß Ihr von Eurem Plan, nach Süden zu ziehen, den Oberbefehl über das Königsheer zu übernehmen und damit nach Norden gegen die *Rûpt* in den Kampf zu ziehen, absehen solltet. Wenn dies aber nach wie vor Eure Absicht ist, so laßt Ihr den Süden schutzlos zurück, wenn Ihr mit Euren Legionen nach Norden marschiert; und der Feind in Gron bedroht Mithgar nicht nur im Bereich der Mittleren Ebene, des Grimmwalls und der anderen Regionen, sondern auch in Pellar und den anderen Ländern im Süden.

So steht es: Im Norden, Süden, Osten und Westen – überall sammeln sich die Streitmächte Modrus und schicken sich an, ganz Mithgar zu erobern. Und jetzt berichtet Ihr mir auch noch von einer Horde in den Grimmengrotten, im Gebiet der Quadranberge. Doch in Darda Galion befinden sich derzeitig nur wenige Liankrieger, und ich bin hierher zurückgekehrt, um sie ebenfalls zu einer kleinen Streitmacht zusammenzustellen und dann mit ihnen nach Norden zu ziehen, um unsere Brüder im Kampf gegen den Feind zu unterstützen. Jetzt aber muß auch ich davon absehen, denn angesichts der Teufelsbrut in den Grimmengrotten darf ich unsere Heimat nicht schutzlos zurücklassen, denn die Waldwachen allein wären gewiß nicht dazu in der Lage, die Schergen Modrus zurückzuschlagen, sollte sich das Düsterdunkel wieder in Bewegung setzen, hierher vorrücken und den Ungeheuern des Feindes in Gron auf diese Weise Schutz vor dem hellen Schein der Sonne gewähren.

Ich verfluche den Tag, an dem das Große Böse der Herr der Winternacht wurde, die nichts als Unheil über das ganze Land bringt, denn mit dem Düsterdunkel gelingt es dem Feind in Gron, die Wirkung von Adons Bann aufzuheben und sich für die Schmach des vor viertausend Jahren verlorenen Krieges zu rächen. Doch selbst dort, wo noch die Sonne vom Himmel glänzt, geht bereits die Saat des Verderbens auf: Die Räuberbanden aus Hyree und Kistan überfallen die Regionen des Südens, und diese Feinde sind davon überzeugt, der gegenwärtige Krieg leite die Rückkehr Gyphons ein. Doch das ist unmöglich, denn bisher sind die *Vani-lērihha* noch nicht wieder aufgetaucht, und das Dämmerschwert ist nach wie vor verschwunden.«

»Die *Vani-lērihha*? Das Dämmerschwert?« Tuck beugte sich neugierig vor. »Was meint Ihr damit, Coron Eiron?«

»Die *Vani-lērihha* sind die Silberlerchen, Tuck«, erklärte der Elfenkönig. »Vor der Trennung lebten diese silbrig glänzenden Singvögel in Darda Galion, hoch in den Wipfeln der Alten Bäume, und ihre Zwielichtmelodien machten diese Region zu einem Land des Glücks und der Freude. Nach der Trennung aber verschwanden die *Vani-lērihha*, und niemand weiß, wohin sie flogen. Tausend Jahre sind seitdem vergangen, und es wurde still im Wald, und wir alle betrauern das Fehlen der Vögel und ihres lieblichen Gesangs. Wir glaubten schon, die Silberlerchen seien für immer verschwunden, doch dann gab uns Rael von Arden eine düstere Prophezeiung:

›Funkelnde Silbervögel und glänzende Silberklinge
Getragen von hier bis ins Dämmerungslicht –
Zurückkehren sollt ihr auf Erden. Rüstet euch,
Ihr Elfen – für das letzte Gefecht.

Es wird wehen der Wind des Todes, und mächtiges
Unheil wird verfluchen das ganze Land.
Weder Kummer noch Tränen noch Adons Bann,
Können widerstehen des Bösen Hand.‹

Die Silbervögel, die sie erwähnte, kennen wir und glauben, bei der Silberklinge handelt es sich um das Dämmerschwert – die Waffe, von der es heißt, sie habe die Macht, den Hohen Vûlk, also Gyphon selbst, zu töten. Aber während des Großen Bannkriegs ging das Dämmerschwert in der Region von Dalgormark verloren, und bis wir von der Weissagung Raels hörten, nahmen wir an, jene mächtige Waffe sei entweder für immer verschwunden oder Gyphon habe sie in Verwahrung genommen – weil Er das Schwert fürchtet und verhindern will, daß es in die Hände seiner Feinde gerät. Jetzt aber glauben wir, es befindet sich in Adonar, denn welche andere Bedeutung können die Worte ›Getragen von hier bis ins Dämmerungslicht‹ schon haben? Aus dem gleichen Grund gehen wir nunmehr davon aus, daß sich auch die *Vani-lērihha* nach Adonar zurückgezogen haben – auch wenn wir uns in diesem Punkt nicht ganz sicher sind. Und nach der Prophezeiung werden sowohl die Silberlerchen als auch das Dämmerschwert irgendeines schrecklichen Tages nach Mithgar zurückkehren, und an diesem Tag droht großes Unheil.« Daraufhin schwieg Eiron.

Nach einigen Augenblicken brummte Brega: »Auch wir Châkka kennen dunkle Weissagungen, die sich bisher noch nicht erfüllt haben, und wir fürchten den Tag, an dem die Prophezeiungen Wirklichkeit werden. Doch glaubt Ihr nicht, daß sich Eure Weissagung bereits erfüllt hat? Das ›Gefecht‹ hat längst begonnen. Der ›Wind des Todes‹ weht bereits. Und ›mächtiges Unheil verflucht das Land‹. Es trifft fast alles zu.«

»Nein, Zwicht Brega«, entgegnete Eiron. »Die Prophezeiung ist noch nicht eingetreten, denn im Alten Wald fehlen noch immer die Silberlerchen, und auch das Dämmerschwert – ein Unterpfand der Macht – bleibt nach wie vor verschwunden und ist nicht zurückgekehrt, um seine Bestimmung zu erfüllen.«

»›Unterpfand der Macht?‹« fragte Tuck. »Was ist so etwas und was meint Ihr mit ›Bestimmung erfüllen‹?«

Erneut wandte sich Eiron an den Waerling. »Nun, was ein Unterpfand der Macht angeht – manchmal ist es schwierig, einen solchen Gegenstand als das zu erkennen, was er ist; gelegentlich aber sind solche Dinge in ihrer Bedeutung auch allgemein bekannt. Sie können sowohl in Diensten des Lichtes als auch der Dunkelheit stehen: Der Zerschmetterer zum Beispiel stellt für das Böse ein Unterpfand der Macht dar – eines, das großen Schrecken verbreitete, denn es hat schon viele Festungstore für die Teufelsbrut aufgebrochen. Das trifft auch auf Gelvins Todesboten zu, der sich letztlich als eine Waffe der Finsternis herausstellte. Die Gegenstände, die in Diensten des Guten standen und stehen, sind bei einigen durchaus bekannt: Einer war zum Beispiel der Kammerling. Andere sind die beiden Klingen Unheilsbringer und Verderbensbote und möglicherweise auch der Schwarze Durchbohrer. Wieder andere hingegen lassen sich zunächst nicht als das erkennen, was sie sind – erst dann, wenn sich ihre Bestimmung erfüllt. Vorher hat es den Anschein, als besäßen die entsprechenden Dinge überhaupt keine besondere Macht: Edelsteine, Ringe, Dolche, ein unscheinbares Schmuckstück vielleicht. Nicht alle offenbaren sich auf den ersten Blick als besondere Zeichen der Macht, wie zum Beispiel das runenverzierte Schwert König Galens, das, wie prophezeit, gegen den Hôllfraß zum Einsatz kam.«

»Wie prophezeit?« platzte es verblüfft aus Tuck heraus.

»Natürlich«, bekräftigte Eiron. »Ich war es nämlich, der vor langer Zeit die Inschrift des Sarkophags übersetzte, in dem Othran, der Seher, ruht:

›Schieße nur den Pfeil den Roten,
Zu der dunklen Zeit geboten.
Das Schwert wird trotzen des Finster'n Wacht
Der in schwarzem, tiefem See erwacht.‹

Damals, als ich diese Worte übertrug, kannte ich ihre Bedeutung nicht. Heute aber bin ich davon überzeugt, daß das Schwert, das König Galen bei sich trägt, als ein Träger von Macht anzusehen ist, der dazu bestimmt war, den Finsteren Wächter im Dunklen See in seine Schranken zu weisen – denn so lautete die Weissagung. Und gemäß einer anderen Prophezeiung waren der Verderbensbote, Jarriels Schwert und Bregas Axt gemeinsam mit einer Ruckenfackel dazu ausersehen, den *Draedan* zu töten.«

»Aber was wäre denn geschehen, wenn wir das nicht geschafft hätten?« fragte Tuck. »Was wäre dann aus der entsprechenden Weissagung geworden?«

Eiron überließ es dem Elfen Gildor, dem Waerling zu antworten.

»Es scheint, als würde sich die Bestimmung von einem Pfand der Macht *immer* erfüllen, auf die eine oder andere Weise«, entgegnete der Elf. »Wenn wir noch vor dem Erreichen der Grimmengrotten ums Leben gekommen wären, so hätte die Atalarklinge weiterhin auf die Auseinandersetzung mit dem Hôllfraß gewartet, und der Verderbensbote wäre von anderen Händen gegen den Gargon zum Einsatz gebracht worden. Einige Gegenstände sind zudem offenbar gleich mehreren Bestimmungen unterworfen: Gelvins Todesbote oder auch der Grüne Stein von Xian. Vielleicht wartet also noch eine andere Aufgabe auf die Atalarklinge und den Verderbensboten. Ja, es könnte durchaus sein, daß sie noch andere Prüfungen zu bestehen haben – so wie es meiner Überzeugung nach auf mein Schwert Unheilsbringer zutrifft.

Du siehst, Tuck, bei einem Unterpfand der Macht handelt es sich um einen rätselhaften Gegenstand, und vielleicht ist es Adon selbst, der ihn aus weiter Entfernung lenkt. Niemand aber kann mit letzter Sicherheit sagen, was diese Träger von Macht sind. Wir sind in dieser Beziehung nur auf Vermutungen angewiesen: Wenn ein bestimmtes Stück in Xian kunstvoll hergestellt oder in den Schmieden des Verlorenen Duellin gegossen wurde, so kann man davon ausgehen, daß die Wahrscheinlichkeit, es mit einem Machtträger zu tun zu haben, größer ist als bei anderen Gegenständen. Doch viele Unterpfänder der Macht stammen von anderen Orten, und man kann sich erst dann ihrer ganz sicher sein, wenn sich ihre Bestimmungen erfüllt haben.«

In diesem Augenblick eilte ein Diener auf den Coron zu, und

Eiron verkündete, nun könne das Fest beginnen.

Sie verließen gemeinsam das Gästequartier, und Tuck war ganz in Gedanken versunken: *Wenn die beiden Lian recht haben, so scheint mir, daß unsere Schritte mehr oder weniger vorbestimmt sind, von einem Unterpfand der Macht. Was spielt es dann eigentlich noch für eine Rolle, wenn wir uns abmühen und versuchen, unser Schicksal selbst in die Hand zu nehmen? Denn ob wir es wollen oder nicht, ob wir daran glauben oder es leugnen – wir sind doch nichts weiter als Marionetten ... Oder ist es etwa so, daß sich die Wege der Träger der Macht und derjenigen, die sie benutzen, nur an einer bestimmten Stelle treffen und von diesem Punkt an in dieselbe Richtung führen? Vielleicht trage ich den Verderbensboten nur deshalb bei mir, weil das Langmesser für mich ein Schwert ist – und möglicherweise kann sich die Bestimmung dieser Waffe in meinen Händen am besten erfüllen.*

Sie betraten den Coronsaal, der jetzt hell erleuchtet war. Elfenlampen strahlten und funkelten, und in den Kaminen brannten prasselnde Feuer. Für das Fest farbenprächtig gekleidete Lian wandelten durch die große Halle. Eiron führte die vier Helden zum Thronpodest, dessen Treppe sie emporstiegen. Brega hatte ein schwarzes Kettenhemd angelegt, und Tuck den Silberon; Galen war in Scharlachrot gekleidet, während Gildor überhaupt keine sichtbare Rüstung trug. Eiron erhob seine Stimme, und er sprach so laut, daß ihn alle hören konnten: *»Ealle hàl va Deevestrīdena slēanra a va Draedan!«* (Wir alle jubeln euch zu – euch Bezwingern des Gargon!)

Und dreimal erscholl der Ruf aus Hunderten von Kehlen: *»Hal! Hal! Hal!«*

Und dann wurden die Gäste an eine Festtafel geführt, und das Mahl begann. Gildors Blicke schweiften in die Runde, so als suche er nach einer ganz bestimmten Person. Schließlich wandte er sich an Eiron: »Coron Eiron, ich kann meine Schwester Faeon nirgends sehen, Eure Gemahlin, mit der Ihr gemeinsam Darda Galion regiert.«

Daraufhin ließ Eiron den Kopf sinken, und als er wieder aufsah, zeigten sich in seinen Augen erneut die Schatten des Kummers. »Faeon hat sich auf den Zwielichtritt begeben«, erwiderte Eiron. »Vor nunmehr sieben Tagen.«

Gildor lehnte sich betroffen zurück, und er starrte den Coron ungläubig an. »Aber die Trennung! Seit jener Zeit hat niemand mehr den Dämmerritt unternommen.«

»Alor Gildor, nicht nur Ihr habt den Tod Eures Bruders Vanidor gespürt. Auch Faeon vernahm seinen letzten Schrei, und sie war bestürzt und machte sich auf den Zwielichtritt nach Adonar, um dort den Erhabenen zu bitten, einzugreifen und den Feind in Gron aufzuhalten und an einer Unterwerfung Mithgars zu hindern.« Die Hände Eirons zitterten bei diesen bedeutungsvollen Worten.

»Aber Adon hat doch gesagt – nein, *gelobt* –, daß Er niemals direkt in Mithgar eingreifen wird.« Gildors Stimme war nun gedämpft. »Und sie machte sich trotzdem auf den Weg, um als Bittstellerin zu Ihm zu sprechen? Wußte meine Schwester Faeon denn nicht, daß es für sie auf Grund der Trennung keine Rückkehr mehr gibt?«

»Sie wußte es, Gildor, sie wußte es ganz genau ... nur zu genau«, erwiderte Eiron. »Sie war sich darüber klar, daß erst dann wieder der Dämmerritt durchgeführt werden kann, wenn die Silberlerchen zurückgekehrt sind und sich das Silberschwert wieder in Mithgar befindet. Und dann dürfte es Sein Herold sein, der den Zwielichtritt unternimmt. Aber sie dachte, dieses eine Mal ...« Eiron holte tief Luft, und in seinen Augen irrlichterte es. »Vanidors Tod brachte sie völlig außer sich.«

Gildor stand auf, trat an den Kamin heran und starrte eine Zeitlang schweigend in die Flammen. Auch Eiron erhob sich und wandte sich vom Tisch ab. Vor einem Fenster blieb er stehen und sandte seinen stummen Blick in den Wald der Alten Bäume.

»Jetzt wissen wir, was Eiron solchen Kummer bereitete«, sagte Galen nach einer Weile. »Seine Gemahlin hat Mithgar verlassen und wird nie zurückkehren.«

»Ich verstehe das alles nicht, König Galen«, ließ sich Tuck vernehmen. »Warum ist sie denn aufgebrochen? Und aus welchem Grund kann sie nicht zurückkehren?«

»Sie hat sich auf den Zwielichtritt nach Adonar gemacht, Waerling«, entgegnete Galen, und als der Wichtel daraufhin verständnislos die Stirn runzelte, fuhr der Hohekönig fort: »Tuck, ich kann dir nur das weitergeben, was man mir vor langer Zeit erzählte. Während der Ersten Tage der Erschaffung der Sphären wurden die Welten auf die drei Ebenen aufgeteilt: die Hōhgarda, die Mittegarda und die Untargarda. Danach verstrichen Äonen. Dann geschah es, daß Adon und andere Erhabene das in der Oberen Ebene gelegene Adonar als Wohnstätte wählten; woher die Erhabenen kamen – nun, das weiß niemand. Erneut vergingen viele Jahrtausende. Und dann krochen in der Unteren Ebene, im öden Land von Neddra, Yrm aus Erdlöchern – und manche sagen, Gyphon stecke dahinter. Zu jener Zeit war nur noch die Mittegarda leer und unbewohnt. Aber schließlich entstanden auch Menschen, Zwerge und Wichtel und besiedelten das Land. Doch wie und von wem die Elfen – das jüngste Volk – geschaffen wurden, ist nicht bekannt. Manche behaupten, Adon habe sie ins Leben gerufen, während andere die Ansicht vertreten, es sei Seine Tochter Elwydd gewesen. Und wieder andere sind davon überzeugt, jedes Volk ginge auf die von einem anderen Erhabenen bestimmte Schöpfungsgeschichte zurück. Aber wie dem auch sei: Zu jenem Zeitpunkt waren alle drei Ebenen bewohnt.

In der Alten Zeit gab es Verbindungswege zwischen den Ebenen, und diejenigen, die Bescheid wußten, konnten von einem Land ins andere wechseln.

In jenen dunklen Tagen wurde die Untargarda von Gyphon beherrscht, dem Hohen Vûlk. Seine Macht wurde von Adon geduldet, aber Gyphon war voller Haß, denn Er gierte nach mehr.

Gyphon verfolgte die Absicht, Seine Herrschaft über die ganze Schöpfung auszudehnen, und Er sandte Seine Diener nach Mithgar, um die hier Lebenden dazu zu bewegen, sich von Adon abzuwenden und sich statt dessen Ihm zu unterwerfen. Gyphon wußte: Wenn es Ihm gelang, sich die Mittlere Ebene untertan zu machen, so würde sich damit die gesamte Ausgewogenheit der Machtverhältnisse zu Seinen Gunsten verschieben, und dann konnte es Ihm gelingen, sogar die Macht Adons zu brechen.

Viele Wesen in der Mittleren Ebene fielen auf die Versprechungen und Verlockungen Gyphons herein und wurden so zu Seinen Dienern. Andere aber besannen sich eines Besseren und erkannten Ihn als den Großen Betrüger, und sie lehnten es ab, zu Seinen Untertanen zu werden.

Gyphon raste in heilloser Wut und schickte Seine Teufelsbrut von Neddra aus nach Mithgar: Wenn Er diejenigen, die hier lebten, nicht dazu überreden konnte, zu Ihm überzuwechseln, so gebrauchte Er Gewalt.

Adon war außer sich, und Er trennte die Wege von Untargarda nach Mittegarda. Auf diese Weise konnten keine weiteren Ungeheuer Gyphons in die Mittlere Ebene gelangen. Und Adon stellte Gyphon zur Rede und demütigte ihn. Doch Gyphon warf sich zu Füßen des Erhabenen und versprach, seine ehrgeizigen Pläne nicht weiterzuverfolgen.

Es schloß sich eine Zeit des Friedens an, aber inzwischen hatten es Tausende von Dienern des Bösen geschafft, nach Mithgar zu gelangen, und aus dieser Tatsache erwuchs für die hiesigen Bewohner viel Kummer.

Doch obgleich Gyphon Adon gegenüber Loyalität geschworen hatte, war Er doch noch immer machtlüstern und hatte sich in Seinem tiefsten Innern nicht geändert. Über eine Ebene schon erstreckte sich Seine Macht – über die Untargarda –, und wenn es Ihm gelänge, sich nur eine weitere Ebene zu unterwerfen – entweder die Höhgarda oder die Mittegarda –, so wäre Seine Macht umfassend, größer als die Adons.

Viele Äonen lang entwickelte Er Pläne, sich an Adon für die erlittene Schmach zu rächen, ehe Er schließlich zu handeln begann, denn in Mithgar hatte Er einen mächtigen Diener: Modru! Gyphon führte einen Angriff auf Adonar durch, und gleichzeitig fiel Modru über Mithgar her. So begann der Große Bannkrieg.

Gyphons Plan bestand damals darin, selbst auf die Mittlere Ebene zu gelangen, um die hier lebenden geringeren Geschöpfe zu unterwerfen, und Er wußte, daß die Völker Mithgars sich Seiner Macht – der eines Hohen Vûlk – nicht widersetzen konnten. Doch ehe Gyphon diese Absicht verwirklichen konnte, trennte Adon die Hohe und die Mittlere Ebene voneinander – ebenso wie er Äonen zuvor die Verbindungswege nach der Unteren Ebene unterbrach. Indem Adon sein Reich Adonar von Mithgar abschnitt, verhinderte er die Eroberungspläne Gyphons.

Doch der Krieg tobte gleichwohl in allen drei Ebenen. Am heftigsten waren die Kämpfe jedoch hier in der Mittleren Ebene, in Mithgar, wo das Große Bündnis Modru und seiner Horde gegenüberstand. Und wie du weißt, wurde Modru geschlagen und das Große Böse trug hier eine schwere Niederlage davon. Doch wenn die Verbindungswege nicht von Adon durchtrennt worden wären, hätte das Schicksal Mithgars sicher anders ausgesehen.

Aber selbst bei der Trennung bewies Adon Seine Barmherzigkeit: Zwar kann niemand von Adonar nach Mithgar gelangen, aber der Weg in die andere Richtung – der von Mithgar nach Adonar – läßt sich nach wie vor beschreiten.

Weißt du, viele Epochen lang reiste das Elfenvolk von Adonar zwischen der Hōhgarda und der Mittegarda hin und her, denn obgleich die Elfen sehr an Mithgar hängen, sind sie doch in der Oberen Ebene zuhause, und ihre eigentliche Heimat ist Sternengrund in Adonar. Viele aber entschieden sich dafür, hier zu leben, als sie sich darüber klarwurden, daß ihre besonderen Fähigkeiten in Mithgar gebraucht wurden. Aber auch die Hōhgarda – die Hohen Sphären – übt eine nicht geringe Anziehungskraft auf sie aus, denn dort können sie ausruhen, inneren Frieden finden und neues Geschick entwickeln. Und ich bin mir zwar nicht ganz sicher, aber ich glaube, nur in Adonar können Elfen Kinder gebären, denn die Legende behauptet, daß in Mithgar niemals Elfennachwuchs zur Welt kam, wohingegen aus anderen Epochen bekannt ist, daß junge Elfen zusammen mit Erwachsenen den Zwielichtritt unternahmen und so nach der Mittegarda gelangten. Sie ließen sich hier nieder, aber irgendwann werden sie von Adon gerufen, denn sie sind Seine Elfen; und so brechen sie erneut zum Dämmerritt auf und kehren nach Adonar zurück.«

»Zwielichtritt ... Dämmerritt«, überlegte Tuck laut. »Ich kann mir nichts darunter vorstellen. Was ist damit gemeint?«

»Es gibt bestimmte Wege zwischen Adonar und Mithgar, Tuck, aber nur die Elfen können diese Pfade benutzen, weder Menschen, Zwerge noch Wichtel – und auch nicht die Angehörigen anderer Rassen.« Galen trank einen Schluck Wela – ein in größeren Mengen berauschend wirkender und von Elfen gebrauter Honigwein. Und anschließend fuhr er fort: »Irgendwo im Zwielicht gibt es einen Weg, der die Ebenen miteinander verbindet, und ein Elf kann mit einem Pferd von hier nach Adonar reiten. Vor der Trennung war es darüber hinaus möglich, daß man während der Dämmerung auch von Adonar nach Mithgar gelangen konnte: ›*Reite mit dem Zwielicht, und kehre mit der Dämmerung zurück.*‹ Das ist eine alte und überlieferte Elfenweisheit. Heute aber kann nur noch der Zwielichtritt unternommen werden – und das auch nur allein von den Elfen.«

Brega hatte die ganze Zeit über ebenso aufmerksam zugehört wie Tuck, und er gab nun ein dumpfes Knurren von sich und sagte: »Gespenstisch und gar schauerlich ist der Zwielichtritt. In meiner Jugend konnte ich dieses Geschehen von weitem beobachten: Man sah einen Elf auf einem Pferd, das durch den Wald lief und sich so fortbewegte, als folge es dem Verlauf eines Pfads, der für mich unerkennbar blieb. Ich weiß nicht, ob mir meine Ohren damals einen Streich spielten, aber ich glaubte, einen sonderbaren Gesang zu vernehmen, eine seltsame und zauberhafte Weise. Um Roß und Reiter herum schien sich das Zwielicht zu verdichten, als das Pferd an den Bäumen vorbeigaloppierte und sich einmal nach links und dann wieder nach rechts wandte. Ich rieb mir zwar die Augen, aber es war keine Sinnestäuschung. Rasch machte ich mich auf und lief den Hang in die Tiefe, denn das letzte Licht des Tages verblaßte rasch. In der Nähe der Bäume fand ich die Abdrücke, welche die Pferdehufe im Boden hinterlassen hatten, und nach einer gewissen Strecke verschwand die Fährte, so als habe das Zwielicht sowohl das Roß als auch den Elfen verschluckt. Ich suchte daraufhin nach anderen Spuren, aber die Nacht brach herein, und nur im Schein der Sterne ist es überaus schwierig, sogar einer deutlichen Fährte zu folgen – geschweige denn einem Pferd, dessen Hufe gar keine Abdrücke mehr im Moos hinterließen. Also kehrte ich den Weg zurück, den ich gekommen war, und bisher erzählte ich niemandem etwas von meinem seltsamen Erlebnis – aus Furcht davor, man würde mich heimlich auslachen.« Brega trank einige Schlucke. »Dies ist das erste Mal, daß ich davon berichte.«

Tuck schwieg eine ganze Zeitlang und dachte über die Worte Galens und Bregas nach. Schließlich erwiderte er: »Nun, wenn ich richtig verstanden habe, führte der Zwielichtritt nur in eine Richtung, und Elfen, die sich nach Adonar begeben, können nie mehr nach Mithgar zurückkehren, denn der Weg von drüben nach hüben ist unterbrochen, und seit Äonen hat niemand mehr den Dämmerritt unternommen.« Als Galen diese Bemerkung mit einem Nicken bestätigte, sah Tuck Eiron und Gildor an und fühlte Mitleid, denn die Gemahlin des Coron und Schwester Gildors, Faeon, war zum Zwielichtritt aufgebrochen, um Adons Beistand zu erbitten. Doch in all den vergangenen Äonen hatte Adon niemals direkt in Mithgar eingegriffen, und Er hatte gelobt, das werde auch nie der Fall sein. Andererseits aber ... Die Weissagung Raels, in der die Silberlerchen und auch das Silberne Schwert – *getragen von hier bis ins Dämmerungslicht* – Erwähnung fanden, deutete darauf hin, daß der Weg von Adonar nach Mithgar irgendwann wieder beschritten werden konnte. Doch wann – nun, das vermochte niemand zu sagen. Vor Tucks innerem Auge entstand ein ganz bestimmtes Bild: Er sah einen Elfenkrieger auf einem Pferd – eine Erscheinung, die im Dunst des Morgens den Eindruck einer Geistererscheinung erweckte –, und der Mann trug ein Silbernes Schwert bei sich, das er einem anderen Kämpfer zu übergeben gedachte, auf daß das Böse geschlagen werden konnte. Der Jungwichtel schüttelte entschlossen den Kopf und versuchte, diese Vision zu verdrängen.

»Vielleicht ist das der Grund, warum die Silberlerchen verschwunden sind«, gab Tuck zu bedenken. Und als Galen und Brega ihn daraufhin nur verwirrt ansahen, erklärte er: »Wenn die Silberlerchen über den Zwielichtpfad fliegen konnten, so befinden sie sich jetzt in Adonar und können nicht zurückkehren.« Sowohl Brega als auch Galen nickten überrascht angesichts dieser einleuchtenden Vermutung Tucks und fragten sich, aus welchem Grund sie nicht selbst darauf gekommen waren.

Bald darauf kehrten Gildor und Eiron an die Festtafel zurück, und bei den Unterhaltungen am Tisch ging es wieder um alltäglichere Dinge. Und obgleich das Essen köstlich war und die anwesenden Elfen die vier Helden immer wieder hochleben ließen und ob ihres Mutes lobten, konnten die vier Grottenläufer doch nicht so recht froh werden, wie sie es sich wünschten, denn sie alle hatten plötzlich das Gefühl, als laste auf ihren Schultern ein Gewicht aus Traurigkeit und Melancholie.

Tuck gähnte und rieb sich müde die Augen. Trotzdem aber achtete er auf die Worte der Anwesenden, denn zusammen mit Galen und Brega beriet er sich mit dem König der Elfen. In der Ferne vernahm er die Klänge von Harfen und Flöten. Das Fest nahm seinen Fortgang, aber die tapferen Krieger hatten sich zurückgezogen, um über die Aufgaben zu sprechen, die sich ihnen nun stellten, und Eiron hatte sich zu ihnen gesellt, um mit seinem erfahrenen Rat beizustehen.

Lange Zeit hatten sie miteinander diskutiert, ehe Galen alles noch einmal zusammenfaßte: »Wir haben also zwei Möglichkeiten: Wir können mit Pferden nach Süden reiten, durch die große Ebene von Valon nach Pellar. Auf diesem Weg durch das Land Valon liegt die Stadt Vanar. Rund achtzig oder neunzig Längen ist sie von hier entfernt, und sie wäre unser erstes Ziel, denn dort fänden wir Vanadurin, der uns weiterhelfen könnte. Aber wenn das Königsheer in Pellar kämpft, dann müssen wir nach dem Erreichen von Vanar noch einmal neunzig Längen zurücklegen, um in das Südland zu gelangen.

Die zweite Möglichkeit ist folgende: Wir könnten die Reise mit einem Boot fortsetzen, auf dem Nithfluß bis hin zum Argonstrom, und von dort aus wenden wir uns nach Süden, in Richtung Pellar. Dieser Weg ist jedoch unsicherer und bringt vielleicht auch mehr Gefahren mit sich, da wir nicht auf Freunde treffen, die uns helfen könnten, bis wir die Argonfähre an der Pendwyrstraße erreichen. Und möglicherweise stoßen wir dort nicht etwa auf Helfer, sondern vielmehr auf Feinde. Aber selbst wenn jener Ort noch weiterhin von Verbündeten kontrolliert wird: Er ist rund dreihundert Längen von dem großen Bogen entfernt, den der Fluß im Osten beschreibt.«

Galen blieb eine ganze Weile stumm und dachte konzentriert

nach. »Wir sollten uns dennoch für die zweite Möglichkeit entscheiden. Zwar ist der Weg über den Fluß länger, andererseits aber kommen wir so auch schneller voran, denn weder der Nithfluß noch der Argonstrom müssen ruhen: Ihre Wasser fließen Tag und Nacht nach Süden. Und wenn wir im Boot sowohl essen als auch schlafen und nur dann anhalten, wenn es sich nicht vemeiden läßt, so können wir die Argonfähre in rund sieben Tagen erreichen. Wenn wir uns aber mit Pferden auf den Weg durch Valon machen würden, brauchen wir wohl gute zehn Tage – vorausgesetzt, wir trieben die Pferde an und gewährten ihnen nur ganz wenige Ruhepausen. Wahrscheinlich wären wir sogar ganze zwei Wochen unterwegs. Nein: Jemand, der möglichst schnell in den Süden gelangen muß, sollte den Weg auf dem Wasser nehmen.«

Und so trafen sie die Entscheidung: Mit einem Elfenboot wollten sich die vier Kameraden nach Süden begeben, denn Pferde ermüden, Flüsse aber nicht.

Am nächsten Morgen brachen Galen, Gildor, Brega und Tuck zusammen mit einem großen Gefolge aus Waldmitte auf: Coron Eiron und eine Eskorte aus Liankriegern begleiteten die vier Gefährten, als sie sich auf den Weg zum Nithfluß machten.

Erneut saß Tuck hinter Galen auf dem Rücken eines Pferdes, und der Jungwichtel sah sich noch immer staunend um und beobachtete die Alten Bäume, an denen sie vorbeiritten. Tuck hatte zwar geschlafen, aber er war noch etwas müde, denn die Besprechung, während der von ihnen eine Entscheidung herbeigeführt worden war, hatte bis tief in die Nacht gedauert, und sie waren schon früh aufgestanden und aufgebrochen. Rechts und links von ihnen standen die dicken Stämme der gewaltigen Waldriesen. Sie legten ein zügiges Tempo vor, denn sie wußten, daß sie sich beeilen mußten. Ganz besonders Gildor ahnte ein bevorstehendes *Unheil* – auch wenn er nicht zu sagen vermochte, um was es sich dabei handelte.

Die Rösser galoppierten auf einem dicken Moosteppich dahin. Nach nur einer Stunde erreichten sie das Sumpfgebiet am Ufer des Nithflusses, und in dem Zwielicht unter den hohen Wipfeln der Alten Bäume war zuerst nur das Gurgeln der fließenden Wasser zu vernehmen.

Die Reiter zügelten die Pferde, um abzusteigen. Ein Elf eilte rasch ans Ufer und zog ein Boot aus einem Versteck.

Eiron betrachtete das Gefährt eingehend und sagte dann: »Mit diesem Boot gelangt ihr an die Flußbiegung oberhalb der Kaskaden von Vanil. Versteckt es anschließend unter dem Schiefen Stein am südlichen Ufer. Wenn ihr über die Lange Treppe den Großen Steilhang hinter euch gelassen habt, gelangt ihr in den Kessel, und versteckt inmitten der Weidenruten findet ihr dann ein zweites Boot. Haltet euch an das südliche Ufer, bis ihr an den mächtigen Fällen von Bellon vorbei seid und euch auf den Wassern des Argonstroms befindet.«

Die vier Kameraden bestätigten die Worte des Coron mit einem Nicken, denn Eiron wiederholte nur das, was er ihnen bereits am vergangenen Abend während der Planung der Reise nach Süden auseinandergesetzt hatte.

Ihre von den Elfen wieder aufgefüllten Vorratstaschen wurden ins Boot geladen, und dann war es an der Zeit, sich von der Strömung des Flusses nach Süden tragen zu lassen. Doch ehe Galen, Gildor, Brega und Tuck ins Boot kletterten, bat sie der Coron, noch für einen Augenblick am Ufer zu verweilen, und er rief einen Lian zu sich. Der Krieger trug ein langes Tablett, das von einem goldenen Tuch verhüllt war. Der Coron wandte sich an die Grottenläufer, und obgleich er mit gesenkter Stimme sprach, konnten ihn alle verstehen: »*Va Draedan sa nond* – von euch vier Helden bezwungen. Es war eine Tat, die uns allen wieder Hoffnung macht, denn der Schrecken war ein gar gräßlicher Vûlk, und das von ihm ausgehende Entsetzen ließ auch in den tapfersten Kämpfern Angst entstehen. Ihr aber habt das geschafft, was andere nicht einmal zu versuchen wagten. Jetzt ist der Schrecken Modrus tot. Doch die gewaltige Macht des Feindes in Gron bedroht nach wie vor das ganze Land, und so müßt ihr euren Weg fortsetzen, und über die Wasser des Nith werdet ihr uns verlassen. Es wäre uns zwar nichts lieber, als euch weiterhin als Gäste bei uns zu wissen, aber wir verstehen auch, daß ihr nicht die Zeit habt, euch bei uns auszuruhen. Andererseits aber möchten wir euch nicht ohne angemessene Waffen verabschieden. Zwicht Brega, du hast deine Axt verloren, und König Galen … Ihr seid Eures Schwertes verlustig gegangen. Die eine Schneide spaltete die Stirn des Schrecken, die andere zerbrach im Schuppenbauch des Ungeheuers. Und jetzt liegt der verbrannte Leichnam dieses Dieners Modrus irgendwo im schwarzen Abgrund der Großen Tiefe. Aus der Waffenkammer von Darda Galion habe ich selbst neue Waffen für euch ausgewählt, Klingen, die von nun an euch gehören sollen.« Eiron nahm das goldene Tuch beiseite, und auf dem Tablett lagen zwei glänzende Waffen: ein silbrig funkelndes Elfenschwert und eine Axt aus Stahl mit schwarzem Griff. In jeder Klinge zeigten sich schwarze Schriftzeichen, Runen der Macht. Eiron reichte das Schwert zu Galen und die Axt zu Brega.

Der Zwerg prüfte die Waffe und bewunderte das Geschick, mit dem sie hergestellt worden war. Dann stieß er einen gellenden Schrei aus – *»Hai!«* –, sprang umher, holte aus und ließ die zweischneidige Streitaxt immer wieder durch die Luft sausen. Kraftvolle Schläge waren es, die Gegnern in seiner Einbildung galten, und das Metall glitzerte im Zwielicht. Der Zwerg lachte stolz, schleuderte die neue Waffe empor und fing sie am schwarzen Griff auf. Die versammelten Elfen bestaunten ihn dabei, denn noch nie zuvor hatten sie einen Zwerg gesehen, der auf solche Weise mit einer derartigen Waffe umzugehen verstand. *»Hai!«* rief Brega erneut, und er fügte hinzu: »Fürchte dich, Teufelsbrut, denn diese Axt ist wie für mich geschaffen!«

Galen betrachtete das glänzende Schwert, das er erhalten hatte. Er wog die Klinge in der Hand und betastete staunend das Metall. »Zwei Schwertklingen schon sind mir in diesem Krieg zerbrochen: die eine an den Toren der Challerainfeste, die andere auf der Brücke über die Große Tiefe in den Grimmengrotten. Doch ich bin davon überzeugt, dieses Schwert wird heil bleiben.«

Eiron lächelte und erwiderte: »Die beiden Waffen wurden vor langer Zeit im Verlorenen Duellin geschmiedet. Die Runen übermitteln eine in einer uralten Sprache abgefaßte Botschaft. Sie erzählen von der Schärfe der Schneide, von der Kunst, mit der das Metall geschmiedet wurde, von der Festigkeit des Griffes und Heftes, von der Macht, die diese beiden Waffen verkörpern. Darüber hinaus geben die Schriftzeichen jeder einen eigenen Namen. Deine Axt, Zwicht Brega, heißt in der Sylva-Sprache Eborane, was übersetzt Dunkler Zerschmetterer bedeutet. Euer Schwert, König Galen, trägt den Namen Talarn, und das heißt Stahlherz.«

Brega hob seine Axt. »Elfen mögen diese Waffe Eborane und Menschen Dunklen Zerschmetterer nennen, aber ihr wirklicher Name – der Name der Châkka – lautet Drakkalan!« (Schwarzer Todesbringer!)

Eiron richtete seinen Blick wieder auf das Tablett und griff nach einer schwarzen Scheide samt Gürtel. Beide Gegenstände waren mit goldenen und scharlachroten Verzierungen versehen, und er reichte beides König Galen. Der Hohekönig schob das Schwert in die Scheide und schnallte sich die Waffe an die Taille. Dann trat er auf das Boot zu, zog die alte Scheide aus seiner Tasche und übergab sie dem Coron mit den Worten: »Vielleicht könnt Ihr eine geeignete Waffe dafür finden, Eiron. Diese Scheide hat Mithgar gute Dienste erwiesen, denn sie trug das Schwert, dessen Klinge tief im Leib des Gargon zerbrach.«

Der Coron bedankte sich geehrt und legte die Scheide behutsam auf das Tablett. Anschließend griff er nach vier von geschickten Elfenhänden hergestellten Umhangklammern. Aus purem Gold waren sie gefertigt, und ihre Form war der Sonne nachempfunden, mit jeweils einem schwarzen Stein eingelassen. Nacheinander befestigte er den vier Kameraden die Schmuckstücke am Kragen ihrer Umhänge. »Diese Gegenstände weisen euch allen Bewohnern Mithgars gegenüber als die *Vier Helden, die die Grimmengrotten durchwanderten* aus – die Bezwinger des Schrekkens –, und überall soll man euch daraufhin willkommen heißen und eure Taten an allen Lagerfeuern besingen.«

Im Anschluß an diese Worte trat der Coron zurück und verneigte sich tief, und alle Elfen des Gefolges folgten dem Beispiel Eirons. Die Grottenläufer verbeugten sich ebenfalls, und Galen antwortete für seine Kameraden: »Coron, wir kamen in Eile, und in Eile müssen wir Euch wieder verlassen, denn unsere Mission ist sehr wichtig, und wir dürfen keine Zeit verlieren.

Irgendwann aber kommt ein Tag, an dem wir länger bei Euch verweilen können, und dann möchte ich in Ruhe durch das Zwielicht des Lerchenwaldes wandern. Jetzt aber müssen wir uns nach Süden begeben, um dort mein Königsheer zu finden. Wir wissen zwar nicht, auf welche Gefahren wir unterwegs stoßen werden, aber ich möchte an dieser Stelle einen Wunsch in aller Öffentlichkeit aussprechen: Wenn es uns schließlich gelungen ist, Modru zu schlagen, und wenn das Düsterdunkel der Winternacht wieder vom warmen Glanz der Sonne erhellt wird, dann wird man sich noch lange Zeit daran erinnnern, daß sich Elf, Zwerg, Waerling und Mensch einmal zusammenschlossen und mit Axt, Schwert, Pfeil und Bogen und bloßen Händen kämpften, um das Böse zu bezwingen. Und ebenso lange sollen die Freundesbande zwischen unseren Völkern bestehen.« Galen hob das Schwert Stahlherz hoch empor. *»Hàl ūre allience! Hàl ūre bōnd!«* (Heil unserem Bündnis! Heil unserer Freundschaft!)

Die Liankrieger jubelten und hoben ihre glänzenden Schwerter, Lanzen und Speere ebenfalls empor, als die vier Kameraden ins Boot kletterten und sich vom Ufer abstießen. Und als Brega, Galen und Gildor nach den Paddeln griffen, um das Boot in die Mitte des Flusses zu lenken, schwangen sich die Elfen der Eskorte auf die Rücken ihrer Pferde und folgten ihnen am Ufer entlang. Und wie aus einer Kehle riefen sie: *»Hàl, valagalana!«*, ritten bald schon nach Norden und verschwanden allmählich im Zwielicht des Lerchenwaldes.

Kurz darauf hatten die vier Kameraden in ihrem Boot die Mitte des Flusses erreicht. Hier war die Strömung am stärksten, und rasch wurden sie nach Osten getragen, in Richtung der noch fernen Fluten des mächtigen Argonstroms. Ein weiter Weg lag vor ihnen.

Die Wasser des Nithflusses gurgelten hastig der Mündung entgegen, und das Boot tanzte auf den Wellen. Noch rund hundertvierzig Kilometer galt es zurückzulegen, bis sie die Kaskaden von Vanil erreichen würden, und sie wußten, daß sie die Etappe nicht mehr an diesem Tag schaffen konnten. Sie hatten die Absicht, bei Sonnenuntergang ein Lager aufzuschlagen, denn in der Dunkelheit der Nacht – es war Neumond – erschien es viel zu gefährlich, sich dem Wasserfall zu nähern. Tuck hielt diesen Umstand in seinem Tagebuch fest und notierte auch das große Bedauern Gildors, dessen düstere Ahnungen sich im Verlaufe des Tages noch verstärkt hatten. Doch ob es nun einen Zeitverlust bedeutete oder nicht: Bei Einsetzen der Abenddämmerung wollten sie das Ufer ansteuern und ein Lager aufschlagen, denn sie durften nicht riskieren, den Schiefen Stein zu verfehlen und gar von den Fluten der Kaskaden in die Tiefe gerissen zu werden.

Den ganzen Tag über schaukelte das so zerbrechlich wirkende Boot auf den rasch dahinströmenden Wassern des Nithflusses, und Brega, Gildor und Galen wechselten sich dabei ab, im Bug Platz zu nehmen und zu steuern. Tuck hockte unterdessen in der Mitte und beobachtete die Ufer und den Wald, dessen Grün sich irgendwo im Zwielicht verlor. Manchmal starrte er auch nur einfach in das klare Wasser. Dann und wann holte er sein Tagebuch hervor und machte sich Notizen, und dann wieder döste er ein. Er war gerade etwas eingenickt, als das Boot das Ufer ansteuerte und die Weidenholzrippen so hart über den Grund kratzten, daß der Stoß den Jungwichtel aufweckte.

Ungelenk kletterten sie aus dem Boot. Brega sammelte Feuerholz, Tuck trug einige Steine zusammen und ordnete sie zu einem Kreis an, während Gildor und Galen das Boot festmachten. Mit Tucks Feuerstein und Zunder gelang es schnell, die Flammen am trockenen Holz zu entzünden, und anschließend nahmen sie rasch eine Mahlzeit ein. Sie sprachen nur wenig, bevor sie sich zur Ruhe legten, denn die lange Fahrt hatte sie erschöpft. Als Tuck seine Wache übernahm, überlegte er, wie es ihnen erst ergehen mochte, wenn sie den Argonstrom erreichten, denn dann würden sie – abgesehen von kurzen Pausen – die ganze Zeit über im Boot verweilen, bis sie an die an der Pendwyrstraße gelegene Argonfähre gelangten. Das bedeutete, daß sie eine ganze Woche lang kein Nachtlager aufschlagen würden. Schon bei dem Gedanken daran schmerzten dem Wichtel die Beine.

Kurz vor Morgengrauen wurde Tuck vom Herrn von Gildor geweckt, der unruhig auf und ab schritt und ganz versessen darauf war, die Reise fortzusetzen. »Wenn wir jetzt aufbrechen, erreichen wir den Schiefen Stein kurz nach Sonnenaufgang«, erklärte der Lian. Daraufhin nahmen sie in aller Eile ein Frühstück ein, packten ihre Sachen zusammen und begaben sich wieder ins Boot, noch bevor sich der östliche Horizont mit dem Beginn des neuen Tages zu röten begann.

Noch schneller als am Vortag trieb das Elfenboot nach Osten. Der Nithfluß wurde allmählich schmaler, und die Wellen schäumten rascher dahin. Rund drei Kilometer legten sie zurück, ehe der Verlauf des Flusses sich nach Nordosten wandte. Tuck blickte zum dichten Blätterdach des Lerchenwaldes empor, durch dessen Lücken zwischen den Ästen und Zweigen er Ausschnitte des Himmels sehen konnte. Die perlmuttfarbene Tönung verwandelte sich nach und nach in ein blasses Rosarot und dann in ein tiefes Blau. Und gelegentlich erblickte der Jungwichtel zwischen den dicken Baumstämmen die Sonne, die nun über den östlichen Horizont zu steigen begann. In der Ferne vernahm Tuck ein dumpfes Brodeln und Rauschen, das allmählich lauter wurde und das Plätschern des Flusses zu übertönen begann.

»Vor uns befindet sich der Schiefe Stein!« rief Gildor und streckte den Arm aus. »Jetzt müssen wir auf das südliche Ufer zuhalten!« Galen tauchte das Paddel in die Fluten und steuerte das Boot in die von dem Elfenherrn genannte Richtung. Aber es war der im Heck hockende Brega, dessen überaus große Schulterkraft mittels des Steuers das Boot in Richtung einer sandigen Böschung lenkte. Kurz darauf gelangte ihr Gefährt in den Schatten eines großen Felsblocks, der einer steinernen Säule glich, die schräg aus dem Wasser ragte und an einer Uferklippe lehnte. Auf Gildors Anweisung hin ließ Brega das Boot in eine kleine Bucht zwischen dem Schiefen Stein und der Böschung einlaufen. In dem Zwielicht glitt ihr Gefährt ruhig durch das Wasser, und kurz darauf erblickten sie ein zweites kleines Elfenboot, das mit einer Leine festgemacht worden war. Die vier Gefährten stiegen aus, sicherten ihr Boot, schnallten sich die Waffen um, warfen sich die Vorratstaschen über die Schultern und stiegen einen Felsenpfad in die Höhe.

Gut anderthalb Kilometer wanderten sie nach Osten, am Fluß

entlang, und schließlich erreichten sie den Großen Steilhang. Es handelte sich dabei um eine gut dreihundert Meter hohe Klippe, über die sich die Fluten des Nithflusses in einer gewaltigen und tosenden Kaskade in die Tiefe ergossen, und weit unten schäumten und gischteten und gurgelten die Wasser in einem Strudel, der gemeinhin als Kessel bekannt war.

Am Rande des Großen Steilhangs blieb Tuck stehen und sah staunend in die Tiefe. Im hellen Schein des angebrochenen Tages starrte er mit scharfem Blick an der massiven Wand entlang und erkannte rund zehn Kilometer weiter östlich einen weiteren Wasserfall. Aus der Ferne betrachtet glichen die Fluten, die dort über den Felshang in die Tiefe donnerten, weißen Flocken. Es waren die Fälle von Bellon, an denen die Wasser des mächtigen Argonstroms in die Tiefe stürzten. Weiter im Osten, jenseits des Kessels, setzte sich der Verlauf des Argon fort. Am Fuße der kolossalen Klippe floß der Strom bis hin zum Horizont und darüber hinaus.

»Meine Güte!« hauchte Tuck. »Als uns die Ghûle vom Quadranpaß aus nach Süden verfolgten, hielt ich die Steilwand, auf die wir damals stießen, für eine gewaltige Klippe, doch jene Wand ist im Vergleich hiermit nichts weiter als eine unbedeutende Erhebung. Wie hoch ist diese Mauer aus Granit, und wie lang? Wißt Ihr das, Herr von Gildor?«

»Durchaus, Tuck«, bestätigte der Elf. »An einigen Stellen ragt sie zweihundert Faden empor, doch weiter im Osten wird die Klippe immer niedriger, bis sie sich schließlich kaum mehr aus der Ebene erhebt. Hier direkt vor uns ist der Große Steilhang mehr als dreihundert Meter hoch. Und was die Länge angeht: Von Osten erstreckt er sich hierher, vom Grimmwall aus über dreihundert Kilometer nach dem Argonstrom. Und jenseits des großen Flusses setzt sich die Klippe noch einmal für weitere dreihundert Kilometer weit nach Südosten fort und berührt dabei auch die Ausläufer des Großwaldes. Auf dieser Seite des Argonstroms kennzeichnet der Steilhang die Grenze zwischen Darda Galion und Valon. Im Norden liegt die Heimat der Elfen, und im Süden schließt sich das Reich der Krieger von Harlingar an.«

»Wie geht es hinab?« fragte Tuck.

»Über die Lange Treppe ... dort«, erwiderte Gildor und deutete in die entsprechende Richtung.

Tuck sah einen schmalen und steilen Pfad, der sich in engen Serpentinen an der Klippenwand in die Tiefe wand, direkt am Rande der donnernden Kaskade von Vanil.

Diesen Weg nahmen die vier Gefährten einer hinter dem anderen, um in die Tiefe zu gelangen. Gildor übernahm die Spitze und Brega bildete den Abschluß. Tuck marschierte vor Galen. Lange dauerte der Abstieg, und oftmals machten sie eine Pause, um sich ein wenig auszuruhen. Sie stellten fest, daß der Abstieg über einen schmalen, gewundenen und steilen Weg fast ebenso anstrengte, als müßten sie eine hohe Klippe erklettern. Die ganze Zeit über preßte sich Tuck an die Wand und vermied es, in die Tiefe zu blicken. Während sie Meter um Meter zurücklegten, wurde das Tosen der in den Kessel stürzenden Wasser des Nithflusses immer lauter, und bald mußten sie sogar schreien, um sich verständlich zu machen. Schließlich aber, als sie dem Fuß der Klippe nahe waren, an einer Stelle, die rund einen Kilometer von der Kaskade von Vanil entfernt war, nützte selbst lautes Rufen nichts mehr. Regenbogen spannten sich durch die Dunstschleier des emporwirbelnden Gischtes.

Dann endlich gelangten sie ans Ufer des Kessels, und ungerührt durch das Donnern der herabstürzenden Fluten führte Gildor seine drei Begleiter in ein Weidengehölz, wo sie ein verstecktes Elfenboot fanden. Rasch stiegen sie ein, und mit Handzeichen bedeutete der Elfenherr Galen und Brega, das Boot am südlichen Ufer entlangzusteuern. Mit kraftvollen Ruderschlägen trieben sie das Gefährt durch den Gischt und die Bereiche der Strudel.

Gut anderthalb Kilometer legten sie auf diese Weise zurück, und erst als das Tosen des Wasserfalls nach und nach hinter ihnen verklang, konnten sie wieder miteinander sprechen. Doch kurz darauf vernahm Tuck weiter vorn das Donnern der Fälle von Bellon – und das, obgleich jener Wasserfall noch rund zehn Kilometer entfernt war.

Mit gleichmäßig raschen und kräftigen Paddelschlägen trieben sie das Elfenboot durchs Wasser, und nur Tuck konnte die Hände in den Schoß legen und sich ausruhen, wobei er beobachtete, wie schnell sie an den Ufern des Kessels vorbeiglitten. Zwei Kilometer blieben hinter ihnen zurück, dann drei und vier, und das Wasser vor ihnen begann wieder zu schäumen. Es dauerte nicht lange, bis das Tosen wieder so laut wurde, daß sie zur Verständigung schreien mußten. Einige weitere Kilometer, und das Donnern der Bellonfälle wurde so laut, daß Tuck befürchtete, sein Trommelfell könnte jeden Augenblick platzen. Die Wellen wurden höher, und der Gischt von Strudeln ließ das Boot spielerisch hin und her tanzen. Noch einmal rund anderthalb Kilometer brachten sie hinter sich, und dann waren sie dem Wasserfall von Bellon bereits bedrohlich nahe. Er war zwar noch immer einige Kilometer entfernt, aber der hohe Fels warf das Dröhnen und Rauschen und Tosen zurück, so daß Tuck das Gefühl hatte, als ob unsichtbare Hämmer auf ihn einhieben. Seine Zähne klapperten, und es war ihm kaum mehr möglich, einen klaren Gedanken zu fassen. Galen, Gildor und Brega setzten alle Kraft daran, um das Boot an den Fällen vorbeizusteuern.

Und als direkt neben ihnen die gewaltigen Wassermassen in die Tiefe stürzten, sah sich Tuck blinzelnd um und warf einen kurzen Blick auf die Fälle: Knapp zwei Kilometer breit waren sie und mehr als dreihundert Meter hoch. Doch während die Fluten von Vanil silbrig geglänzt hatten, waren die über den Bellonfelsen in die Tiefe donnernden Wasser des Argonstroms von einem hellen Grün.

Sie ruderten nach Osten, und der Wasserfall blieb schließlich hinter ihnen zurück. Aber es dauerte noch eine ganze Weile, bis das Dröhnen und Donnern allmählich verklang, aber weiterhin hatten Tucks drei Gefährten Mühe, mit der tückischen Strömung des Kessels fertigzuwerden. Schließlich strömte der Argon wieder ruhig dahin und hielt auf sein fernes Ziel zu: das Avagonmeer. Als das Boot die Strudel und den Gischt des Kessels endgültig hinter sich gelassen hatte und auf den Fluten des Argonstroms dahintrieb, wußte Tuck, daß er sich nun für mehrere Tage nicht mehr die Füße an Land vertreten konnte.

Weit hinter ihnen donnerten die Fluten über den Bellonfelsen, aber die vier Gefährten konnten sich jetzt wieder unterhalten, ohne schreien zu müssen.

»In der Châkka-Sprache wird der große Wasserfall Ctor genannt«, erklärte Brega. »In die Alltagssprache übersetzt bedeutet das Schreier. Aber obgleich der Wasserfall diesen Namen trägt, habe ich mir doch niemals vorgestellt, daß seine Stimme so laut ist.«

»Für die Argonhändler ist sein Donnern sogar noch lauter«, fügte Galen hinzu. »Die Kaufleute, die den Argonstrom für ihre Reisen benutzen, kommen der Kaskade nämlich noch näher, als es bei uns der Fall war. Sie transportieren ihre Handelswaren über die Hochstufe – dort oben auf dem Steilhang –, und das bedeutet, sie nähern sich dem Wasserfall bis auf einen Kilometer. Es heißt, sie stecken sich Bienenwachs in die Ohren, um bei diesem Tosen und Donnern nicht taub zu werden.«

Tuck blickte in die Richtung, in die der ausgestreckte Arm Galens deutete. Unmittelbar neben dem Bellonfelsen machte er einen weiteren Pfad aus, eine Art Vorsprung – die Hochstufe. Dieser Weg war bedeutend breiter als der, über den sie in die Tiefe gelangt waren. Aber Tuck schauderte bei dem Gedanken, diesen Pfad zu beschreiten, denn er mochte kaum daran denken, sich noch näher an die Kaskade von Bellon heranzuwagen, als sie ihr mit dem Boot gekommen waren, und ihm war, als vernähme er in diesen Augenblicken die mahnende Stimme seiner Mutter: *Gib acht, das Donnern könnte dich einfach entzweireißen!*

Jetzt begann die Reise über den mächtigen Argonstrom. Nach Osten waren sie unterwegs, am Fuße des Großen Steilhangs entlang, der zu ihrer Linken mehr als dreihundert Meter in die Höhe ragte. Rechts von ihnen erstreckte sich das ebene Grasland der Nordmark von Valon, und direkt vor ihnen plätscherten die Wasser des Argonstroms, des größten Flusses von ganz Mithgar. Der Verlauf des Stroms beschrieb eine mehr als hundertfünfzig Kilometer lange Biegung erst von Osten nach Süden und dann nach Südwesten. Das ferne Ziel der vier Gefährten waren die Pendwyrstraße und die Argonfähre, und bis dahin galt es noch mehr als tausend Kilometer zurückzulegen. Sie hofften, daß sich jener Ort noch in den Händen von Freunden befand und nicht etwa vom Feind aus Gron kontrolliert wurde, auf daß sie dort Pferde und einen Führer bekämen, um das Königsheer zu finden.

Den ganzen Tag über ließen sie sich von der Strömung des Flusses nach Osten treiben. Bei Sonnenuntergang steuerten sie das südliche Ufer an und machten dort nur eine kurze Pause. Aber sobald sie gewisse Bedürfnisse befriedigt hatten, kletterten sie wieder ins Boot, steuerten ihr Gefährt in die Mitte des Stroms und setzten die Reise fort. Brega hatte mit dem Verderbensboten zuvor ein weiteres Paddel zurechtgeschnitten, so daß Tuck nun beim Rudern helfen konnte, und der Zwerg zeigte dem Jungwichtel, wie man es benutzte.

Aus der Abenddämmerung wurde dunkle Nacht, und die Sterne glitzerten hell am Himmel. Im Westen begann die silberne Sichel des Mondes in vollem Glanz zu erstrahlen. Brega schien angesichts eines solchen Firmaments wie verzaubert zu sein, und er deutete auf einen strahlenden Punkt hoch im Osten.

»Kennt Ihr den Namen für diesen Stern, Herr von Gildor?« In der Stimme Bregas schwang Hochachtung und Respekt vor den Gestirnen als Navigationshilfen mit.

»Die Lian nennen ihn Cianin Andele – den Glänzenden Wanderer«, erwiderte der Elf. »Er ist einer von fünf Nomadensternen. Manchmal aber verharrt er eine Zeitlang an einer Stelle und kehrt kurz darauf ein Stück des Weges zurück, um dann erneut zu verweilen und sich anschließend wieder in Bewegung zu setzen. Ich selbst habe zwar keine Erklärung für die zyklische Reise dieses Sterns, aber es gibt Sagen, die von einem verlorenen Schuh berichten.«

Brega knurrte und ergänzte dann: »Gemäß dem überlieferten Wissen der Châkka gibt es viele solche Wanderer, und manche von ihnen sind so weit entfernt, daß man sie nicht einmal sehen kann. Fünf sind uns bekannt, und zu ihnen gehört auch der, den wir dort im Osten sehen – der hellste von ihnen. Mein Volk bezeichnet ihn als Jarak – den Renner.«

»Und es ist der hellste Stern überhaupt?« fragte Tuck und sah zum Firmament empor.

»Gewiß«, bestätigte Brega.

Gildor widersprach jedoch fast gleichzeitig. »Nein.«

Tuck sah von einem zum anderen, aber die Dunkelheit machte es unmöglich, die Züge der beiden Krieger deutlich erkennen zu lassen. »Was trifft denn nun zu?« wollte er wissen.

»Beide Antworten sind richtig«, entschied Galen. »Zwar ist Cianin Andele die meiste Zeit über der hellste aller Sterne, aber manchmal werden andere noch heller. Vor vielen, vielen Jahren entflammte einmal der Bannstern und überstrahlte alle anderen.«

»Der Bannstern?« fragte Tuck neugierig.

»Ja, Waerling«, erwiderte Gildor. »Als Adon die *Rûpt* mit Seinem Bann strafte, erstrahlte am Himmel der Glanz eines neuen Sterns – eines Sterns, den es zuvor nicht gegeben hatte, und er gleißte in einem solchen Feuer, daß die Nacht fast ebenso hell war wie der Tag. Dieser Stern ließ nicht nur alle anderen verblassen, sondern man konnte ihn sogar noch in den frühen Stunden des Tages am Himmel leuchten sehen. So grell war sein Funkeln, daß man ihn nur für kurze Zeit anblicken konnte. Schaute man jedoch länger zum Himmel empor, so begannen die Augen des Betrachters zu schmerzen. Viele Nächte hielt das Gleißen des Bannsterns an. Eine Zeitlang steigerte er sogar noch seine Helligkeit, aber dann verblaßte er allmählich und verschwand schließlich ganz. Und daraufhin war die Stelle, die er am Himmelsgewölbe eingenommen hatte, wieder leer. Mit dem Licht des Bannsterns schleuderte Adon Seinen Bann auf all diejenigen, die während des Großen Krieges Verbündete Gyphons gewesen waren.«

»So etwas!« stammelte Tuck verblüfft. »Ein ganz neuer Stern, der alle anderen überstrahlte und dann wieder verschwand. Es muß ein wunderbarer Anblick gewesen sein, vielleicht ebenso großartig wie der des Drachensterns.«

Als der Jungwichtel den Drachenstern erwähnte, runzelte Gildor die Stirn und schien sich auf ein ganz bestimmtes Ereignis besinnen zu wollen.

Brega deutete auf die perlmuttfarbene Sichel des verblassenden Mondes. »Wenn der Mond das Licht der Sonne verdunkelt, sich langsam von der einen Seite her in die Helligkeit der Sonne hineinfrißt, um sie nach einer Weile auf der anderen wieder freizugeben: Das ist meiner Meinung nach das fabelhafteste Schauspiel überhaupt.«

Und bei diesen Worten wurde der Herr von Gildor noch nachdenklicher.

»Wann wird das wieder geschehen?« fragte Tuck.

Brega zuckte mit den Schultern. »Vielleicht kann dir der Elfenherr eine Antwort darauf geben.«

Daraufhin wandte sich Tuck an den Lian. »Wißt Ihr es, Herr von Gildor? Könnt Ihr mir sagen, wann der Mond das nächstemal die Sonne verschlingen wird?«

Gildor überlegte eine Zeitlang, und als er antwortete, bezweifelte niemand die Wahrhaftigkeit seiner Worte, denn es ist allgemein bekannt, daß das Elfenvolk sehr gut über die Bewegungen der Sonne, des Mondes und der Sterne Bescheid weiß. »*Aro*! Nun, in knapp achtundzwanzig Tagen wird es wieder geschehen, Tuck. Aber in diesem Gebiet verschlingt der Mond nicht die ganze Sonne. Weiter im Norden jedoch, in Rian und Gron und in den Steppen von Jord wird die Sonne ganz hinter der Scheibe des Mondes verschwinden, und dann dauert es einige Minuten lang, bis sie auf der anderen Seite wieder zum Vorschein kommt.«

»Wirklich?« rief Tuck aus. »Wenn es dazu kommt, im Norden, im Bereich des Düsterdunkels und der Winternacht, so wird es der schwärzeste Tag überhaupt werden.«

»Genau, Tuck, der schwärzeste ...« Gildor unterbrach seine Rede plötzlich, denn endlich war es ihm gelungen, sich an das zu erinnern, was tief in ihm verborgen gewesen war, an etwas, das der Kummer und der Schmerz angesichts des Todes Vanidors verhüllt hatten. Der Elf schauderte unwillkürlich und holte tief Luft. Als er weitersprach, war seine Stimme nur noch ein Hauch: »König Galen, wir müssen so schnell wie irgend möglich zum Königsheer stoßen, denn großes Unheil kündigt sich an. Ich weiß noch immer nicht genau, um was es sich dabei handelt, aber einer Sache bin ich mir ganz sicher: Das Verderben bedroht das ganze Reich von Mithgar. In dem Augenblick, als Vanidor starb, rief er meinen Namen. Und in jener schrecklichen Sekunde vernahm ich auch noch eine düstere Botschaft:

›Der Schwärzeste Tag,
Das Größte Unheil…‹

Noch im Sterben ließ mir mein Bruder eine Warnung zukommen, aber leider blieb seine Botschaft unvollständig. Ich spüre, daß auch noch etwas anderes eine wichtige Rolle spielt – der Drachenstern zum Beispiel und das Düsterdunkel –, aber ich werde mir einfach nicht klar darüber, worum es dabei geht, denn das Lebenslicht meines Bruders erlosch, bevor er mir weiteres Wissen zukommen lassen konnte.«

Gildor schwieg, und eine Zeitlang herrschte völlige Stille. Tuck konnte zwar das Gesicht des Lian nicht deutlich erkennen, aber er wußte, daß der Elf weinte, und auch in den großen Augen des Wichtels bildeten sich Tränen.

Dann erklang die leise Stimme Gildors: »Ich glaube jetzt, die letzten Worte Vanidors beziehen sich auf den Tag, an dem der Mond die Sonne verschlingt, denn Tucks Worte entsprechen der Wahrheit: In Gron bricht dann *wirklich* der Schwärzeste Tag an, und mit ihm kommt das Größte Unheil.«

Erneut schwieg Gildor, und es herrschte weiterhin Stille. Das Elfenboot wurde weiter von der Strömung des Argonstromes nach Osten getragen. Die Dunklen Konturen der beiden Ufer waren jeweils rund anderthalb Kilometer entfernt. Im Norden ragte die gewaltige Wand des Großen Steilhangs in die Höhe, und am Himmel glänzten hell die Sterne.

Schließlich durchbrach die Stimme Galens das Schweigen. »Und Ihr meint, das Verschlingen der Sonne geschieht bereits in vier Wochen?«

Bei diesen Worten Galens schauderte Tuck, denn vor seinem inneren Auge sah er das Banner Modrus, den blutroten Ring auf schwarzem Grund, den Sonnentod. Und seine Gedanken eilten zu dem Dunkeltag zurück, als sie sich vor dem Nordtor der Challerainfeste befunden hatten und sich die Fahne Modrus hoch über die scharlachrote und goldene Standarte Aurions erhob.

Gildors Antwort unterbrach diesen Gedankengang Tucks. »So wird es sein, König Galen. In vier Wochen, wenn die Sonne im

Zenit steht, wird ihr heller Schein von der Scheibe des Mondes gefressen, und dann wird der Schwärzeste Tag sein.«

»Und dann bricht das Größte Unheil herein«, brummte Brega. »Vielleicht sind die Überfälle der Lakh aus Hyree und der Piraten von Kistan nur Vorboten. Vielleicht wollte uns Vanidor vor dem Großen Bösen warnen, vor Gyphon, der zurückkehrt, um die Macht Adons zu brechen.

Tucks Herz klopfte heftig, als er diese Worte Bregas vernahm, und Gildor atmete schwer – denn das, was der Zwerg gesagt hatte, klang nur allzu wahr.

»Krieger Brega, möglicherweise hast du recht«, stellte Galen fest. »Wir müssen uns auf jeden Fall an den Rat Gildors halten und so rasch wie möglich das Königsheer finden. Aber mir ist völlig unklar, wie es uns selbst mit einer großen Streitmacht gelingen soll, das am Schwärzesten Tag herabkommende Größte Unheil aufzuhalten, denn nach wie vor wissen wir nicht genau, was Vanidor mit seiner Warnung meinte. – Nun, wenn wir unser Ziel schneller erreichen wollen, so dürfen wir uns fortan jedenfalls nicht nur mit der Strömung treiben lassen, sondern müssen rudern. Am besten wechseln wir uns dabei ab: Zwei von uns rudern, während die anderen sich ausruhen, in einem Rhytmus von jeweils vier Stunden. Damit können wir die Reisezeit weiter verkürzen.«

»Tuck und ich übernehmen die erste Schicht«, beschloß Brega.

Tuck war überrascht, daß die Wahl Bregas ausgerechnet auf ihn fiel, denn der Jungwichtel wußte, daß er nicht die Kraft und das Geschick seiner Kameraden besaß und sich ganz besonders nicht mit dem Zwerg messen konnte. Aber er begriff auch, daß die Kraft Bregas allein derjenigen von Galen und Gildor fast gleichkam, und aus diesem Grund konnte eine aus Zwerg und Waerling bestehende Gruppe ebensolche Leistungen vollbringen wie Mensch und Elf.

»Nimm du im Bug Platz, Tuck«, forderte ihn Brega auf. »Ich hocke mich im Heck nieder. König Galen, Herr von Gildor – wir wecken Euch in vier Stunden.«

Und während sich Galen und Gildor ausruhten und bald einschliefen, trieben Brega und Tuck das Boot mittels der Paddel durch die Fluten des Argonstroms, so daß es durch die Nacht sauste, denn es galt, die Argonfähre so schnell wie möglich zu erreichen.

Viele Stunden der Anstrengungen und beschwerlicher Mühen folgten, als zuerst Zwerg und Wichtel und danach Elf und Mensch das Boot mit kräftigen Paddelschlägen übers Wasser trieben. An vier Stunden harte Arbeit schloß sich ein ebenso lang währender unruhiger Schlaf, doch Tuck hatte jedesmal den Eindruck, gerade die Augen geschlossen zu haben, wenn er schon wieder aufgeweckt wurde und erneut das Paddel zur Hand nehmen mußte. Die Mühsal schien eine Ewigkeit anzudauern und überhaupt kein Ende nehmen zu wollen. Jedesmal, wenn Tuck erwachte, nahm er zusammen mit Brega eine knappe Mianmahlzeit ein, und dann galt es wieder, das Boot voranzutreiben. Der Wichtel fragte sich, ob ihr Proviant wohl ausreichen würde, denn angesichts der Anstrengungen gingen die Vorräte, die sie von den Elfen erhalten hatten, rasch zur Neige.

Sie versuchten auf alle nur erdenkliche Weise, sich die Arbeit zu erleichtern. Sie steuerten das Boot in jenen Bereich des Flusses, in dem die Strömung am stärksten war, und sie neigten den Bug ihres Gefährts ein wenig zur Seite, so daß das Boot der Strömung eine größere Antriebsfläche bot. Aber unverändert hatte Tuck den Eindruck, daß die Ufer nur quälend langsam an ihnen vorbeizogen. Sie rieben sich die Hände mit Öl ein, damit sie sich mit dem Holz der Paddel nicht die Haut abschürften, aber selbst dadurch konnten sie nicht verhindern, daß rasch Blasen entstanden. Nach jeder Stunde gönnten sie sich eine zehnminütige Ruhepause, um ihre Kräfte zu erneuern, aber dennoch nahm ihre Erschöpfung zu. Morgens und abends machten sie jeweils eine rund halbstündige Pause, während der sie sich die Beine vertreten konnten, aber trotzdem wurden ihre Muskeln von der Anstrengung des unentwegten Ruderns bald hart und steif. Müde und erschöpft setzten sie die Reise flußabwärts fort und näherten sich allmählich spürbar ihrem Ziel.

Mitten in der Nacht kamen sie an einer namenlosen Insel im Fluß vorbei. Jenseits der Wipfel der am nördlichen Ufer wachsenden Bäume erhob sich im Nordosten der dunkle Schatten des Großen Steilhangs, während sich im Westen und Süden die Ebene von Valon erstreckte. Galen und Gildor wurden geweckt, auf daß sie nun ihrerseits die Paddel ergriffen, und Brega und Tuck machten es sich in der Mitte des Bootes zum Schlafen so bequem wie möglich. Doch als Tuck aufwachte, schien es ihm, als habe er gerade erst seine Pflicht erledigt. Am Himmel leuchteten noch immer die Sterne, als er erneut im Bug Platz nahm und das Paddel in die Fluten des mächtigen Argonstroms tauchte.

Tuck und Brega ruderten noch immer, als sich im Osten der Schein eines neuen Tages ankündigte. Sie blickten über die Bäume des Flußufers hinweg und sahen, daß der Große Steilhang nun nicht mehr so hoch war wie im Bereich der Kaskade von Vanil und der Fälle von Bellon. Je weiter sie nach Südosten kamen, desto mehr neigte sich die Klippe der Ebene entgegen. Die Farbe des Himmels veränderte sich allmählich und kündigte den strahlenden Glanz der Sonne an. Schließlich stieg die goldende Sonnenscheibe im Osten über die Wipfel des Großwaldes. Jener riesige Wald erstreckte sich vom Rissaninfluß fern im Nordwesten bis nach den Glavehöhen im noch weiter entfernten Südosten – insgesamt mochte der Wald rund tausend Kilometer lang sein. Und die Bäume standen nackt und grau und warteten auf die Frühlingswärme.

Sie steuerten das Boot ans westliche Ufer, stiegen aus und nahmen ihr Frühstück auf dem Boden Valons ein.

Erneut setzten sie ihre Reise fort, und Tuck und Brega schliefen, während Galen und Gildor das Boot mit kräftigen Schlägen flußabwärts trieben. Als die Reihe wieder an Tuck und Brega kam, stand die Sonne bereits im Zenit.

An jenem Abend steuerten sie kurz vor Sonnenuntergang das Ufer an, um dort eine kurze Rast zu machen, und der Wichtel schrieb einige Sätze in sein Tagebuch. Dann war es auch schon wieder soweit, das Boot erneut in die Flußmitte zu lenken. Und Tuck fragte sich insgeheim, ob es ihnen wohl gelingen mochte, bis zum Erreichen der Argonfähre bei Kräften zu bleiben.

Als sie sich wieder in ihrem Gefährt niederhockten, bemerkte

Gildor: »Es sieht nach einem Wetterumschwung aus. Vielleicht beginnt es bald zu schneien oder zu regnen.«

Daraufhin sah sich Tuck um, aber er konnte nur wenige zarte Wolkenschleier erkennen, die über den blauen Himmel des Spätnachmittags zogen.

Brega beobachtete den Wichtel dabei und knurrte: »Schau nach Osten, und vergleiche das, was du dort siehst, mit dem Anblick, der sich dir im Westen darbietet.«

An der Stelle, an der sie Rast gemacht hatten, wuchsen nur wenige Bäume am Ufer, und Tuck sah über die Ebene von Valon hinweg und beobachtete den Horizont. Dort erkannte er eine dunkle Wolkenbank, hinter der die Sonne bereits teilweise verdeckt war.

In der darauffolgenden Nacht begann es zu nieseln, und Tuck fühlte sich alles andere als wohl, als er zusammen mit Brega das Elfenboot über das Wasser des Argonstroms trieb. Und als sie von Galen und Gildor abgelöst wurden und sich der Jungwichtel in der Mitte des Bootes ausstreckte, um zu schlafen, zitterte er vor Kälte und konnte keine Ruhe finden.

Es hörte erst auf zu regnen, als sie am nächsten Morgen das nördliche Ufer einer Insel im Fluß ansteuerten. Und anstatt das Regenwasser aus dem Boot zu schöpfen, das sich während der Nacht darin angesammelt hatte, zogen sie das Gefährt einfach an Land und stellten es kopfüber auf. Als Galen und Brega es nach einer Weile wieder ins Wasser schoben, ließ Tuck den Blick seiner scharfen Augen über den Horizont schweifen. Überall war der Himmel nun schon grau, und das Blau des Firmaments verbarg sich hinter einer dichten Wolkendecke. Im Osten erhoben sich die Glavehöhen. Sie kennzeichneten das Ende des Großwaldes und den Beginn von Pellar. Im Westen erstreckte sich noch immer das Land Valon. Die ganze Zeit über waren sie am Rande dieser großen Ebene unterwegs gewesen: Fast siebenhundert Kilometer flußaufwärts waren sie das erstemal an die Grenzen Valons gelangt und östlich an der Nordmark vorbeigerudert. Der Verlauf des mächtigen Argonstroms beschrieb einen weiten Bogen von Osten nach Südosten und dann nach Süden, und an die Nordmark schloß sich alsbald die Ostmark an. Weiter flußabwärts würde sich der Argonstrom schließlich nach Südwesten wenden, und dort spülten seine Wasser an die Südmark Valons und entlang der Grenzen des Königreiches von Pellar. Noch knapp sechshundert Kilometer trennten die vier Gefährten von der Argonfähre. Seit der Durchquerung des Kessels bei den Wasserfällen hatten sie bereits mehr als die Hälfte des Weges hinter sich gebracht, aber es warteten noch weitere Anstrengungen und Mühen auf sie, bis sie ihr Ziel erreichen sollten.

Erneut steuerten sie das Boot in die Mitte des Argonstroms und kurz darauf fegte ein kalter Westwind daher, und Brega war erzürnt, denn die Böen stemmten sich dem Bug ihres Gefährts entgegen, wodurch sie etwas langsamer vorankamen.

Gegen Mitternacht hatte der Wind seine Kraft verausgabt, und die Sterne glänzten am dunklen Himmel, als die Wolkendecke aufbrach.

Am Morgen des vierten Tages auf dem Argon steuerten sie wieder für eine kurze Rast das Ufer an. Die vielen Stunden der Mühsal forderten ihren Tribut: Ihre Muskeln schmerzten, und jede Bewegung kam einer Qual gleich. Dennoch verbrachten sie nur einige wenige Minuten am Pellarufer des Flusses. »Wenn uns mehr Zeit für die Reise zur Verfügung stände«, meinte Galen, »dann würden wir wohl heute den ganzen Tag am Ufer verweilen und uns ausruhen. Aber fern im Norden Mithgars kündigt sich das Verderben an, und wir müssen es erzwingen, die letzten Kilometer bis zur Argonfähre noch am heutigen Tage zurückzulegen.«

Brega brummte und strich mit den Händen über die aus Weidenholz gefertigten Rumpfrippen ihres Gefährts. »Dies ist das beste Boot, mit dem ich jemals eine so weite Reise unternahm, und doch werde ich überglücklich sein, wenn ich es endgültig verlassen darf. Ich befürchte, wenn ich noch lange im Heck hocken muß, kann ich mich bald gar nicht mehr bewegen.«

Bregas Worte klangen zwar beiläufig, aber Tucks Herz begann bei der Bemerkung Galens heftig zu klopfen, denn sie wußten ja nicht, wer sie an der Argonfähre empfangen mochte – Freund oder Feind.

Als sie mit dem Elfenboot wieder auf den Wellen des Argon trieben, wurde der Fluß allmählich breiter, und die Fluten spülten träger und gemächlicher dahin und wälzten sich durch weite Biegungen.

Im Süden und Westen lag Pellar. Im Norden und Osten erstreckte sich die Südmark von Valon. Über ihnen spannte sich das Gewölbe des blauen Himmels, und die Sonne stieg am Firmament empor und wärmte das Land. Die Luft war unbewegt bis auf den Fahrtwind, der in die Haare Tucks fuhr. Das gleichmäßige und kräftige Rudern Galens und Gildors hatte eine fast einschläfernde Wirkung auf den Jungwichtel, und es dauerte nicht lange, bis er in einen tiefen Schlaf der Erschöpfung fiel.

Am späten Nachmittag steuerten sie das Ufer an und vertraten sich einige Minuten lang die Beine. Am Ende dieser Pause eröffnete ihnen Galen: »Jetzt sollten wir alle wach bleiben, denn wir sind nur noch zwei bis drei Stunden Reisezeit von der Fähre entfernt. Wir müssen uns ihr wachsam und mit aller Vorsicht nähern: Mit der Argonfähre kontrolliert man die Pendwyrstraße, und somit ist sie sowohl für unsere Verbündeten als auch für den Feind aus Gron von großem strategischem Wert. Wir könnten dort auf die Soldaten des Königsheers stoßen. Doch es ist durchaus möglich, daß wir auf die Lakh aus Hyree oder die Piraten von Kistan treffen – auf Diener Modrus also.«

Sie kletterten wieder ins Boot, und jetzt paddelten sie gemeinsam. Gildor saß im Bug und Tuck hockte hinter ihm. Im Heck hatte wie immer Brega Platz genommen, denn der Zwerg war von ihnen allen am kräftigsten, und wenn sie gezwungen sein sollten, jäh kehrtzumachen, um dem Feind zu entrinnen, so halfen ihnen dabei vor allen Dingen die Muskeln Bregas.

Eine Stunde verstrich nach der anderen. Die Sonne versank hinter dem westlichen Horizont, und es wurde dunkel. In der Finsternis zogen rechts und links die nunmehr unscharfen Umrisse der Ufer an ihnen vorbei. Eine weitere Stunde verging, und dann konnten sie voraus den Schein von Lichtern ausmachen: an beiden Ufern und auch in der Mitte des Flusses. Sie hatten ihr Ziel erreicht: die Argonfähre!

»König Galen, Tuck – legt Eure Paddel leise ins Boot«, flüsterte

Brega. »Elf Gildor, achtet beim Rudern darauf, das Holz tief ins Wasser zu tauchen und so wenig Geräusche wie irgend möglich zu verursachen.«

Vorsichtig befolgten Galen und Tuck den Rat des Zwerges, aber sie hielten die Ruder bereit – falls es notwendig werden sollte, die Geschwindigkeit des Bootes rasch zu erhöhen, um die Flucht zu ergreifen. Tuck griff nach seinem Bogen und setzte einen Pfeil auf die Sehne. Er wußte sehr gut, daß er mit dieser Waffe seinen Gefährten weitaus mehr von Nutzen sein konnte als mit dem Ruder.

In der Ferne vernahmen sie die Stimmen von Menschen, und die leichte Abendbrise trug das Klirren von Stahl zu ihnen heran. Offenbar befand sich eine große Streitmacht vor ihnen. Aber noch vermochte niemand von ihnen zu erkennen, ob diese Stimmen sich in der Alltagssprache oder aber dem Dialekt der Süderlinge unterhielten.

Durch die dunklen Schatten am Westufer glitt das Boot lautlos näher. Brega und Gildor zogen die Paddel nicht mehr aus dem Wasser. Wenn sie durchgezogen hatten, drehten sie die Ruder, ließen sie mit der Schmalseite nach vorn gleiten und zogen dann erneut durch. Auf diese Weise vermieden sie, daß Wasser plätscherte und sie verraten konnte.

Die Sichel des Mondes stieg am Himmel empor, und durch einige lichte Stellen im Geäst der am Ufer wachsenden Bäume perlte sein milchiges Licht auf den Fluß. Und gerade als Tuck diesen Umstand verfluchte und sich zurückwünschte in die Schatten der Stämme, erklang vor ihnen eine scharfe und weithin hallende Stimme: *»Halt!«* rief es da ihnen zu. *»Wer ist dort in dem Boot unterwegs: Freunde des Königs oder der Abschaum Modrus?«*

Tuck drehte sich ruckartig um. Auf dem hohen Flußufer über ihnen erblickte er einige flachshaarige, in Kettenhemden gekleidete und auf Pferden sitzende Krieger. Ihre stählernen Helme waren mit stilisierten Rabenschwingen und Gebinden aus Pferdehaar geschmückt. Sie hielten Bogen in den Händen, und die Spitzen der Pfeile zielten auf die vier Kameraden und konnten ihnen von einem Augenblick zum anderen den Tod bringen.

»Hàl, Vanadurin!« rief Galen. »Wir sind Freunde!«

Tuck ließ sich zurücksinken, lehnte sich an die Ruderbank, und lockerte langsam die durchgezogene Sehne seines Bogens. Er empfand große Erleichterung, denn es waren Harlingar – Reiter von Valon –, die sie aus der Dunkelheit angerufen hatten. Die Argonfähre befand sich ganz offensichtlich in den Händen von Verbündeten.

Aber die Reiter legten die Bogen noch keineswegs beiseite, und erneut erklang dieselbe scharfe Stimme: »Wenn ihr wirklich Freunde des Königs seid, so steuert das Boot ans Ufer und steigt aus!«

Daraufhin lenkten Brega und Gildor das Elfengefährt rasch in die angewiesene Richtung, zogen es gemeinsam mit den beiden anderen an Land und kletterten zwischen den Uferfelsen empor. Auf dem Kamm der Böschung wurden sie von den Reitern der Valonmark erwartet.

»Vorsicht!« rief der Hauptmann der Wachtruppe. »Kommt nicht näher! Zwei von euch sind von kleiner und gedrungener Statur und ähneln somit zumindest in der Dunkelheit der Nacht den Rutcha – auch wenn es mir rätselhaft vorkommt, wie es zwei Schergen Modrus gelungen sein soll, aus dem fernen Düsterdunkel bis hierher zu gelangen.«

Brega nahm seine Axt Drakkalan zur Hand, und noch bevor Galen, Gildor oder Tuck eine Antwort zu geben vermochten, erwiderte der Zwerg aufgebracht: »Von kleiner und gedrungener Statur?« knurrte er zornig. »Und Rutcha sollen wir ähnlich sein? Ich bin kein Ükh! Und wenn du nicht den Kopf verlieren willst, Soldat, so sag so etwas nicht noch einmal.«

»Ein Zwerg«, erkannte der Hauptmann sofort. »Ich hätte es wissen sollen. Aber was ist mit dem anderen? Er ist kein Zwerg. Habt ihr etwa ein Kind in dieses vom Krieg zerrissene Land gebracht?«

Galen kam einer bissigen Antwort Tucks zuvor. Er trat einen Schritt vor, und als er sprach, starrten ihn die Harlingar verblüfft an: »Hauptmann, ich bin Galen, der Sohn König Aurions, und dies sind meine Freunde und Kameraden: Krieger Brega, Zwerg aus den Rothügeln; Elf Gildor, Lianwächter aus dem Ardental;

und Waerling Tuckerby Unterdamm, Dornenläufer aus dem Waldland.«

Daraufhin gab der Anführer der Markreiter seinen Soldaten ein Zeichen, und die Krieger ließen die Bogen sinken. Im hellen Mondschein konnten sie nun deutlich sehen, daß sie es nicht mit dem Feind zu tun hatten. Ganz im Gegenteil: Wenn die Worte Galens tatsächlich der Wahrheit entsprachen, dann standen nicht nur Mensch, Elf und Zwerg vor ihnen, sondern auch ein Angehöriger der legendären *Waldleute*.

»Hauptmann«, fuhr Galen fort, »es könnte natürlich jeder von sich behaupten, der Sohn Aurions zu sein, aber wenn du mich zu deinem Befehlshaber bringst, so werde ich meine Worte beweisen können. Und außerdem bringe ich wichtige Nachrichten.«

Auf einen entsprechenden Befehl des Anführers der Wachtruppe hin sprangen zwei der Soldaten zu Boden, kümmerten sich um das Boot und überließen ihre Pferde Galen und Gildor. Mensch und Elf schwangen sich auf die Rücken der Rösser, und Tuck und Brega hockten sich hinter sie. In vollem Galopp ritten sie nun ins Lager der Vanadurin am westlichen Ufer des Argonstroms.

»Ihr habt mir die scharlachrote Augenklappe gezeigt und Eure Geschichte erzählt, und ich glaube Euren Worten. Immerhin befinden sich in Eurer Begleitung auch ein Elf und ein Waldan.« Bei diesen Worten des valonischen Marschalls gab Brega ein dumpfes Murmeln von sich. »Nicht zu vergessen natürlich der Zwerg«, fügte der Mann lächelnd hinzu. »Aber ich wäre ein schlechter Befehlshaber, wenn ich nicht die Gelegenheit nützen würde, Eure Aussagen zu überprüfen. Und es gibt jemanden, der Eure Worte bestätigen könnte: Reggian, der das Amt eines Haushofmeisters von Pendwyr innehat, wenn sich der König in Challerainfeste aufhält.«

Der das sagte, war Marschall Ubrik von Valon – ein Mann in mittleren Jahren, rüstig, kräftig und erfahren. Gekleidet war er in einen Harnisch aus einzelnen Stahlplatten, und darunter trug er eine schwarze Hose und Stiefel aus Leder. Sein Haar hatte die Tönung von dunklem Honig, und es zeigten sich bereits darin einzelne silbrige Strähnen. Kinn und Wangen waren rasiert, und die Augen blitzten blau.

Die vier Kameraden hatten im Zelt des valonischen Marschalls Platz genommen, während draußen eine große Streitmacht unterwegs war und sich vom östlichen Ufer des Flusses auf die Westseite zurückzog. Eine Zeitlang schwiegen sie und warteten auf die Ankunft des Königlichen Haushofmeisters Reggian.

Nach einer Weile ertönten draußen die Geräusche von schweren Soldatenschritten, und ein grauhaariger Krieger trat ins Zelt. Furchen der Sorge zeigten sich in seinem Gesicht.

»Reggian«, rief Galen leise.

Der ältere Soldat wandte sich zu ihm und brachte beim Anblick des Königs nur überrascht hervor: »Mein Prinz!« Und mit dem Helm in der Armbeuge kniete er vor Galen nieder.

»Nein, Reggian, ich bin jetzt kein Prinz mehr«, erwiderte Galen. »Mein Vater ist tot.«

»König Aurion – tot?« Reggian riß die Augen auf. »O weh! Welch traurige Nachricht!« Darauf ließ sich der Krieger auf beide Knie sinken und Ubrik folgte diesem Beispiel. »König Galen«, erklärte Reggian, »ich stelle mein Schwert unter Euren Befehl – auch wenn Ihr vielleicht keine Verwendung mehr für mich als Haushofmeister habt, denn Caer Pendwyr wird nun von den Schergen Modrus beherrscht, und die Diener des Feindes in Gron marschieren jetzt nach Pellar.«

Bis lange in die Nacht hinein sprachen Galen und seine drei Kameraden mit Reggian und Ubrik. Und die Berichte vom Krieg im Süden waren ebenso unheilvoll wie die von den Kämpfen im Norden. Die Piraten von Kistan waren in die Hailbucht gesegelt und hatten eine große Streitmacht von Lakh aus Hyree an den Ufern der Insel Caer Pendwyr abgesetzt. Die Festung hatte den Angreifern zwar großen Widerstand geleistet, war aber schließlich doch von der Übermacht erobert worden. Daraufhin hatte das Heer von Caer über die Pendwyrstraße nach Nordwesten in Richtung der Fiandünen den Rückzug angetreten. Erneut war es zu heftigen Kämpfen mit den Lakh aus Hyree gekommen, aber die Übermacht des Feindes war einfach zu groß, und aus diesem Grund wichen die Krieger von Pellar nun auf die andere Seite des Argonstroms zurück.

Im Westen war Hoven in die Hände des Gegners gefallen, doch im Bereich der Hügel von Brin, der Grenze zwischen Hoven und Jugo, war es gelungen, den Vormarsch des Feindes aufzuhalten.

Im Nordwesten wurde die Gûnarschlucht von einer Hyreearmee gehalten, die zu Beginn des Krieges, als im Süden noch niemand etwas von den Plänen Modrus ahnte, rasch nach Norden gezogen war, um die Kontrolle über diesen wichtigen Verbindungsweg zu übernehmen. Noch immer kämpften die Vanadurin gegen die Lakh, um den Gegner aus jener Gegend zu vertreiben.

»Was ist mit den Châkka?« fragte Brega. »Wo kämpft das Volk der Rothügel?«

»In den Hügeln von Brin«, erwiderte Ubrik. »Ohne die Tapferkeit der Zwerge wäre auch Jugo vom Feind erobert worden.«

»Und die Flotte von Arbalin?« erkundigte sich Galen.

»Sie liegt in der Bucht von Thell verborgen und macht sich bereit, einen Überraschungsschlag gegen die Piraten von Kistan zu führen«, antwortete Reggian. »Wenn es ihr gelingt, die Kräfte des Gegners in der Hailbucht zu binden – obgleich der Gegner den Arbalina-Kriegern zahlenmäßig überlegen ist –, so können die Kistanschiffe nicht anderenorts in das Kampfgeschehen eingreifen. Aber die verborgene Flotte braucht noch etwa drei bis vier Wochen, bis die letzten Vorbereitungen abgeschlossen sind.«

»Was soll das noch alles?« platzte Brega heraus. »In vier Wochen – nein, in noch kürzerer Frist! – wird bereits der Schwärzeste Tag angebrochen sein. Und dann ist es vielleicht zu spät.«

Ubrik und Reggian nickten stumm. Sie wußten von der Botschaft, die Vanidor seinem Bruder Gildor noch im Sterben hatte zukommen lassen, und sie kannten auch ihre Bedeutung.

»Modrus dunkle Macht droht uns alle zu vernichten«, stellte Reggian mit düsterer Miene fest. »Der Feind in Gron ist wie ...«

»Wie ein mächtiger Schmiedehammer!« setzte Brega den Satz fort und sprang auf die Beine. »Ein Schmiedehammer, der diese Welt nach seinem bösen Willen zu formen beabsichtigt. Und hört auf meine Worte: Modru ist nur der Diener Gyphons, und vielleicht bereitet das Große Böse gerade in dieser Zeit sich darauf vor, am Schwärzesten Tag in Mithgar Einkehr zu halten. Und die Schergen des Feindes in Gron setzen uns immer mehr unter Druck und drängen uns in die Verteidigung. Wie eine Schlange sind sie, deren Ringelleib sich langsam um das Opfer schlingt und es zu erwürgen droht. Aber ich weiß auch, daß man eine Schlange nur töten kann, indem man ihr den Kopf abschlägt. Oh, der Leib zuckt auch dann noch und kann großen Schaden anrichten, aber schließlich stirbt auch der Körper.« Brega hob seine Axt Drakkalan. »Laßt uns zu Modru aufbrechen, auf daß wir der Schlange den Kopf abschlagen!« Die Schneide der Streitaxt sauste durch die Luft und bohrte sich heftig in einen Holzblock, so daß kleine Splitter davonsausten.

»Ach, Zwerg Brega«, warf Reggian ein, »Gron und der Eiserne Turm liegen weit im Norden und sind rund zweitausend Kilometer von hier entfernt. Bis zum nächsten Neumond kann es uns unmöglich gelingen, eine ganze Armee dorthin zu führen!«

»Die Harlingar könnten die Vorhut bilden«, überlegte Ubrik laut. »Sicher, die Pferde wären gewiß am Ende ihrer Kräfte, aber es ließe sich durchaus bewerkstelligen, daß wir Gron und die Festung Modrus vor dem Schwärzesten Tag erreichen.«

»Es ist nur möglich, wenn der Weg durch die Gûnarhöhengasse frei ist«, warf Gildor ein. »Und die wird hartnäckig vom Feind gehalten.«

»Vielleicht – vielleicht auch nicht«, antwortete der Marschall. »Die Vanadurin kämpfen derzeitig, um den Gegner aus jenem Gebiet zu vertreiben.«

»Was ist mit dem Durchschlupf?« fragte Tuck. »Ich meine den Weg, der bloß den Zwergen bekannt ist. Könnten wir ihn vielleicht nehmen und auf diese Weise die Höhengasse umgehen?«

»Nein, Tuck«, widersprach Brega. »Bei dem verborgenen Weg handelt es sich um einen schmalen und niedrigen Tunnel, der nur für Zwerge und Ponys passierbar ist. Selbst ein Mensch müßte sich darin bücken, und ein Pferd könnte auf keinen Fall hindurchgelangen. Nein, die einzige Möglichkeit stellt die Gûnarhöhengasse dar.«

»Aber haben wir denn eine Aussicht, Modru in einer offenen

Feldschlacht zu besiegen?« fragte Tuck leise.

Und es war Gildor, der ihm darauf die Antwort gab: »Nein, Tuck, ich glaube nicht. Aber es bleibt uns nichts anderes übrig, als es zu versuchen.«

Nach einer langen Besprechung wurde also der Entschluß gefaßt, daß sich Ubrik, Galen, Gildor, Brega und Tuck auf den Weg nach der Gûnarhöhengasse machen würden. Sie beschlossen, auch Ersatzpferde mitzunehmen, so daß sie unterwegs die Rösser wechseln konnten und zu keinen langen Ruhepausen gezwungen waren. In dem Lager im Norden der Rothügel wollten sie sich dann frische Pferde beschaffen und den Ritt nach der Höhengasse fortsetzen. Wenn der Paß frei war, würden sie die dort stationierten Vanadurin zu einer Streitmacht zusammenstellen und mit den Kriegern nach Gron reiten, um einen Angriff auf den Eisernen Turm zu wagen. Zwar hatten sie noch immer Zweifel daran, Modru wirklich besiegen zu können, aber vielleicht gelang es ihnen, in die Festung des Herrn der Winternacht zu gelangen und zumindest seine Pläne zu durchkreuzen. Möglicherweise schafften sie es sogar, die Rückkehr Gyphons nach Mithgar zu verhindern – vorausgesetzt, das war das Ziel, auf das Modru hinarbeitete. Und auch wenn sie während des kühnen Unterfangens alle ums Leben kamen – dann starben sie wenigstens für die Freiheit ihrer Heimat.

Reggian würde in der Zwischenzeit den Oberbefehl über das im Süden verbleibende Heer behalten, denn der Königliche Haushofmeister hatte selbst während des Rückzuges seiner Armee Klugheit und Umsicht bewiesen und dem Feind empfindliche Schläge beigebracht. Reggian bedauerte es zwar, sich nicht ebenfalls auf die lange Reise nach Norden begeben zu können, aber König Galen erklärte: »Der Krieg ist erst dann vorbei, wenn die letzte Schlacht gewonnen wurde. Denke nur an die Legenden über den Großen Bannkrieg: Auch damals mußten sich die Streitmächte der Verbündeten zurückziehen und wurden in die Defensive gedrängt, ehe sie endlich doch den Sieg davontrugen. Reggian, du hast große Leistungen vollbracht, und ich möchte sicher sein, daß ein kluger Kopf die Schlachten plant, die mein

Heer auszufechten hat. Du warst der Haushofmeister meines Vaters – jetzt sei auch mir zu Diensten.«

Und der grauhaarige Krieger nahm Haltung an und schlug sich mit der Faust auf die Brust.

Bei Morgengrauen trafen Galen, Gildor, Tuck, Brega und Ubrik die letzten Vorbereitungen für den Ritt nach der Gûnarhöhengasse. Sie verfügten über zehn Pferde: Auf fünfen wollten sie reiten, während sie die anderen Rösser zum Auswechseln an Leinen mit sich führten, um sich auf deren Rücken zu schwingen, wenn die Kräfte der ersten Reittiere nachließen. Die Steigbügel zweier Rösser waren für Brega und Tuck verkürzt worden, und man half ihnen dabei, in den Sätteln Platz zu nehmen. Aber weder der Wichtel noch der Zwerg trieben ihre Rösser selbst an, sondern überließen es Galen und Gildor, die Pferde zu führen. Brega krampfte sich beim Festhalten an Mähne und Sattelknauf so zusammen, daß die Fingerknöchel weiß hervortraten: Erneut saß er auf einem *Pferd*!

Galen winkte Reggian schweigend zu, und dann brachen sie auf und ritten in Richtung Gûnarhöhengasse.

Über das Pflaster der Pendwyrstraße führte der Weg nach Nordwesten. Die Reiter trieben die Rösser so an, wie es in den Valonmarken üblich war, wenn es galt, große Entfernungen zurückzulegen, ohne die Tiere vorzeitig zu erschöpfen, und Kilometer um Kilometer blieben hinter ihnen zurück. Den ganzen Tag über waren sie unterwegs und wechselten alle zwei Stunden die Pferde. Dann und wann machten sie Pause, um sich die Beine zu vertreten, die Rösser mit Futter zu versorgen oder etwas Wasser aus den Bächen und Flüssen zu schöpfen, die in den fernen Bergen entsprangen.

Bis in den Abend ritten sie, und als sie schließlich ein Lager aufschlugen, war es fast Mitternacht. Während der ersten Etappe hatten sie rund hundertachtzig Kilometer zurückgelegt. Und ehe sich die fünf Krieger zur Ruhe legten, rieben sie die Rösser trocken und versorgten sie mit Futter und Wasser.

Am nächsten Tag setzten sie ihren Weg über die Pendwyrstraße fort. Tuck war so müde, daß ihm selbst im Sattel die Augen zufielen, und er war gespannt, ob die Pferde das Tempo halten konnten. Aber noch zeigten die Rösser keinerlei Anzeichen großer Erschöpfung. Sie galoppierten zwar stundenlang, doch die Hälfte der Zeit brauchten sie keine Last zu tragen. Es waren in erster Linie die Reiter, welche die Anstrengungen der Reise zu spüren bekamen: Vier von ihnen hatten gerade mehrere Tage in einem kleinen Boot verbracht, und der fünfte war erschöpft von vielen Kämpfen.

Nichtsdestoweniger ritten sie weiter auf der Pendwyrstraße nach Nordwesten. Sie hatten inzwischen schon das Gebiet der Rothügel erreicht, der Heimat Bregas. Hoch waren die Berge, die links von ihnen aufragten. Vom Ufer des Argonstroms streben sie in die Höhe, und mehr als dreihundert Kilometer weit erstreckten sie sich nach Nordwesten und vereinten sich dort mit dem weiten Grasland. Auf der einen Seite lag Valon, auf der anderen Jugo. Der Fels jener Berge hatte eine rötliche Tönung und erinnerte Tuck an den Granit der Sturmzacke. Kiefern und Fichten wuchsen an den Hängen, und hier und dort sahen sie große Vorsprünge und Grate neben steilen Kaminen. Gelegentlich machte Tuck dunkle Öffnungen in der Flanke der Berge aus, die als Zugänge dienten, durch die man in die Zwergenschächte und die Kammern und Grotten tief im Innern der Felsen gelangen konnte. Dort lebte das Volk Bregas, das den besten Stahl in ganz Mithgar herstellte.

Kurz nach Sonnenuntergang erreichten sie das Harlingar-Lager im Randgebiet der Rothügel. Es hielten sich nur wenige Soldaten in diesem Stützpunkt auf, denn die meisten Krieger waren gegen die Schergen Modrus in den Kampf gezogen. Nach einer knappen Stunde nur brachen die fünf Kameraden erneut auf, und mit fünf neuen Rössern und fünf ausgetauschten und frischen Ersatzpferden setzten sie ihren Ritt nach der Gûnarhöhengasse fort.

Am Morgen des folgendes Tages, nach einer kurzen Nachtruhe, waren sie erneut in Richtung Norden unterwegs, und Tucks Hinterteil war so wundgescheuert, daß er glaubte, bei jedem Hufschlag laut aufschreien zu müssen. Aber er preßte nur die Lippen aufeinander, während die Pferde dahingaloppierten.

Sie ritten nun durch die weite Ebene zwischen Jugo und Valon. Rechts von ihnen lag die Westmark, und links passierten sie den Norden Jugos. Vor ihnen erstreckte sich ein viele Kilometer weites Grasland. Dies war die große Weide Valons. Noch war der kalte Wintermantel über sie gebreitet, aber wenn der Frühling kam, so konnten sich hier Hunderte und Tausende von Pferden von saftigem grünen Gras ernähren.

Den ganzen Tag über und bis spät in den Abend ritten sie durch dieses Grasland. Und als sie Rast machten und sich zur Nachtruhe legten, lag die Gûnarhöhengasse nicht allzu weit entfernt von ihnen.

Als die Sonne gerade über den östlichen Horizont stieg, brachen die fünf Krieger wieder auf und hielten weiter auf ihr Ziel zu, von dem sie nun noch rund achtzig Kilometer trennten. Unterwegs sah Tuck den südöstlichen Rand der Gûnarhöhe: Hohe Berggipfel ragten dort gen Himmel und umsäumten die Grenzen des alten Königreiches von Gûnar. Jene Grate waren Teil des Grimmwalls. Über drei bekannte Wege konnte man nach Gûnar gelangen: durch die Höhengasse zwischen Valon und Gûnar, über den Ralopaß, der vom südlichen Trellinath durch den Grimmwall führte, und durch die Schlucht, einen tiefen Einschnitt, der von Lianion nach Gûnar reichte. Und außerdem gab es noch den geheimen Zwergenweg, den Durchschlupf. Es handelte sich dabei um einen engen Tunnel, durch den man von Valon aus in die Region jenseits des Bergringes gelangen konnte.

In Richtung der Höhengasse ritten die fünf Kameraden, und mit hoher Geschwindigkeit pochten die Hufe der Pferde über das Pflaster der Pendwyrstraße.

Eine Stunde verstrich nach der anderen, und links von ihnen ragten die Berge der Gûnarhöhe auf und vereinten sich weiter im Norden mit den Gipfeln des Grimmwalls. Eine weitere Stunde verging, und sie machten nur einmal kurz halt, um die Sättel auf den Rücken der fünf Ersatzpferde festzuschnallen. Dann trieben sie die Rösser wieder an und eilten erneut gen Norden.

Nach und nach wurden die Berge niedriger und neigten sich der Höhengasse entgegen. Weit voraus sah Tuck eine große Säule aus schwarzem Rauch, die in den Morgenhimmel wuchs, aber die Entfernung bis dorthin betrug rund dreißig Kilometer, und er vermochte nicht zu erkennen, was den Qualm verursachte.

Unentwegt trommelten die Hufe über das Pflaster, und langsam stieg die Sonne am Firmament empor. Schließlich sahen sie im Norden Pferde, die von Menschen geritten wurden, und nach einer Weile stießen sie auf einen Harlingartrupp, der an der Pendwyrstraße wachte. Die fünf Gefährten zügelten ihre Rösser, als die Soldaten Speere und Lanzen zum Wurf hoben, und Ubrik winkte.

»Markmarschall Ubrik!« rief einer der Krieger.

»Hàl, Borel!« erwiderte Ubrik. »Gibt es Neuigkeiten?«

»Die besten, die man sich nur denken kann!« erwiderte Borel. »Sieg! Wir haben die Lakh aus Hyree geschlagen! Die Höhengasse befindet sich in unserer Hand!«

»Hai!« grölte Brega, und die Gefährten warfen sich freudige und bedeutsame Blicke zu, denn nun, da die Gûnarhöhengasse von Verbündeten kontrolliert wurde, konnten sie die Reise ungehindert fortsetzen und den Plan, Modru in seinem Eisernen Turm anzugreifen, in die Tat umsetzen.

»Und König Aranor – wie erging es ihm?« Ubriks Stimme klang gespannt bei dieser Frage, denn der Kriegerkönig war ein sehr guter Freund von ihm.

»Trefflich! Er kämpfte wie ein Berserker und trug die eine oder andere Verletzung davon. Zwar wird er den rechten Arm einige Tage lang in einer Schlinge tragen müssen, aber sein Kampfeswille ist ungebrochen.« Borel stützte den Lanzenschaft im Steigbügel ab, und die anderen Soldaten folgten seinem Beispiel.

»Eure Worte haben Freude in meinem Herzen geweckt«, erklärte Ubrik, »und nichts wäre mir lieber, als einige Zeit hier zu verweilen und die Geschichte eures Sieges zu hören. Aber wir dürfen keine Zeit verlieren. Wir müssen weiter, Borel, denn wir haben etwas sehr Wichtiges mit König Aranor zu besprechen.«

Daraufhin gab Borel den Kriegern seines Trupps ein Zeichen, und die Soldaten wichen zur Seite. Die fünf Gefährten setzten ihren Ritt fort. Und als sie an den Kämpfern vorbeikamen, vernahm Tuck Ausrufe des Erstaunens, denn keiner der Soldaten hatte jemals einen Zwerg auf einem Pferd reiten sehen, und sie erkannten auch, daß sich in Begleitung Ubriks ein spitzohriger und juwelenäugiger Waldbewohner befand! *Und auch ein Elf war unter den Gefährten des Marschalls! Seltsame Begegnungen dieser Art*, so glaubten die Krieger Borels, *deuten auf Ereignisse von großer Bedeutung hin.*

Die fünf Kameraden trieben ihre Pferde an, und die Entfernung zur Gûnarhöhengasse betrug jetzt nur noch wenige Kilometer. Bald stießen sie auf die Spur einer heftigen Schlacht: zerbeulte Rüstungen, zerfetzte Harnische, zerschmetterte Helme, geborstene Lanzen, tote Pferde, viele Leichen von Soldaten. Bei einigen handelte es sich um blonde Harlingar, aber die meisten waren dunkelhäutige Lakh aus Hyree, deren Körper von Speeren und Pfeilen durchbohrt waren. Säbel und Schwerter hatten ihnen den raschen Tod gebracht, und mancher Feindesschädel war von einem Morgenstern zertrümmert worden. Tuck versuchte vergeblich, den Blick von den Toten abzuwenden.

Auf ihrem Ritt kamen sie an einzelnen Trupps gefangener Lakh vorbei, die, von einigen Vanadurin bewacht, zwischen den Leichen ihrer toten Kameraden umherwanderten, und für sie das Begräbnis oder die rituelle Verbrennung vorbereiteten. Die Toten von Valon wurden in Erdgräbern zur letzten Ruhe gelegt, und die während der Kämpfe ums Leben gekommenen Lakh wurden auf einem gewaltigen und aus aufgeschichtetem Holz bestehenden Scheiterhaufen verbrannt, dessen schwarzer Rauch es war, den Tuck aus der Ferne gesehen hatte.

»Warum ehren sie die Gefallenen aus Hyree und nicht die Toten von Valon?« wandte sich Brega erstaunt an Tuck. »Das Feuer läßt doch die Seelen der Verstorbenen stolz in die Höhe steigen, auf daß sie weit oben mit den Wolken eins werden und irgendwann in anderen Körpern zu neuem Leben erwachen. Steine, Erde und Gras aber fesseln die Seelen, und es dauert sehr lange, bis sie sich aus der Dunkelheit des wurmigen Bodens befreien können.«

»Vielleicht teilen sie den Glauben meines Volkes, Brega«, erwiderte Tuck. »Während des Lebens ernährt uns der Boden, und im Tode werden wir wieder mit ihm eins. Aber ob Feuer, Erde, Steine oder selbst das Meer – die Art der Bestattung spielt eigentlich keine Rolle, denn es ist unsere Lebensweise, die das Schicksal unserer Seelen bestimmt – und vielleicht auch die Art des Todes. So ist es unwichtig, was danach mit unseren Körpern geschieht, die nur eine sterbliche Hülle für den Geist waren, der in den Herzen derjenigen weiterlebt, die uns lieben – zumindest eine Zeitlang.«

Aufmerksam lauschte Brega den Worten Tucks, und als der Jungwichtel schwieg, schüttelte der Zwerg nur verständnislos den Kopf.

Schließlich gelangten sie ins Lager der Vanadurin, und zügelten vor dem Pavillon in der Mitte die Pferde. Über dem großen Zelt wehte das grünweiße Banner Valons: Es handelte sich um das Quartier des Königs.

Ein Wächter brachte sie zu König Aranor, einem schon etwas älteren Mann mit weißem Haar, jedoch von kräftiger Statur, in dessen Augen Entschlossenheit und Kampfeswillen glühten. Gerade verfluchte Aranor seinen Heiler, der einen blutigen Verband am rechten Arm des Königs wechselte.

»*Rach*! Dagnall, gib mit dem Umschlag acht – ich möchte den Arm auch noch im nächsten Jahr gebrauchen können!« König Aranor sah auf, als die fünf Kameraden ins Zelt traten, und seine Augen weiteten sich. »Schau an, Ubrik! Ich dachte, du befändest dich im Süden.« Dann richtete sich der Blick Aranors auf die vier Begleiter des Marschalls. »Was? Mensch, Elf, Zwerg und – beim stinkenden Schleime Kriechflinks – ein Waldbewohner! Oh, bestimmt habt ihr mir einiges zu erzählen. Und wenn ich mich nicht täusche, sehe ich dort wirklich Euch, Prinz Galen?«

Es wurde still im Zelt, denn Galen hatte alles berichtet, was es zu berichten gab, und nun schwieg er. Mit dem Ärmel wischte sich Aranor ein weiteres Mal über die Augen.

»Die Nachrichten, die Ihr mir bringt, betrüben mich, König Galen«, sagte Aranor kummervoll. »Aurion und ich haben uns

Seite an Seite im Umgang mit Waffen geübt, und in unserer Jugend gingen wir gemeinsam auf die Jagd. Er stand mir so nahe wie ein Bruder.

Nun, was den Rest Eurer Geschicht angeht: Er enthält sowohl gute als auch schlechte Neuigkeiten. Die Eroberung von Challerainfeste durch den Feind bereitet mir großen Kummer, aber andererseits freut mich der Mut der Kämpfer von Weiunholz. Der Schrecken des Schwarzen Lochs ist endlich bezwungen, und darüber jubele ich. Bei dem Gedanken an das Düsterdunkel aber ahne ich großes Unheil. Und der Norden wird von den Horden Modrus beherrscht.

Aber auch hier im Süden sehen wir uns den heftigen Angriffen der Diener des Feindes aus Gron ausgesetzt. In großer Zahl fallen sie über uns her, und wir haben nicht genügend Soldaten, um sie zurückzuschlagen.

Hinzu kommt die Warnung Vanidors, der ich eine große Bedeutung zumesse. Und Ihr beabsichtigt nun, nach Norden zu reiten und Modru in seinem Eisernen Turm anzugreifen. Ich bezweifle, ob Ihr mit diesem Euren Vorhaben Erfolg haben werdet, aber ich sage Euch folgendes: Galen, Ihr seid nun der Hohekönig ganz Mithgars, und mit Freuden will ich Euch dienen. Ihr bittet um Krieger der Marken, die Euch in die kalte Einöde von Gron begleiten sollen, denn vor dem Beginn des Schwärzesten Tages können keine weiteren Soldaten als die hier stationierten die Bastion Modrus erreichen.

König Galen, hier im Bereich der Gûnarhöhengasse befinden sich etwa fünftausend Vanadurin, die erfahren und zum Kampf bereit sind. Die anderen sind verwundet wie ich und wären nur eine Belastung für Euch. Fünftausend Krieger – eine gewiß nur kleine Streitmacht, wenn man bedenkt, daß es darum geht, den Feind in Gron direkt anzugreifen und zu schlagen. Aber ich stelle meine Krieger hiermit unter Euren Befehl.

Ich bitte Euch in diesem Zusammenhang nur um eines: Wenn sie sterben müssen, so laßt ihren Tod nicht umsonst sein.« Im Anschluß an diese Worte schwieg Aranor, und sowohl seine Augen als auch die Galens füllten sich mit Tränen.

Eine ganze Weile herrschte Stille, und als Galen sich soweit unter Kontrolle hatte, mit fester Stimme zu sprechen, erwiderte er: »Morgen früh brechen wir auf.«

Der Klang von Kriegshörnern hallte über das Land, und die Entscheidung wurde bekanntgemacht. Die Anführer der einzelnen Riegen wurden herbeigerufen und erhielten ihre Anweisungen. König Galen übernahm den Oberbefehl, und Ubrik würde an Stelle von Aranor reiten, denn aufgrund seiner Verletzung mußte der König in Valon bleiben. Beim Morgengrauen des nächsten Tages sollte der Aufbruch erfolgen: Das Ziel der Streitmacht war rund anderthalbtausend Kilometer entfernt, und sie hatten nicht mehr als zwanzig Tage Zeit, es zu erreichen. Noch niemals zuvor war eine derartige Strecke in so kurzer Zeit zurückgelegt worden, aber die Harlingar sahen den Mühen mit Zuversicht entgegen und glaubten, es schaffen zu können.

Als Tuck an jenem Abend in sein Tagebuch schrieb, fragte er sich, was sie im Norden wohl erwarten mochte. Später schnallte er die Klinge des Verderbensboten ab, und legte sich zur Ruhe. Beim Einschlafen überlegte er, ob es irgendeinen Kämpfer in der Streitmacht gab, der vielleicht ein Unterpfand der Macht bei sich trug: *Der Verderbensbote? Das Schwert Unheilsbringer? Stahlherz? Der Dunkle Zerschmetterer? Unterliegt irgendeine dieser Waffen einer Bestimmung, die sich nun zu erfüllen begann? Oder gibt es vielleicht einen ganz anderen Träger der Macht, der in diesen Tagen nach Gron zieht? Und wenn das der Fall ist – wird die Macht dieses Gegenstandes größer sein als die der Schwärze, über die Modru gebietet?* Tuck schlief darüber ein, ohne daß er Antworten auf seine Fragen fand.

Bei Sonnenaufgang bezogen die Reiter von Valon Aufstellung, und Hohekönig Galen, König Aranor und Markmarschall Ubrik nahmen die Parade ab. Irgendwo hatte Aranor eine Fahne Pellars aufgetrieben, und zwei Standartenträger folgten ihm: Einer trug das Banner Valons – ein Schimmel, dargestellt auf grünem Grund; der andere zeigte die Fahne Pellars – ein goldener Greif, der seine Schwingen auf scharlachrotem Grund ausbreitete. Und die Vanadurin saßen auf ihren Pferden bereit, als der Hohekönig Mithgars langsam an ihnen vorbeiritt, und seine Rüstung glänzte blutrot im Licht der über den Horizont steigenden Sonne.

Schließlich war die Truppenschau beendet, und König Aranor – den rechten Arm in einer Schlinge – saß mit ernstem Gesicht auf seinem Pferd. Galen und er hatten sich zuvor bereits verabschiedet. Galen zwang sein Pferd herum und schickte sich eben an, den Befehl zum Aufbruch zu geben, als in der Ferne ein valonisches Signalhorn erklang und Unruhe sich in den Reihen der Soldaten ausbreitete.

Ubrik wandte sich an Galen, und bei den Worten des Marschalls der Valonmark begann Tucks Herz heftig zu klopfen: »König Galen, wartet noch ein wenig, denn vielleicht müssen wir jetzt eine weitere Schlacht um die Gûnarhöhengasse ausfechten. Von Nordwesten her nähert sich uns eine Armee – über die Ralostraße. Und noch wissen wir nicht, ob es Verbündete sind oder ob es sich um den Feind handelt.«

Ubrik rief einen Befehl in Valur, der alten Kriegssprache Valons, und daraufhin antworteten weitere Signalhörner. Die angetretenen Vanadurin wandten sich ruckartig um, blickten jetzt in Richtung Gûnar und hielten Lanzen und Säbel bereit.

Und Tuck starrte mit scharfem Blick auf die durch die Schlucht führende Straße. In der Ferne machte er eine dunkle Masse aus vielen hundert galoppierenden Rössern aus, deren Pochen der Hufe wie fernes Gewittergrollen klang. Die fremde Streitmacht zog durch die Höhengasse und kam stetig näher.

»Sie greifen an!« rief Ubrik. *»Hàl, Vanadurin*! Zieht die Schwerter! Haltet die Speere zum Wurf bereit! Reitet in die Schlacht!« Und als erneut die Hörner von Valon erklangen, gaben die Vanadurin ihren Pferden die Sporen und stürmten der sich aus der Gûnarhöhengasse herabwälzenden Streitmacht entgegen.

Hier endet der zweite Teil der Geschichte vom Eisernen Turm. Der dritte Teil – Sonnentod –, *berichtet vom letzten verzweifelten Kampf des Bündnisses, die finsteren Pläne Modrus zu vereiteln.*